李開元著

汲古叢書24

漢帝國の成立と劉邦集團

―軍功受益階層の研究―

汲古書院

目次

漢帝國の成立と劉邦集團

——軍功受益階層の研究——

序章　問題意識および方法論

第一節　中華帝國問題について

西暦前二二一年、秦の始皇帝は中國を統一し、秦帝國を打ち立てた。これによって、中國の歴史は、古代以來の列國並立に終焉を告げ、統一帝國の時代にはいった。西暦一九一一年、最後の清朝皇帝である宣統帝が退位し、清帝國は滅亡した。中國史の帝國時代は、ここに幕を閉じた。秦の始皇帝から宣統帝まで、中國史の帝國時代は二千餘年の長きにわたって續いたことになる。この二千年の間、中國の歴史とその社會の變化は數えきれないほどあったが、秦の始皇帝によって始められた皇帝官僚體制は本質的には變化せず、一方この體制が安定的に持續するなかで、王朝交替が繰り返されたのである。したがって、帝國時代の二千年の中國史は、政治形態の視角から見れば、皇帝官僚體制に基づく王朝循環の歴史であるといえる。

二千年の中國史のこの特徴は、世界史の中に類似例を見つけることはできない。このことは長い間、内外の多くの學者の注目を集めつづけ、中國に關する學術上の、いくつか重要な課題の出發點となっている。西ヨーロッパにおけるこの問題に對する關心は、いわゆる東方專制主義とアジア的停滯論という論議を形成し、その系譜は十九世紀のモンテスキュー、ヘーゲル、マルクスから本世紀のマックス・ヴェーバー、ヴィットフォーゲルにいたることができる(1)。中國においては、中國史の時代區分論と專制主義中央集權的體制の長期持續性をめぐってこの問題が展開されており、その問題意識は今世紀三十年代に中國社會史論戰をくりひろげた陶希聖から、郭沫若、侯外廬等をへ、七十年代の中國の史學界にまでいたっている(2)。日本においては、中國と同一の問題意識に基づいて、五十年代から七十年代に、時代區分論と古代帝國論をめぐる活潑な論爭と多くの研究があった。その代表的な學者は、西嶋定生をはじめ、增淵龍夫、守屋美都雄、濱口重國、木村正雄などの諸氏、また近年においては好並隆司、尾形勇、渡邊信一郎などの諸氏の名を擧げることができよう(3)。この問題の由來、評價および批判などについては、すでに多くの論著があり、筆者も別稿で詳しく論ずるので、ここでは深くふみこまない。

上述したように、二千年もの間、中國の歷史は皇帝官僚體制のもとで王朝が交替しながらつづいてきた。これは、世界史の視點に立つならば他に例を見ない特殊な現象であるが、中國史の視點に立つならばこれは中國史における最も基本的な特徵なのである。論述の便宜上、筆者はこの問題を中華帝國問題という語を使って概括しようと思う。換言すれば、いわゆる中華帝國問題とは、すなわち秦王朝から淸末までの二千年の中國史における、皇帝官僚體制に基づく王朝循環という認識と研究のことである。したがって、中華帝國問題について、まず第一に登場するのは、政治的視點から見た帝國形態史の研究である。政治體制の面から見るならば、中華帝國時代は列國並立の先秦の邦國時代を引き繼ぎ、そして民國以降の共和政時代に取ってかわられたもので、この時代區分については論爭の餘地がないだろうと思う。ところが、もし二千年もの時間を越えて中華帝國問題の全體を一つの問題として扱うならば、當然その起源、メカニズム、構造、およびその發展、變化、衰退など、それが以前の時代と如何に接續し、後の時代と如何に關連したかなどの問題に直面するのである。同時に、中華帝國問題は、二千年にも及ぶ特定の歷史時代に關する認識と研究であるため、その内容は政治を中心とするとはいえ、政治だけではなく、社會、文化、經濟および對外關係など諸方面に亘ると考えられる。ゆえに、この中華帝國問題という大きな課題に對しては、どこから研究を着手すればよいかを、まず解決しなければならない。

第二節　西嶋舊説の啓示

一九四九年に西嶋定生氏が「中國古代帝國形成の一考察―漢の高祖とその功臣集團―」という論文を發表し、學界に大きな波紋をまきおこした。(4) この論文では、西嶋氏は『史記』と『漢書』の功臣表に記載される劉邦とともに蜂起した功臣達の事情に着目し、彼らの多くが、初從の際身分が卑しく、客・中涓・舍人・卒などの名で劉邦の下に身をおいていたことを明らかにした。氏は更に彼らの身分について階級の屬性から分析を進め、客は擬制的家族成員で、中涓・舍人・卒は家内奴隷にあたると比定した上で、彼らと集團の首領である劉邦とが、家父長的および家内奴隷的結合原理によって初期劉邦集團を結成したのであり、初期劉邦集團の構成および性質は、これによって規定されていたと提唱した。氏はさらにこれと關連させながら、春秋戰國以降、氏族制が崩壞し、新しい政治權力は血緣集團を中心に非血緣者を家内奴隷および擬制家族成員として家族の中に組み込む、という形で構成されていた、との説を展開した。氏は、この結合原理は秦漢の民間社會によく見られた豪族集團の構造であるが、劉邦集團の構造もそれと同じであり、したがって劉邦集團によって創建された漢帝國の構造も同じように理解すべきであるという。つまり、西嶋氏はある統一的な原理を求め、それを用いて秦漢の政治構造と社會構造とを規定し、更に初期の中華帝國の構造およびその性質までをも規定しようと試みている。この統一原理およびこれに規定された性質こそが、家父長的家内奴隷制およびそれによって派生した擬制家族制のことである。西嶋氏の説は、日本の東洋史學界に活發な論爭と激しい批判とを引き起こした。その中で最も建設的な論を展開させているのは增淵龍夫氏であろう。增淵氏は西嶋氏の說を批判すると同時に、秦漢の民間社會の人間關係の中に「任俠的結合關係」が普遍的に存在していたという論點を提出し、そして更に、劉邦集團の性質をそこに求めるべきだと指摘した。(5) 同じように西嶋說に對する批判の中で、守屋美都雄氏は漢代の民間秩序の中心であった「父老」について系統的な考察を進めた。(6) 濱口重國氏も、天子と臣下・庶民との關係から「漢家」という問題を取り上げた。(7) 學界での批判を受け入れ、西嶋氏は自己の舊說を撤回し、新たに自らに課した問題に對する總括的な實證的解答として、一九六一年に五百ページ餘にのぼる著書『中國古代帝國の形成と構造－二十等爵制の研究－』を發表し、二十等爵制を中心として秦漢帝國の構造を明らかにする體系的な西嶋新說を築きあげた。(8) 以上、五十年代の日本の東洋史學界における中心的な論題、すなわち西嶋舊說をめぐる論爭を簡單に述べた。

西嶋氏は戰後の日本東洋史學界で最も創造性に富み、しかも多くの論爭を引き起こした學者であり、五十から六十年代の日本東洋史學の動向は、西嶋氏の諸說をめぐって展開されていたともいえよう。學者としての西嶋氏は、その學問の獨創性と開拓性、理論的要素の重厚さと體系を構築する能力に優れ、それが史學研究において樣々な面で卓越していることからすれば、日本の東洋史學界において主導的な役割を果たしたこの西嶋氏の舊說は、他の歷史家の批判および本人の撤回に示されたとおり、その史料に對する解釋が、實證の枠を越えたり、その理論の構築が史實の範圍を越えたりしたが、その學術史における價値はかりきれないものとして評價しなければならないと思われる。筆者が七十年代後期に北京大學で歷史を學んだ時、初めて西嶋舊說に觸れ、今日まで二十年餘りにわたり、依然としてその方法論に魅力を感じ、それに啓發され續けている。思うに、西嶋舊說の學術的價値は三つの方面において評價できる。一つ目は、中國古代帝國研究の發端として戰後の東洋史學界に創造的な刺激をもたらし、それを導いて一連の優れた研究成果を引き起こしたこと。西嶋舊說拔きに、戰後日本の東洋史研究を語ることはほとんど不可能であり、その學術史における價値はすでにその時代にとけ込んでその一部分となり、いくら高く評價してもしすぎとはいえない。(9) 二つ目は、西嶋氏が漢帝國を創建した劉邦集團の性質に着目し、それを手がかりとして秦漢帝國および秦漢社會についての性質分析を進めるという起源分析の方法を提示したこと。この點は次のことを意味すると思われる。つまり、西嶋舊說が實證の問題から撤回されたにもかかわらず、その說に啓發され、その方法にしたがって同じ問題を分析することになる增淵氏などの學者の見解は、實證面でより堅實に確立されるようになったということである。三つ目は、西嶋氏は今まで見過ごされていた『史記』と『漢書』の功臣表に隱された史料に價値を見出し、秦漢史研究ではじめてその內容およびその內包する意味について大規模な分析を行ったこと。それは新しい問題意識によって舊史料の新解釋をもたらす大きな可能性を提示した。さて、すでに述べたように、西嶋氏はその舊說を撤回した後、實證的で體系的な新說、すなわち二十等爵制說を提出した。西嶋新說について學界の論評はすでに多いし、筆者も別稿を用意するつもりがあるので、ここで詳論は避けようと思う。しかしながら、筆者は方法論から一點だけを取り上げたい。それは、西嶋氏は新說の中で舊說とまったく異なる新しい分析角度と分析方法を用いたということである。すなわち氏は二十等爵制に關する基礎的實證研究に着手し、それを立論の基點として固め、そして認識の段階を高めて秦漢帝國の形成およびその社會構造について構造機能的分析を行った。言うなれば、西嶋氏はその新說の中で舊說で提示した起源分析の方法を放棄し、同時に舊說で提示した『史記』と『漢書』の功臣表にふくまれる莫大な史料價値およびそれに對する系統分析の可能性を棚上げにしたということである。

第三節　高層史學と研究方法の設定

一九八六年に、筆者は歴史學の理論モデルを提出し、歴史學は少なくとも基層史學、中層史學、高層史學という三つの段階に分けることができると指摘した。基層史學は、歴史事實の具體的存在を解明することを目的として確立され、考證と解釋の方法で史實の復元を追い求めるものである。中層史學は、基層史學で確立された史實の上に、各史實間の相互關係を探究することを目的とし、分析と歸納の方法で史實間の關係について合理的解釋を追い求めるものである。高層史學は、基層史學および中層史學で確立された史實と史論の上に、歴史變化の一般法則と理論モデルとを打ち立て、抽象と假說をその方法上の特徴とするものである。歴史學の全體はこの三つの史學段階から構成されている。この三つの史學段階は、基礎下向性（十二頁參照）という特徴を通して貫通するところがあったが、方法論においてはお互いに依然として深刻な隔たりがある。[10] もし三つの史學段階を基準として上述した中華帝國問題を考えるなら、この問題の全體が高層史學の課題であることが明らかになるであろう。八十年代、中國の學者である金觀濤と劉靑峰はシステム論という全體分析方法を用いてこの問題の究明を試み、獨特な理論を打ち立てた。[11] その試みは歴史學に相當の啓發をもたらしたと同時に、際限のない惱みをももたらしてきた。このような高層的理論の評價においては、筆者はかつて自體性、涵蓋性、參照性という三つの尺度を提出したが、[12] それによる具體的な評價は別稿に讓るので、ここでは深く立ち入らないことにする。しかし、ここではただ次の點だけを指摘しておきたい。今までのところ、中華帝國に關する高層的理論には、だいたい三つの共通點があった。一、すべて一種の全體的な假說である。二、その理論は通史の一般的解釋に限定されており、實際に行われている實證的歴史研究とのつながりがほとんどない。三、これらの理論はほとんど、實證的研究に携わった歴史學者から提出されたものではないために、その理論の根據は非常に間接的なものである。言い換えればこれらの理論はすべて二次的な推論と假説であり、基層史學の研究に還元して實證を得るのは不可能である。この狀況を鑑みるに、歴史學と歴史學者の知識構成は反省されなければならないといえると同時に、全體的假說という方法で直接に中華帝國理論を樹立する方法は最上の方法ではないと考えなければならない。試みに新しい分析方法を考えてみれば、さしあたりこの方法は史學における基層史學、中層史學、高層史學という三つの層を貫通できるものにすべきである。それは高層では理論モデルの樹立の役にたち、中層では史實間にある關係の確立と分析に役立てることができ、また基層では一次史料の考證と解讀に役立てることができる。言うまでもなく、このような方法は理想的な設定にすぎないが、同時に大變有意義な試みでもある。史學研究者たる筆者にあっては、まさに追求に値する目標でもある。

第四節　中層史學と典型王朝および典型集團の選出

上述したように、二千年に及ぶ中華帝國時代におけるその歴史の基本となる點は、皇帝官僚體制が安定して持續した上で、王朝交替が繰り返されてきたということである。言い換えれば、政治形態の視角からみれば、皇帝官僚體制に基づく王朝循環という安定性が中華帝國時代に存在した、ということである。したがって、一つの王朝は中華帝國全體の中のひとつの完成された部分、分析できる獨立の單位として見ることができる。一つの代表的な典型王朝を選出してモデルとし、さらにそのモデルに基づいて全體像に關するモデルをつくり出すまでに發展させる、という方法は、一つの實行可能な方法として考えてもよいように思う。實際、戰後日本の東洋史學界において、すでにこの新しい研究方式の模索が始まっていた。周知のように、中華帝國問題についての研究は、日本の東洋史學界においては純然たる理論展開ではなく、實證研究と結びついた傳統的な斷代史の形で展開されており、それは古代帝國論というタイトルのもとで一歩一歩すすみ、多くの優れた研究成果を生み出してきた。

ところが、西嶋氏を代表とする日本の中國古代帝國論者たちは、西嶋舊説の放棄とともに起源分析法を放棄し、西嶋新説の影響を受けて構造機能的分析法を受け入れており、方法論の上での變化をはっきり見ることができる。言うまでもなく、方法論におけるこのような變化によってもたらされた研究成果もたいへん豊富で優れたものである。西嶋新説の後、この方法によって比較的完成された實證體系を築きあげたものに、好並隆司氏の「齊民制」と「家産制」という二重構造論體系と尾形勇氏の家と國家の兩極論體系をあげることができる。兩氏は、西嶋新説の個別人身的支配論を、一定の批判を行いながら具體的に展開するものである。好並氏は、皇帝による人民の人頭的支配體制であり奴隷制的關係としての「齊民制」と、天子が家を非人頭的に支配する體制であり家父長制的支配關係としての「家産制」との二つの支配體制が併設されていることを、漢王朝の支配構造として理解すべきと説いている。[13] 尾形氏は古代中國における「家」と「國家」の關係に着目し、家の内部秩序たる「家人の禮」と國家の内部秩序たる「君臣の禮」との分析に力を注ぎ、中國古代帝國の支配原理をこの二つの秩序關係の區別と並立として理解している。[14] もちろん、兩氏の研究には、獨自の展開と完成した體系として積極的に繼承されなければならないことも少なくない。しかし、方法論の面から考えるならば、起源分析に缺ける構造機能の分析論は、主に横斷面からの解剖分析であるため、その方法においての不足も明らかになる。その最も缺落した點は、問題の出發點を棚上げしたことによって、歴史の連續性における從續面に斷絶を生じさせているところである。

他の多くの學問と同様に、歴史學の基本的な分析方法の一つは還元論、特に起源問題から着手して研究を進めていく方法である。起源分析とは、研究對象の出發點を確立することである。研究對象の出發點、すなわち起源問題を明瞭にしなければ、その機能・特徴・變化などの様々な問題は歴史的に把握することが難しくなり、その構造の確立もそれによって妨げられる。そのため、中華帝國問題の研究においては、あらためてその起點まで戻り、もう一度起源問題から着手する必要があると筆者は深く感じている。言うまでもなく、中華帝國は秦の始皇帝が創設した秦王朝から始まる。したがって中華帝國の起源問題は秦王朝の起源問題に他ならない。しかしながら、秦王朝が存在したのはわずか十五年間、つまり紀元前二二一年の天下統一から、秦の二世が亡くなる紀元前二〇七年までにすぎない。秦は天下を統一した時、各國の歴史書を燒却し、さらに秦末の混亂によって秦の史料も多く失われてしまい、殘った史料はわずかであった。研究材料がこのような狀況では、我々が具體的に秦王朝の起源問題を研究しようとしてもそれを實證するのは困難であろう。しかし幸運にも、前漢王朝の樹立についての史料は比較的多く殘されている。秦に取って代わって樹立された前漢王朝は、秦王朝の領土・人民・制度などを全面的に繼承し、二百年もの長きに渡って續いた。中華帝國を型づけたのは、まさに前漢王朝であるといえよう。歴史書や歴史家が秦漢と連稱し、秦漢帝國を中華帝國時代の始まりとして取り上げるのは、二者の歴史的連續性がすでに充分に認識されているからである。そこで、秦のかわりに前漢王朝の起源を中華帝國の起源の代案として研究を進めるのは、實行可能な方法として考えて間違いないであろう。

前漢王朝は、劉邦集團が長期間の戰爭を經て樹立した王朝である。つまり、劉邦集團が前漢王朝の創建者であり、劉邦集團が結成され、成長・發展を遂げ、そして天下を統一した過程は前漢王朝樹立の過程である。言い換えれば、漢帝國の起源は劉邦集團にあり、その構造と性質の起點も劉邦集團の構造と性質により規定されているということである。劉邦集團を除いて漢帝國について話を進めるのは、源流のない河川のようなもので、漢帝國の歴史的連續性を斷ち切ることになりかねない。したがって、筆者は西嶋舊説を詳細に分析し、その合理的な部分を吸收する。そして構造機能的な研究に先行する研究としてまず起源分析から着手し、劉邦集團についての分析を徹底的に行った上で、漢帝國の起源を究明したい。さらに、そこで確立できた起源を出發點として、構造および機能の分析を進めていくという新しい展開方法で進めていきたいと思う。

第五節　基層史學と原典史料の運用

劉邦集團についてどの角度から分析を進めるべきか、これがこの研究を順調に展開できるかどうかの鍵である。思うに、歴史學とは證據に從い、人間の過去に對する認識を表現する知識體系である(15)。歴史學の知識構造には段階的なところがあり、より高い層の史學はより低い層の史學に依存しており、高い層の史學の用いる證據は、一般的にはより低い層の史學の結論である。言い換えれば、史學の基礎はその段階構造の下部にあり、低い層の史學での研究結果は、より高い層の史學に對しては、その立論の根據となり、高い層の史學においてその結論が成立するかどうかは、最終的にはより低い層の史學の實證によって決められるのである。筆者は、史學におけるこの知識構造の特徴を、史學の基礎下向性と呼ぶ(16)。この史學の基礎下向性に規定される史學方法には、少なくとも二つの大きな特徴がある。その一つが、分析方法上の還元論である。つまり、高層史學で立てられた理論と法則は、必ず中層史學において實證が求められなければならず、中層史學で明らかにした史實間の關係は、必ず基層史學において實證を求められなければならない。より低い層の史學に還元して實證されていない場合のより高い層の史學の結論は、みな證明されていない假說にすぎない。もう一つは、證據の使用における嚴格な原典優先主義である。すでに前述したように、高・中層史學の成立は、最終的には基層史學の結果に依存しており、基層史學における史實の確認は、史料についての考證と解釋とによって可能となる。いわゆる史料とは、すでに過去となった歴史が殘した情報のことをいう。史學研究の第一の目的は、このような情報に基づいて過去を理解することであろう。言うまでもなく、情報處理においては、直接に受け入れられた情報は最も信用できるが、これは情報の傳播した距離が短く、本來のものから失われた部分が少ないからである。言い換えれば、史料の使用においては、間接的なものより直接的なものが優れ、手を加えたものより原初的なものが優れ、發信された時代が遠いものより近いものが優れている。これがすなわち原典優先ということである。理論上からこういうふうに考えたのち、筆者は、まず還元論の分析方法を確認し、そしてどこから劉邦集團を分析するのがいいかという分析の着眼點に目を移し、原典に直接つながることができ、一次史料の考證と解釋を直接に働かせる、という理想的な着手點をさがしはじめた。

筆者は北京大學歴史學部で學んでいた時、田餘慶先生の秦漢史の講義を選擇履修した。その講義の中で、田先生は『漢書』高帝紀所載の「高帝五年詔」を取り上げて、優れた分析を行った。(17)田先生はその分析の中で、漢初の政治と社會を安定させるための二つの政策があったと指摘した。その一つが、關東六國の豪族を關中帝陵に移住させるという徙陵政策であり、もう一つが高帝五年詔に集中的に見られる軍功優遇政策である。前者によって潛在的な敵對勢力の抑制に成功し、後者によって新政權を支える社會基盤を得た。この鋭くかつ明解な分析は、筆者に豁然と悟らせた。劉邦集團と高帝五年詔と新しい支配階層との三者をつなげて考えてみれば、政治軍事集團としての劉邦集團が、「高帝五年詔」などの軍功優遇法令の發布および實行によって新しい支配階層へと變容・發展していくという興味ある事象が浮上してくるように思われた。劉邦集團を分析する着手點としては、この「高帝五年詔」が最も適切ではないか、それはこの「高帝五年詔」についての考證解釋を通して、劉邦集團が如何に一つの政治軍事集團から漢帝國の支配階層に轉化したのかというプロセスを具體的に確認できるのではないかと思われるからである。

すでに本章第二節で述べたように、西嶋舊説が提出された時、その緒口は劉邦集團の階級屬性という問題意識に基づき、『史記』と『漢書』の功臣侯表について分析することであった。筆者の知るかぎり、歴史研究者が功臣侯表の史料を系統的に使ったのは、これが初めてである。このことは、西嶋氏の史料使用の獨特さを示すものであり、またそれまで見過されてきた功臣侯表の史料的價値を氣づかせるものであった。この啓發を受けて功臣侯表を綿密に整理した結果、それは漢代の歴史、特に秦末漢初の歴史研究に關する史料の價値が、まったく手つかずの狀態におかれており、その史料の豊かさは、決して同等數の出土木簡に劣らないだろうと思われた。筆者はさらに、表中の年代・地名と官名・爵位などから、それが劉邦集團の地域構成（第五章）と秦楚漢の歴史的連續性問題（終章第三節）を結びつけて研究できることに氣がついた。この二つの中層史學の問題意識に基づく功臣侯表についての全面的な考釋と系統的な分析を行うという、劉邦集團を分析するもう一つの緒口を見つけだした。

いうまでもなく、秦漢史研究の基本的な文獻史料は、『史記』と『漢書』である。『史記』と『漢書』の史料的信賴度は、新しい出土品の裏附けによってますます高まり、新しい研究結果によってしだいに明らかになっている[18]。『史記』と『漢書』の功臣侯表は、漢政府に保存されている分封册書と侯籍から司馬遷と班固が直接拔粹したものであり、修飾の加えられていない一級の一次史料である[19]。『史記』と『漢書』の本紀は、その漢代に關する部分を漢朝政府が保存していた「詔令集」に取材していることが多いが、原文の拔粹も少なくない。班固が『漢書』高帝紀の中で詳しく採錄した高帝五年詔は、高祖劉邦の詔令集『高皇帝所述書』（あるいは『高祖傳十三篇』ともいう）から直接拔粹したもので、信用性が極めて高い一次的史料である（第一章第一節）。その中で特に、授田に關する令文は、現存する漢代史料の中で唯一の記載であり（最近出土した張家山漢簡中には漢初の授田に關する簡文があったそうだが、殘念ながら內容はいまだに公表されていない。）、大變貴重である。さてここで、研究の着手點として「高帝五年詔」と「功臣表」を選出した結果、劉邦集團に關する研究では中層史學と基層史學との貫通がすでにできあがっていると考えることができる。それに關する中層の結論は、基層の中の一次史料で實證することができ、さらにこれに關する中層の問題意識も、一次史料の考證と解釋に直接に關わっており、今まで利用しにくかった大量の分散した史料は、それによって系統的に使用可能となった。

第六節　統計例證法

量的分析は、現代科學の發展の普遍的な傾向である。史學研究の中にも數量分析を導入するということは、特定の課題の中で、當然必要になってくるものだろう。筆者の課題は漢帝國を創建した劉邦集團についての研究である。それはある程度社會史的課題であり、深く掘り下げて研究するためには、統計および圖表の使用は避けられないことである。近年、パソコンの普及により、個人研究者でも限られた史料の統計ならば的確に實行できるようになってきた。筆者もまた時代の恩恵にあずかり、パソコンを利用して仕事をするということを學び始めた。まず、史料の中に見られる劉邦集團の構成員および關連する集團のメンバーの經歷を、個人の履歷書の形で全てパソコンに入力し、データベースとして保存する。その後、必要なところに應じて引き出し、表を作成し、さらに圖をつくり、最後に説明を加える。このような一連の作業の過程では、項目の設定が最も苦心するところであり、データベースの入力にも時間と精力を費やすところである。前漢初年から武帝末年に至るまでのデータ入力が完了すれば、漢初の社會集團の研究においては、總合的統計という作業が簡單にできるようになるのである。

パソコンを利用してデータを處理する過程において、統計數字と圖表の簡潔明瞭さにはつよい説得力があるというメリットがあり、それが史學論證に對して重大な意義をもたらしたと痛感させられた。考えてみれば、傳統的な史學論證の方法は、主に例を擧げて證明するものである。それは數多い證據の中から最も代表的と思われるものをいくつか選び、それらを考究し裏附けを取って論じる方法で、例證法と略稱しても良いだろう。しかしながら、この例證法には、少なくとも二つの大きな缺點がある。一つは、證據の全てを列擧することができないということ。從って論證の度合いは精緻の域には達しえないのである。二つは、文字敍述には限界があるということ。つまり論證の視覺化はできないということである。この二つの點を考慮にいれて、もし全ての證據を統計し列擧して表にできたとして、そこから代表的な事例を選んで例證として扱えば、缺點の一つは當然克服できるであろう。研究課題およびパソコンでのデータ處理が可能な場合、もし充分な統計數字を論據として、それに基づく論證および結論を畫像の形で表すことができれば、きっと説得力のある視覺性と時間的空間的な連續性をもたらしてくれるであろう。さらにそのことによって豫想以上の新しい結果をもたらすことも、文字敍述を大幅に短縮するということも期待できるだろう。實際、ここであらゆる證據を網羅して統計しようというのは、史學研究の中で全ての史料を調べつくし、全ての證據を探しつくすという傳統的な方法に相當することであるが、形の上で統計圖表によって簡略かつ視覺的に表現できるようになるのは、大きな改善といえよう。單純な例證法に比べると、このように網羅統計の上に、さらに例證を加えて論證する方法が、より完全で説得力のあることは疑いない。筆者はこの統計と例證との結合によってできた方法を、統計例證法と稱することにする。

本書の第一章において、筆者は傳統的な考證解釋方法によって漢初軍功受益階層の成立を明らかにしたが、すぐ新しい問題が問われていることに氣がついた。つまり高帝期に現れたこの漢初軍功受益階層が結局どれぐらいの間存在していたか、その存在期間においてそれ自體にどんな變化があったか、それが同時代の他の社會階層および他の社會集團との間に、どのような關係を持っていたのか、などである。これらの問題について、筆者は第二章の中で統計例證法をつかって解答を與えた。つまりまず網羅的な統計から圖表を作り、次に、圖表での表現に基づいて例證と説明を加えた。それによって視覺的で簡潔明瞭な效果を得ることができた。

數字、統計と圖表の制作過程の中で、筆者はその便利さと説得力のある點を理解できたと同時に、その使用は愼重にしなければならないことも感じた。周知のように、古代史研究者にとっては、一次史料の中では數字は僅かであり、その數字の信頼性にも限界があるという二つの克服し難い問題がある。ゆえに、信頼性の限られる數字を根據として機械的に推定を下すのは、やむを得ない方法である。これがまず先に説明を必要とする第一點である。第二點は、史料には限りがあるので、パーセンテージの計算と變動圖表を作る時、どうしてもその信憑性は高くならず、その解釋の餘地もかなり大きくなってしまうことである。これもただなにもしないよりはよいという程度でしかない。筆者の經驗から言えるのは、少なくとも古代史の研究については、數字と變動圖表の使用は考釋と論述の參考と補助にしかならないし、同時に、論題に制限されるところもあり、決して無理にしてはいけないということである。

第七節　理論工具論

歷史理論は、長い間歷史學を混亂させてきた難しい問題である。筆者は自ら史學理論の段階モデルを提出した後も、史學理論を研究課題の一つとしてずっと關心を持ち續けている。理論とはいったいどういうものであろうか。史學研究において、理論の使用は必要なことなのだろうか。もしも必要があるとしたら、どのような場合であり、どのような場合に可能なのか。

前述したように、史學においては、その知識構造における基礎下向性という特徴があるので、各段階の史學の間に次の關係がはっきりと見られる。つまり、より高い層の史學はより低い層の史學に依存しているが、より低い層の史學はより高い層の史學に依存していない。より低い層の史學はより高い層の史學から啓發や提示をうけることができるが、その結論はより高い層の史學からまったく影響を受けていない。逆に、より高い層の史學は必ずより低い層の史學の檢證を受け入れ、その結論もより低い層の史學に左右されている。これは何故なのか。一般的に言えば、史學の段階が高ければ高いほどその理論化の程度も高くなり、その段階が低ければ低いほど史料に近くなる。史料とは過ぎ去った歴史に殘されてきた情報であり、歴史事實に最も近いもの、あるいは（考古學の實物のように）歴史事實そのものである。歴史學の主要な目的は、この情報に基づいて過去を理解し、證據に從って人間の過去に對する認識（あるいは歴史認識ともいう）を表現する知識體系を打ち立てるということである。より低い層の史學においては、歴史家の達した歴史認識は、史料の綴織りをとおして直接表現できるので、理論の助けを求める必要は少ないのである。

しかし、史料というものは斷片的な場合が多いので、この斷片的な史料に現れてくる歴史事實も部分的なことに過ぎない。歴史家が史料の綴織りをとおして達せる歴史認識は基層史學の認識レベルでしかないが、時間と空間においても短い時間帯と小さな範圍に限られるのである。もしより長い時間帯およびより廣い空間の範圍で歴史を考察して、歴史研究における觀察規模を擴大したい場合、斷片的な史料および部分的な史實だけでは歴史認識を充分に表現できないのである。その時に、史實間の關係の確立、歴史事件の時代背景の究明、必要ならば時代區分の規定性などについても檢討しなければならない。そして觀察規模の擴大に伴って、我々の認識レベルも自然に上がっていき、基層史學における微視－基層研究から、中層史學における中視－中層研究に入り、理論分析の可能性と必要性も現れ始めるのである。さらに、もっと廣い範圍で全體的な角度から歷史を考察し、歷史的變化について總合的に說明を附け加えたい場合、あるいは地域間、國家間、文明間での歷史について比較研究を行いたい場合には、抽象と概括を行い、一般法則と理論モデルを打ち立てるということも必要となろう。その時、われわれの認識はさらに高いレベルに入る。すなわち、それは巨視－高層研究である。上述した觀察規模と認識レベルの對應關係は、筆者のいう觀察規模と認識レベルの同步性のことである。[20]明らかに異なる觀察規模を持ち、異なる認識レベルで歷史を研究する時、研究上の必要、表現の便宜のために、異なる方法を使用するのも當然なことである。微視的基層研究においては、主に考證と解釋の方法を使い、中視的中層研究においては、主に分析と歸納の方法を使い、巨視的高層研究においては、抽象と假說の方法の使用が多いのである。考證と解釋も、分析と歸納も、抽象と假說も、みな歷史を認識し、歷史認識を表現するための方法の一つに過ぎず、それらの適用は研究對象によって異なる。したがって、主に分析と歸納および抽象と假說の方法で打ち立てた史學理論も、歷史を認識し、そしてその歷史認識を表現するために作りだされた便利な工具なのである。もし、歷史という二文字を取り除いたなら、理論は事實を認識し、そしてその認識結果を表現するために作りだされた便利な工具であるという言い方は、一般的にいって普遍性があることになるかもしれない。

本書では、基本的史實を確認するため、考證と解釋の方法を多く用いた。そこで、史料についての綿密な考察を通じていくつかの新しい歷史事實を發見し、あるいは明らかにした。たとえば功臣表における從起地と本籍地との一致性のこと（第五章第一節）、漢中改制のこと、爵制と軍法の關連のこと（第一章第二節）、文帝期の侯國移轉のこと、[21]漢の王國分封の源流が楚にあったということ（第三章第四節）などが、それである。史實間の關係の確立において、筆者もいくつかの新しい探索を試みた。いくつかの史實に對して、今までまだ分かっていなかったそのつながりを明らかにし、その新しい史實關係に基づいていくつかの歴史事件の原因および背景についても、新しい分析と檢討を附け加えた。例えば懷王の約と漢國の王政との關連（第四章第二節）、白馬の盟の分析、漢初の宮廷・政府と軍功受益階層との關係（第六章第一、二節）、漢初皇帝權の相對的有限性について（第四章第三節、終章第二節）などである。これらの作業中には、理論はまだ必要ではなかった。ところが、秦末漢初の六十年間は特徴ある時代である、という認識が明らかになったところで、それをその前後の時代、すなわち戰國時代および武帝以後の時代と比較させたい時、歸納・假說および抽象・概括の必要が自然と現れてくる。王業、帝業、覇業の政治形態類型の設定は、その例（第三章第一節）である。同様に、統計と圖表で漢初百二十年間における各政治集團の興廢の軌跡を表したい時、統計に必要となる分類の基準を定めるために、漢代の官僚についてその類型の設定をもしなければならないようになった（第二章第一節）。

すでに前述したように、筆者の本來の研究意圖は、劉邦集團を典型的集團とし、前漢王朝を典型的王朝として、そしてそれに基づいて二千年に及ぶ中華帝國の起源、構造、機能など一連の問題について解決を求めるところにある。しかし、この豫定していた計畫は、本書ではただ政治史の角度から劉邦集團を典型的集團として研究し、これに基づいて漢帝國の起源について檢討を加えたにとどまり、前漢王朝の二百餘年の歴史のうち最初の六十餘年にしか及ばなかった。從って、典型的王朝に基づいて理論モデルを打ち立てるということはまだ組立の段階にも入っておらず、もちろん構造、機能などの問題についてもいまだ觸れられぬままである。しかし、本書の中心內容である劉邦集團については、筆者はそれに意識的に理論的な抽象と概括を加えた。まず、漢帝國を創建した劉邦集團を一つの新しい社會階層、すなわち漢初軍功受益階層として概括した（第一章第三節）。次に、さらに抽象を行い、特定の時代（漢代）に限られるこの漢初軍功受益階層についてはその時代制限をはずし、時代的制限のない軍功受益階層という概念を作りだし、そしてそれを二千年に及ぶ中華帝國の歴史の中に持ち込み、それを一つの普遍的な理論概念として廣げて使用できるようにした（終章第一節）。

さて、筆者の研究から次の理論的検證を見出すことが出來ると思う。まず、軍功受益階層という概念は一次史料の考證と解釋から直接生じるもので、これが確認できる史實、確立できる史論とはかなりの一致性を持っている。この概念はすでに確認された史實と史論に違反しておらず、逆に概括としてそれらを内含しているのである。この點は、筆者の理論をはかる基準で言うならば、相當な涵蓋性を持つということになる。軍功受益階層という概念を漢代の歴史研究の中で用いれば、劉邦集團の特徴ははっきりと現れてくる。この軍功受益階層と並立している他の社會階層と集團の姿も、はっきりしてくる。さらに、具體的な例として漢朝皇帝權の起源およびその變化、漢初政治の分野、漢初のいくつかの歴史事件の背景などが、また大ざっぱな例として王朝官僚制が邦國貴族制に取ってかわり、専制主義中央集權的統一帝國の成立、二千年に及ぶ中華帝國の循環交代の根源などのような諸問題についても、軍功受益階層という概念の導入によってかなりの説明をすることができ、新しい知識の提供もできるので、これらの問題の解決に對しても、便利な工具になることは間違いない。この點は、筆者の理論をはかる基準でみれば、かなりの參照性をもっているということになる。言うまでもなく、軍功受益階層とは一つの單純な理論的概念であり、複雜な理論體系ではない。その概念の内部には整合性に關する不一致がないので、筆者の理論をはかる第三の基準と合致する。すなわち、それは自體性があるということである。

注

（1）諸氏の研究は、次の文獻を參照。

モンテスキュー『法の精神』第一部第三篇第八、九章。(『世界の大思想』16、根岸國孝譯、河出書房新社、一九六六年。)

ヘーゲル『歴史哲學』、武市健人譯、岩波文庫、一九七一年。

マルクス『資本主義的生產に先行する諸形態』、手島正毅譯、國民文庫、大月書店、一九六三年。

マックス・ヴェーバー『支配の社會學』、世良晃志郎譯、創文社、一九六〇年。

ヴィットフォーゲル『東洋的社會の理論』、森谷克己、平野太郎譯編、日本評論社、一九三九年。

(2) 諸氏の研究は、次の文獻を參照。
陶希聖『中國社會之史的分析』、新生命書局、一九二八年。

郭沫若『中國古代社會研究』、聯合書店、一九三〇年。

侯外廬『中國古代社會史論』、北京、人民出版社、一九五五年版。

『中國封建社會史論』、北京、人民出版社、一九七九年版。

この問題に關しては、林甘泉編『中國古代分期討論五十年』(上海人民出版社、一九八二年。)および鄭學稼『社會史論戰的起因和内容』(臺北、中華雜誌叢書。)などの總合的な論評がある。また、杜正勝「中國社會史研究的探索」(同著『古代社會與國家』、臺北、允晨文化公司、一九九二年、所收)にも、論評がある。

(3) 諸氏の研究は、次の文獻を參照。
西嶋定生『中國古代帝國の形成と構造—二十等爵制の研究—』、東京大學出版會、一九六一年。

增淵龍夫『中國古代の社會と國家』、岩波書店、一九九六年版。

木村正雄『中國古代帝國の形成』、不昧社、一九六五年。

守屋美都雄『中國古代の家族と國家』、東洋史研究會、一九六八年。

濱口重國『秦漢隋唐史の研究』、東京大學出版會、一九六六年。

好並隆司『秦漢帝國史研究』、未來社、一九七八年。

尾形勇『中國古代の「家」と國家』、岩波書店、一九七九年。

渡邊信一郎『中國古代國家の思想構造』、校倉書房、一九九四年。

この問題に關する最新の論評としては、劉俊文編『日本學者研究中國史論著選譯』二（北京、中華書局、一九九三年）に收錄されている谷川道雄「總論」と東晉次「秦漢帝國論」を參照。

（4）西嶋定生『中國古代國家と東アジア世界』、東京大學出版會、一九八三年、所收。

（5）增淵龍夫「漢代における民間秩序の構造と任俠的習俗」、前注（3）同氏書所收。

（6）守屋美都雄「漢の高祖集團の性格について」、「父老」、前注（3）同氏書所收。

（7）濱口重國「部曲と家人之語」、「中國史上の古代社會に關する覺書」、前注（3）同氏書所收。

（8）前注（3）西嶋書。

（9）研究對象、研究者と研究者の現在としての時代との間における客體と主體との關係という視點から、戰後日本の中國古代史研究に總括的考察を附け加えたのは、飯尾秀幸の一連の研究である。その詳細は、氏の論文の「『アジア的專制』と戰後中國古代史研究」（『歷史評論』五四二號、一九九五年）、「中國古代國家發生論のための前提」（『古代文化』、四八卷、一九九六年）、「戰後の『記錄』としての中國古代史研究」（『中國　―社會と文化』第十一號、一九九六年）を參照。

（10）李開元「史學理論的層次模式和史學的多元化」、『歷史研究』、北京、一九八六年、第一期。この論文で最初に提出した史學理論の段階モデルは、低層史學、中層史學、高層史學、哲學史學という四つの段階層からなっていたが、後に周一良先生の意見を受けて哲學史學をこの段階モデルから外し、また田中正俊先生の意見を受けて、低層史學を基層史學と改め今日の基層史學、中層史學、高層史學という三段階のモデルになった。ここに併せて兩先生に感謝の意を表する。

（11）金觀濤、劉青峰『興盛與危機』、香港、香港中文大學出版社、一九九二年版。

（12）同前注（10）。

（13）前注（3）好並書。

（14）前注（3）尾形書。

（15）李開元「歷史學的定義和知識結構」、北京大學五四科學討論會（書面發表）、北京、一九八八年五月。この文章は筆者の行っている史學理論に關する一連の研究の一部分であるが、今のところまだ公刊できていない。しかし、この部分は、筆者の史學理論にとっては缺かせないものである。ゆえに、不本意なことではあるが、この點について讀者のご海容を乞うしだいである。

（16）同前注（10）。

（17）田餘慶氏の秦漢史講義について、その主な內容はすでに同氏著『秦漢魏晉史探微』（北京、中華書局、一九九三年）に收められている。

（18）『史記』の編纂材料およびその構成に關しては、近年の藤田勝久氏の一連の研究を注目される最新の成果として擧げるべきである。氏の堅實な研究は、主に論著『史記戰國史料の研究』（東京大學出版會、一九九七年）に收められる。

（19）『史記』巻十八高祖功臣侯者年表序にある「余讀高祖侯功臣、察其首封、所以失之者、曰、異哉所聞。」とある。ここで司馬遷が讀んだのは、漢政府に保存されている分封策書ではないかと考えられている。また、『漢書』巻十六高惠高后文功臣表序に「元功之侯籍」という文もあり、これは漢政府に保存されている功臣たちの「侯籍」であるに違いない。

（20）同前注（10）。

（21）李開元「西漢軑國所在與文帝的侯國遷移策」、『國學研究』第二巻、北京大學中國傳統文化研究中心、一九九四年。

第一章　漢初軍功受益階層の成立

第一節　「高帝五年詔」の解讀

一　高帝五年詔に關する史料批判(1)

高帝五年（前二〇二）十二月(2)、漢王劉邦と各諸侯王國の連合軍は、垓下の戰において項羽軍を滅ぼし、楚漢戰爭に勝利を得た。春正月、劉邦は定陶で將士の推擧を受けて帝位に卽き、夏五月に兵をみな「歸家」させ、同時に本章で言うところの「高帝五年詔」を發布した。この詔書は、後に詳しく檢討するように、前漢初年の最も重要な一つの「法令」として理解できるものであるが、ともあれ、この詔によってさまざまな戰後處理が行われ、戰爭から平和へという狀況の轉換における制度上の整備がはかられた。

「高帝五年詔」を最も詳細に傳えているのは、『漢書』巻一高帝紀五年五月條であり、そこには「詔曰……又曰……」の形式にて、全二百七十七字の詔文が以下のように引かれている。

諸侯子在關中者、復之十二歲、其歸者半之。民前或相聚保山澤、不書名數、今天下已定、令各歸其縣、復故爵田宅、吏以文法教訓辨告、勿笞辱。民以飢餓自賣爲人奴婢者、皆免爲庶人。軍吏卒會赦、其亡罪而亡爵及不滿大夫者、皆賜爵爲大夫。故大夫以上賜爵各一級、其七大夫以上、皆令食邑、非七大夫以下、皆復其身及戸、勿事。

又曰、

七大夫、公乘以上、皆高爵也。諸侯子及從軍歸者、甚多高爵、吾數詔吏先與田宅、及所當求於吏者、亟與。爵或人君、上所尊禮、久立吏前、曾不爲決、甚亡謂也。異日秦民爵公大夫以上、令丞與亢禮。今吾於爵非輕也、吏獨安取此。且法以有功勞行田宅、今小吏未嘗從軍者多滿、而有功者顧不得、背公立私、守尉長吏教訓甚不善。其令諸吏善遇高爵、稱吾意。且廉問、有不如吾詔者、以重論之。

一方『史記』巻八高祖本紀では、この詔を大幅に節録した形で傳えており、下記のとおり『漢書』に對應する詔文は二十三字に過ぎず、そのうえ『漢書』とは異なり「詔」ないし「詔曰」の文言を缺いている。

（五月、兵皆罷歸家。）諸侯子在關中者復之十二歲、其歸者復之六歲、食之一歲。

また、『漢紀』巻三では、詔文は「令」として記録されているが、傳える詔文は下記のとおり二十二字のみである。

（夏五月、兵皆罷。）令人保其山澤者各歸其田里、自賣爲人奴婢者免其庶人。

テキスト上のこのような事情はあるものの、當面、これを取り上げて全く齟齬は起こらないと判斷される『漢書』所載のものを、以下本章では「高帝五年詔」の定本として論を進める。それでは、まず詔書の史料批判から始めよう。

『漢書』巻十藝文志儒家類に「高祖傳十三篇」があり、班固は「高祖與大臣述古語及詔策也。」と注している。藝文志は前漢末、劉向と劉歆父子によって完成された宮廷藏書の目録である。班固は『高祖傳十三篇』を讀んだ上で、その内容をまとめて注釋を書いている。この書物は劉邦時代の故事および詔令を収める詔令集のようなものであると分かる。『漢書補注』に引く王應麟説には、宣帝の時、丞相の魏相はその上奏文の中にこの書物に収められる詔文を引用している、という。『漢書』巻七十四魏相傳を見ると、魏相は經典に精通し、漢家の故事および前人の奏文を観るのを好み、いわゆる「明易經、有師法、好觀漢故事及便宜章奏。」というような人物である。彼が丞相の任期中に、『易』の陰陽、『禮記』の明堂・月令を採用して奏文を上奏した。その文の中に『高皇帝所述書』天子所服第八を引用して、

　大謁者臣章受詔長樂宮、曰、「令群臣議天子所服、以安治天下。」相國臣何、御史大夫臣昌僅與將軍臣陵、太子太傅臣通等議、「春夏秋冬天子所服、當法天地之數、中得人和。故自天子王侯有土之君、下及兆民、能法天地、順四時、以治國家、身亡禍殃、年壽永究、是奉宗廟安天下之大禮也。臣請法之。中謁者趙堯舉春、李舜舉夏、兒湯舉秋、貢禹舉冬、四人各職一時。」大謁者襄章奏、制曰、「可。」

とある。如淳注によれば「第八、天子衣服之制也。於施行詔書第八。」とある。考えると、この詔書の發布は高帝七年から九年までの間であり、その時の相國は蕭何、御史大夫は周昌、太子太傅は叔孫通である。[3] 大庭脩氏の研究によれば、この詔書は全文ではないかもしれないが、詔令の書式は完全に備わっており、漢代詔令の第三類の典型的なものである。[4] 以上のことから見れば、「藝文志」に收錄される『高祖傳十三篇』と魏相が引用した『高皇帝所述書』は同じ内容の本で、高帝期の詔令文書を詳細に收めるものである。その第八部分は「天子所服第八」で、高帝期における天子の服に關する詔令を記載するものである。また、『隋書』巻三十經籍志に「魏朝雜詔二巻」があり、その本注に「梁有『漢高祖手詔』一巻、亡。」とある。よって、この本は梁にはなお殘存していたが、その後不明になったと考えられる。陳隋の際になくなったのかもしれない。

　さて、古代史書に載せられる詔令文書においては全文採錄のケースはたいへん少なく、編纂者の意圖により、節略、分載、選錄の形式でその一部を採錄するのが一般的である。[5] 推測すれば、『高祖傳十三篇』（あるいは『高皇帝所述書』）に詳細に記載される漢高祖の詔令は、前漢初年より梁に至るまで、その相當の部分がなお比較的良好に保存されてい

た。司馬遷はこの本を見て採録した。彼は通史編纂の必要から、この本に収められる高帝五年詔を節略し、わずか二十三文字しか書かなかった。宣帝の時、魏相はこの本を讀んだ。彼はそれを『高皇帝所述書』と稱し、上奏文の中にこの本の第八部分に載せられていた高祖の天子服制詔を引用した。前漢末年の劉向、劉歆父子も宮廷藏書を整理する時にこの書を見つけ、その際この本が十三篇から編成されていたため『高祖傳十三篇』という名をつけ、『七略』に登録した。後漢の班固も、またこの書を讀んだ。彼はこの書の内容に基づいて劉向の撰した書名に注釋した。その注釋と魏相に引用される内容とは完全に一致している。班固は斷代史の『漢書』を編撰するにあたり、高帝紀を作る時高帝五年詔を「詔曰……又曰……」の形式で詳細に節略・分載したのである。後漢末、荀悅が『漢紀』を編撰した。彼は「令」の形式で再び高帝五年詔の部分を簡略に分載した。

要するに、以上の檢討を通して、本章の基本史料としての高帝五年詔は、漢政府の詔令集から節略・分載の形式で採錄された詔令の原文であり、その信用度が非常に高いと判斷される。そして、次に論述の便宜上、豫め本章では「高帝五年詔」の定本として『漢書』に所載のものを十五項に分け、各項ごとにその文を紹介しつつ、それらの項ごとに、語義と主旨の確認の作業を試みていくことにする。まず、詔文の第一項、特に「諸侯子」について檢討したいと思う。

二　「諸侯子」について

「高帝五年詔」は、

〔1〕諸侯子在關中者、復之十二歲、其歸者半之。

という一文から始まる。同じ項について、『史記』卷八高祖本紀の同條には

諸侯子在關中者、復之十二歳、其歸者復之六歳、食之一歳。

とあるが、この二十三文字が、「高帝五年詔」について『史記』が記す全てである。『漢書』において、『史記』の「復之六歳」が「半之」に改められ、「食之一歳」の一節が落されている。

さて、「諸侯子」については、從來二つの解釋がある。一つは宋の宋祁の説であり、彼は「諸侯子謂諸侯國人、若楚子之類」と述べて、諸侯子を「諸侯國の人」と見る。(6) もう一つは淸の周壽昌の説である。彼は『漢書注校補』に「竊謂楚子、諸侯子之類、大約楚國與各諸侯支系、宗戚之從軍者、非泛泛國人、故書子以別之。」と述べて、「諸侯子」を諸侯の一族の範圍と想定している。(7) ところで、詳しく檢討すると、この「諸侯子」なる語は、前漢初年しか使用されないもののようである。(8) 『漢書』卷四十四淮南王劉長傳に薄昭の劉長への書として

亡之諸侯、游宦事人、及舍匿者、論皆有法。其在王所、吏主者坐。今諸侯子爲吏者、御史主、爲軍吏者、中尉主、客出入殿門者、衞尉大行主、諸從蠻夷來歸誼及以亡名數自〔占〕者、內史縣令主、相欲委下吏、無與其禍、不可得也。王若不改、漢繫大王邸、論相以下爲之奈何。

とある。これは、劉長が各種の逃亡人を集めて、漢の法律に違反した罪について言及したものであるが、これらの逃亡人の中には、「諸侯子」も含まれている。この犯罪について、同傳にはまた丞相張蒼らの漢文帝への上奏文として「收聚漢諸侯人及有罪匿與居」と記している。前文の「諸侯子」は、ここでは「諸侯人」と稱されている。この「漢諸侯人」について王先謙は、『漢書補注』同條に「漢郡縣及諸侯國之人」と注し、これを「漢の郡縣の人および諸侯國の人」と見る。したがって、「諸侯子」とは「諸侯人」と同じで、諸侯國の人という意になるわけである。さらに檢討すると、ここで劉長の罪との關わりで重要な問題は、戶籍制度に關するものであると思われる。つまり、「劉長への書」における「諸蠻夷」とは、戶籍がない異民族のものを言う。「無名數」とは、「高帝五年詔」にある「不書名

數」と同じで、戶籍に登載されていないという意である（本章第二節解釋〔2〕を參照）。「諸侯子」とは、「高帝五年詔」にある同語と同じく、戶籍が諸侯王國に登載された人を指すものであると考えられる。次に、以上の「諸侯子」の解釋を踏まえた上で、再び「高帝五年詔」に戻り、その「諸侯子在關中者」について具體的な分析に移る。

秦漢時代、關中地區は都の所在する重要な地域であるため、通常、自由通行は許されておらず、「傳」、すなわち、通行證の所持が義務づけられていた。漢の文帝十二年（前一六八）に、この種の規定が一時的に廢止されたことがあるが、景帝四年（前一五三）に復活した。(9) そのうえ當該時代には嚴しい戶籍制度が存在したため、人々の移動の自由はほとんどなかった。この二つの要素を前提とすれば、詔文の中で、のちに見える「軍吏卒」とともに、優遇される對象としての「諸侯子在關中者」とは、戶籍が諸侯王國に登載された人という一般的な意味での「諸侯子」ではなく、さらに具體的な意味が附與された法律用語であろうと考えられる。

周知のように、漢元年（前二〇六）十月、劉邦の軍隊がまず關中地區に進入し、次いで同年十二月、項羽の軍隊および項羽のもとに屬していた各諸侯國の軍隊も關中に進入したが、同年四月には、いずれも關中から撤退し自國に歸還した。その際、舊秦國は四つの國に分けられた。そのうち關中地區は、雍（王、章邯）、塞（王、司馬欣）、翟（王、董翳）など三つの國に分けられ、三國とも舊秦國の降將によって支配されることになった。したがって、關中地區に滯在する各諸侯國の人、すなわち、「諸侯子在關中者」は、ほとんど存在しないはずである。しかし、殘る舊秦國の蜀漢地區は、漢國として漢王である劉邦が支配することになった。劉邦が漢中に就國する時、多數の關東地區の各諸侯國の人たちは、劉邦に從って漢中地區に到着した。『漢書』卷一高帝紀に「(項) 羽使卒三萬人從漢王、楚子、諸侯人之慕從者數萬人」とあり、文穎は「楚子猶言楚人也、諸侯人猶言諸侯國人」と注している。すなわち、劉邦に從って漢中に到着した人々は、三萬人の漢の軍人および「數萬人」の楚および各諸侯國の「慕從者」からなっていた。たとえば、淮陰侯の韓信と韓王信はそのような「慕從者」である。この際の漢の軍隊は、すべて楚を中心とする關東地區出身の者から編制されたものである。[10] そのため、どこに著籍するかという戶籍登錄問題が發生した。すなわち、彼らの本籍はみな關東地區の各諸侯國であるが、漢國の人として漢中地區に到着してからのちは、この時代の戶籍制度に從えば、漢中地區に著籍すべきである。しかし、後の史實によれば、彼らは漢中地區に著籍したのではなく、もとの本籍をそのまま保留していたのではないかと思われる。その理由は、次のとおりである。

1、前述したように、劉邦の部下はみな楚を中心とする關東地區の出身であり、漢中到着後は、「晝も夜も故鄉に歸りたがった」。[11] 劉邦は、關中および關東に進入して項羽と天下を爭う必要上、關東籍の部下の歸鄉したい氣持ちを利用しなければならず、彼らの戶籍を漢中にあらためることなく、もとの本籍を保留させた。これは、その時の漢の政策として行われたものではないかと、私は考えている。第二節の一の表一「前漢初年における軍功爵封賜表」によって明らかになるように、漢の食邑制度はおそくとも漢二年十一月には實行されていたが、食邑者の食邑地で漢中にあるものが一つも見えなかった點は、漢中では彼らの著籍はなかったということの一つの證明である。

2、漢元年八月、劉邦の軍隊は再び關中に進入した。この時、劉邦に從って漢中に入った各諸侯國の人々も關中に入った。彼らこそ「諸侯子在關中者」、すなわち、諸侯子の關中に在る者になるわけである。『史記』巻八高祖本紀によって、漢二年六月、劉邦は彭城で敗戰し、關中に撤退してから、「令諸侯子在關中者、皆集櫟陽爲衞」とある。これは、緊急時「諸侯子在關中者」といった信賴できる人々を集めて、都の櫟陽を守らせようとしたためであろうと思われる。

3、漢五年五月、漢政府は、兵をみな「歸家」させ、同時に「高帝五年詔」を發布した。「歸家」とは、本籍地に歸還させるということである。[12] もし劉邦に從って漢中に入ったことがある部下たちが漢中で戶籍登錄したとすれば、この時みな漢中に歸還しなければならないことになる。それは、考えられない無理なことである。實際には、彼らはみな關東の本籍地に歸りたかったが、漢政府は關中という根據地を強固にするために、彼らに關中の定住を求めた。そのため、「高帝五年詔」の中に「諸侯子在關中者、復之十二歲、其歸者半之。」という關中地區に定住する者についての優遇條文が附加されることになったと思われる。

要するに、「諸侯子」とは、「諸侯人」と同じく、前漢初年で使われる法律專門用語である。その意味は、一般的に言えば、戶籍が諸侯王國に登載される人であると結論できるが、具體的には、上下の文によってさらに分析することが必要である。

復については、重近啓樹氏の研究によれば、「復」は「除」と同義で、「復」、「復除」は、「のぞく、免除する」意で使用される税役用語であり、それ自體として特定の税役目免除の義を持つものではない。また、史書の復除記事に免除税役目が記載されていないのは、史書において税役目が省略された場合か、或いは免除税役目が別に舊來の律令や故事（先例）によって確定された結果、詔文の上には現れない場合である、という。[13] そうであるなら、ここでは「復」の税役目が省略されたわけである。もし、本詔文第七項の免除税役目に準ずるとするならば、それは「徭役」と考えるほうがいいであろう（第二節の解釋〔7〕を參照）。

以上の考察より、本條の意味は、關中に定住する諸侯子は、十二年間（徭役を）免除する。歸鄉する諸侯子は、六年間（徭役を）免除する、ということになる。

三　「高帝五年詔」の解釈

〔2〕民前或相聚保山澤、不書名數、今天下已定、令各歸其縣、復故爵田宅、吏以文法教訓辨告、勿笞辱。

顏師古は「名數、謂戸籍也」と注している。ここにいう戸籍は、漢初にあらためて整理された新しい戸籍であると考えられている。もし、これを秦あるいは楚の時代の舊戸籍とすれば、「不書名數」という脱籍の問題は生じるはずがないであろう。

前漢初年において戸籍の再整理がいつから始まったかについては、史書に記載がない。しかし、戸籍が丞相の蕭何によって主管されていたことは明らかである。(14)『漢書』巻一高帝紀には、漢二年八月、劉邦が軍隊を統率して漢中を出發し、關中に進入する際に、「(劉邦)留蕭何收巴蜀租、給軍(糧)食」という記事がある。周知のように、租を徵收し軍に送るのは、戸籍に基づかざるをえない。すなわち、同傳にまた「計戸轉漕給軍」とある。また、『後漢書』巻八十六南蠻西南夷列傳によると、漢の徵兵制は劉邦集團が漢中に就國する時に始まったことわかるが(15)、徵兵制は戸籍制度に基づいて實行するものである。したがって漢初の戸籍整理は、漢二年四月～八月、すなわち、劉邦が漢中に就國する時點で始まったと推定できる。一般に、漢初の戸籍整理は、劉邦の軍隊の進駐に伴って、次第に各地で行われたと思われる。『漢書』巻一高帝紀漢二年五月條に「蕭何發關中老弱未傅者悉詣軍」とある。顏師古は「傅、著也。言著名籍、給公家徭役」と注している。徵兵は戸籍に基づき行われるため、おそくとも漢二年五月には關中地區の戸籍整理は完了していたことになる。

「歸其縣」とは、もとの戸籍の存する縣に歸らせ、もとの戸籍に復活させるという意味である。しかも、もとの戸籍に復活する際には、もとの戸籍に書かれていた爵位・田宅なども取り戻すことになる。これが「復故爵田宅」ということの具體的な意味である。

以上より、本條の意味は、民には以前山澤に相い集まり避難して、戶籍に登載されていない者がいる。今天下はすでに平定されたので、各自もとの縣に歸らせ、もとの爵位や田宅を取り戾させるが、吏は法をもって彼らに辨告するだけで、笞うち辱しめてはならない、ということになる。

〔3〕民以飢餓自賣爲人奴婢者、皆免爲庶人。

この詔文にある奴婢に關する赦免規定は、すべての奴婢を赦免するような普遍的な法令ではなく、具體的に對象を限定した法令であると考えられる。『漢書』卷二十四食貨志に

漢興、接秦之敝、諸侯并起、民失作業而大飢饉、凡米石五千、人相食、死者過半。高祖乃令民得賣子、就食蜀漢。

とある。同じことを、『漢書』卷一高帝紀では高帝二年六月のこととして「關中大飢、米斛萬錢、人相食、令民就食蜀漢」と述べている。その際、漢政府は法令を發し、民に子供を賣り他人の奴婢とする、すなわち、買い手の私奴婢とすることを許した。今、それらの奴婢をすべて赦免し庶民の身分に回復させせよ、というのである。

本條の意味は、飢餓のためにわが身を賣って人の奴婢となった民は、これをすべて赦免して庶民とする、ということである。

〔4〕軍吏卒會赦、其亡罪而亡爵及不滿大夫者、皆賜爵爲大夫。

如淳は「軍吏卒會赦、得免罪、及本無罪而亡爵者、皆賜爵爲大夫」と注している。顏師古は「大夫、第五爵也」と注している。秦および漢の爵制では、大夫という爵位は第五等爵である。この條によって、劉邦の軍隊の吏卒はほとんどすべて第五等爵を與えられ大夫となったことが分かる。

本條の意味は、軍の吏卒の中で、有罪で赦にあった者、罪がなく爵もない者および大夫の爵に滿たない者は、すべ

て爵を賜與し大夫とする、ということである。

〔5〕故大夫以上、賜爵各一級。

顏師古は「就加之也。級、等也。」と注している。

本條の意味は、もと（第五等）大夫の爵以上であった者には、それぞれ爵一級を加える、ということである。

〔6〕其七大夫以上、皆令食邑。

臣瓚は「秦制列侯乃得食邑、今七大夫以上、皆食邑、所以寵之也。」と注している。守屋氏の研究によれば、秦の爵位では、第九等爵の五大夫以上の者が食邑を持つことになっている。[16] 一般には、侯の爵位をもつ者のみが食邑を持つというのが漢の制度である。しかし、前漢初年には、侯以下の爵位の者が食邑を持つ例もある。たとえば、『漢書』巻四十二趙堯傳に「（劉邦）遂拜（趙）堯爲御史大夫、堯亦前有軍功食邑、及以御史大夫從擊陳豨有功、封爲江邑侯」という記事がある。『漢書』巻十九百官公卿表によると、趙堯は、高帝十年（前一九七）で御史大夫になっているが、『漢書』巻十六功臣表によると、彼は高帝十一年に江邑侯に封ぜられている。したがって、彼は列侯になる前に軍功によって食邑を持っていたことがわかる。

「七大夫」について、顏師古は「七大夫、公大夫也、爵第七、故謂之七大夫」と注している。『漢書』巻十九百官公卿表および『商君書』境内篇によれば、秦および漢の爵制では、第七等爵は公大夫と稱すべきである。栗原朋信氏は、ここにいう「七大夫」という爵稱は、秦の爵稱ではなく、楚の爵稱であり、顏師古の注は妥當ではないという説を提出したことがある。[17] しかし、のちに見るように、漢は漢元年四月から八月までの間に楚の制度を廢止し、統一的に秦の制度を採用したため、この時（漢五年）に楚の爵制を使って賜爵することはありえないと考えられる（第二節を參照）。また、「高帝五年詔」の中に使われる他の爵稱、すなわち、大夫・公大夫・公乘などは、みな秦の爵稱である。さらに、七大夫という爵稱は、ちょうど第八等爵である公乘の前におかれているので、顏師古の注のごとく、第七等の秦爵と認めてよいであろう。

本條の意味は、七大夫の爵以上の者には、すべて食邑を與える、ということである。

〔7〕非七大夫以下、皆復其身及戶、勿事。

「勿事」について、如淳は、「事、謂役事也」と注している。顏師古は『漢書』巻一高帝紀七年十二月條に「勿事、不役使也」と注している。二人とも「事」を傜役と解釋している。これはここでの「復」の税役目である(第一節の解釋〔1〕を參照)。傜役免除の年數は、ここでは省略されたと思われる。

本條の意味は、七大夫の爵を除き、それ以下の者には、みな本人およびその戶の傜役を免除する、ということである。

〔8〕七大夫、公乘以上、皆高爵也。

顏師古は「公乘第八爵」と注している。漢の爵制には、民爵・官爵の別があり、官爵・吏爵の別もある。[18] しかし、法律の側面から見れば、漢の法律は普通法と軍法という二つの異なる系列に分けられる。軍功爵は、軍法によって與えられ、各種の賞を賜與されるものであり、他の爵とは別種、獨特な爵と考えるほうがよいであろう。一般的には、漢爵において、第八等の公乘は高爵と低爵との分界線と認められるものである。通常、庶民たちは、第八等の公乘以上の爵を與えられない。しかし、ここでは、七大夫(公大夫)をも高爵と認めている。これは、前漢初年には秦王朝の制度がそのまま踏襲されていたためではないかと考えられるが、あるいは當時の漢政府が軍の吏卒を優遇するために制定した特別な措置とも考えられる。

本條の意味は、七大夫、公乘以上は、みな高爵である、ということである。

〔9〕諸侯子及従軍歸者、甚多高爵、吾數詔吏先與田宅、及所當求於吏者、亟與。

顏師古は「亟、急也」と注している。ここでの諸侯子は、前の「諸侯子在關中者」と同じ者を指す。ここでいう「田宅」を先に與える「數詔」（いくつかの詔令）は、史書になに一つ記載されていないが、この記事によって、發布されたのは確かである。「所當求於吏者」とは、田宅の他に、軍功褒賞制によって賜與されるべきものを指している。秦の場合には、田宅の他に庶子が與えられているのに對し、漢の場合には、そういう記載が見えない。

本條の意味は、諸侯子および従軍から歸った者には、高爵の者が甚だ多い。吾は吏にいくつかの詔を下し、先に田宅を與えさせるが、またそれを吏に求めて當然なものには、速やかにこれを與えよ、ということになる。

〔10〕爵或人君、上所尊禮、久立吏前、曾不爲決、甚亡謂也。

顏師古は「爵高有國邑者、則自君其人、故云或人君也。上謂天子」、「亡謂者、失於事宜、不可以訓」と注している。秦漢の軍法では、軍功爵の賜與は軍の中で行われるのであるが、田宅を與えるのは軍功爵者の居住する縣で吏によって行われている。ここで吏が決着をつけないものとは、軍功爵者に對して與えるべき田宅などを指すのであろう（本節の解釋〔14〕を參照）。

本條の意味は、爵高く國邑の人君たる者は、上の尊禮するところであり、長い間、吏に要求するのに、吏がいつまでも決着をつけないでいるのは、甚だ事宜に失うことである、ということになる。

〔11〕異日秦民爵公大夫以上、令丞與亢禮。

應劭は「言従公大夫以上、民與令丞亢禮。亢禮者、長揖不拜」と注している。顏師古は「異日、猶言往日也。亢者、當也、言高下相當、無所卑屈、不獨謂揖拜也」と注している。二人の「亢禮」についての解釋は、少し食い違っている。『漢書』巻五十汲黯傳に、

大將軍靑既益尊、姊爲皇后、然黯與亢禮。或說黯曰、自天子欲令群臣下大將軍、大將軍尊貴誠重、君不可以不拜。黯曰、夫以大將軍有揖客、反不重邪。

とある。これによれば、亢禮とは、「揖」するだけで拜さないという儀禮であることがわかる。また、『漢書』巻一高帝紀秦二世三年二月條には、酈食其が劉邦と會った時、「酈生不拜、長揖曰……」と記されている。顏師古は「長揖者、手自上而極下。」と注し、「長揖」の禮について詳しく説明している。併せて考えれば、應劭はどのようにその禮を行うかという具體的な作法から「亢禮」を解釋しているが、顏師古は「亢禮」のもつ意味から解釋を行っているのである。令丞とは、縣令と縣丞とを指す。

本條の意味は、かつて秦の民で、公大夫以上の爵を持っていた者は、縣令・縣丞に對等の禮をする、ということである。

〔12〕今吾於爵非輕也、吏獨安取此。

顏師古は「於何得此輕爵之法也」と注している。王先謙は『漢書補注』で「何取輕爵如此也。顏訓非」と注している。つまり、顏師古は、次の文に屬すべき「且法」という語を、この文の末につけて讀んだため、誤った解釋に陥ったのである。王注は正しい。

本條の意味は、今吾は爵位を輕んじていないのに、吏のみがどうしてこのように輕んじているのであろうか、ということである。

〔13〕且法以有功勞行田宅。

蘇林は「行、音行酒之行、猶附與也」と注している。王先謙は『漢書補注』に「法、謂法令」と注している。のちに見るように、ここにいう法とは、漢の軍法であると考えられる（本章第三節一を參照）。

本條の意味は、（軍）法には、功勞があることによって田宅を與えるという規定がある、ということである。

〔14〕1、今小吏未嘗從軍者多滿、有功者顧不得、背公立私、2、守尉長吏教訓甚不善。

1、秦には、「吏誰從軍」という小吏が推擇されて軍隊に編入されるという制度がある。ここにいう「小吏未嘗從軍者」とは、推擇されていない縣の掾屬などの小吏を指す（詳しい說明は、次の2を參照）。「多滿」について、如淳は「多自滿足也」と注している。王先謙は、『漢書補注』に「私取田宅以自盈也」と注している。漢の軍法では、軍功爵による田宅賜與は、軍功爵者の居住する縣で實行される。具體的には、ここにいう縣の掾屬など小吏により實行されると考えられる。(19) 彼らは、職權を利用して、田宅を取って私腹をこやしていたため、劉邦は「公に背き私をたてる」としてこのような事態を責めたのである。

2、顏師古は「守、郡守也。尉、郡尉也。長吏、謂縣之令長」と注している。勞榦氏は、漢における「長吏」という語は、次の如き多樣な意味でつかわれるものであるという。一、縣の令・長を指す。二、六百石以上の吏を指す。三、縣丞を指す。さらに、氏によれば、「長吏」が以上の三つの意味で使われるのは、前漢初年でのことである。前漢の中期以降は、『漢書』百官公卿表の記載どおり、長吏とは縣の令・丞・尉を指すことになるようである。(20) しかし、同じ語、特に令文中におけるそれについては、數種の異なる意味が附與されることは、あまり考えられない。『漢書』卷十九百官公卿表には

縣令長皆秦官、掌治其縣、萬戶以爲令、秩千石至六百石、減萬戶爲長、秩五百石至三百石。皆有丞尉、秩四百石至二百石、是爲長吏。百石以下有斗食佐史之秩、是爲少吏。

とある。ここでは、「長吏」は「少吏」に對していう語である。「少吏」とは、百石以下の吏を指す。これに對して「長吏」とは二百石以上の吏、すなわち、二百石から中二千石までのすべての役人を指す用語であろうと考えられる。

したがって、この意味での「長吏」は、勞幹氏の擧げたすべての事例に通じることになる。縣の令・長・尉・丞も、六百石以上の吏も、二千石の吏も、みな「長吏」であるといえる。すなわち、「長吏」とは、二百石以上の吏を總稱する法律的專門用語であり、二百石以上の各々等級を持つ「長吏」の中で、個々の史料の「長吏」が具體的にどの等級の吏を指すかということは、その都度文脈によって分析することが必要であろう。[21]

本條の「小吏」は、「長吏」に對して使われる語である。したがって、「小吏」とは、二百石以上の「長吏」に對して、百石以下の吏を指すものと考える。『漢書』卷八宣帝紀神爵三年（前五九）八月條に

詔曰、吏不廉平則治道衰、今小吏皆勤事而奉祿薄、欲其毋侵漁百姓難矣。其益吏百石以下奉十五。

とある。これにより、「小吏」は、百石以下の吏を指すことが明らかである。前述したように、『漢書』百官公卿表は、「長吏」に對して百石以下の吏を「少吏」と稱している。しかし、古文字における「少」と「小」は、互に通用する。[22]あるいは、「小」と「少」とは、わずかに「ノ」の一畫の差があるにすぎないので、ここの「小吏」という語は、「少吏」の筆誤ではないかと私は考えている。

さて、『睡虎地秦墓竹簡』編年記に「〔五十〕三年、吏誰從軍。」という記事がある。注釋者は、「誰」を推擇と解釋し、『史記』卷六秦始皇本紀に見える「軍歸斗食以下、什推三人從軍」が、この記事と類似しているとする。[23]「斗食以下」という吏は、『漢書』卷十九百官公卿表にある「百石以下有斗食佐史之秩、是爲少吏」のことであろう。秦の「吏誰從軍」という制度において推擇される吏は、百石以下の少吏（小吏）であることは疑いない。したがって、「高帝五年詔」における「小吏未嘗從軍者」とは、いまだ推擇されず從軍していない百石以下の少吏（小吏）、すなわち、斗食佐史など縣の掾屬であろうと考えられる。

本條の意味は、かつて從軍もしなかった小（少）吏が、今田宅をとって私腹をこやし、功勞ある者がかえってもら

えない、こういう公に背き私を立てることは、郡守・郡尉など長吏らの教訓が甚だ宜しくないためである、ということである。

〔15〕其令諸吏善遇高爵、稱吾意、且廉問。有不如吾詔者、以重論之。

顏師古は「稱、副也。廉、察也」と注している。大庭氏によれば、詔の中にある「使命知朕意」、「以稱朕意」などの用語は、詔書の一種類、すなわち、制書の専門用語である。(24) ここの「稱吾意」も同様の用語と考えられ、「高帝五年詔」も制書に屬すべきものであるといえよう。

本條の意味は、諸吏は高爵の者を善く待遇して吾が意に稱うようにせよ。かつ察べ問うて、我が詔のとおりにしない者がいれば、罪をもってこれ嚴しく罰する、ということである。

さて、一般的に言えば、史書に見える詔文は、節略・分載されることが多く文章自體を改めて採錄することもある。(25) さらに、節略・分載の形で採錄される場合には、節略・分載される詔文の間に「又曰」など文言がつくのが特徴である。たとえば、『漢書』巻四文帝紀文帝元年（前一七九）三月條に所載の「養老令」は、「高帝五年詔」と同じように、「詔曰……又曰……」の形式で節略・分載されたものである。そして、ここに全文を擧げた『漢書』所載の「高帝五年詔」もまた必ずしも全文とは考えられず、やはり節略・分載されたものと考えられる。

第二節　秦漢交替期における爵制の改變の問題

一　秦楚漢間の軍功爵制の變轉

周知のように、大局的にみれば、漢の爵制は秦の爵制を繼承してつくられたものである。『漢書』巻十九百官公卿表に記載されている二十等爵がそれである。同表に

一級曰公士、二上造、三簪裊、四不更、五大夫、六官大夫、七公大夫、八公乘、九五大夫、十左庶長、十一右庶長、十二左更、十三中更、十四右更、十五少上造、十六大上造、十七駟車庶長、十八大庶長、十九關内侯、二十徹侯。皆秦制、以賞功勞。

とある。しかし、秦漢交替期、劉邦の軍隊では楚の爵制が使われたことがある。たとえば、劉邦の部下の樊噲・灌嬰・夏侯嬰などには、楚の爵の執帛・執圭などが賜與されている(表一を參照)。近年、張家山漢簡の出土によって漢初期に楚爵を使っていたことはさらに明らかとなった。[26] したがって、秦漢交替期、正しく言えば秦・楚・漢間に、秦の爵制と楚の爵制と漢の爵制との間には一體どのような關係があるのか、とりわけ、劉邦がいつから楚爵を用いたのか、いつから楚爵を廢止して秦爵を用いたのか、ということが問題として殘ることになる。これは本章の論材である「高帝五年詔」にみえる爵がみな秦爵であるかどうかということと直接關係するため、解明しなければならない問題である。

この問題については、次のような先學の諸研究がある。

沈欽韓氏は、『漢書疏證』に「高祖初起、官爵皆從楚制」と記している。氏は劉邦が初めから楚制に從っていたと見る。[27]

渡邊卓氏は「墨家の兵技巧書について」で、劉邦が「擧兵直後は秦制を、項梁・項羽と合作當時は楚制を、漢楚對立から漢帝國成立にかけては再び秦制を利用した」とする。[28]

高敏氏は「論兩漢賜爵制度的歷史演變」で、漢が統一的に秦の爵制を使うのは、漢五年に劉邦が皇帝になって以後

のことであるとする。[29]

　栗原朋信氏もこの問題について詳しく検討している。氏は「兩漢時代の官民爵について」で、「漢は楚を滅ぼして天下を統一する前に於いては楚爵を用いたことがわかった。從って漢書其の他には漢二十等爵を以て秦制なりと云うて居るが、漢が秦の爵位を襲ったのは漢の統一前でないことは明らかで、どうしても統一後と見做さなければならぬ。然らば何時であるかといふことは當然問題となるが、史書に記されたものがないからこれは分からないが、漢二十等爵は文帝の頃に確かに存したらしく、その前でも、惠帝の頃に既に存したらしい。故に更に遡って高祖の時と見做されぬこともないが、さて漢の五年、高祖卽位の年多くの功臣を封じて列侯となした時に、從來の楚爵を廢してすべて秦爵を用いたかといふと、すくなくとも爵稱の上からすれば一切を改廢したと斷ずる譯にはゆかぬ。秦代の爵と漢代の爵と大體一致して居っても多少變更があったのではないかと思ふ。」と指摘している。[30]この問題に關する栗原氏の研究には高い評價が與えられるべきであるが、しかし氏の結論と根據には、若干の問題があるといわねばならない。その點を詳しく論ずるために、秦楚漢間に、劉邦の部下に賜與された爵をまとめたのが表一－1である。[31]

表一－1　前漢初年における軍功爵封賜表

年	月	爵（封賜）	姓名
秦二世　元	九	（劉邦爲沛公）七大夫	夏侯嬰
二	十	五大夫	夏侯嬰
	十二	七大夫	曹參

	正	（沛公從楚王景駒）	
	二	國大夫	樊噲
	三	五大夫	周勃
	四	（沛公屬項梁）	
	六	（沛公如薛、共立楚懷王）	
	七	列大夫	樊噲
		五大夫	曹參
		執帛	夏侯嬰
	八	上聞	樊噲
		執圭	夏侯嬰
	後九	（沛公爲武安侯、郡長）	
		執帛	曹參
三	十	五大夫	樊噲
		七大夫	灌嬰
	三	卿	樊噲
		執圭	曹參
		執帛	灌嬰
		卿	傅寬
		封	靳歙
	四	封	樊噲
		封	酈商
		封	夏侯嬰
	七	重封	樊噲
漢元	十	執圭	灌嬰

	二	（沛公封漢王）	
		列侯	樊噲
		建成侯	曹參
		昭平侯	夏侯嬰
		威武侯	周勃
		信成侯	酈商
		封	傅寬
		建武侯	靳歙
	四	（漢中就國）	
二	十一	（都櫟陽）	
		食邑（寧秦）	曹參
		食邑（懷德）	周勃
		食邑（雕陰）	傅寬
		食邑（杜之樊鄉）	樊噲
	正	食邑	酈商
	五	食邑	夏侯嬰
		列侯	灌嬰
三		食邑	靳歙
		食邑	灌嬰
五	正	（劉邦卽皇帝位）	
		益食	樊噲
		益食	灌嬰

六	十二	（大封功臣）食邑平陽 食潁陰 食絳	曹參 灌嬰 周勃

以上、表一－1を見ると、以下のことが明らかとなる。

1、劉邦は、秦二世元年（前二〇九）九月に起兵してから、漢元年四月に漢中に就國するまで、楚制に従って、楚の爵を用いた[32]。

2、漢元年四月以後、劉邦軍で楚爵が賜與された事例は一つも見えない。その間に劉邦軍の爵制が改變されたと思われる。

3、漢五年（前二〇二）正月、劉邦が皇帝になった。その際、漢の爵制の改變はほとんど見られない。

4、劉邦が多くの功臣を封じたのは、漢六年十二月からである。その際、爵制の改變は見られない。

二　「韓信申軍法」について

漢における軍事的な律令は、軍法と稱されている。漢の軍法は、前漢初年に劉邦の大將であった韓信によって整備されつくられたものである。そのことは、『史記』巻百三十太史公自序の

　於是漢興、蕭何次律令、韓信申軍法、張蒼爲章程、叔孫通定禮儀、則文學彬々稍進、詩書往々間出矣。

や、『漢書』巻一高帝紀の

（劉邦）初順民心作三章之約。天下既定、命蕭何次律令、韓信申軍法、張蒼定章程、叔孫通制禮儀、陸賈造新語。から窺える。これらは前漢初年の重要な國事についてまとめて述べた記事である。その中の一つは、「韓信申軍法」のことである。「申」については、『荀子』富國に「爵服慶賞、以申重之」とある。楊倞は「申、亦重也、再令曰申。」と注している。つまり、「韓信申軍法」の「申」とは、「再令」、すなわち、再び發令するという意である。しかし、その詳しい時期および内容、特に彼がどの法令に基づいて再び發令したのかは史書に記載されていない。それを究明するために、韓信の履歴を整理したのが表一－2である。(33)

表一－2　韓信の年表

年	月	事
秦二世　二	二	項梁軍に従軍する。
	九	項羽に所屬して郎中になる。
漢　元	四	楚から逃げて漢に所屬する。連敖になる。治粟都尉になる。大將に拜される。
二	五	兵を收めて、滎陽で漢王と合う。
	八	左丞相になる。魏を攻める。
	九	魏王を捕虜とする。
	後九	代兵を破る。
三	十	趙國・代國を破る。

	六	齊國を攻める。相國になる。
四	十一 二	齊王の田廣を殺す。 齊王になる。
五	十二 正	垓下の戰に參戰する。 齊の軍權を奪われる。 楚王に徙される。
六	十二 四	劉邦に捕えられる。 淮陰侯になる。
十一		呂后に殺される。

「韓信申軍法」ということは、前漢初年の重要な國事の一つであった。その意義は、軍隊が全面的に整頓され、軍隊に關する法律と制度があらためて制定されたことである。法律と制度とを轉換する側面から考えれば、それを行うのに最も適した時期は、次の二つであると思われる。第一は、漢元年二月、劉邦が漢王になった後である。第二は、漢五年正月、劉邦が皇帝位に卽き、皇帝になった後である。

しかし、前述したように、このうち第二の漢五年正月以後は、劉邦軍の爵制の改變は見られない。さらに、漢五年正月には、韓信は劉邦に軍權を奪われて、齊王から楚王に徙されている。その後、彼は六年十二月には劉邦に捕えられており、以後十一年に呂后に殺されるまでの間、ずっと長安に軟禁されていた。従って、漢五年正月以後に韓信が軍法を再び發令することは不可能であろうと考えられる。そうであれば、殘された可能性は、第一の漢元年二月劉邦が漢王になった後となる。表一－2の韓信の年表によると、彼は漢元年四月から八月までの間に、漢中で劉邦に大將に拜せられた。[34]從って、彼が軍法を再び發令したのもその折ではなかったかと考えられる。さて、前述したように、その時期に劉邦軍の軍功爵制は楚制から秦制に變わっている。しかも、軍功爵制は軍法に編入されるものであるため、[35]それの改變は軍法の改變によって決められたはずである。これは、韓信が漢元年四月から八月までの間に漢中で軍法を再び發令したこと、さらに、彼が秦の軍法に基づいてその軍法を發令したことについての有力な證據である。

第三節　漢初軍功受益階層の成立

一　前漢初年の軍功褒賞制

前述したように、「高帝五年詔」は前漢初年の重要な法令で、庶民・奴婢・諸侯子・軍吏卒など幅廣い階層を對象にしているが、とりわけ軍吏卒の軍功褒賞を中心として發布された制書である。もとより前漢政權は劉邦集團が戰爭によって打ち立てた政權であるため、軍吏卒への優遇は前漢初年段階の政府がとった基本政策の一つであるといえる。「高帝五年詔」の他にも、劉邦時代における軍吏卒を優遇する法令がいくつか殘されている。たとえば、『漢書』卷一高帝紀漢二年二月條の、

蜀漢民給軍事勞苦、復勿租稅二歲。關中卒從軍者、復家一歲。

同四年八月條の、

漢王下令、軍士不幸死者、吏爲衣衾棺斂、轉送其家。

同六年十月條の、

詔曰、天下旣安、豪桀有功者封侯、新立、未能盡圖其功。身居軍九年、或未習法令、或以故犯法、大者死刑、吾甚憐之。其赦天下。

同八年十一月條の、

令士卒從軍死者爲槥、歸其縣、縣給衣衾棺葬具、祠以少牢、長吏視葬。

同八年三月條の、

令士卒從軍至平城及守城邑者、皆復終身勿事。

同十一年六月條の、

令士卒從入蜀・漢・關中者皆復終身。

等々である。以上の例をみれば、前漢初年に軍吏卒を優遇する規定は、租稅の免除・徭役の免除・戰死者の弔慰などが含まれており、「高帝五年詔」における軍吏卒優遇規定とほぼ一致していることがわかる。また、「高帝五年詔」の軍吏卒優遇規定の中には、田宅を與える内容が含まれていた。「高帝五年詔」の他にも、前漢初年に軍吏卒に田宅を與えるいくつかの詔令が發布されたことがある（本章第一節二の解釋〔9〕を參照）。しかし、この點については史書にはほとんど記載がない(36)。それを究明するには、まず「高帝五年詔」にみえる「法以有功勞行田宅」の法とは一體どのような法律規定であるのかを解明しなければならない。

周知のように、戰國時代の秦國では軍功によって爵位・田宅などが賜與されるという軍功褒賞制が嚴密に行われていた。この制度は、秦の孝公の時代、商鞅によって行われた變法に基づいて制定されたものである。それが商鞅以後も實施されていたことは、『商君書』境内篇、『韓非子』定法篇、『荀子』議兵篇などの記事によって明らかである。

それがさらに睡虎地秦簡の出土によって、秦の昭王以後、秦の始皇帝の時期まで實施されていたことがあらためて確認された。また、前述したように、漢元年四月から八月までの間に韓信が軍法を再び發令したが、彼の發令した漢の軍法は秦の軍法に基づいて整備されたもので、軍功褒賞制の規定がそれに編入されたと思われる。したがって、「高帝五年詔」において軍吏卒を對象とした、功勞による田宅賜與という軍功褒賞制に關する法律、すなわち、「以有功勞行田宅」の法は、漢の軍法にのみ規定された條文ではないかと推定できる。

『商君書』境内篇は秦の軍法の殘文で、『商君書』の成立の年代も前漢初年に近いため、[37] 境内篇に記載されている軍功褒賞制は前漢初年における漢の軍法にも繼承されていると考えられる。『商君書』境内篇にみえる、秦の軍功褒賞制は次の表一―3のごとくである。

表一―3　『商君書』境内篇における軍功褒賞表

この表三は、守屋氏前掲論文所載の表に基づいて作成したが、第五等爵の大夫以上、賜與される宅地が二十五畝を

級	爵名	賜與 田（頃）	賜與 宅（畝）	賜與 庶子（人）
1	公士	1	5	1
2	上造	2	10	
3	簪裊	3	15	
4	不更	4	20	
5	大夫	5	25	

6	官大夫	6		
7	公大夫	7		
8	公乘	8		
9	五大夫	税邑300家		
10	客卿	税邑600家		
11	正卿	賜税300家		
		賜邑300家		
12	左庶長			
13	右庶長			
14	左更			
15	右更			
16	少良造			
17	大良造			

限度に増加しないとした點は、古賀登氏の説に従う[38]。すでに、守屋氏が指摘したように、「漢爵においては列侯・關内侯以外の爵には邑が伴わず、その他いかなる形で土地の給附を伴った痕跡がない[39]」。また、漢代には政府から大規模に土地が賜與されることはないということは、學界でほぼ一般的な見方になっている。もとより、前漢・後漢の全體を概觀すればそのとおりであるといえるが、前漢初年のことに限れば、秦の事情と類似しているため、この説は適切ではないと思われる。まず、「高帝五年詔」によると、前漢初年では、第七等爵たる七大夫以上の爵を持つ者には、みな食邑が與えられている。次に第二の例として『漢書』巻一高帝紀漢九年（前一九八）十一月條の

徙齊楚大族昭氏・屈氏・景氏・懷氏・田氏五姓關中、與利田宅。

をあげることができる。これは『漢書』巻四十三婁敬傳によれば、劉邦が婁敬の建議に従って、「徙齊諸田、楚昭・屈・景、燕、趙、韓、魏後及豪傑名家」の結果「關中十餘萬口」となったのである。この「十餘萬口」の移民に與えられた田宅は、膨大な面積になったであろうと想定できる。これも、前漢初年に政府が大規模に土地を賜與した例の一つであるといえる。前漢初年には、八年間にわたる苛酷な戰爭がおわったばかりで、人口の減少と庶民の「脫籍」のために（本章第一節二の解釋〔2〕を參照）、漢政府が大量の土地を保有しており、大規模に土地を賜與する條件も十分整っていたと考えられる。

さて、「高帝五年詔」、特にその中にある田宅賜與問題についての研究は、管見の限りそれほど多くない。好並隆司氏はその著書『秦漢帝國史研究』でこの問題に觸れている。氏は詔の「全體の調子は高爵者つまり從軍の吏卒の優遇を言うのであるが、實態としては授爵された者が多數いたこともあって、爵インフレのため實際上、爵を輕んずる狀況が蔓延しており、爵に伴う田宅授與が實施困難をきたしていたようである」と理解した[40]。紙屋正和氏も「前漢郡縣統治制度の展開について―その基礎的考察―」という論文の中で、これに言及している。氏はこの詔の前部を第一詔、後部を第二詔とし、第一詔では軍吏卒の七大夫以上の者には「食邑」とされていたが、第二詔では「與田宅」とされており、相互に若干の相違を認める。その上で、この相違を認めるとすれば、第二詔は第一詔をうけたものなのか、あるいは兩者はまったく別の內容を持つものとしてだされたものなのか、との疑問を提出する[41]。ただし、すでに述べたように、ここで田宅を與えるということは、漢の軍法の褒賞規定によって行われたもので、漢の軍法は、秦の軍法に基づいてつくられたものである。周知のように、秦の軍功褒賞規定は、累進計算法によって賞賜するものであり、低爵者が高爵者になり、食邑が賜與されるとしても、以前に賜與された田宅は返還されず、そのまま持ちつづけているわけである。したがって、高爵者、低爵者を問わず、みな田宅があたえられることになり、その意味から、詔の前部と後部との間に相違があると思えない（詔の前部と後部との記載問題については、本章第一節三を參照）。

次の表は、「高帝五年詔」に基づいて作成した前漢初年における軍法の軍功褒賞表である。

表一―4　前漢初年における軍法の軍功褒賞表

級	爵名	賜与 田（頃）	賜与 宅（畝）	
1	公士	1	5	
2	上造	2	10	
3	簪裊	3	15	
4	不更	4	20	
5	大夫	5	25	
6	官大夫	6		
7	公大夫	食邑		七大夫
8	公乗			
9	五大夫			
10	客卿			左庶長
11	正卿			右庶長
12	左庶長			左更
13	右庶長			中更
14	左更			右更
15	右更			少上造

16	少良造	大上造
17	大良造	駟車庶長
18		大庶長[42]

さて、秦および前漢初年には、軍法における軍功褒賞制の中に田宅を與える規定があるが、前漢・後漢全體をみれば、それはほとんど見出せない。その原因は、功勞によって田宅を與えるという褒賞規定が變えられ、田宅のかわりに金錢を與えることになったためではないかと考えられる。史書の記載によると、劉邦時代には軍功褒賞制において金錢を賜與した例はあまりみえず、劉邦時代以後しだいに行われるようになったようである。『漢書』巻三十五呉王劉濞傳記載の景帝三年（前一五四）呉王劉濞の「遺諸侯書」に

能斬捕大將者、賜金五千斤、封萬戸。列將、三千斤、封五千戸。裨將、二千斤、封二千戸。二千石、千斤、封千戸（『補注』先謙曰、『史記』更千石、五百斤、封五百戸句、此奪文。）、皆爲列侯。其以軍若城邑降者、卒萬人邑萬戸、如得大將。人戸五千、如得列將、人戸三千、如得裨將、人戸千、如得二千石。其小吏皆以差次受爵金、它封賜皆倍軍法。其有故爵邑者更益勿因、願諸王明以令士大夫不敢欺也、寡人金錢在天下者往往而有、非必取於呉、諸王日夜用之不能盡、有當賜者告寡人、寡人且往遺之、敬以聞。

とある。これは、呉の軍功褒賞令の本文であることは疑いない。漢代には、封侯に關する規定は軍隊の中で將軍が行うものではなく、皇帝が行う特別な行賞とされる。[43]呉王は制度を踰越し、呉の令の中で勝手に規定しているのである。一方、一般の行賞は、漢においてすでに編成されていた軍法の規則に基づいて行うとしている。すなわち、「它封賜皆倍軍法」とあるとおりに、漢の軍法の規定に倍することによって行うこととしている。ここで注意しなければならないことは、この令文の中では、爵に伴う田宅賜與についてまったく觸れられておらず、そのかわりに、爵に伴う金

錢の大量賜與が規定されているという點である。このことから考えると、おそらく漢の景帝初年までに、漢の軍法における田宅賜與の褒賞規定は、金錢賜與規定に變わったものと推定できる。

二　漢初軍功受益階層の成立

高帝五年十二月、劉邦は垓下の戰のために、漢および各諸侯國のほとんどすべての軍隊を召集した。そして同年五月、「高帝五年詔」が發布された。その際、兵はみな歸鄕することになった。ここで解散した軍隊は、垓下の戰のために召集された軍隊であろうと思われる。垓下の戰について、『史記』卷八高祖本紀に

五年、高祖與諸侯兵共擊楚軍、與項羽決勝垓下。淮陰侯將三十萬自〔前〕當之[44]、孔將軍居左、費將軍居右。皇帝在後。絳侯、柴將軍在皇帝後。項羽之卒可十萬。淮陰先合、不利、卻。孔將軍、費將軍縱、楚兵不利。淮陰侯復乘之、大敗垓下。項羽卒聞漢軍之楚歌、以爲漢盡得楚地、項羽乃敗而走、是以兵大敗。使騎將灌嬰追殺項羽東城、斬首八萬、遂略定楚地。

とある。孔將軍と費將軍について、『正義』は「二人韓信將也。孔將軍、蓼侯孔熙〔聚〕。費將軍、費侯陳賀也」と注している。『史記』卷十八高祖功臣侯年表の蓼侯の孔聚條に、

以執盾、前元年從起碭、以左司馬入漢、爲將軍、三以都尉擊項羽、屬韓信、功侯。

とある。『索隱』は「卽漢五年圍羽垓下、淮陰侯將四十萬自當之、孔將軍居左、費將軍居右是也。費將軍卽下費侯陳賀也」と注している。また、同費侯陳賀條に、

以舍人前元年從起碭、以左司馬入漢、用都尉屬韓信、擊項羽有功、爲將軍、定會稽、浙江、湖陽、侯。

とある。これにより、孔將軍と費將軍の二人は、韓信の部下であることは間違いない。そして、垓下の戰の時、劉邦

軍は前軍・中軍・後軍など三つの部分に分けられていた。前軍は齊王韓信および彼の部下の蓼侯孔聚と費侯陳賀などに統率された三十萬人からなる大軍である。中軍は劉邦に統率され、後軍は絳侯周勃と棘蒲侯柴武に統率されたが、これらの數は記載されていない。

周知のように、戰國秦漢時代には、郡縣を單位として徵兵制が行われた[45]。なお、秦漢の軍制には、中央軍と地方軍、平時編制と戰時編制などに區別がある。平時編制にも戰時編制にも、中央軍にも地方軍にも、徵發された軍隊の數は徵兵制度によって數の制限があるわけである[46]。この時代、野戰の軍隊の總動員數は、大概六十萬人であろうと考えられる。『史記』卷七十三王翦傳では、秦において王翦が六十萬人の將として楚を攻略している。その際、王翦の話として「今空秦國甲士、而專任於我」とある。したがって、王翦に統率された六十萬人の軍隊は、秦において動員できるほとんどすべての野戰部隊の數であることがわかる。漢代では武帝期において外征に大規模な人員動員が行われ、元狩四年（前一一九）の匈奴との決戰に際しては、米田氏の推計によれば、十萬騎の騎兵に歩兵・輜重をあわせて、總動員數は五十～六十萬人に及んだものとされている[47]。

楚漢戰爭の際、漢が總動員を行ってすべての野戰部隊を集めたのは二回しかない。一度目は、漢二年に行われた彭城の戰である。二度目は、垓下の戰である。彭城の戰については、『史記』卷七項羽本紀漢二年條に、

春、漢王部五諸侯兵、凡五十六萬人、東伐楚。項王聞之、卽令諸將擊齊、而自以精兵三萬人南從魯出胡陵。……至彭城、日中大破漢軍。

とあり、『史記』卷十六秦楚之際月表漢二年四月條に、

項羽以兵三萬破漢兵五十六萬。

とある。『漢書』卷三十一項籍傳および荀悅『漢紀』の記載もこれと同じである。また、『漢書』卷一高帝紀漢二年條

に、

漢王以故劫得五諸侯兵、東伐楚。到外黃、彭越將三萬人歸漢。漢王拜越爲魏相國、令定梁地。

とある。これによって、彭城の戰においては漢および各諸侯國の軍隊の總數は五十六萬であり、彭越に統率された三萬人の軍隊を含めて計算すれば、ほぼ六十萬人である。この數を、この時代の野戰部隊の總動員數として認めたとしても、それほど大きな問題にはならないであろう。

すでに述べたように、垓下の戰の時に韓信に統率された漢の前軍はほぼ三十萬人で、これは韓信が齊から率いてきた軍隊を主體として構成されたものである。これに對して、劉邦に統率された中軍と周勃・柴武に統率された後軍は、漢に直屬する地域で徵發された軍隊を主體として構成したものと考えられる。すでに上述したように、漢は漢元年から徵兵制をしいた（本章第一節三の解釋2）。史書の記載によれば、前漢初年、漢に直屬する地域で徵發された軍隊を主體として構成した野戰部隊の最大の數は、約三十萬人である。たとえば、漢七年（前二〇〇）に劉邦が平城で匈奴に圍まれた際、劉邦軍の人數は『漢書』卷九十四匈奴傳によれば三十二萬人である。漢十二年（前一九五）、劉邦の死んだ時のこととして、『漢書』卷一高帝紀所載の酈商の話には「陳平、灌嬰將十萬守滎陽、樊噲、周勃將二十萬定燕代」とあり、この時の野戰部隊もあわせて三十萬人になる。したがって、垓下の戰の時の漢の中軍と後軍の數も、ほぼ三十萬人であると推測できる（史書の記載によれば、梁王彭越の軍隊と淮南王英布の軍隊も垓下の戰に參加したが、その數は多くない。それを計算する場合は、韓信の前軍あるいは劉邦の中軍の中に入れるべきであろう）。

以上の檢討によって、垓下の戰に參加した漢および漢に屬する各諸侯國の軍隊の總數は、當該時期の野戰部隊の總動員數にあたり、彭城の戰とほぼ同じ六十萬人になると推測された。したがって、「高帝五年詔」の發布された時、その詔書の對象となる劉邦所屬の軍隊の總數を六十萬人と推測しても、實數との間に大きな差異はないと思われる。

すでに述べたように、軍吏卒への優遇は前漢初年段階の政府がとった基本政策の一つである。「高帝五年詔」は、前漢初年政府によって發布された軍吏卒への優遇策を中心とする重要な法令である。この詔書によって、すべての軍吏卒がみな爵を賜與され第五等爵の大夫となり、そのうえ、漢の軍法の褒賞規定によって、同時に五頃（五百畝）の土地と二十五畝の宅地とが與えられるわけである。もし、この詔書が完全に實行されたとして、また、この詔書が適用される劉邦の軍隊の數をおよそ六十萬人とすれば、三億畝以上の土地と千五百萬畝の宅地とが賜與されたことになる。前漢初年の全國における土地數量については、史書に記載がない。しかし、『漢書』巻二十四食貨志では、前漢末平帝元始二年（西暦二）における全國の墾田數は、八億二千七百五十三萬六千畝であったと言われている。もちろん、前漢初年の全國における土地數はこの數量より少ないものと思われる。しかし中國古代社會における墾田數の變化は、長時間にわたって必ずしも急激ではないという特徴がある。[48] しかも、前漢末の墾田數を前漢初年の墾田數と比較しても、增加率は非常に少ないとの説もある。[49] もし、八億二千七百五十三萬六千畝という數をほぼ前漢初年の全國における土地數量を示すものとすれば、六十萬人の軍人に與える土地の量は、漢全國の墾田數の約四十％を占めると推定される。[50]

前漢初年の人口數は、葛劍雄氏の研究によれば、約千五百萬人から千八百萬人とされている。[51] 葛氏の説は、前漢末平帝時代の人口數を基準とし、さらに、農業生產力の狀況を傍證として提出したものであるから、その數は、ある程度蓋然性をもつものと思われる。もし、千五百萬人という人口を前漢初年の人口の實數と認めるとすれば、六十萬人の軍吏卒は當該時期の人口總數の約四％を占める（千八百萬人で計算とすれば、約三・三％を占める）。なお、漢における家族の平均人數は、ほぼ四・六人とされており、[52] 史書にみる「五口之家」（一家族五人）とほぼ一致する。いま、一家族五人とすると、六十萬人の軍吏卒とその家族とをあわせる人口數は、三百萬人に達し、人口總數の二十％を占めることになる（千八百萬人で計算すれば、約十六・五％を占める）。

したがって、假に「高帝五年詔」が實行されたとすれば、前漢初年に軍吏卒を主體とするある種の社會集團が創設されたということができる。この社會集團は、軍功によって賜與された軍功爵に基づき、强大な政治勢力と經濟力および高い社會的身分とを持つに至った。この集團は、當該時代における獨特な社會階層を構成しえたことになる。この社會階層こそ、漢初軍功受益階層と稱すべきものであると、私は考える。

注

（1）本章の主な内容は、一九九〇年に『史學雜誌』（第九九編十一號）に掲載された。その後早稻田大學の福井重雅先生から『漢書』藝文志に載せる『高祖傳十三篇』が「高帝五年詔」の史料的出所ではないか、という貴重な教示をいただいた。本節のこの部分は、福井重雅先生のご教示に基づいて作成されたものであり、ここに感謝の意を表する。

（2）戰國時代には各國が獨自の紀年法をもち、いくつかの暦が存在していたということは、新しい出土品および諸研究によって明らかになっている。前漢初年やそれに先行する楚漢紛争期と秦末の爭亂期は戰國時代によく似ており、數多くの紀年があった。したがって、『史記』および『漢書』に載せる當時の記事とその年代については、あらためて配列することが必要になる。この點は、平勢隆郎『新編　史記東周年表』（東京大學出版會、一九九五年）、『中國古代紀年の研究』（汲古書院、一九九六年）、『中華文明の誕生』（尾形勇と共著、世界の歴史2、中央公論社、一九九六年）などを參照。ただし、この新しい配列は、本書の扱う時期についてはなお一部しか示されていないので、本書の年代は、重要なところで注をつけて提示するほか、便宜的に『史記』に從うようにする。

平勢隆郎氏によると、漢が楚を滅ぼした年代は顓頊暦の漢四年九月である。しかし、この漢の四年は文帝期に書き換えてできたことで、書き換える前の漢三年の九月にあたり、西暦の前二〇三年とされる年のことになる。その證據となるのが、瓦當銘文「惟漢三年大並天下」である。この書き換えられる前の紀年は漢元年を義帝元年（前二〇六年）の翌年とするものである（平勢隆郎「越の正統と『史記』」、『史料批判研究』創刊號、一九九八年）。

（3）本書の附録二「高帝－武帝期　三公九卿・王國相・郡太守表」を參考。

（4）大庭脩『秦漢法制史の研究』、第三篇第一章、創文社、一九八二年。

（5）同上。

（6）『漢書補注』卷一所引。原書未見。

（7）周壽昌『漢書注校補注』卷一、廣雅書局、一八九一年。

（8）諸侯子なる語は、『史記』には二つの用例があり、『漢書』には四つの用例があるが、高帝から文帝までの間にのみ使用されたものである（その詳細は、次の文を參照）。なお、『漢書』卷六十四主父偃傳にある「諸侯子」は、『史記』の同傳によって、「諸侯子弟」とすべきである。

（9）『漢書』卷四文帝紀十二年條には

除關、無用傳。

とあり、『漢書』卷五景帝紀四年條には

復置諸關、用傳出入。

とある。漢の關制は秦の關制を繼承したと思われる。

（10）本書第五章第一節を參照。

（11）『漢書』卷一高帝紀に引く韓信の語に「士卒皆山東人、日夜企而盼歸」とある。

（12）歸家の意味については、尾形勇『中國古代の「家」と國家』（岩波書店、一九七九年）第四章第三節を參照。本章では、戶籍制度の側面のみの言及に止めたい。

（13）重近啓樹「漢代の復除について」（『東方學』第七三輯、一九八九年）。さらに、山田勝芳『秦漢財政收入の研究』第七章（汲古書院、一九九三年）を參照。

（14）『漢書』卷三十九蕭何傳を參照。

(15)『後漢書』巻八十六南蠻西南夷傳には「至高祖爲漢王、發夷人定三秦。……閬中有渝水、其人多居水左右、天性勁勇、初爲漢前鋒、數陷陣。」とある。これによると、劉邦集團が漢中に就國する時、徴兵制を確かに實行した、さらにその徴兵は蠻夷まで徹底的に實行されたことがわかる。

(16)守屋美都雄「漢代爵制の源流として見たる商鞅爵位制の研究」、同氏『古代中國の家族と國家』、東洋史研究會、一九六八年、所收。

(17)栗原朋信「兩漢時代の官民爵について」、『史觀』二二・二三冊、二六・二七冊、早稻田大學史學會、一九三〇・一九三一年。

(18)西嶋定生『中國古代帝國の形成と構造―二十等爵制の研究―』、東京大學出版會、一九六一年、第一章第三節を參照。

(19)本書附錄一の「『商君書』境内篇と秦の軍法との關係について」を參照。

(20)勞榦「漢朝的縣制」、同著『勞榦學術論文集甲編』所收、藝文印書局、一九七六年。

(21)長吏に關するこの解釋は、最近に出土した『尹灣漢墓簡牘』(中華書局、一九九七年)、特にその「東海郡員簿」、「東海郡下轄長吏名簿」、「東海郡長吏不在署、未到官者名簿」および「東海郡屬吏設置簿」など官吏の名簿によって裏附けられている。

(22)『説文』に「少、不多也。從小。」とある。段玉裁は「不多則小。故古少小互訓通用。」と注している。

(23)『睡虎地秦墓竹簡』、文物出版社、一九七八年。

(24)、(25)同注(4)。

(26)『文物』、一九九三年、第八期。

(27)沈欽韓『漢書疏證』巻二十七、浙江官書局、一九〇〇年。

(28)渡邊卓「墨家の兵技巧書について」、同氏『古代中國思想の研究』、創文社、一九七一年。

(29)高敏『秦漢史論集』、中州書畫社、一九八二年。

(30)同注(17)。

（31）この表は、『史記』および『漢書』の各本紀・列傳・表によってつくられたものである。紙幅の關係で、詳しい考證はすべて省略する。

（32）詳しくは、次の如くである。

1、秦二世元年九月に、劉邦が起兵した。『漢書』巻一高帝紀に

父老乃帥子弟共殺沛令、開城門迎高祖、欲以爲沛令……高祖乃立爲沛公。

とある。孟康は「楚舊僭稱王、其縣宰爲公。陳渉爲楚王、沛公起應渉、故從楚制、稱曰公」と注している。孟氏によって、劉邦が「初起」から楚制を用い、本人の肩書も楚制の縣の首長の公になっていたと分かる。したがって、軍功爵制にも楚制が用いられたことは當然であろう。

2、秦二世正月から、劉邦は楚王の景駒の配下にあったので、楚制をつづいて用いていたとすべきである。

3、秦二世四月から、劉邦は楚の將軍の項梁の配下にあり、楚制を改變しないまま用いていた。

4、秦二世六月から、劉邦は楚の懷王の配下にあり、楚制もつづいて用いられていた。

5、漢元年二月、劉邦が漢王になる。その際、各種の制度はまだ變更していないが、軍の中では配下を侯に封じることが始まった。

さらに楚漢關係と漢中改制の詳細については、本書第三章第四節、第四章第一節、第二節および終章第三節の三を參照。

（33）同注（31）。

（34）『史記』巻十八高祖功臣年表には、韓信が「大將軍」になったと記載されている。劉邦の時代には、大將或いは大將軍になったのは、韓信ただ一人である。

（35）同注（19）。

（36）張家山漢簡には漢初の授田に關する簡文があったそうだが、内容はまだ公表されていない。

（37）同注（19）。

（38）古賀登『漢長安城と阡陌・縣鄕亭里制度』第六章、雄山閣、一九八〇年。

(39) 同注（16）。
(40) 好並隆司『秦漢帝國史研究』、未來社、一九七八年、第二四八頁。
(41) 『福岡大學人文論叢』一三―四、一四―一、一九八二年。
(42) 境内篇にある第十等爵の客卿以下の爵名は、『漢書』巻十九百官公卿表の記載する爵名と相違がある。前漢初年ではどちらが用いられたのか、史書に記載がない。成立の時間から見れば、百官公卿表よりも境内篇の方が前漢初年に近いので、その記載が前漢初年の實態に近いものと思われる。
(43) 本書第六章第一節を參照。
(44) 瀧川資言『史記會注考證』高祖本紀に「淮陰侯將三十萬自當之」について、「祕閣本、三十作卅、自下有前、楓山本亦有前字」と注している。
(45) 楊寛『戰國史』、第六章、臺灣商務印書館、一九九七年。
(46) 重近啓樹「秦漢の兵制について―地方軍を中心として―」、靜岡大學人文學部『人文論集』第三六號、一九七八年。
(47) 米田賢次郎「秦漢帝國の軍事組織」、『古代史講座』五、學生社、一九六二年。
(48) 梁方仲『中國歷代戶口・田地・田賦統計』、上海人民出版社、一九八〇年。
(49) 葛劍雄『西漢人口地理』、人民出版社、一九八六年、第一篇第四章を參照。
(50) 漢の畝制について、歷史學界にはいまだ定說がない。西嶋定生『中國經濟史研究』、東京大學出版會、一九六六年、第一部第三節を參照。
(51) 前注（49）葛氏書第一篇結論。
(52) 前注（49）葛氏書第一篇第三章第五節。

第二章　漢初軍功受益階層の興衰と支配階層の變動

前漢初年に、新しい社會階層、すなわち漢初軍功受益階層が出現したということは、すでに本書第一章の研究によって明らかになった。もし假に筆者の所論どおり、前漢初年にこのような社會階層の存在を事實として認めることができれば、高帝期に現れたこの軍功受益階層が結局どれぐらいの間存在していたか、その存在期間においてそれ自體にどんな變化があったのか、それが漢代の政治および社會の中でどのような役割を果たしたのか、さらに同時代の他の社會階層および集團といかなる關係を持っていたのか、などの問題が問われるのは當然であり、さらにそれらに明確な回答を與えることもできるであろう。以上の問題に回答するために、筆者は前漢初年から武帝末年に至る約百二十年間の漢朝の中央政府（三公九卿）と地方政府（郡太守）および各王國（王國相）の主要官僚の出身狀況を調査し、統計圖表をつくって漢初軍功階層の蹤跡にせまり、それらに基づいて時間軸上でこの軍功受益階層と他の社會階層の變動軌跡を描寫することを試みる。すなわち、まず統計と圖示により漢初軍功受益階層の盛衰および他の社會階層との相互關係を概觀し、それを具體的な分析の土臺として次の研究を進めたい。しかし、この作業を進める前に、まず官僚の類型を區分する基準を設定し、それによって漢代官僚の分類を行うべきであろう。

第一節　漢代官僚の類型の區分

漢代の官僚については、その出所、すなわち職務に就くゆえんからいえば、親縁型と賢能型という二種の類型に分けることができる。それは、いわゆる「親親」と「賢賢」[1]という二つの道からでて官僚になるものである。親縁型とは、帝室との血縁婚姻關係を據りどころに官職に就く類型である。さらに一歩進めて區分すると宗親（宗室と外戚）と宦官（擬制親縁）の兩類に分けることができる。賢能型とは、個人の能力を據りどころとして官職に就く類型である。いうまでもなく、官僚になれる個人能力の種類は様々であり、漢代では、ただ選擧の類の名目を取り上げるだけでも、從軍、明法、明經、德行、文學、方伎、出使、治河、射策などがあり、それぞれ軍事、法律、外交、學問、技能など各種の能力に係わるものであると思われる。敍述するのに便利である點から、筆者はこれらの官職に就き得る個人能力を各種の「術」という表現で概括し、このような各種の術をもった者を士と稱する。これにより賢能型官僚を士吏と略稱する。また、漢代の士吏には主に軍吏、法吏および儒吏という三つの主要な子類があるので、前述の漢初軍功受益階層は軍吏類に屬するものだと考えられる（詳しくは下記參照）。さて、分類作業の便宜上、筆者は獨立した子類はみな元の母類には加えないで、つまり、母類が獨立した子類を含まないことを前提として、漢代の官僚の類型を下の表に示す。

表二－1　漢代における官僚の類型

親縁型
- 宦官
- 宗親

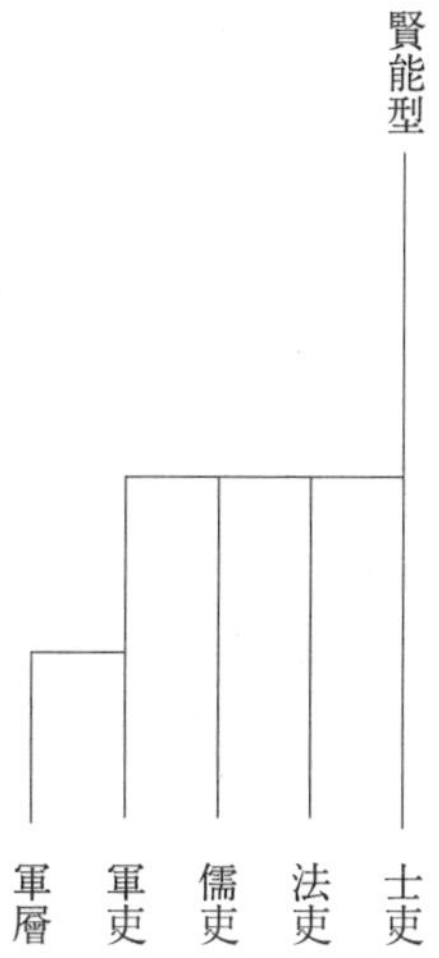

以上の七種類の官僚について、簡潔に定義すると以下のようになる。

一、軍層。軍層とは漢初軍功受益階層の略稱である。軍層出身者は、次の二つの條件を滿たすものである。第一、前漢王朝を創設した劉邦軍事集團の構成員およびその家族。第二、高帝五年詔などの軍吏卒を優遇する法令で利益を獲得したもの。

二、軍吏。軍吏とは、軍事活動および軍事組織の徑路を通じて官僚に昇進したものである。この定義からいえば、軍吏は比較的廣範な概念で、軍層出身者は軍吏出身者のうちの一つの特殊な部分に過ぎない。ただし、二者は嚴格に區別することができる。具體的に區別して言えば、軍吏は軍層を除いた軍事官僚たちである。概念的に區別して言えば、軍層出身者の參加した軍事活動は政權を創建するための戰爭で、すなわち政治的な軍事活動であるが、ある一つの王朝について言えば、この種の軍事活動は政權創建期の一時的な活動に限られるものである。したがって、軍層は政治的軍事官僚集團であるといえる。一方、軍吏出身者の參加する軍事活動は既存の政權の指導の下で行われ、比較的單純かつ平常的なものであることから、軍吏は職業的軍事官僚集團であるといえる。これらのことから、二者の獲得した權益、有した意識、政權および社會構成の中に占有した地位などはかなり異なったものであると思われる。

三、法吏。法吏とは、法律、すなわち律令の章程に精通することによって昇進する官僚である。秦漢帝國の制度は、法家思想の指導のもとでできたものである。それは執法官吏らの法律操作に頼って、嚴密な法制を中心として運行する體制であるので、法律をしっかりと理解しそれを運用することによって官吏の任命、審査、昇進などが行われるのがかなり一般的であった。法吏は官僚になるための專門知識、すなわち法律に精通することによって官僚になるものであるため、他の類型の官僚に比べると、もっとも典型的で純粹な職業官僚である。法吏は法術官僚といえる。

四、儒吏。儒吏とは、儒學の經典に精通することにより官吏となったものである。前漢初年、官吏になるための術は特定のものに限られていなかったので、儒學に精通して官吏になるものはほとんどいなかった。しかし、元帝以降、儒吏の存在が漢王朝の政權の中でだんだん顯著になり、王莽の時に至ってついに政治の主流となり、特殊な學術型官僚階層を形成した。儒吏は儒術官僚といえる。

五、士吏。士吏とは軍吏、法吏および儒吏を除いて各種の術によって出仕任官した者。前漢初年では、近臣（郎官と東宮官など）を主とするものである。

六、宗親。宗親とは宗室と外戚、すなわち帝室の同姓親族とその姻戚で出仕任官した者。かれらは血緣と婚姻との關係で官吏になったので、親緣型官僚といえる。

七、宦官。もとは去勢され宮廷内で水をまいて掃除するもので、皇室の家内奴隷という身分である。彼らは帝室と擬制的親緣關係をもち、それを頼みとして政治に參與したので、親緣型官僚の一種類として擬制親緣型官僚ということができる。

以上の類型は、漢代の各社會階層を理解するために區分基準を設定しようとするものであり、また筆者の漢代の官僚についての分類概念の要點を述べたものでもある。各類型の官僚に關する具體的な檢討は、別稿で史實に據って行うつもりである。

第二節　漢初軍功受益階層の興衰軌跡

漢代の行政は郡國制である。前漢初年、舊秦王國の領土に基づく漢王朝と關東の各王國は並立していた[2]。中央政府の所在は漢王朝だったが、その政治權力の重心は丞相を中心とする政府で、いわゆる三公九卿にあたるものである[3]。各諸侯王國にもそれぞれの政府があり、王國相を中心として政治が行われていた。漢王朝および各諸侯王國の地方行政は、みな郡縣制である。各郡は郡太守を中心として政治が行われるが、その下には縣、鄉、亭、里がある。しかし、縣以下の官僚に關する資料が乏しいので、その統計を進めるすべがない。ゆえに、筆者は三公九卿、王國相、郡太守を選んでこれを統計の對象とし、そのメンバーの所屬する類型の變化をたどって探し、それを通して漢代に現れた政治と社會との一般動向をみようと思う。前漢二百餘年のうち、まずその始めの百二十年間、すなわち劉邦が漢王となった漢元年（前二〇六）から武帝の死んだ後元二年（前八八）までの期間を選んで横軸とする。この百二十年間は、高帝の約十二年間（前二〇六～前一九五）、惠帝および呂后の約十五年間（前一九四～前一八〇）、文帝の約二十三年間（前一七九～前一五七）、景帝の約十六年間（前一五六～前一四一）、武帝の建元から元朔（前一四〇～前一二三）、元狩から元封（前一二二～前一〇五）、太初から後元（前一〇四～前八八）までのそれぞれ十八年間、の各時期にわけることができる。

社會階層の變化の動向をみることができるような圖式をたてるためには、時間の要素を入れて考えなければならないであろう。そこで、皇帝制のもとで帝位の交替がしばしば政治の變動をひきおこしたことを考慮して便宜をはかるため、皇帝の在位期間を統計の區分單位とし、それを上述した各時期ごとに檢討することとする。次にこの期間の漢朝の三公九卿、王國相、郡太守を調べ、その官職および任期を明らかにし、さらに上述の官僚の分類の基準に基づいてその所屬ごとに分け、一覽表とする。(4) さらに、この一覽表に基づき、各時期に分けて三公九卿、王國相、郡太守をそれぞれ出身ごとに統計し、比率を計算する。以上の作業の結果が、次の各表である。

表二－2　高帝－武帝期　三公九卿の出身別人數および比率

	軍層	軍吏	法吏	儒吏	士吏	宗親	合計	不明	總計
高帝	24	0	0	0	0	0	24	2	26
	100	0	0	0	0	0	100%		
惠呂	17	0	0	0	0	2	19	5	24
	90	0	0	0	0	10	100%		
文帝	13	0	7	0	1	0	21	8	29
	62	0	33	0	5	0	100%		
景帝	11	2	6	0	2	3	24	8	32
	46	8	25	0	8	13	100%		
武初	9	7	8	3	1	5	33	14	47

	軍層	軍吏	法吏	儒吏	士吏	宗親	合計	不明	總計
	27	21	24	9	3	15	100%		
武中	10	9	10	1	4	5	39	4	43
	26	23	26	3	10	13	100%		
武後	6	5	10	1	2	5	29	7	36
	21	17	34	3	7	17	100%		

表二—3　高帝—武帝期　王國相の出身別人數および比率

	軍層	軍吏	法吏	儒吏	士吏	宗親	合計	不明	總計
高帝	12	0	0	0	0	0	12	4	16
	100	0	0	0	0	0	100%		
惠呂	12	0	0	0	0	2	14	1	15
	86	0	0	0	0	14	100%		
文帝	2	0	0	0	3	2	7	1	8
	29	0	0	0	43	29	100%		

景帝	2	3	1	0	5	0	11	3	14
	18	27	9	0	46	0	100%		
武初	1	2	0	1	2	0	6	0	6
	17	33	0	17	33	0	100%		
武中	0	1	1	2	2	0	6	0	6
	0	17	17	33	33	0	100%		
武後	0	0	0	0	0	0	0	1	1
	0	0	0	0	0	0	%		

表二－4　高帝－武帝期　郡太守の出身別人數および比率

	軍層	軍吏	法吏	儒吏	士吏	宗親	合計	不明	總計
高帝	15	0	0	0	2	0	17	4	21
	88	0	0	0	12	0	100%		

	武後		武中		武初		景帝		文帝		惠呂
6	1	21	6	6	1	0	0	40	4	60	6
6	1	24	7	38	6	38	3	20	2	0	0
50	8	38	11	19	3	38	3	10	1	10	1
13	2	7	2	13	2	0	0	0	0	0	0
13	2	10	3	25	4	13	1	30	3	30	3
13	2	0	0	0	0	13	1	0	0	0	0
100%	16	100%	29	100%	16	100%	8	100%	10	100%	10
	9		6		4		2		0		0
	25		35		20		10		10		10

次に、さらに一歩すすんで、上述の表の數値に基づいて軍功受益階層の出身者だけを取り出し、それぞれの時期を横軸とし、三公九卿、王國相、郡太守にわけ、その比率の變動線を描く。同時に三公九卿、王國相、郡太守の中の軍功受益階層の出身者の人數を合計し、それを一つの項目として時代ごとの比率をそれぞれ計算する（表六で詳しく計算する）。それが次の表である。

表二—5　高帝—武帝期　三公九卿・王國相・郡太守に漢初軍功受益階層出身者の占める比率

	高帝	惠呂	文帝	景帝	武初	武中	武後
三公九卿——	100	90	62	46	27	26	21
王國相–·–	100	86	29	18	17	0	0
郡太守······	88	60	40	0	6	21	6
平均——	97	81	50	30	20	22	15

表二—6　高帝—武帝期　三公九卿・王國相・郡太守に軍功受益階層出身者の占める比率變動軌跡

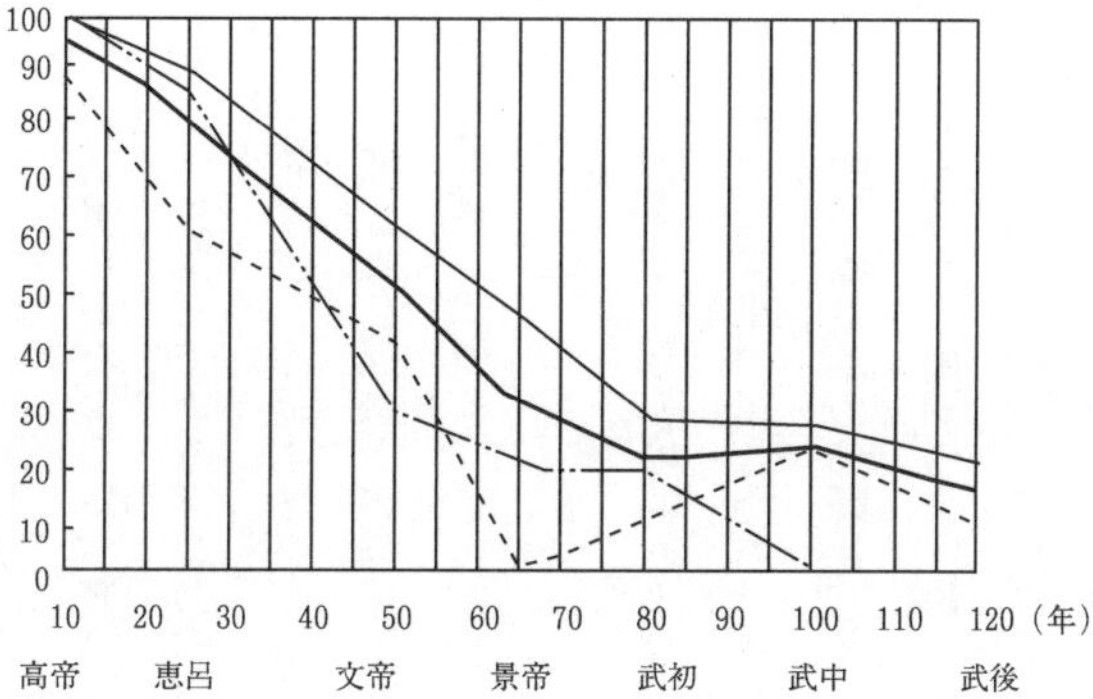

右の表より、次のことをみることができる。

一、漢初軍功受益階層は、高帝五年前後に現れてから武帝末年に消えるまで（筆者の調べによると、武帝以後、漢の三公九卿、王國相および郡太守の中にこの階層出身者の數は0である）、約一世紀の間存在していたことがわかる。

二、高帝期から文帝末年までの約五十年間、漢初軍功受益階層が漢王朝を支配していた。その間、この階層の三公九卿と王國相および郡太守の合計に占める割合は、それぞれ高帝期九七％、惠呂期八一％、文帝期五十％であって、みな五十%以上である。

三、漢初軍功受益階層の勢力は、その後年月が經つに從ってだんだんと衰退していく。全體的にいえば、その衰退は下から上へ漸進的に進んだ。すなわち、その變動はまず政權の下部に發生し、しだいに上に波及した。具體的にいえば、漢初軍功受益階層の漢朝中央政府支配はもっとも安定的かつ長期にわたるもので、景帝末年になってもなお四六%を占めていた。対して郡太守に占める割合は初めから比較的低く、その衰退も急速であり、高帝期に八八%、惠呂期に六十%、文帝期に至っては四十%しか占めておらず、すでに支配的な地位からはずれていた。諸侯王國の狀況はやや異なっている。表に明らかなように、漢初軍功受益階層の王國相に占める割合は惠呂期には八六%であったのに、文帝期には二九%へと急落している。この突然の變化は、その間に漢王朝の政策に重大な變動があったことを反映していると思われる。(5) 總じて、全體および部分の變動の度合においては文帝期が注目される。

さて、前述のとおり、縣および縣以下の官僚については、それに係わる史料が乏しいことから統計を進める手段がない。しかし、限られた史料に基づき、さらに當時の制度を考えあわせれば、ある程度の推測をすることが可能である。

秦末に起きた反秦戰爭の中で、秦朝の縣および縣以上の主要官吏たちはほとんどが滅ぼされ、それに取って代わった者の多くは、現地出身の反秦軍の軍人たちであった。たとえば、劉邦は沛縣で兵を擧げ、秦の沛縣令を殺し自ら沛公の座に就いた。つまり劉邦は楚制の沛縣長官となったのである。このようなことは、當時普遍的にみられた事實として認識しても大過ないであろう。周知のように、秦には軍功によって官吏となる、すなわち軍功のある軍人を以て吏員に補充する制度がある。(6) 同時に秦にはまた、「吏誰從軍」、すなわち百石以下の小吏が推薦されて從軍する制度もある。(7) このような軍吏と文吏との相互補充の制度はみな漢に繼續されている。前述のように、前漢初年、中央、王國、郡の主要な官職を軍功受益階層が獨占していたことは明らかである。しかしそれだけではなく、縣の主要な官職、ひいては郡と縣の掾史や鄉、亭、里の役人さえも軍功受益階層の出身者が多數を占めたと考えられる。最近公表された張家山漢簡の『奏讞書』を調べてみると、その中にみえる縣道の令長で出身を突き止めることのできる者は、新郪縣令（長）の信、髳長の蒼および醴陽縣令の恢などがあり、みな軍功爵の出身者である。さらに、その中にみえる掾史および鄉、亭、里の役人には、安陸の獄史の平、公梁亭の校長の丙、發弩の贅などがあり、それらもみな軍功爵の出身者である。これらの例はそのよい證據といえよう(8)。

前漢初年、政治は安定しており官吏の在任期間はかなり長かった。少なくとも文帝の時に至るまでは高級官僚ばかりではなく、一般の下級官吏さえもながく在任し、さらに代々世襲することも決して少なくなかった。『漢書』卷八十六王嘉傳に載せられる王嘉の上奏文には「孝文時、吏居官者或長子孫、以官爲氏、倉氏、庫氏則倉庫吏之後也。」とあり、これは正にこの狀況を反映したことである。さて、前述のように、漢初受益軍功階層の衰退は、大體下から上へ漸進的に進んだ。彼らの各レベルの官職に占める割合も、王國から郡へ、さらに中央までのレベルで次第に低下し、彼らの漢政府を支配する力もそれにつれて次第に失われていった。文帝末期になって彼らはすでに郡守に占める割合において支配的な地位からはずれていた。これに基づいて考えれば、彼らの縣および縣以下の官職に對する支配は文帝中期にすでに失われていたかもしれないと推測することができるであろう。

第三節　漢初百二十年間における支配階層の變動軌跡

漢初軍功受益階層とは、前漢初年の政治と社會の中に主導的地位を占める社會集團である。以上の統計と圖表および文での説明に基づいてみれば、この漢初軍功受益階層が前漢初の百二十年間にどのように變容していったのか、その隆盛と衰退の軌跡がいかなる形で現れてきたのかということについてある種の圖式的な理解をえることができるであろう。そして次に、この社會階層の衰退によって生まれた政治の空白はだれによって埋め補われたのかという問題が浮上してくるのもきわめて自然であると思われる。その問題に答え、さらに漢代各社會階層の相互關係およびその變動を理解するため、表二−2、3、4中の各類型の所屬者を項目別に抜き出し、それぞれが三公九卿・王國相および郡太守の合計に占める割合を計算したのが、次の圖表である。

表二−7　高帝−武帝期　三公九卿・王國相および郡太守全體の出身別人數および比率

	軍層	軍吏	法吏	儒吏	士吏	宗親	合計	不明	總計
高帝	51	0	0	0	2	0	53	10	63
	96	0	0	0	4	0	100%		
惠呂	35	0	1	0	3	4	43	6	49
	81	0	2	0	7	9	100%		
文帝	19	2	8	0	7	2	38	9	47
	50	5	21	0	18	5	100%		

	武後		武中		武初		景帝
16	7	22	16	20	11	30	13
13	6	23	17	27	15	19	8
40	18	30	22	20	11	23	10
7	3	7	5	11	6	0	0
9	4	12	9	13	7	19	8
16	7	7	5	9	5	9	4
100%	45	100%	74	100%	55	100%	43
	17		10		18		13
	62		84		73		56

表二－8 高帝－武帝期 三公九卿・王國相および郡太守の合計に占める出身別比率

	高帝	惠呂	文帝	景帝	武初	武中	武後
軍層 ——	96	81	50	30	20	22	16
軍吏 —·—	0	0	5	19	27	23	13
法吏 ----	0	2	21	23	20	30	40
儒吏 —·—	0	0	0	0	11	7	7
士吏 ——	4	7	18	19	13	12	9
宗親 ·······	0	9	5	9	9	7	16

表二―9　高帝―武帝期　三公九卿・王國相・郡太守の合計に占める出身別比率變動軌跡

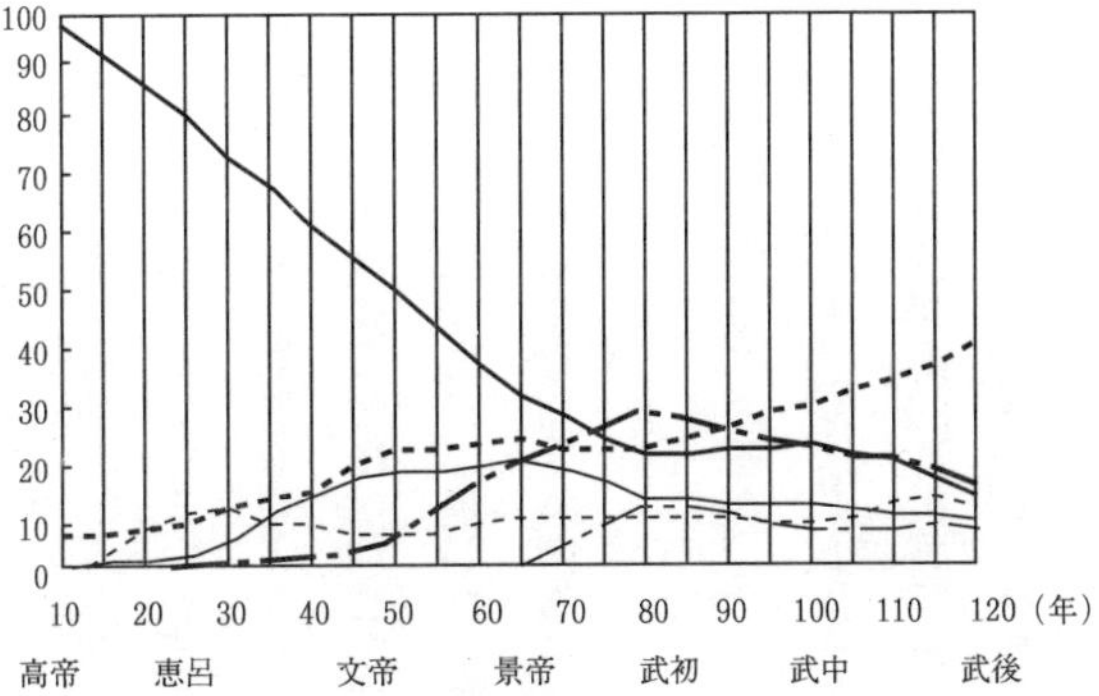

右の表より、高帝期から武帝期に至る約百二十年間に、漢朝の中央と地方政府および各王國の中における各政治集團の力關係がどういうふうに變動したのか、その起伏昇降の動向がどういうふうに變わったのかなどについて、おおむね伺い知ることができる。それについて要約すれば以下のようになる。

一、まず全容についていえば、漢初軍功受益階層によって完全に支配された天下から出發した前漢政權の人員構成は、時の移り變わりにつれて多元化の動きを見せた。つまり漢初軍功受益階層の衰退にしたがい、異なった階層と集團の出身者がしだいに漢王朝の政治舞臺に現れ、たえまなく起こる政治の空白を補塡していたのである。

二、その中で比較的注目されるのは軍吏と法吏の出身者で、彼らは漢初軍功受益階層の後を繼ぐものとして漢政權の主たる支柱となったといえる。この兩者を區別していえば、軍吏集團は文帝期より始まり（五％）、景帝期に至ってより增大し（一九％）、武帝初期には全體の四分の一以上に達し（二七％）、各類型の官僚のトップに位置するようになった。そしてその後、武帝中期には二三％、後期には一三％と衰退の樣相を呈する。軍吏集團が不安定な軌跡を描く理由は、直接に戰爭が係わっているためである。たとえば、景帝期の「吳楚七國の亂」や武帝期の對外戰爭などが軍吏集團の政權進出に大きな影響を與えたためである。法吏は惠呂期の二％、文帝期の二一％、景帝期の二三％、武帝初期の二十％から、以後直線的に增加して武帝中期には三十％に達し各類型の官僚のトップに位置するに至り、武帝後期に至ってさらに四十％にまで達した。景帝期以降、軍吏と法吏の占有率の合計は軍功受益階層を上回り、これ以後には軍吏と法吏がもはや軍功受益階層にとってかわるものとなり、ともに漢政權をリードし始めるに至ったといえる。

三、儒吏は武帝期に現れはじめるが、その勢力はとても弱く、ただ將來の發展のための準備段階として潛伏していたにすぎない。（ちなみに、儒吏が政治により多く參與する時代は、元帝期およびそれ以後においてである。）

四、士吏出身者の構造は相對的に複雜である。表より見いだすことができるのは、この期間において士吏の占める割合が際立ったものではないということである。その具體的な分析は、別稿において論及するためふれずにおきたい。

五、宗親と外戚が前漢政權に參與しようとする動きはたえず續くが、この期間に至るまではさほど目立っていない。

注

（1）『漢書』巻十四諸侯王表。

（2）本書第三章、特にその第三節を參照。

（3）本書第六章、特にその第二節を參照。

（4）文脈上、この「高帝－武帝期　三公九卿・王國相・郡太守表」は附錄として文末におく。

（5）漢の文帝期、政治的平衡のために、漢初軍功受益階層を抑制する一連の政策が行われた。たとえば、王國を扶植すること、列侯を歸國させることおよび侯國遷移策などである。前の二者については本書の第三章第三節および第六章第三節を參照。侯國遷移策については、拙論「西漢軑國所在與文帝的侯國遷移策」（『國學研究』第二卷、北京大學中國傳統文化研究中心、一九九四年七月）を參照。

（6）『韓非子』定法篇に「商君之法曰、斬一首者、爵一級、欲爲官者爲五十石之官。斬二首者、爵二級、欲爲官者爲百石之官。官爵之遷與斬首之功相稱也。」とある。その制度の詳細については、黄留珠『秦漢仕進制度』（西北大學出版社、一九八五年）第三章を參照。

（7）『睡虎地秦墓竹簡』（文物出版社、一九八二年）編年記「三年、吏誰從軍」條およびその注釋、さらに本書の第一章第一節の三を參照。

（8）『文物』、一九九三年第八期。

第三章　秦末漢初の王國

第一節　秦楚漢間における歴史の特徴

一　秦楚漢間の國際關係

前漢二百餘年間を、武帝期を境として分けて見れば、その前後の歴史事情の差はたいへんに大きいと言える。漢初の六十餘年は獨特な特徵を備えた歴史時代なのである。その特徵は、戰國末年および秦楚漢間の歴史のもつ特徵の延長である。この歴史の特徵を明らかにするために、筆者は陳勝の亂から漢景帝在位までの歴史を一つの獨立した歴史時期として取扱い、あわせてこれを後戰國時代の秦末漢初期と稱することにする。換言すれば、秦二世元年（前二〇九）から漢景帝後元二年（前一四二）までの六十餘年の間は、きわめて特色がある歴史時代であり、その時代の特徵は、遠くは戰國末年にさかのぼり、近くは秦の統一にまで及ぶが、その最も直接的な淵源は、秦楚漢間に求めるべきであると考えられる。いわゆる秦楚漢間とは、すなわち司馬遷の『史記』卷十六秦楚之際月表に取り扱う八年間のことであり、その始まりは秦末亂起の秦二世元年で、その終わりは漢王朝成立の高帝五年（前二〇二）になる。この時代は、その期間こそ短いが、歴史的變動はたいへん激しかった。秦王朝はこの期間に崩壞し、戰國七國が復活した。項羽が覇權を手に入れて天下を支配することと、それにとって代わる漢王朝の誕生もこの短い間に行われた。この時代の歴史は、戰國と秦王朝の歴史の繼續でありながら、漢の歴史を切り開き、その初期の歴史的特徵を規定するものでもある。この時代の研究はいまだ多くはないが、近年、田餘慶氏は「說張楚」という論文を發表し、張楚政權を中心として、この秦楚漢間の歴史的特徵をめぐって先驅的な分析を行い、今後の研究の新しい出發點を示した。(1)

この「說張楚」という論文で、田餘慶氏は當時の國際關係について非常に重要な見解を示した。つまり、秦楚漢間における國際關係は、相當程度に戰國時代の國際關係の復活と發展と見られ、その中で主導的な役割を果したのが秦楚關係であるということである。この見解は、確實に時代の特徵を捉え、秦楚漢間だけでなく前漢初年までの歴史的特徵を理解するための基礎になり、その着想のすばらしさにおいて、近ごろまれに見る卓見であった。そしてこの田說に基づいて秦楚漢間、すなわち陳涉の蜂起から劉邦の卽位までの八年間の歴史を次のように二分できる。

一、楚を盟主と奉じる合縱反秦期（秦二世元年七月～漢元年四月）。二世元年七月、陳涉が蜂起し、張楚を建て、楚を復活させ秦に背いた。それから六ケ月のうちに、楚、趙、燕、齊、魏の各國はみな復活した。各諸侯王はみな楚を盟主として連合して秦に背いたが、これは戰國末年に各國が楚を縱長として秦を攻めた時の合縱關係の再現である。二世三年八月、秦の二世が死に、丞相の趙高の「秦、故王國、始皇君天下、故稱帝。今六國復自立、秦地益小、乃以空名爲帝、不可。宜爲王如故。」（『史記』卷六秦始皇本紀）という宣言は、戰國復活の公式な宣言として理解すればよいであろう。同年十月、秦王の子嬰が降伏して秦は滅び、翌年二月、(2)項羽は自ら西楚の霸王となり、自らが主宰して天下を分けて十九王國を建てた。これにより楚を盟主とする列國並立の霸權體制が樹立され、秦楚交替が完成した。この間の合縱反秦の盟主は、最初は陳涉の張楚で、それを引き繼いだのが懷王の楚であり、最後は項羽の西楚である。

盟主の楚のもとで、各國は協力して秦を滅ぼし、合縱反秦の目的を達成した。また、楚の主宰のもとであらためて天下を分割したことが、次の紛争の發端となった。

二、漢を盟主とする連横反楚期（漢元年四月〜漢五年二月）。劉邦は項羽の分封を受けた後、漢元年四月、南鄭に到って漢王となり、楚制を秦制に改め、(3)八月、關中に進入した。二年三月、義帝のため喪を發し、諸侯に使者を遣わし共に楚を擊つと約束し、公式に漢が盟主であることを宣言した。四月、各諸侯國の連合軍を率いて楚都の彭城に攻め入った。このような歷史事情と國際關係は、戰國時代の秦を盟主とした連横に比定でき、その攻擊の目標は楚である。いうまでもなく、この時秦はすでに滅んでおり、秦に取って代わったのは秦の國土を統治する漢王國である。高帝五年十一月、劉邦は各諸侯王とともに楚を滅ぼし、連横攻楚の目標を達成した。二月、劉邦は定陶で皇帝位に就き、新しい歷史が始まった。

二　秦楚漢間の政治類型

「說張楚」において田餘慶氏は當時の王業と帝業の相互關係という極めて重要かつ示唆に富む論點を示した。筆者の理解に間違いなければ、田氏のいう帝業と王業は異なる歷史時期の政治形態を概括するために使われる用語であるが、もしそれに覇業という語を加えて秦楚漢間以前の中國史についてその政治形態の類型區分をしてみると、次のようになると思う。一般的に言えば、秦王朝までの中國政治は、三つの類型に分けることができる。すなわち、王業、覇業と帝業である。この三つの類型は、みな理念と歷史の面から理解することができる。いわゆる王業とは、周を中心としての邑制國家連盟のような政治形態を指す。それは三つの特徵がある。一、宗主の周は、天下の政局について主導的な役割を果たす。二、列國は並立する。三、間接統治的封建原理と封建制。(4)歷史としての王業は、春秋時代に至り崩壞した。春秋以降、覇業の歴史が始まった。齊の桓公、晉の文公、楚の莊王などが、次々に覇主となり天下の政局を主導した。その時、政治の主導權は覇主に握られ、宗主の周には虛名しか殘されていなかったので、覇主らは常に周天子の名をかりて諸侯諸國に號令していた。戰國に至り、各國は變法を行い武力の增强につとめ、功利を重んじて謀略をはかり、合縱連橫のなかで實力で覇權を求めることになった。この時代には、武力と謀略をうまくつかう國こそ盟主となるので、周はまもなく滅ぶ國でしかなく、周の王業の理念はすでに完全に喪失してしまったとされている。要するに、いわゆる覇業とは、春秋戰國時代において列國が爭って覇權を求めるような政治形態を指すのである。その特徵は三つの點にまとめることができる。一、天下は覇主によって主導される。二、列國が並立して覇を爭う。三、間接的統治の封建原理と直接的統治の人頭原理、封建制と官僚郡縣制の並用[5]。紀元前二五六年、秦は周を滅ぼし、前二二一年六國を滅ぼして統一帝國を建て、帝業が始まった。いわゆる帝業とは、秦の始皇帝が創立した統一帝國の理念と現實である。それについても、三つの特徵がある。一、皇帝は全帝國の唯一の絕對的支配者。二、統一帝國。三、直接的統治の人頭原理、官僚郡縣制[6]。

さて、もし以上の三つの政治形態の類型を基準として、前述した楚を盟主としての合縱反秦期（秦の二世元年七月～漢元年四月）および漢を盟主としての連橫反楚期（漢元年四月～漢五年二月）についてその政治形態の類型を見てみれば、この兩時期の政治形態はともに覇業をその特徵とするものだといえよう。本章であつかう秦楚漢間および前漢初年についていうならば、この三種類の政治形態は當時の人々が持っていた政治思想の基本知識であるだけでなく、彼らに知られている歷史でもあった。特に覇業と帝業は、當時多くの人々にとって自ら體驗した歷史的現實であった。劉邦の一生を見てみれば、彼は覇業－帝業－覇業という順で頻繁に交替した政治形態の體驗者の一人であることが分かる。劉邦の生まれは前二五六年、すなわち秦の昭王五十一年であり、秦が周を滅ぼし、覇業がその頂點に至った年である。

前二二一年には、劉邦は三十五歳であったが、この年は秦の始皇帝が天下を統一し、覇業がさらに發展して帝業に達した年である。前二〇九年、劉邦は四十七歳であり、(7)秦末の亂がおこって六國が復活し、帝業はまた覇業に戻った。明らかに、劉邦および彼の同世代の人々にとっては、その持ちうる政治理念と取りうる政治行動の歴史的背景と選擇の範圍は、全て以上の三種類の政治形態に限られていたと思われる。

第二節　秦楚漢間における王國の變遷

一　陳渉の復國建王と平民王政

すでに明らかにしたように、秦楚漢間における國際關係は、戰國末年の秦と楚を中心とする國際關係の復活であり、秦楚漢間という時代の特徴はこのような國際關係に規定されていた。したがって、秦楚漢間の歴史については楚を盟主とする合從反秦と漢を盟主とする連横反楚との前後二期に分けることができると考えられる。しかし、さらに深く調べてみると、この前期と後期という二つの時期において、その國際關係と政治形態に質的變化がなかったにもかかわらず、その間における各王國と各王者はどちらも變化に富み、前後で大幅に異なっていると思われる。その變化の過程を明らかにし、戰亂の歴史變動の中に明瞭な手がかりを見つけるため、秦楚漢間における王國および王者の變轉を整理しようと思う。まず、秦の二世元年七月陳渉が王を稱してから、秦の二世二年十二月陳渉の死までを一つの時期として、その時期にある王國と王者を整理したのが次の表一である。(8)

表三―1　陳渉の復國建王期における王國および王者

國名	王	出身國	階層	出自	始	終
秦	胡亥	秦	王族	王子	秦二世元年　十月	秦二世三年　八月殺
楚	陳渉	楚	平民	戍卒	秦二世元年　七月	秦二世二年十二月殺
	襄彊[9]	楚	舊貴族？	民間	秦二世元年　八月	秦二世元年　九月殺
趙	武臣	楚[10]	平民	陳渉部將	秦二世元年　八月	秦二世二年十一月殺
齊	田儋	齊	舊王族	民間	秦二世元年　九月	秦二世二年　六月殺
燕	韓廣	燕[11]	平民	武臣部將	秦二世元年　九月	漢　元年　八月虜
魏	魏咎	魏	舊王族	陳渉部將	秦二世二年十二月	秦二世二年　六月殺

右の表より、この間にかつて秦が滅ぼした六國は韓國を除いてみな復國していることがわかる。[12]その歴史變動を戰國復國運動と呼ぶことができる。言うまでもなく、戰國復國を始めた者は陳渉である。復活した五國中、楚、趙、燕の三國の政權は陳渉およびその部下が新しく建てた王政であり、その王はみな平民出身である。その政權は中國史上新たに出現した類型であり、それを平民王政と呼ぶことができる。齊、魏兩國の王はみな舊王族であり、その二國の政權は全て戰國時代の貴族王政を復活したものである。それを王政復興と呼ぶことができる。この時期、陳渉の張楚は天下の盟主となり、天下の政局の主流は陳渉が創始した戰國復國運動であった。戰國復國運動の主導の下で、平民王政と王政復興は並行していたのである。これに基づき、筆者はこの時期を一つの歴史區分とし、復國建王期と呼ぶことにする。

復國建王期における復興後の政權類型は平民王政と王政復興が並行していたが、その主流は盟主の楚國を代表とする平民王政であった。平民王政は陳涉が創始したものである。陳涉は楚國の下層民間の出身で、「嘗與人庸耕」、戍卒として徵兵されたが、途中雨に遭って期を失い、民衆を率いて秦に背き、張楚という政權を建て王を稱した。陳涉はいかなる政治的遺産も繼承していなかった。それでは何故、王を稱することができたのだろうか。『史記』卷四十八陳涉世家によると、陳涉は陳を攻略した後、この地の三老豪傑を集めて事を計った。

三老豪傑皆曰、「將軍身被堅執銳、代無道、誅暴秦、復立楚國之社稷、功宜爲王。」陳涉乃立爲王、號爲張楚。

同じ事について、『史記』卷八十九張耳陳餘傳は、陳涉が陳に入った後、

陳中豪傑父老乃説陳涉曰、「將軍身被堅執銳、率士卒以誅暴秦、復立楚社稷、存亡繼絕、功德宜爲王。且夫監臨天下諸將、不爲王不可、願將軍立爲楚王也。」

としている。二つの文を比べると、兩文が同じ史料に基づく記事だとわかる。後文の記載は更に詳細になる。以下、張耳陳餘傳の文により分析を行うことにする。

「且夫監臨天下諸將、不爲王不可、願將軍立爲楚王也」、この文は、軍事闘爭のため、諸將の上に王を置く必要性を説いている。

「功德宜爲王」とは、王となる理由である。つまり、陳涉は功と德があるので、王となるべきであるという。功とは軍功をさし、德とは恩德を指す。具體的に言えば、「將軍身被堅執銳、率士卒以誅暴秦」が功であり、「復立楚社稷、存亡繼絕」が德である。これによれば、陳涉が王となる理由には二つあり、その一つは初めて反秦蜂起を行ったいわゆる首事の功、もう一つは楚國を復國させたいわゆる復國の德である。このように、王權のでどころが世襲ではなく功德にあったという理念は、まさに平民王政における正當性の法的根據となった。そしてその後、武臣が趙王、韓廣

が燕王となるのは、みな道理にかなう合法的なものとなった。その理由と正當性の法的根據は、みなこの功德という理念に求めることができる。この功德という新しい政治理念は、これより次第に新しい政治的傳統となっていく(13)。

二　懷王の王政復興と貴族王政

陳渉が失敗して死んだ後、秦の二世二年一月、楚將の秦嘉は景駒を立て楚王とした。景駒とはいかなる人物なのか史書には記載がないが、その姓氏から推測すれば、楚國の舊貴族の景氏ではないだろうか。景駒が立てられたのは、陳渉の平民王政路線の修正が開始されたことのあらわれである。同月、張耳、陳餘は趙國の舊王族である趙歇を立てて趙王とし、趙國における平民王政を修正させた。平民王政の全面的な修正が始まったのは、范增が項梁を説得した後のことである。『史記』巻七項羽本紀において、陳渉の死後、范增が項梁に會い、「陳勝敗固當。夫秦滅六國、楚最無罪。自懷王入楚不反、楚人憐之至今、故楚南公曰『楚雖三戸、亡秦必楚』也。今陳勝首事、不立楚後而自立、其勢不長。」と言って、陳渉の平民王政を批判した。項梁は彼の意見を採用し、貴族王政の全面的復興をはかり始めた。こうして、まず楚の懷王を立て、次に舊韓國の公子の韓成を立て韓王とし、ここに楚、齊、韓、趙、魏の王政復興が全て實現した。平民王政は、遠く離れた燕國を除いては一時的に姿を消してしまった。以下、筆者は秦二世二年一月に楚王景駒が立ち漢元年二月に項羽が天下を分封するまでを一つの時期と考えたい。その時の各國各王を整理したのが次の表である。

表三－2　懷王の王政復興期における王國および王者

國名	王	出身國	階層	出自	始	終
秦	胡亥	秦	王族	王子	秦二世元年　十月	秦二世三年　八月殺

	子嬰	秦	王族	王子	秦二世三年　九月	秦二世三年　十月降
楚	景駒	楚	舊貴族	民間	秦二世二年　一月	秦二世二年　四月殺
	懷王心	楚	舊王族	牧羊兒	秦二世二年　六月	漢　二年　二月爲義帝
齊	田儋	齊	舊王族	民間	秦二世元年　九月	秦二世二年　六月殺
	田假	齊	舊王族	民間	秦二世二年　七月	秦二世二年　八月逐
	田市	齊	舊王族	齊王儋子	秦二世二年　八月	漢　元年　二月爲膠東王
趙	趙歇	趙	舊王族	民間	秦二世二年　一月	漢　元年　二月代王
魏	魏咎	魏	舊王族	陳涉部將	秦二世元年十二月	秦二世二年　六月自殺
	魏豹	魏	舊王族	魏王咎弟	秦二世二年　九月	漢　元年　二月爲西魏王
燕	韓廣	燕	平民	陳涉部將	秦二世元年　九月	漢　元年　二月爲遼東王
韓	韓成	韓	舊王族	民間	秦二世二年　六月	漢　元年　七月殺

右の表から、この時期には戰國七國の全てが復活し、戰國復國運動は完全に達成されたといえる。そればかりでなく、燕國を除いた新興の平民王政は全て失敗し(14)、復活した貴族王政に取って代わられ、王政復興は全面的に達成されたといえる。この時、懷王の楚國が天下の盟主となり、戰國復國と王政復興は合流し、舊王族が再び王位に就くことは天下における政局の主流となっていた。このような歴史事情に基づいて筆者は、この時期を一つの歴史區分とし、王政復興期と呼ぶことにする。

理念に從っていえば、いわゆる王政復興は、秦の統一により中斷した楚國の熊氏、齊國の田氏、趙國の趙氏、韓國の韓氏、魏國の魏氏などの世襲王權をあらためて認め、戰國六國の貴族王政を回復し、舊王族出身の王に國を治めさせたということである。この王政復興は、田儋によって始まる。田儋とは、齊國王族の田氏一族であり、秦二世元年九月、秦の狄令を殺し自ら立って齊王となった。『史記』巻九十四田儋傳によれば、田儋が狄令を殺した後、狄の豪吏子弟を召集して「諸侯皆反秦自立、齊、古之建國、儋、田氏、當王。」と言い、ついに自ら齊王となった。これによれば、田儋が自ら齊王になった理由は、齊國の王政を世襲する權利が田氏にあると考えたからである。魏王の魏咎は、魏の諸公子の一人であり、陳渉が初めて王と稱した後、陳渉に身を寄せて楚に屬し、陳渉の部將であった周市によって立てられた王である。周市は魏國の人であり、軍を率いて魏を攻略した後、王に擁戴されるのを拒否した。『史記』巻四十八陳渉世家によれば、その際、周市は、「今天下共畔秦、其義必立魏王後乃可」という理由を擧げ、ついに陳渉のところに使者を出して魏咎を迎え王とした。このように、田儋が齊王となったのは、自力で復國した功があり、魏咎が魏王となったのは、反秦軍に加わったゆえである。後の楚、韓、趙の王政復興においてその王が王となる理由は、すべて舊王族の出身のゆえである。楚の懷王の心は、秦の時代に民間に落ちて牧羊兒となり、項梁に見出され楚王となった。韓王の韓成は韓國の舊王族で、項梁により民間から見出され王に立てられた。趙王の趙歇は、張耳、陳餘により趙國の民間から求められて立った。彼ら三人には、何の功勞もないのである。

三　項羽の列國衆建と軍功王政

漢元年二月、各國の連合軍を率いて關中に入った項羽は、秦都咸陽において覇主となり、天下を分割して分封を行い、十九王國を建てた。そのため、天下の政局もまた一新されたのである。この新政局は漢二年三月まで持續し、その後、劉邦が天下を動かす政治的主導權を握り始め、歴史は漢を盟主とする連横反楚期にはいる。この期間（漢元年二月から漢二年三月まで）の各國各王を整理したのが次の表である。(15)

表三－3　項羽の列國衆建期における王國および王者

國名	王	出身國	階層	出自	始	終
楚	義帝心	楚	舊王族	懷王	秦二世二年六月	漢二年　十月殺
西楚	項羽	楚	舊貴族	楚將	漢元年　二月	漢五年十二月殺
衡山	吳芮	楚?	官僚	越人將	漢元年　二月	漢五年　二月爲長沙王
九江	英布	楚	平民	楚將	漢元年　二月	漢五年　二月爲淮南王
臨江	共敖	楚	?	楚將	漢元年　二月	漢三年　七月死
趙　常山	張耳	魏	官僚	趙相	漢元年　二月	漢元年　十月降漢
代	趙歇	趙	王族	趙王	漢元年　二月	漢元年　十月爲趙王
	陳餘	魏	平民	趙將	漢二年　十月	漢三年　十月殺
趙	趙歇	趙	王族	代王	漢二年　十月	漢三年　十月虜
齊　臨淄	田都	齊	王族	齊將	漢元年　二月	漢元年　五月降楚
濟北	田安	齊	王族	齊王	漢元年　二月	漢元年　七月殺
膠東	田市	齊	王族	齊王	漢元年　二月	漢元年　六月殺
齊	田榮	齊	王族	齊將	漢元年　六月	漢二年　正月殺
	田假	齊	王族	齊王	漢二年　二月	漢二年　三月殺
	田廣	齊	王族	田榮子	漢二年　四月	漢四年十一月殺

秦	漢	劉邦	楚	平民	楚將	漢元年　二月	漢十二年　四月死
	雍	章邯	秦	官僚	秦將	漢元年　二月	漢二年　六月殺
	塞	司馬欣	秦	官僚	秦將	漢元年　二月	漢元年　八月降漢
	翟	董翳	秦	官僚	秦將	漢元年　二月	漢元年　八月降漢
燕	燕	臧荼	燕	平民	燕將	漢元年　二月	漢五年　九月虜
	遼東	韓廣	燕	平民	燕王	秦二世元年九月	漢元年　八月殺
魏	西魏	魏豹	魏	王族	魏王	秦二世二年九月	漢四年　四月殺
	殷	司馬卬	？	？	趙將	漢元年　二月	漢二年　三月降漢
韓	韓	韓成	韓	王族	韓王	秦二世二年六月	漢元年　七月殺
		鄭昌	？	官僚	楚將	漢元年　八月	漢二年　十月降漢
		韓信	韓	王族	韓將	漢二年　十一月	漢七年　十月亡
	河南	申陽	？	？	趙將	漢元年　二月	漢二年　十一月降漢

この期間には、王政復興期に形成された貴族王政復活の政局は完全に破られただけでなく、復國建王期にすでに達成されていた戰國七國復活の政局も破られたことが右の表からわかる。盟主であった楚の懷王は、西楚の覇王に取って代わられ、義帝という虚名だけが殘ったが、やがて消滅させられた。新しい盟主となった項羽の主宰の下、楚國は西楚、衡山、臨江、九江の四國に分けられ、趙は常山、代の二國、齊國は臨淄、濟北、膠東の三國、秦國は漢、雍、塞、翟の四國、燕は燕と遼東の二國、魏は西魏と殷の二國、韓は韓と河南の二國にそれぞれ分けられた。天下はすでに七國から十九國へと變わり、七國の國名で完全に保存されたのは、韓國と貴族王政の復活していない燕國しかなかっ

た。復活した貴族王政において、懐王の楚、韓成の韓はやがて取って代わられて消滅し、趙歇の趙、田氏の齊、魏豹の魏は分割されてしまったのである。分割して新しく建てられた各國は、みな軍功を原則として分封を行い、各將軍に與えられた。王政復興と七國復國の流れは、論功行賞と列國衆建に取って代わられた。歴史は、また新しい時期へと入っていったのである。筆者はこの時期を一つの歴史の區分とし、列國衆建期と呼ぶ。

項羽は天下を分割し分封を行い、王國を七から十九に増やし、それにともなって王者の王となる理念も一變させた。『漢書』巻三十一項藉傳によれば、項羽は分封を行おうとしたとき、諸將に

天下初發難、假立諸侯以伐秦。然身被堅執鋭首事、暴露於野三年、滅秦定天下者、皆將相諸君與藉力也。懷王亡功、固當分其地而王之。

と言うと、諸將はみな「善。」と言った。そして彼は天下を分割して十九國を建てた。項羽のこのことばは、天下を分封するための原則を説明したものである。「天下初發難、假立諸侯以伐秦。」の假とは、假に、暫定的にという意味である。項羽のこの話は、當時すでにあった各王を對象として述べたものであり、彼らが王となったのは、みな一時的に臨機應變に行われたものでしかないということが、項羽の眞意であると看取できる。當時の各王、すなわち楚の懷王の熊心、齊王の田市、趙王の趙歇、韓王の韓成、魏王の魏豹、燕王の韓廣は、燕王を除けば、みな王政復興の舊王族である。項羽は彼らの王權世襲の繼續の有効性を認めず、王政復興の原則を否定した。「然身被堅執鋭首事、暴露於野三年、滅秦定天下者、皆將相諸君與藉力也。」この文は、權力世襲の原則を否定した上で功労による新しい王權理念を説明しており、秦を滅ぼし天下を定めた功は諸王にはなく、諸將にあることを明確にした。「懷王亡功、固當分其地而王之。」天下分封の原則は、「計功割地、分土而王之」にある。[16] 反秦同盟の盟主で項羽の主君である楚の懷王は功がなく、その地を分けて他の王をたてるべきなのであり、當然王政復興の各王は例外なく、みなその地を分け

て他の王をたてることになる。

さて、項羽のこの言葉と上に引用した『史記』張耳傳に載せる陳の豪傑父老が陳渉に王を稱するよう勸めた語を比較すれば、この二者には繼承と發展の關係があることを見てとることができる。陳渉が王と稱した理由には二つある。すなわち反秦の最初の蜂起者であることの功と楚國を復國させた德である。この功に關する點は、項羽に繼承されたといえよう。陳渉の「身被堅執鋭、率士卒以誅暴秦」ということと、項羽の「身被堅執鋭首事、暴露於野三年、滅秦定天下」とは、完全に同事同源である。德に關する點は項羽は指摘しなかった。陳渉は反秦の求めに應じて復國運動を創始したが、かえって復國運動のもたらした王政復興によって苦しんだ[17]。秦がすでに滅びて以後、項羽および功をもって王となった諸王は、當然もう二度と舊國舊主の束縛を受けたくなかった。つまり、項羽は王政復興の原則を否定し、舊六國の王權世襲繼續の正當性を認めなかったのである。彼は陳渉によって創始された、功により王と稱する原則を引き繼ぐ一方で、六國を復活させるという德の點を捨て去った。言い換えれば、項羽が王に封じる原則はただ軍功にあったのである。

原則が定まると、列國の王の分封もこれに從い進んでいった。當時の十九王を調べてみると、舊王族出身者は六人、すなわち代王の趙歇、膠東王の田市、濟北王の田安、臨淄王の田都、韓王の韓成、西魏王の魏豹である。そのうち、代王の趙歇は、もと趙王で、趙國が常山國と代國に分けられてから、改封させられたのである。西魏王の魏豹は、もと魏王で、魏國が西魏と殷國に分けられてから、改封させられたのである。韓王の韓成は、韓國が韓國と河南國に分けられた後も、その王位にとどめられた。しかし、『史記』巻七項羽本紀の記載によれば、「韓王成無軍功、項王不使之國、與俱至彭城、廢以爲侯、已又殺之。」とあり、同年八月、改めて楚將の鄭昌を立てて韓王としている。膠東王の田市は、もと齊王で、自立して復國した齊王の田儋の息子であり、齊國が三つの國に分けられてから、改封させられた。臨淄王の田都、濟北王の田安は、ともに項羽に従って秦を撃つ功のあった將校である。他の十三王は、みな王族出身ではなく功のあった將校であり、その中で、明らかに舊貴族出身のものは、ただ項羽一人だけである。殘り十二人については、雍王の章邯は秦の少府、塞王の司馬欣は章邯の長史、翟王の董翳は秦の都尉、衡山王の吳芮は秦の番陽令、常山王の張耳は舊魏國の外黄令であった。韓王の韓成の代わりに韓王となった鄭昌は、秦の吳令であった。彼らはみな官僚出身である。漢王の劉邦は秦の亭長をつとめたことがあるが、燕王の韓廣は秦の上谷の卒史で、ともに小役人であった。九江王の英布は群盜出身の楚將で、項羽に従い秦を撃つのに功があった。燕王の臧荼は韓廣の部將で、兵を率いて趙を救い、項羽に従い秦を撃つのに功があった。河南王の申陽は張耳の部將で、楚に従い秦を撃つのに功があった。殷王の司馬卬は趙の將で、秦を撃つのに功があった。臨江王の共敖は楚の柱國で、秦を撃つのに功があった。これらの人物の出身は、若干はっきりしていないところがあるが、王族や貴族出身ではないことは推定できる。要するに、項羽の封王の理念は、血緣世襲の貴族王政の原則を否定し、平民王政の軍功原則を取り入れたことである。彼は戰國七國を復活する復國運動に對して否定的な立場を取っているのである。したがって、筆者は項羽によって創始された王政を軍功王政と稱することにする。

第三節　前漢初年における王國の由來

一　異姓諸侯王と軍功王政の繼續

すでに前述したように、漢二年三月、劉邦は天下の盟主となり、歴史は漢を盟主とする連横反楚期に入った。この期間に、漢は項羽の封じた王國を消滅させ、自らの封王建國をはじめた。高帝六年、漢は異姓諸侯王の分封を廢止し、同姓諸侯王の分封を始めた。この時期に、漢が立てた異姓王國およびその王を整理してしたものが次の表である。

表三－4　劉邦所封の異姓王國および王者

國名	王	出身國	階層	出自	始	終
秦　漢	劉邦	楚	平民	漢王	漢元年　二月	高十二年四月死
齊　齊	韓信	楚	平民	漢將	漢四年　二月	高五年　正月爲楚王
趙　趙	張耳	魏	官僚	常山王	漢四年　十月	高五年十二月死
燕　燕	臧荼	燕	平民	燕王	漢元年　二月	高五年　九月殺
	盧綰	楚	平民	漢將	高五年　八月	高十二年　亡
韓　韓	韓信	韓	王族	韓將	漢二年十一月	高七年　十月亡
魏　梁	彭越	魏	平民	魏將	高五年　二月	高十一年三月殺
楚　楚	韓信	楚	平民	漢將	高五年　正月	高六年十二月廢
淮南	英布	楚	平民	九江王	漢四年　七月	高十二年　殺
長沙	吳芮	楚	官僚	衡山王	高五年　正月	高五年　六月死

右の表を見ると、六年もたたぬうちに、項羽に封じられた十九の王國は九國になっており、その中で臧荼の燕國を除いては、みな漢に封じられたことがわかる。天下の政局は、ふたたび陳渉を盟主とした復國建王の時代に戻ったよ

うである。敵國である楚國を楚、淮南と長沙の三國に分けていることを除けば、戰國七國の配置はおおむね回復した。各國の王は、みな漢に忠誠をつとめ功労のあった將軍であり、すなわち史書に異姓功臣諸侯王と稱されるものである。王國分封の角度からいうならば、この時期を異姓諸侯王期と言うことができる。

上述した九國の八王（齊王の韓信は、後に楚王に移された）のうち、漢王の劉邦と燕王の臧荼は項羽に封じられたもので、趙王の張耳、淮南王の英布、長沙王の吳芮は、項羽に封じられたが漢より改封を受けたものである。初めから漢により封じられたのは、韓王の韓信、齊王の韓信と梁王の彭越である。韓王の韓信は舊韓國の王族出身であり、齊王の韓信と梁王の彭越はみな平民出身である。三人はともに漢の第一等の功臣であり、彼らが王に封じられたのもみな軍功によってである。漢の異姓諸侯王は、陳渉・項羽以來の軍功王政の繼續であり、劉邦の異姓諸侯王分封の原則も、陳渉・項羽以來の軍功原則と同じである。ただ忠誠を盡くす對象が楚から漢に變わり、分封を主宰する覇國の名も楚から漢に改まっただけである。ただし、劉邦の異姓諸侯王分封には項羽の分封に比べると、形式上變化したところがあった。項羽の分封は、懷王の主宰で行われた王政復興を否定し、七國を割讓して十九國とした。劉邦の封建は、項羽の十九國を合併して九國とし、敵國である楚の所有地を分割して、楚、淮南、長沙に分けたが、基本的には懷王時代にあった戰國七國の政局を回復させたのである。

二　同姓諸侯王と新貴族王政の成立

高帝五年正月、劉邦は齊王の韓信を楚に移し王とし、齊國は王を失い郡縣となる。二月、劉邦は即位して皇帝となり、漢帝國が成立した。九月、劉邦は燕王の臧荼を滅ぼし、盧綰を封じて燕王とした。これは劉邦が封じた最後の異姓諸侯王である。(18) 六年正月、劉賈を荊王、劉交を楚王、劉喜を代王、劉肥を齊王に封じ、同姓諸侯王の分封を開始した。以下、高帝六年から、高帝十二年に劉邦が死ぬまでの間で、漢が新しく分封した諸侯王を整理したのが次の表である。

表三－5　劉邦所封の同姓王國および王者

國名		王	階層	出自	始	終
楚	荊	劉賈	皇族	從父子	高六	高十一殺
	楚	劉交	皇族	劉邦弟	高六	文元死
	呉	劉濞	皇族	劉邦兄子	高十一	景三殺
	淮南	劉長	皇族	劉邦子	高十一	文六遷死
齊	齊	劉肥	皇族	劉邦子	高六	惠六死
趙	趙	劉如意	皇族	劉邦子	高九由代王徙	高十二殺
	代	劉喜	皇族	劉邦兄	高六	高七廢爲侯
		劉如意	皇族	劉邦子	高七	高九徙爲趙王
		劉恆	皇族	劉邦子	高十一	呂八爲帝
燕	燕	劉建	皇族	劉邦子	高十一	呂七死
韓	淮陽	劉友	皇族	劉邦子	高十一	惠元徙爲趙王
魏	梁	劉恢	皇族	劉邦子	高十二	呂七徙爲趙王

上の表によれば、高帝六年以降、漢が封じた諸侯王國は合わせて十國である。そのなかで、荊、楚、呉、淮南の四國は昔の楚國であり、趙、代は昔の趙國、淮陽は昔の韓國、梁は昔の魏國であり、齊と燕は基本的に變わらない。これらの國に封じられた諸侯王は、みな同姓である。

漢の同姓諸侯王分封の發端は田肯の提案にある。『漢書』巻一高帝紀によると、高帝六年十二月に劉邦が陳で楚王韓信を捕らえた時、田肯は祝辭を述べつつ、劉邦に「『夫齊、東有瑯琊、卽墨之饒、南有泰山之固、西有濁河之限、北有渤海之利、地方二千里、持戟百萬、縣隔千里之外、齊得十二焉。此東西秦也、非親子弟、莫可使王齊者。』」と説いた。同月、劉邦詔書を發布して「齊、古之建國也、今爲郡縣、其復以爲諸侯。將軍劉賈數有大功、及擇寛惠修潔者、王齊荊地。」と述べ、正月、劉賈を荊王、劉交を楚王、劉喜を代王、劉肥を齊王にそれぞれ封じ、同姓諸侯王への分封を開始するのである。漢の同姓諸侯王への分封は、異姓諸侯王の排除と同時に行われた。劉賈の荊、劉交の楚は韓信の楚を分けて立てられた國である。劉肥の齊は、齊王韓信を移して楚の王とした後に立てられた。代はもとは陳餘の封國であり、如意の趙は趙王の張敖を廢して後に、燕王の劉建は燕王の盧綰を廢した後に立てられた。淮陽王の劉友は韓王の韓信を太原に移した後、梁王の劉恢は梁王の彭越を殺した後に、淮南王の劉長は淮南王の英布を滅ぼした後に立てられたのである。

漢の同姓諸侯王への分封は、大規模に功臣を封じて列侯とすることと同時に行われた。これは、高帝六年十二月に始まり、まず曹參、靳歙ら二十餘人の功臣を列侯に封じた。これは先に引用した同姓諸侯王分封の詔と同時に發布された。正月には、蕭和、張良等の功臣十九人を第二次として列侯に封じ、同時に、同姓王を封じることも實行した。これより後、劉氏が王に封じられ、功臣が侯に封じられることがそれぞれ行われ、ついにそれが定制となった。これより分かることは、高帝十二年の白馬の盟で定められた漢の封建原則、すなわち「劉氏でなければ王にはなってはならない、功臣でなければ侯にはなってはならない」ということは、漢六年にすでに立案され實行されていたのである。白馬の盟は、ただ君臣の誓という形でその原則を再び確認したにすぎない[19]。

つまり、漢六年に劉邦が田肯の提案を受け入れ、封建原則に重大な修正を加えたのである。それは功により王とするのを廢止し、親により王とすることに變更したことである。さらに、その親は帝室の劉姓のみに限定されたのである。功勞を廢して血緣により王を封じるという漢の封建原則の改變については、周の同姓分封から思想的影響を受けた可能性が否定できないが、身近な歷史現實から考えてみると、それは田儋以來の王政復興の原則に近いものである。その王政復興は、血緣關係によって六國の舊貴族の王權世襲を復活するという主旨があり、劉邦の同姓王分封は、新興の劉氏家族による世襲王權を確立するものであった。これにより、筆者は血緣により封じられた同姓諸侯王政權を、新貴族王政と呼ぶことにする[20]。

さて、漢朝との政治關係、領土の分野、國內制度などの全體についていうならば、この新貴族王政は、惠帝、呂后、文帝期を經て景帝初年にいたるまで、いくつかの變動と調整が見られたが、基本的には安定して質的變化はなかった。しかし、景帝三年の七國の亂以後、漢の王國の領土は大幅に縮小され、一般に一郡に限られるか、あるいは漢初の一郡の一部分に相當するものになった。そして景帝中元年間に入ると、漢朝政府は、法制上の諸侯王國制度に對する拔本的な改革を行い、すでに領土を縮小した諸侯王國に對してさらに王國の官制の縮小を行い、諸侯王から吏の任命權と治國權を剝奪することになった。これ以後、漢初年以來の諸侯王國は獨立した王國としては存在せず、その機能は漢の郡に相當することになったのである。

表三－5にある同姓の十國の十王についてみると、代王の劉喜は劉邦の兄で、高帝六年に封じられたが、七年、匈奴の攻擊を受けたため、國を捨て王を廢した。高帝七年、皇子の劉如意が代王に封じられ、九年に趙に移され王とさ

れた。高帝十一年、改めて皇子の劉恆が代王に封じられた。荊王の劉賈は劉邦の從父の子で、高帝十一年に英布に殺された。同年、そこに劉邦の兄の子である劉濞が呉王に封じられた。したがって、劉邦の死んだ高帝十二年、漢の諸侯王國には同姓の九國九王があり、殘された唯一の異姓王國の長沙國を加えると、合わせて十國十王があった。さて、比較のため、高帝十二年三月の白馬の盟を境とし、當時の諸侯王國を整理したのが次の表である。

表三－6　高帝十二年の王國および王者

國名		王	階層	出自	始	終
楚	楚	劉交	皇族	劉邦弟	高六	文元死
	呉	劉濞	皇族	劉邦兄子	高十一	景三殺
	淮南	劉長	皇族	劉邦子	高十一	文六遷死
	長沙	呉臣	王族	呉芮子	高六	惠元死
齊	齊	劉肥	皇族	劉邦子	高六	惠六死
趙	趙	劉如意	皇族	劉邦子	高九	惠元死
	代	劉恆	皇族	劉邦子	高十一	呂八爲帝
燕	燕	劉建	皇族	劉邦子	高十一	呂七死
韓	淮陽	劉友	皇族	劉邦子	高十一	惠元爲趙王
魏	梁	劉恢	皇族	劉邦子	高十二	呂七爲趙王

三　呂氏の王と新貴族王政の擴大

高帝十二年に白馬の盟が行われて以後、漢の體制はようやく安定した。同年、劉邦の死によりその子の惠帝が卽位したが、各種の政策は全て受け繼がれており、高帝の時とほとんど變わらなかった。王國制度、王國分封も、基本的には變化することはなかった。惠帝期間の王國及び王者を整理して表にすると次のようになる。

表三－7　惠帝期における王國および王者

國名		王	階層	出自	始	終
楚	楚	元王劉交	皇族	劉邦弟	高六	文元死
	呉	劉濞	皇族	劉邦兄子	高十一	景三殺
	淮南	厲王劉長	皇族	劉邦子	高十一	文六遷死
	長沙	成王呉臣	王族	呉芮子	高六	惠元死
		哀王呉回	王族	呉臣子	惠二	呂元死
齊	齊	悼惠王劉肥	皇族	劉邦子	高六	惠六死
		哀王劉襄	皇族	劉肥子	惠七	文元死
趙	趙	幽王劉友	皇族	劉邦子	惠元由淮陽王徙	呂七自殺
	代	劉恆	皇族	劉邦子	高十一	呂八爲帝
燕	燕	靈王劉建	皇族	劉邦子	高十二	呂七死無繼

梁	劉恢	皇族	劉邦子	高十一	呂七徙王趙

惠帝期の諸侯王表と高帝十二年の諸侯王表を比べると、惠帝期に高帝十二年の十諸侯王國が一つ減少し、九國に變わっている。その中で、淮陽國は廢されて郡となり、淮陽王の劉友は趙王に移され、前趙王の劉如意は呂后に殺されている。また城陽郡が齊國から分かれ魯元公主の湯沐地となっている。その他については、高帝十二年の狀態を維持しており、かなり安定していたと言える。

惠帝の在位は七年間で、その死後は呂后が執政となり、すでに確立していた劉姓の新貴族王政は擴大して呂氏を含むまでに至った。呂后期の諸侯王國及びその王者を次の表に示す。

表三―8　呂后期における王國および王者

	國名	王	階層	出自	始	終
楚	楚	元王劉交	皇族	劉邦弟	高六	文元死
	魯	張晏	后族	趙王張敖子	呂六[21]	文元廢爲侯
	吳	劉濞	皇族	劉邦兄喜子	高十一	景三殺
	淮南	厲王劉長	皇族	劉邦子	高十一	文六遷死
	長沙	哀王吳回	王族	吳臣子	惠二	呂元死
		共王吳若	王族	吳回子	呂二	文元死
齊	齊	哀王劉襄	皇族	劉肥子	惠七	文元死

	瑯琊	劉澤	皇族	劉氏疏屬	呂七	文元爲燕王
	呂	肅王呂臺	后族	呂后兄子	呂元	呂二死
		呂嘉	后族	呂臺子	呂三	呂六廢
		呂產	后族	呂臺弟	呂六	呂七爲梁王
		劉太	皇族	惠帝子	呂七	呂七更名濟川
		呂產[22]	后族	呂臺弟	呂七由梁更名	呂八殺
	（濟川）	劉太	皇族	惠帝子	呂七由呂更名	呂八殺
趙	趙	幽王劉友	皇族	劉邦子	惠元由淮陽王徙	呂七自殺
		共王劉恢	皇族	劉邦子	呂七由梁王徙	呂七自殺
		呂祿	皇族	呂釋之子	呂七	呂八殺
	常山	哀王不疑	皇族	惠帝子	呂元	呂二死
		劉義	皇族	惠帝子	呂二	呂四爲帝
		劉朝	皇族	惠帝子	呂四	呂八殺
	代	劉恆	皇族	劉邦子	高十一	呂八爲帝
燕	燕	靈王劉建	皇族	劉邦子	高十二	呂七死無繼
		呂通	皇族	呂臺子	呂八	呂八殺
韓	淮陽	懷王劉強	皇族	惠帝子	呂元	呂五死無繼
		劉武	皇族	惠帝子	呂六	呂八殺

魏 梁	劉恢	皇族	劉邦子	高十一	呂七爲趙王
	呂産	后族	呂臺弟	呂七	呂七更梁爲呂
	劉太	皇族	惠帝子	呂八由濟川徙	呂八殺

この表と惠帝期の諸侯王表を比較すれば、呂后期の王國數は惠帝期の九から十四へと五つ增加した[23]。その中で、吳、淮南、代、長沙の四國は安定しており變化がない。齊は分かれて齊、瑯琊、呂（濟南郡）の三國となり、趙は分かれて趙と常山の二國となり、楚は分かれて楚と魯（薛郡）の二國となり、淮陽國は復活している。王について言えば、楚、吳、淮南、代、長沙の五國では王系は變わらず維持され、新たに王に封じられたのは、劉氏の常山王の劉不疑、劉義、劉朝、淮陽王の劉强、劉武、濟川王の劉太、瑯琊王の劉澤、呂氏の趙王の呂祿、燕王の呂通、呂王の呂臺、呂嘉、呂産および魯王の張偃、合わせて十三人である。その中で、劉不疑、劉義、劉朝、劉强、劉武、劉太の六人は惠帝の子であり、劉澤は劉氏の遠族で、その妻は呂氏である。張偃は故趙王の張敖の子で呂后の外孫であり、呂祿は呂后の兄であり高帝功臣の建成侯呂釋之の子である。呂臺、呂産は呂后の兄である高帝功臣の周呂侯呂澤の子で、呂通、呂嘉は呂臺の子である。明らかに、呂后が政治に關わった期間、劉氏の皇族を王に封じると同時に齊、楚、趙を分けて呂氏の親戚を王に封じることも始まっている。しかし、呂后期、漢の王國制度や漢と諸侯王國との間にある領土および相互關係などの問題については、ほとんど變化が見られない。變わったのは、親により王に封じる血緣原則の範圍を皇室の劉氏から擴大して皇后家の呂氏まで及ぶとしたことであろう。

四　文帝卽位と諸侯王國の調整

呂后の執政は八年である。呂后の死後、呂氏一族は功臣らによって滅ぼされ、文帝が擁立された。文帝が卽位してから、呂后の封じた各王は廢除され、漢の諸侯王國はだいたい呂后稱制以前の狀況に戻った。文帝元年時の諸侯王を整理して以下に表にする。

表三－9　文帝元年の王國および王者

國名		王	階層	出自	始	終
楚	楚	元王劉交	皇族	劉邦弟	高六	文元死
	吳	劉濞	皇族	劉邦兄喜子	高十一	景三殺
	淮南	厲王劉長	皇族	劉邦子	高十一	文六遷死
	長沙	共王吳若	王族	吳回子	呂二	文元死
齊	齊	哀王劉襄	皇族	劉肥子	惠七	文元死
趙	趙	劉遂	皇族	劉友子	文元	景三殺
	代	文帝領	皇族			
燕	燕	敬王劉澤	皇族	劉邦從祖昆弟	文元由瑯琊王徙	文二死

この表から、文帝元年時の諸侯王國は八國であり、呂后期に比べて六國減少していることが知られる。これは呂后が新しく立てた魯、瑯琊、常山、呂（濟川）の四國を廢除し、その土地をもとの諸侯王國に返還したからである。淮陽と（呂國と改名した）梁國には跡繼ぎがなかったため、廢して郡とした。『漢書』卷四文帝紀によれば、文帝元年十二月「立趙幽王子遂爲趙王、徙瑯琊王澤爲燕王、呂氏所奪齊楚地儘歸之。」とあり、呂后末年の趙王である呂祿を誅

して、改めてもとの趙王劉友の子劉遂を立てている。呂后の時趙から分けてつくられた常山國を廢して、その地を趙に返還、趙國は昔の領土を回復し劉氏の王が立てられた。瑯琊王劉澤を移して燕王として、瑯琊郡は齊に返還され、劉太の濟川國を廢止して濟南郡を齊に返還し、齊國は最初の國境を回復した。張晏の魯國を廢して薛郡を楚に返還し、楚國は最初に封じられた國境を回復したのである。この表と惠帝期の諸侯王表を比較すると、跡繼ぎがなく郡となった梁國と淮陽國を別として、その他の各國の領土は元に回復していることが分かる。同時に、各王の王系もできるだけ元に戻され、楚、吳、淮南、齊、趙、長沙は全て舊王家の血統となった。燕王の劉建には跡繼ぎがなく、瑯琊王の劉澤を移して燕王とし、梁と淮陽の兩國の王系は斷絶し、國が廢されて郡となった。明らかなことは、文帝が卽位してから、まず呂后が行った王國分封の擴大政策を修正し、さらに「非劉氏不王」の原則に從い、高帝期と惠帝期にあった漢と諸侯王國との關係と形勢を完全に回復したことである。漢の新貴族王政は、再び劉氏皇族に限定されることとなった。

文帝元年、齊哀王の劉襄が死に、それを契機に文帝二年、諸侯王國に對して少々の調整がなされた。まず、文帝出身地である代國を二分し、子の劉武を封じて代王とし、子の劉參を太原王とした。梁國を復活させ、子の劉揖を王とした。同時に、齊を齊、城陽、濟北の三國に分け、齊國は劉襄の子の劉則に繼續させ、城陽と濟北にはそれぞれ齊王劉肥の子劉章と劉興居を立てて王とした。趙を趙と河間に分け、趙王には劉遂をそのままおき、河間國には趙王劉友の子劉辟强を立てて王とした。漢の諸侯王國は八國から五つ增加して十三國となった。文帝二年に行われたこの王國についての調整は、漢の梁國と趙國に對する對策の結果だと見られる。諸呂の亂を平定したとき、劉章と劉興居には功があったので、二人は大臣たちから趙王と梁王になる約束を取り附けていた。文帝は代王から皇帝位についたが、齊王系の一族があまり强すぎるのは望ましくないと考え、齊哀王の劉襄の死を契機に齊から城陽、濟北を分國し、劉章と劉與居をその王位につけた。一方、梁國を皇子の劉揖にあたえ、趙から河間國を分國し、趙王劉友の子劉辟強を立てて王とした。こうして、懸案になっていた趙國と梁國の遺留問題は、皇帝に有利なかたちで解決した。

文帝三年、上述の解決案に不満を持つ濟北王の劉與居が反亂を起こしたが失敗し、國は廢されて郡となった。これを契機に文帝は漢の王國に對する再調整を行った。文帝四年、淮陽國が復活し、代王劉武を移して王とし、太原國は代國に合併され、太原王の劉參が改めて代王となった。ここに至り、漢の王國數は十二に變わった。十一年、淮南王劉長に罪があったため、國が廢された。梁王劉揖の死後、後繼者がいなかったため淮陽王劉武を梁王とし、淮陽國を廢して郡とした。こうして王國數は十に減少した。この十王國は、文帝十五年まで變わることなく維持されていった。文帝十五年の王國調整までの諸侯王國を整理したのが次の表である。

表三－10　文帝十五年の王國および王者

國名		王	階層	出自	始	終
楚	楚	劉戊	皇族	楚王劉郢客子	文六	景三殺
	吳	劉濞	皇族	劉邦兄喜子	高十一	景三殺
	淮南	劉喜	皇族	齊王劉章子	文十二	文十六爲城陽王
	長沙	靖王吳著	王族	吳若子	文二	文後七死無嗣
齊	齊	文王劉則	皇族	劉襄子	文二	文十五死無嗣
趙	趙	劉遂	皇族	劉友子	文元	景三殺
	河間	哀王劉福	皇族	趙王僻强子	文十五	文十五死無嗣
	代	孝王劉參	皇族	文帝子	文四由太原王徙	文後二死

燕	燕	康王劉嘉	皇族	劉澤子	文三	景五死
魏	梁	孝王劉武	皇族	文帝子	文十二由淮陽王徙	景中六死無嗣

上記の表と高帝十二年の王國表、惠帝期の王國表、文帝元年の王國表を比べると、大きな變化はないと見られる。文帝十五年に齊文王劉則は死去したが、跡繼ぎが無かった。それを契機として、文帝は正式に賈誼の諸侯王國對策を受け入れ[24]、大規模に諸侯王國を調整していった。十六年、齊を五つに分け、齊王劉肥の子劉將閭、劉辟光、劉賢、劉卬、劉雄渠を齊、濟南、淄川、膠西、膠東の王とした。同時に濟北國を復活し、齊王劉肥の子劉志をたて王とした。劉長の淮南國を復活し淮南、衡山、盧江三國とし、淮南王劉長の子劉安、劉勃、劉賜を王とした。漢の諸侯王國はこうして増加して十七となり、その後、文帝末まで變化はなかった。文帝十六年の諸侯王國を調整したのが次の表である。

表三－11　文帝十六年の王國および王者

國名		王	階層	出自	始	終
楚	楚	劉戊	皇族	楚王郢客子	文六	景三殺
	呉	劉濞	皇族	劉邦兄喜子	高十一	景三殺
	淮南	劉安	皇族	劉長子	文十六	武元狩元自殺
	衡山	劉勃	皇族	劉長子	文十六	景四徙濟北王
	盧江	劉賜	皇族	劉長子	文十六	景四徙衡山王

	長沙	靖王吳著	王族	吳若子	文二	文後七死無嗣
齊	齊	孝王劉將閭	皇族	劉肥子	文十六	景三死
	城陽王	劉喜	皇族	齊王章子	文十六由淮南王徙	景中六死
	濟北	劉志	皇族	齊王肥子	文十六	景三爲淄川王
	濟南	劉辟光	皇族	齊王肥子	文十六	景三反殺
	淄川	劉賢	皇族	齊王肥子	文十六	景三殺
	膠西	劉卬	皇族	齊王肥子	文十六	景三殺
	膠東	劉雄渠	皇族	齊王肥子	文十六	景三殺
趙	趙	劉遂	皇族	劉友子	文元	景三殺
	代	孝王劉參	皇族	文帝子	文四　由太原王徙	文後二死
燕	燕	康王劉嘉	皇族	劉澤子	文三	景五死
魏	梁	孝王劉武	皇族	文帝子	文十二由淮陽王徙	景中六死

上の三つの表をまとめると、文帝期に存在した諸侯王國の數は二十で、呂后期の王國總數十四に比べて六國多くなっている。王國の興亡は表面上は複雜に見えるが、比較的重要な調整は二回であると思われる。すなわち、文帝元年に行われた漢初の狀態への回復と文帝十六年に行われた齊國と淮南國の分割である。この二回の調整を境として、文帝期における諸侯王國の變動は三つの段階に分けられる。一、高帝期の舊國への回復期（文帝元年）。この期間は、呂后が新しく立てた魯、瑯琊、常山、呂、濟川の五國が廢止され、漢の諸侯王國は九國となり、王國の領土と數量はともに高帝惠帝時の狀態にほぼ回復した。二、協調維持期（文帝二年から十五年）。この期間中に、代國は一度代と太原に

分けられたが、再び統合されてもとに戻った。梁國が復活し、城陽國は齊より分國し、河間國は趙より分國し、淮陽國は復活後再び廢され、濟北は齊より分國後再び廢された。漢の王國數は、十から十三の間で分離、統合され變動していったといえる。この期間中の諸侯王國の調整は漢皇帝位の繼承權をめぐる代國と齊國との争いに左右されている。(25)他の諸侯王國について言うならば、漢との關係は基本的に現狀維持で互いに協調していると見られる。故に筆者はその時期を協調維持期とする。三、諸侯衆建期（文帝十六年後）。文帝十六年、齊王劉則の死後、文帝は賈誼の「分國策」を採用し、齊を分けて齊、濟南、淄川、膠西、膠東王の五國とし、また濟北國を回復した。淮南國を分け淮南、衡山、盧江の三國とし、漢の諸侯王國數は十七に增加した。漢の王國政策における王國への支援から抑制への轉化の動きはここから顯著にあらわれてきた。けれども、文帝期における漢と諸侯王國全體についていうならば、漢朝が苦心して調整したにもかかわらず、また王國數が增減したにもかかわらず、漢朝と諸侯王國間の領土關係はともに安定していて、各諸侯王の王系も基本的に安定して變化しなかった。同時に、漢と諸侯王國の關係、漢の諸侯王國制度もまた安定して變化はなかった。

五　景帝在位と諸侯王國の郡縣化

景帝は前一五六年に卽位し、前一四一年に死亡した。その在位は十六年間である。この景帝期、漢の王國には二つの重大な變化があった。一つは景帝三年の吳楚七國の亂前後に行った諸侯王國に對する領土の削減。一つは景帝中五年前後に行った諸侯王國制度に對する改訂である。

景帝二年、新たに六人の皇子を王とした。河間王の劉發、廣川王の劉彭祖、臨江王の劉閼、淮陽王の劉餘、汝南王の劉非、長沙王の劉發である。そのうち、河間國では文帝十五年に哀王の劉福が死に、跡繼ぎがなかったため國を廢され、長沙靖王呉著は文帝後七年に死に、これも跡繼ぎがなかったため國を廢され、景帝により新王が立てられ復國した。臨江國は漢の南郡から分かれて置かれ、汝南國は故淮陽國（文帝十二年廢）から分かれた汝南郡が國となったもので、廣川國は故河間國（文帝十五年廢）の領土を分けて置かれた。當時、新王の分封については、臨江國が漢郡の領土に置かれていることを除けば、その他は、みな跡繼ぎがいないために廢された王國に置かれている。ここにいたるまで、漢初以來の漢と諸侯王國間の領土關係に大きな變化はなかったといえる。

景帝三年、景帝は晁錯の削藩策を採用し、諸侯王國の領土削減を開始した。まず、劉戊の楚國の東海郡を削り漢郡とした。ついで劉遂の趙國から常山郡を削った。當初は漢郡としたが、五年に中山國を置き皇子の劉勝を封じ王とした。さらに膠西國から六つの縣を削り、漢に屬する北海郡を置いた。そのため、漢初以來比較的安定していた漢と諸侯王國間の領土關係は急速に變化し、呉楚七國の亂を引き起こす原因となったのである。七國の亂平定後も、漢朝は諸侯王國の領土を削減しつづける。まず、劉辟光の濟南國と劉濞の呉國を廢した。濟南國は漢に屬する濟南郡となった。呉に領有される三郡のうち、東陽、鄣の二郡を江都國とし、皇子の劉非を封じて王とした。呉郡は漢に屬する郡となった。また楚國より薛郡を分けて魯國を建て、皇子の劉餘を王とした。かつて三郡を領有した楚はわずかに彭城郡を殘すのみとなり、そこには楚の元王で劉交の子劉禮が王として置かれた。淄川王の劉賢を誅し、濟北王の劉志（劉肥子）を移して王とした。膠西王の劉卬を誅し、皇子の劉端を立てて王とし、また膠東王の劉雄渠を誅して、皇子の劉徹を立てて王とした。趙王劉遂を誅し、趙の巨鹿郡、淸河郡を漢に屬する郡とした。趙の邯鄲郡は當初漢郡とされたが、五年には趙國をたて、皇子の劉彭祖を封じて王とした。ここに至って漢の諸侯王國は二十に變わった。それを整理したのが次の表である。

表三－12　景帝四年後の王國および王者

國名		王	階層	出自	始	終
楚	楚	文王劉禮	皇族	劉交子	景四	景六死
		安王劉道	皇族	劉禮子	景七	武元光六死
	淮南	劉安	皇族	劉長子	文十六	武元狩元自殺
	衡山	劉賜	皇族	淮南王劉長子	景四由盧江王徙	武元狩二殺
	臨江	劉閼于	皇族	景帝子	景二	景四死無嗣
		閔王劉榮	皇族	景帝子	景七	景中元三自殺
	江都	易王劉非	皇族	景帝子	景四由汝南王徙	武元朔元死
	魯	劉餘	皇族	景帝子	景三由淮陽王徙	武元光六死
	長沙	定王劉發	皇族	景帝子	景二	武元光六死
齊	齊	懿王劉壽	皇族	劉將閭子	景四	武元光三死
	城陽王	劉喜	皇族	齊王劉章子	文十六由淮南王徙	景中六死
	濟北	貞王劉勃	皇族	淮南王劉長子	景四由衡山王徙	景五死
		武王劉胡	皇族	貞王劉勃子	景六	武天漢三死
	淄川	懿王劉志	皇族	齊王劉肥子	景三由濟北王徙	武元光五死
	膠西	于王劉端	皇族	景帝子	景三	武元封三死無嗣
	膠東	劉徹	皇族	景帝子	景四　武帝	景七爲太子

趙	趙	敬肅王劉彭祖	皇族	景帝子	景五由廣川王徙	武太始四死
	河間	獻王劉德	皇族	景帝子	景二	武元光五死
	廣川	劉彭祖	皇族	景帝子	景二	景五徙趙爲郡
	中山	靖王劉勝	皇族	景帝子	景三	武元鼎四死
	代	恭王劉登	皇族	代王參子	文後三	武元光二死
燕	燕	康王劉嘉	皇族	燕王澤子	文三	景五死
		劉定國	皇族	燕王嘉子	景六	武元朔元自殺
魏	梁	孝王劉武	皇族	文帝子	文十二由淮陽王徙	景中六死

七國の亂以後、漢の王國數は文帝期に比べて大きな變化はない。ただ王國の領土は縮小され、一般に一郡に限られるか、あるいは漢初の一郡の一部分に相當するものになった。例えば、楚國にはただ彭城郡があるのみ、齊國にはただ臨淄郡があるのみ、淮南國にはわずかに九江郡があるのみ、といったようにである。漢の領土に併合された諸侯王國は漢の郡となり各諸侯王國の間に諸侯王國の領土と交錯した狀態で存在した。同時に諸侯王の中では、景帝直系の王が急速に增加して合計十國となり、半分を占めた。ここに至り、漢朝は主に領土削減（削藩）と皇室直系の增加から諸侯王國を抑制しよう（以親制疎）としたが、獨立國家に相當する諸侯王國の制度そのものは、基本的に變化はなかったといえよう。景帝の弟である孝王劉武の梁國を例として見てみると、『史記』卷五十八梁孝王世家によれば、梁國は碭郡および淮陽郡の一部分を領有し、大きな城が四十餘あった。七國の亂後、梁の宮室建築、旗號儀式は全て「擬於天子。出言蹕、入言警。招延四方豪傑、自山以東遊說之士莫不畢至。」であったという。その官吏も、たとえば内史の韓安國、中尉の公孫詭などのように、自國で任命されている。すなわち、王國制度については漢初以來まった

く同じなのである。しかし劉武は景帝七年に人を遣わして漢の議臣の爰盎らを刺殺する事件をおこした。後に事件は解決したが、景帝および漢朝政府からの信任は失われ、直系の親族をつかって遠族の諸侯王國を抑制するという漢の諸侯王國對策に多大の動搖を與えた。考えるに、梁王事件をきっかけとして、漢朝政府は景帝中元年間に、法制上の諸侯王國制度に對する拔本的な改革を行い、徹底的に諸侯王國問題の解決をはかろうとし始めた。『漢書』巻十九百官公卿表はそのことをまとめて述べており、(26) 諸侯王は「金璽盭綬、掌治其國。有太傅傅王、內史治國民、中尉掌武職、丞相統衆官、群卿大夫都官如漢朝。景帝中五年令諸侯王不得復治國、天子爲置吏、改丞相曰相、省御史大夫、廷尉、少府、宗正、博士官、大夫、謁者、郎、諸官長丞皆損其員。」とある。これによると、中元年間のこの改革は、漢朝政府がもはや親をもって疏を制すという策に頼らず、諸侯王國の領土を縮小しさらに王國の官制を縮小し、諸侯王から吏の任命權と治國權を剥奪するというものであった。これ以後、諸侯王國は獨立した王國としては存在せず、その機能は漢の郡に相當するものになったのである。

第四節　漢の王國分封の起源について

一　漢の王國分封と周の諸侯分封との異質性について

周知のように、秦帝國は封建制を廢し、郡縣制を實行した。漢帝國は、郡國制、つまり郡縣制と封建制と並行して實行していた。これは秦漢兩帝國の制度上の最大の違いである。漢の郡縣制が秦から直接繼承したものであるのは明白であるが、漢の封建制に關しては不透明の個所が依然殘されている。一般的に言えば、漢の封建制には列侯の侯國分封と諸侯王の王國分封があった。侯國分封が郡縣制と同じように直接秦から引き繼がれたものであることは間違いないが[27]、王國分封は秦にはないものである。さらにさかのぼると、秦だけでなく、戰國時代、春秋時代、周・殷時代にもないのである。それでは、その制度上の起源はどこに求めるべきだろうか。

司馬遷は『史記』巻十七漢興以來諸侯王年表序中に「周封五等、公、侯、伯、子、男。然封伯禽、康叔於魯、衞、地各四百里、親親之義、褒有德也。太公於齊、兼五侯地、尊勤勞也。武王、成、康所封數百、而同姓五十五、地上不過百里、下三十里、以輔衞王室。……漢興、序二等。高祖末年、非劉氏而王者、若無功上所不置而侯者、天下共誅之。高祖子弟同姓爲王者九國、唯獨長沙異姓、而功臣侯者百有餘人。」と述べている。ここで司馬遷が周初の封建と漢初の封建を並べて取り上げ、歷史的根源においてこの二つの封建が直接つながっていることが自明であるかのように示したため、漢の王國封建が周の封建からでてきたという見方を廣めることになってしまった。しかし、仔細に檢討すると、司馬遷が示したこの見方は、さまざまな問題を抱えているといわざるを得ない。まず、周の封建制度の實態はあまりにも不明である。出土史料を中心とする研究によれば、周の封建はまったくないところから創作された虛構の說ではないが、その實態は後世の潤色が多く含まれた戰國秦漢以來の文獻史料に示されるようなきれいに整備された法制度でもないのである。とくに、司馬遷がふたたび强調した周の封建制度の基礎になるもの、すなわち公、侯、伯、子、男という「五等爵制」の實在は金文史料での裏附けができないので、學界においては否定的な見解でほぼ一致している[28]。次に、周の初期から漢の初期までは八百年を經ており、その長い間には春秋の禮崩樂壞、戰國の變法改制、秦の天下統一などがおこり、中國歷史において政治、社會、文化などすべての面に及ぶ變化がもっとも激しい時代であると言えるだろう。劉邦の時に、周の封建制度がすでに無くなっていたことは當然であるが、周の封建制度の存續にかかわっている社會構造と歷史事情も完全に變わってしまっていた。その時、すでに解體されていた氏族制社會は新たな全民皆兵の編戸齊民社會に、多くの封建制都市國家は少數の郡縣制領土國家に取って代わられたと考えられる。[29]

始皇帝の天下統一後、郡縣制にすべきか、あるいは封建制にすべきかということについて秦王朝の君臣たちが活發に議論したことがある。『史記』巻六秦始皇本紀によると、始皇帝二十六年、丞相の王綰ら大臣たちが始皇帝に「諸侯初破、燕、齊、荊地遠、不爲置王、毋以鎭之。請立諸子、唯上幸許。」と奏言し、朝廷での大きな議論となった。しかし、この場で秦の君臣たちに議論された封建制は、征服された戰國各王國に再び王を設置して王國を復活しようという政治および行政面のことに過ぎないのは明らかである。[30]漢王朝の樹立後、秦王朝が全面的に郡縣制を實行することによって短期間に崩壊したという失敗の教訓を眞劍に檢討した上で、郡縣制と封建制が同時に實行された。漢に實行された封建制は、まさに秦の君臣たちに議論されたもので、戰國各國の領土に再び郡縣制の王國を立てようという單純な政治行政制度のことである。漢に封ぜられる諸侯王は、二十等爵上に增設した一級の爵位として理解すればよいであろう。なぜならば上で引用した『史記』巻十七諸侯王表序に「漢興、序二等」といっており、諸侯王と列侯を二級の爵位として扱っているからである。ゆえに、周の封建制と漢の王國分封は質的にまったく違う制度であり、歷史的根源においても、直接の繼續關係がないといえるであろう。[31]

司馬遷は『史記』で周の初めに成立した周の封建制度の詳細については全く語らず、周初の歷史事情についても知られていなかったのか、語るところがない。したがって、前漢初年、秦の封建制全面廢止をよく反省した漢王朝が、傳聞によって周の封建理念から啓發を受けた可能性は否定できないけれども、依然として人爲的な關わりがあったということを考慮に入れて考えなければならない。前引した『史記』巻十七諸侯王表序では、司馬遷は周の封建原則は二つあると述べている。その一つは親親の義により同姓を封じるということで、二つは勤勞を尊ぶにより異姓を封じるのことである。周初は遠い昔なので、當時の人たちは如何に親親の義と勤勞を尊んでいたのかほとんどわからなくなった。一方、もしこの二つの原則を秦楚漢の間に置いて考えれば、親親の義と勤勞を尊ぶについては、その起源はそれぞれ齊國を復活した田儋によって創設された復國建王の血緣原則と、最初に王を稱した陳渉によって創立された平民王政の功勞原則に求めることができる。前漢初年の時點では、これこそ身近でまだ生きている歴史的現實であろう。事實、司馬遷がここでとりあげた漢の封建の原則、すなわち「非劉氏而王者、若無功上所不置而侯者」という文は、「白馬の盟」の盟文である。この「白馬の盟」は高帝十二年のことで、それは皇帝の劉邦と諸侯王と功臣列侯たちが當時の社會習俗にしたがって結んだ盟約である。その性格は個人間の信頼に基づいて結んだ相互契約であり、その源は春秋戰國時代、とくに秦楚漢間に直接求めることができるのである。[32]要するに、封建理念とその原則においては、漢の封建は周の封建に通ずるところがないとは言えないが、その間には秦楚漢間にある封建原則と原理が介在しており、遠い過去の周初の影響よりこの影響を考える方がより現實的かつ有力であろう。

二　楚の王國分封の延長としての漢の異姓王國

漢初の王國は、漢の政治的主導のもとで郡縣制をとる獨立王國である。その大きなものには、臨淄など七郡、數十城をもつ齊國、その小さいものには碭と東の二郡をもつ梁國がある。諸侯王國は自ら紀年し、官吏を置き民を治め、軍隊を持ち國土を守り、その宮殿の造營、官僚の設置、財政軍事などの制度も漢とほとんど變わりがない。このような大規模な郡縣制をとる王國分封の實行は、秦楚漢間以前の中國史上には前例がなく、まったく新しい歴史的事例であるといえよう。『續漢書』百官志にはその起源を遡って「漢初立諸王、因項羽所立諸王之制、地既廣大、且至千里。」といい、漢の王國制度は項羽の楚制によるものであると明確にしている。さらに遡ると、その起源は陳渉が張楚を建て王と稱したことに及ぶと考えられる。

前述したように、秦末の亂が起きた後、楚王の陳勝が盟主として天下の政局を主導していた時、戰國の舊六國において韓國を除いて楚、齊、燕、趙、魏の五國はみな王を建てて國を復活させた。懷王の楚が天下の盟主となった時には、民間から舊王族の韓成を見つけて王としたため六國の貴族王政はすべて復活することになった。ここまでは、天下政局の主流は戰國復國にあり、復活した六國以外に新國家の樹立はなかった。したがって、盟主によって舊國が復活され新王を立てることはあっても、諸侯王國の分封はなかった。しかし、前述したように、項羽が天下の盟主となってからは、天下を十九國に分け、十九王を分封した。その中で、代王の趙歇（趙）、膠東王の田市（齊）、韓王の成、西魏王の魏豹（魏）、遼東王の韓廣（燕）の王政復興期の舊王を除き、衡山王の吳芮、九江王の英布、臨江王の共敖、常山王の張耳、臨淄王の田都、濟北王の田安、漢王の劉邦、雍王の章邯、塞王の司馬欣、翟王の董翳、燕王の臧荼、殷王の司馬卬、河南王の申陽などは、みな新しい王國の新しい王となった。前引した『續漢書』百官志が述べるように、中國史上初めての王國分封は、まさにこの項羽の大分封から始まったのである。王國分封を創設した項羽は、懷王の王政復興で立てられた王權世襲の血緣原則を修正し、「計功割地、分土而王之」の軍功封王の原則をつくった。もちろんその時、王國分封および王國に關する制度も制定されたと思われる。

ところで建國後の漢は、自らが項羽の分封を受けたという事實を認め難い。當時、歷史は隱したり直したりすることが少なくなかった。(33) それ故、項羽の王國制度について、および漢の王國分封の源が楚であったということについての記載はほとんど殘っていない。にもかかわらず、現存史料を丁寧に檢討するならば、項羽の王國制度に關しては以下の點をみることができる。一、諸侯王國の建立は秦の郡を基礎とし、王國内には郡縣制を採用していた。その王國には大きいもので西楚の場合の九郡、小さいもので二、三郡のものがある。たとえば漢の場合、最初に封ぜられた時は巴、蜀二郡であったが、後に項伯を通して項羽の恩惠を得、漢中を加えて三郡となっている。二、各國の軍隊の編制と定員は、楚によって定められた。たとえば、劉邦は關中を占領した後およそ十萬人の軍隊を擁していたが、分封を受けた結果軍の規模が小さくなり、封國の漢中に着くときには、三萬人の軍隊しかもっていなかった。[34] 三、各國は自國の紀年をもち、暦も授けられた。[35] 四、諸侯王はその國を治め、自ら官制を制定し、官吏を任命した。たとえば、漢が漢中に着き國を建てる時、丞相を含むすべての官吏は漢が任命したのである。五、諸侯王國は盟主の命令に従い、出征に同行する義務を負う。たとえば項羽が齊を撃つ時、九江王英布の兵を徵發するため使者を遣わしている。[36]

漢王國は、項羽の分封から直接生まれた。漢王國は項羽に封ぜられた諸侯王國の一つであり、項羽の王國制度が實行された結果の一部である。漢元年四月、劉邦集團が漢中に到着し國を建て、楚制から秦制への改變、すなわち漢中改制を行った。しかし漢中改制は、その手本とした秦國には王國分封制度がなかったので漢王國の國內制度の改革にとどまり、國際關係に關わる王國分封制度とは關係がなかったと思われる。漢二年三月、漢は反楚同盟を主導し、項羽の封じた王國を滅ぼすと同時に、自らの王國分封もはじめた。しかし漢による王國分封は、その制度と原則においては項羽のものをそのまま引き繼いでいる。ただ分封を行う國が楚から漢に、分封を受ける對象が楚に忠誠を盡くす軍功者から漢に忠誠を盡くす軍功者に變わっただけである。

漢二年十一月、劉邦は韓信を王に封じた。これは漢によって封じられた最初の王である。韓信はもと韓國の王族出身で、張良との關係で韓將となり、韓國兵を率い劉邦に從って關中に入ったので、劉邦集團との關係は非常に深かった。懷王の時、韓國の王族である韓成は楚によって王に立てられた。項羽の時、韓國を二分し、韓成は引き續いて韓王となるが、後に項羽は韓成を殺し、舊友の前吳令の鄭昌を韓王にした。漢二年十月、鄭昌は漢に降伏し、十一月、韓信が韓王となった。韓信が韓王に立てられたのは、明らかに項羽に分封された韓國の國土と制度に基づいて行われたことで、そこには基本的な變化はまったく見られない。ただその王が鄭昌から韓信に變わっただけである。漢に封じられた二番目の諸侯王は趙王の張耳である。張耳は劉邦の舊友で、陳渉の命を受け趙を攻略し、項羽が大分封を行ったとき功により常山王に封じられ、もとの趙國の一部を統治した。しかし漢二年十月、張耳は國を捨てて漢に歸屬したので、陳餘は代王の趙歇を迎えて趙王とした。漢三年十月、張耳と韓信が趙歇の趙國と陳餘の代國を滅ぼした。四年十一月、張耳は趙王に立てられて趙國を支配することになった。張耳が趙王に立てられたのも、明らかに項羽に封じられた王國に基づいて改封されたものであり、その王國制度それ自體には變化がないのである。漢が英布を淮南王に立てたのは、漢四年七月のことである。英布は項羽によって九江王に封じられたが、後に楚に背き漢に歸屬した。英布の淮南王國も、張耳の趙國と同じように項羽の分封に基づいての改封にすぎない。燕王の臧荼は、項羽により封じられ、楚漢戰爭中に漢に歸屬して漢の異姓諸侯王に變わったが、その國と王は項羽の時のままでいっさい變わっていない。つまり、項羽の分封の原案どおりなのである。漢の異姓諸侯王の中で項羽に封じられる舊國舊王とあまり關係がないのは、齊王の韓信と梁王の彭越である。韓信は漢の大將で、漢軍を率いて關中に攻め入り、魏國、趙國を滅ぼし、燕國を歸屬させ、齊國を定めるなどの大功をあげ、漢四年功により齊王に封じられ、田氏に代わり齊國を統治することになった。彭越は、魏王魏豹の相國であった。魏豹は項羽に封じられた西魏王で、漢二年三月漢に歸屬しその舊國舊封を認められた。魏王の魏豹が死んだ後、兵を率いて漢を助け楚を滅ぼすという條件をつけて漢は彭越を王に封じることを約束した。漢五年二月、彭越は梁王を立てられ舊魏國を統治するようになった。

要するに、漢の王國分封は漢二年から始まったのである。當時、項羽に封じられた諸侯王國であった漢は、自らを盟主として、廣範に協力者を求め反楚同盟を結成し西楚と覇權を爭うために、自らも王國分封を行った。漢は同盟して楚を擊つという條件附きで項羽に封じられた他の諸侯王國をそのまま認め（魏、燕）、あるいはその舊國舊王に基づいて改封を行った（常山－趙、九江－淮南）。もちろん、新しく漢の軍功者（韓信、彭越）を王として立てることもあったが、それもやはり舊國に基づいて行われた（齊、魏）のである。この時期における漢の王國分封は、明らかに懷王の王政復興に定められた七國の枠に基づいて行われたのであり、その際、項羽の定めた王國の領土と國名を改めることは少なからずあったが、その分封の原則と王國制度については完全に項羽のものをそのまま引き續いだのである。

三　異姓王國分封の改善形態としての漢の同姓王國

すでに第三節の二で述べたように、高帝六年十二月、劉邦は田肯の提案を受け入れ、異姓諸侯王の分封を廢止し、同姓諸侯王を分封し始めた。漢の王國分封の原則は、これにより根本的な改變が行われることになった。つまり、功によって王に封じることを廢止し、親（血緣）によって王に封じることに改めた。しかも王に封じる親族の對象は、皇室の劉氏に限定した。これと同時に、功臣に對して大規模な封賜を行い、列侯およびそれ以下の分封は、嚴格に軍功原則に從うことになった。言うまでもなく、漢の親族封王は、項羽の軍功封王に對する拔本的な原則修正であると言える。理念上から見れば、漢の親族封王という王國分封の原則は、周の同姓分封と秦楚漢間の王政復興の原則に間違いなく通じている。しかし歷史的に見れば、漢の王國分封の原理における功から親への變化は、漢の異姓王國分封の改良によって次第に生じてきたものなのである。

周知のように、漢が最後の異姓王として盧綰を封じたのは、漢五年九月である。盧綰は、劉邦と同縣同鄉同里、同年同月同日に生まれ、少年時代をともに過ごし、成年になってからも親密な交友があり、また劉邦に從って蜂起して以來、ずっと劉邦の身邊から離れたことがなかった。劉邦が漢王となった後、盧綰は將軍および太尉として常に從い、劉邦の異母弟である劉交とともに漢王と大臣たちを結び附ける內廷の要の役割を果たし、功臣長老の中で劉邦ともっとも親しかった。漢五年九月、漢は燕王の臧荼を滅ぼした。『史記』卷九十三盧綰傳には盧綰を王に封じる記事に

高祖已定天下、諸侯非劉氏而王者七人。欲王盧綰、爲群臣觖望。及虜臧荼、廼下詔諸將相列侯、擇群臣有功者以爲燕王。群臣知上欲王盧綰、皆言曰、『太尉長安侯盧綰常從平定天下、功最多、可王燕。』詔許之。漢五年八月、廼立綰爲燕王。諸侯王得幸莫如燕王。

とある。「群臣觖望」の觖とは、『史記會注考證』に引く姚鼐の説には「觖卽缺之異體字、缺少之意。」とある。缺は、足りない、すなわち不滿の意である。觖望とは、あまり望ましくない、また引き起こされた不滿の心情を意味する。ゆえに『史記會注考證』はさらに中井績德の説を引用して「不滿之意」と説明しているが、これは適切である。よって、劉邦が盧綰を燕王に封じたことは、大臣達の望みではなかったので彼らの不滿を引き起こしたということになる。このようなことは、韓信と彭越が王に封じられた時にはまったく見られなかった。同じ異姓王の分封で、なぜ大臣達は盧綰の分封にだけ不滿をもったのか。前述したように、漢における異姓王國の分封は、項羽の王國分封の原則と制度を全面的に繼續したものであった。項羽の王國分封の原則は、軍功により王に封じることである。劉邦集團の中で、盧綰の軍功は韓信および彭越と同列に論じることはまったくできないばかりでなく、周勃、灌嬰、樊噲および曹參、酈商ら功臣と比べても格差が甚だ大きい。それゆえ盧綰を王に封じることは論功行賞の原則に背き、功臣達の不滿を招いたのである。最終的に、劉邦は自分の願望で功臣達を屈從させ、盧綰を燕王に封じた。したがって、漢の王國分封制度に變化はなかったけれども、ここに至って、その原則には、功から親への移行という微妙な變化が現れてきたのである。

一方、漢は項羽の王國分封の原則に修正を加えると同時に、新たな分封對象および新しい政治事情に從って、項羽の王國制度に對する修正に着手した。史料の缺落によりその詳細を知ることはできないが、漢が改訂した諸侯王國法には、少なくとも相國法の存在が確認できると考えられる。項羽の王國分封では、楚が他の王國に相を置く事例は見られなかったが、諸侯王が自ら相を置く例はよく見られた。たとえば漢王國の相國の蕭何は漢王の劉邦が任命している。[37]漢の異姓諸侯王國の相も、項羽の時と同じく各王によって任命された。たとえば、趙相の貫高、趙午は、ともに趙王張耳の客であったが、張耳自らによって任命された。張耳が死んだ後、二人は張耳の子である趙王張敖のもとで相であり續けた。[38]しかし漢の同姓諸侯王の相は漢王朝に任命されることになる。漢六年、劉肥が齊王に封じられ、同時に曹參は齊の相國に任命された。漢九年、劉如意が趙王に封じられ、同時に周昌は趙相に任命された。高帝十一年、劉長が淮南王に封じられ、同時に張蒼は淮南相に任命された。そもそも劉邦が初めて同姓王を封じた時、各王はほとんど未成年であり、自ら國を治めることができなかった。したがって、それを考慮に入れ、各諸侯王國を安定させるために、漢はわざわざ各幼王に強力な相を置いて助けるようにした。この意圖は、劉邦が趙王如意を助けるために周昌を選んで趙相に任命させたことにはっきり現れている。[39]王國相が漢によって任命されるということは、漢王朝が政局の變化につれて項羽以來の王國制度に改善を加えた結果であるのは明らかであって、後に法律化され漢朝の定制になった。『史記』卷二十二曹相國世家に「孝惠帝元年、除諸侯相國法。更以參爲齊丞相。」とある。これによれば、惠帝元年以前に漢の諸侯相國法がすでにあったことがわかる。この法律は漢の同姓王國分封が始まった高帝六年のころに作られたと考えればよいであろう。この法の改訂により、諸侯王國の相國が丞相と改稱された。[40]

漢初に行われた項羽の王國制度への修正は、以上の點のほかに、もう一つ重要な點を擧げなければならない。つまり、漢は諸侯王國内の法律官制などを漢の法律制度で統一し、統一的な法律體制のなかで、漢と諸侯王國の關係を定めたということである。おそらくこれが、漢の王國制度と楚の王國制度との最大の相違であろう。『漢書』卷四十四淮南王傳に載る丞相の張蒼らの上奏文は、淮南王劉長の罪狀の一つとして「擅爲法令、不用漢法。」を擧げている。このことから諸侯王國内で漢法が用いられていることがわかる。この上奏文の中では、淮南王國の屬官も漢の法律によって追及されており、丞相、中尉などの官名も、みな漢制によるものである。賈誼『新書』等齊にも統一法制の點を言及して「一用漢法、事諸侯王乃事皇帝也。」と述べ、諸侯王國國内の法律は漢朝と同じものであると明らかにされている。

『漢書』巻十九百官公卿表に「諸侯王、高帝初置、金璽盭綬、掌治其國。有太傅輔王、内史治國民、中尉掌武職、丞相統衆官、群卿大夫都官如漢朝。」とある。これは、漢初の王國の官制が漢朝と同じであると概述し、諸侯王國と漢王朝の間に統一の法制があったことを明確に表しており、これらのことは誤りではない。しかし、諸侯王は高帝が初めて置いたというのは、項羽が初めて王國分封を行ったという歴史事實を明らかに隱している。思うに、班固の敍事は、本朝の事に拘っており、漢初の同姓王から敍述を始め、その根源まで言及しなかったかもしれない。『史記』巻五十九五宗世家の太史公曰くに「高祖時諸侯皆賦、得自除内史以下、漢獨爲置丞相、黄金印。諸侯自除御史廷尉正博士、擬於天子。」とある。これは、諸侯相國法を改訂した惠帝元年以降のことについて語ったものである。前に引用した『續漢書』百官志はその源流にさかのぼり、「漢初立諸王、因項羽所立諸王之制、地既廣大、且至千里。」といい、漢の王國制度は項羽の楚制によるものだとはっきり述べている。しかし、この文の次には異姓王國のことを飛ばしてすぐ同姓王國期の王國の官制を取り上げ、「又其官職傅爲太傅、相爲丞相、又有御史大夫及諸卿、皆秩二千石、百官皆如朝廷。國家唯爲置丞相、其御史大夫以下皆自置之。」と述べるが、前文の楚制と後文の漢制との間の斷絶が際だっているように思われる。もし「項羽所立諸王之制」という楚の王國制度と漢の同姓王以降の漢制の間に、兩者のつながりとしての異姓王國および楚制に基づき修正を加えた過渡期があったと理解できれば、この斷絶による不明なところは自然に解消することができる。

要するに、漢の王國制度については、同姓王期と異姓王期をつなげ、さらにそれを項羽の王國分封に遡って考えなければ、正しい理解を得ることは難しい。その由來をまとめていうならば次のようになる。一、楚の懷王の二年（漢元年、紀元前二〇六年）、西楚の覇王になった項羽が初めて關中で王國分封を行った。これは中國歴史上初の王國分封である。二、漢王國は、項羽の分封を受けて成立した王國の一つである。漢によって行われた異姓王國の分封は項羽の王國分封の延長であり、その王國制度と王國分封の原則はみな項羽から引き繼いでいる。三、異姓王國に取って代わった漢の同姓王國は、異姓王國分封の改善形態に過ぎない。つまり、漢の王國分封は、項羽の王國分封から始まり、異姓王國分封を經て同姓王國分封に至る、という三段階の變化によって出來たものである。ところで前引した『史記』五宗世家、『漢書』百官公卿表と『續漢書』百官志などの現存史料に記される漢の王國制度に關する記載は、全て同姓王國のことを指し、それはすでに二度の變化（項羽の王國と漢の異姓王國）を經た第三期の様相であり、すなわち楚制に基づいて改訂と修正を加えてできた漢の制度である。

注

（1）田餘慶「説張楚」、『歴史研究』、北京、一九八九年、第二期。（後に『秦漢魏晉史探微』、北京、中華書局、一九九三年、に收錄）。一九九五年、大櫛敦弘氏は「統一前夜－戰國後期の『國際』秩序－」（『名古屋大學東洋史研究報告』十九號、一九九五年）という論文を發表し、戰國後期の國際秩序に「統一國家像」の手がかりを見出し、總括的な考察を加え、いままで見過されてきた新しい研究領域に一歩踏みこんだ。この論文の中で大櫛氏は、戰國後期から前漢初年にかけての國際秩序は一貫した形でとらえることができ、二つの歴史時代は意外に通底している、という興味深い歴史事情を指摘している。しかし殘念ながら、大櫛氏は田氏の論文を讀んでいなかったので、戰國後期と前漢初期を連結する媒介という重要な役割を果たしていた秦楚漢間の國際秩序についてはほとんどふれていない。

（2）『史記』巻十六秦楚之際月表によれば、漢「二月」のことになっている。しかし、これは『史記』巻十四「十二諸侯年表」

と巻十五「六國年表」にままある書き方で、月（年表では年）が不明な場合に正月や二月の年初（年表では在位の初め）に「とりあえず」書いておくものである。義帝は前年十二月（楚正年末）に稱帝して元年を稱している。「秦楚之際月表」は顓頊暦と楚正の月が混在しているので、ここに見える正月、二月とその前の十二月の記事は、人の配置からして稱帝時に一氣にすすめたものと思われる。この説明は平勢隆郎氏の助言を得て附け加えたものである。

（3）漢中改制に關しては、本書第一章第二節と終章第三節の三を參照。

（4）周、とくに西周時代は、儒家の政治理念として極めて理想化されたものである。このように觀念として構成された西周の政治像については、その歴史の眞實としての實態はほとんどわからないにもかかわらず、政治理念として現實の中國史に與えた影響はきわめて大きい。この西周の虛と實の問題は、中國史研究においてあまりにも重大かつ複雜なもので、本章の第四節で漢の王國分封に關連することを取りあげて具體的な考察を行ったが、その全體について深い論述には踏み込まない。

（5）直接的統治の人頭原理とは、すなわち西嶋定生氏の提唱する「個別人身的支配」という概念のことである。その詳細は「中國古代統一國家の特質」（『中國古代國家と東アジア』、東京大學出版會、一九八三年、所收）を參照。

（6）秦王朝を代表とする皇帝理念および皇帝制度についての體系的な解釋に關しては、前注（5）西嶋書の第二章「皇帝支配の成立」を參照。

（7）劉邦の年齢については、『史記會注考證』巻八高祖本紀紀に引く梁玉繩說に從う。

（8）以下の各表は、『史記』と『漢書』の各表を主要な史料としてできたものである。各王國の領域は、みな周振鶴『西漢政區地理』（北京、人民出版社、一九八七年）に從う。各表において、出身階層の類型は貴族（王族を含む）、官僚、平民などをあげているが、秦末漢初の社會およびその社會階層のことについて筆者は別稿を用意するつもりなので、ここでは深く論及しない。

（9）襄彊が楚王になったのは九江東城に着いた陳渉の部將の葛嬰によるもので、現地で見つけた舊楚國の貴族ではないかと考えられている。それに關しては、『史記』巻四十八陳渉世家および巻十六秦楚之際月表に見られる。

（10）『史記』巻四十八陳渉世家によれば、武臣は陳の人である。

（11）『史記』巻四十八陳渉世家によれば、韓廣はもともと秦の上谷郡の卒史で、後に武臣の部下となり、武臣の命を受けて燕を攻撃した。上谷郡はもともと舊燕國に屬し、秦の官吏の出身地の制限から推測すると、韓廣は上谷郡の人であるとわかる。秦漢時代の官吏の出身地制限について、嚴耕望『秦漢地方行政制度』（臺北、中央研究院歴史語言研究所、一九九〇年）第十一章を參照。

（12）田餘慶氏は前注（1）論文中で韓國の復國が遲れたのは、韓國の都の穎川が楚の都の陳に近いので、陳渉がそれを望まなかったからではないかと推測している。

（13）功徳についての詳しい分析は、本書第四章第三節の二を參照。

（14）秦楚漢間、燕國は始終中原政局の外に身を置き、異色の存在でありながらほとんど注目されなかった。その原因には二つが考えられる。一つは、地理上の原因で、燕國が中原諸國からかなり離れており、交流往來が少ないためである。もう一つは、戰國末年、秦に對する燕國の抵抗が激しかったという政治的な要因のためではないか。周知のように、始皇帝二十年、燕の太子丹が荊軻を遣わし秦王を刺殺しようとした大事件があった。始皇帝二十九年に、都の薊が秦に奪われて以後、燕は國を擧げて遼東へ移り、始皇帝三十三年に秦に滅ぼされるまでずっと抵抗を續けていた。ゆえに、秦の燕國の貴族たちに對する處置が他の國に對するより嚴しかったということも當然のことであろう。したがって、秦末の亂の時には舊燕國貴族の生存者はすでに少ないであろうし、いたとしても遼東に、あるいはもっと東の朝鮮にいると思われ、秦末の戰亂に巻き込まれたということは確認できていない。

（15）この表のうち、趙歇の趙および田榮と田廣の齊は項羽に封ぜられた王國ではない。田假の齊國は、項羽に封じられたものである。したがって、項羽の大分封で立てられた王國は十九あり、田假の齊國を入れて合わせて二十國になるのである。

（16）『史記』巻九十二淮陰侯傳によれば、韓信が楚の將軍の龍且を敗死させた後、項羽は恐れを抱き、武渉を遣わし韓信に說かせた。韓信を說得しようとした武渉の話に「天下共苦秦久矣、相與勠力擊秦。秦已破、計功割地、分土而王之、以休士卒。今漢王復興兵而東、侵人之分、奪人之地、已破三秦、引兵出關、收諸侯之兵以東擊楚、其意非盡呑天下者不休、其不知厭足如是甚也。」とある。この話は、楚の立場に基づいて項羽の王國分封の理念を明確に示すものと思われる。

(17) 田餘慶氏は陳渉を苦しめたこの政局の矛盾を「楚を張り秦を反すという二重の役割」と概括し、そこに秦王朝を代表とする統一帝国の政治理念と六國を代表とする列國分立の政治理念の對立を窺うことができるとする。その詳細は、前注(1)田氏論文を參照。筆者がここで述べるのは、平民王政と貴族王政という二つの異なる政治理念とその歷史的現實の矛盾のことである。また前注(9)に述べたが、陳渉の部下の葛嬰は舊楚國の貴族出身の襄彊を楚王に立てた後、陳渉が楚王を稱したと聞いてすぐ襄彊を殺した。にもかかわらず、葛嬰は陳に戻ってから陳渉に罪を問われて殺された。この事件には平民王政と貴族王政との對立が窺えると思われる。

(18) 閩越と南越の册封は、本章の檢討に含まなかった。漢帝國の册封については、栗原朋信「文獻にあらわれたる秦漢璽印の研究」(『秦漢史の研究』、東京、吉川弘文館、一九八六年)に立派な研究がある。中華帝國册封體制に關する體係的な論說は、西嶋定生「東アジア世界と册封體制」(前注(5)同氏書所收)を參照。さらに近年、吉開將人氏は印章制度の面から楚と南越との關係を追求し、「印から見た南越世界―嶺南古璽印考―」(『東洋文化研究所紀要』、一三六、一三七、一三八、一九九八、一九九九年)を發表した。氏の研究では、南越は楚の制度と正統を繼承しており、自らの郡縣制による「漢」を中心とする册封體制をうちたてていたという興味深いことが指摘されている。この問題については、今後の課題としてさらに檢討する必要がある。

(19) 白馬之盟に關しては、本書第六章第一節を參照。

(20) 秦楚漢間の王國については、學界でほとんど研究されていないが、漢帝國の王國、主に同姓王以降の王國についての研究は、少なからず存在する。中文には、張維華「西漢一代之諸侯王國」(同著『漢史論集』、齊魯書社、一九八〇年)、柳春藩『秦漢封國食邑賜爵制度』(沈陽、遼寧人民出版、一九八四年)などを取り上げることができる。日文においては、鎌田重雄「漢朝の王國抑損策」(同著『漢代史研究』、日本學術振興會、一九九四年)、紙屋正和「前漢諸侯王國の官制」(『九州大學東洋史論集』、一九七四年)などがある。

(21) 『史記』巻八十九、『漢書』巻三十二張耳傳に從う。

(22) 『史記』巻九呂后紀によれば、高后七年二月、梁王の劉恢をうつして趙王とし、呂王の呂産をうつして梁王とし、惠帝の皇子の劉太を呂王とした。同時に、呂産の梁國を呂國と改名し、劉太の呂國を濟川國と改名した。したがって呂産の呂國は、先後に齊の濟南郡および梁の東と碭郡に置かれており、同名異地の二つの王國であったことになる。

（23）濟川國は呂國が改名されたもので、合計に入っていない。

（24）賈誼および彼によって提出された諸政策については、『新書』、『漢書』巻四十八賈誼傳および本書第六章第三節を參照。

（25）前注（20）鎌田論文。

（26）『漢書』巻五景帝紀によれば、中元二年に諸侯王の葬式および立嗣に關する法令が發布され、中元三年に諸侯王國の御史大夫が廢官され、中元五年に諸侯王國の丞相を相と改名している。これによって、漢朝の諸侯王國制度についての改革は、景帝の中元年間に順次に行われたものであり、百官表にはこれらの一連のことを王國相を改名した中元五年にまとめて載せていることがわかる。

（27）漢代の列侯に關する研究について、專門的な論著としてまずあげたいのは、廖伯源「漢代爵位制度試釋」（香港、中文大學新亞研究所『新亞學報』第十巻、第十二巻、一九七三、一九七七年）である。列侯の源流について中文のものでは、柳春藩『秦漢封國食邑賜爵制度』（前注（20）同氏書）、安作璋・熊鐵基『秦漢官制史稿』（濟南、齊魯書社、一九八五年）、朱紹侯『軍功爵制研究』（上海、上海人民出版社、一九九〇年）などがある。日文においては、鎌田重雄「西漢爵制」（前注（20）同氏書所收）、守屋美都雄「漢代爵制の源流として見たる商鞅爵制の研究」（同氏『中國古代の家族と國家』、京都、東洋史研究會、一九六八年、所收）などがある。

（28）これに關する論考は、傅斯年「論所謂五等爵」（『國立中央研究院歷史語言研究所集刊』2－1、一九三〇年。のちに『傅斯年全集』第二冊、臺北、經聯出版事業公司、一九八〇年、所收）、郭沫若「金文所無考」（『金文叢考』所收、一九三二年）、王世民「西周金文中諸侯爵稱」（『歷史研究』一九八三年第三期）がある。最近では、竹內康浩氏が「『春秋』から見た五等爵制」（『史學雜誌』第一〇三編第八號、一九九四年）を撰し、出土史料をつかって、主に『春秋』に見える爵制を検討し、この問題について總括的に論じている。

（29）杜正勝『編戶齊民』（臺北、聯經出版事業公司、一九九二年）と楊寬『戰國史』（臺灣商務印書館、一九九七年版）を參考。

（30）封建制に關するもう一つの議論は、始皇帝三十四年の博士の淳于越によるものであった。淳于越の論理としては周の封建制を復活しようという名目があったが、その中身は前回での王綰らの議とまったく同じで、滅ぼした戰國舊國に秦王の子弟を王に封じるということしかなかった。この二回の議論は、すべて始皇帝が李斯の意見を採用したことにより否定された。李斯の淳于越に對する反論に「五帝不相復、三代不相襲、各以治、非其相反、時變異也。」とある。その「時變異也」という語は、周秦の間に行われた時代の變化を總括的に現していると思われる。

（31）柳春藩氏は前注（20）所引書の第二章第三節に、土地制度の視角から周の封建制度と漢初期の封建制度との違いについて説明を試みた。それは傾聽すべき論點であると思われる。

（32）本書第六章第一節を參照。

（33）本書第四章第二節および終章第三節の三を參照。

（34）本書第五章第一節の四を參照。

（35）趙翼『廿二史劄記』、「漢時諸侯王國各自紀年」條を參照。趙翼が言っているのは、全て漢の同姓王國のことであった。しかし、漢の同姓王國の紀年制度は古法からできたものであると、趙翼も指摘している。その古法のもっとも直接的な源流は、秦楚漢間であると思う。今現在で斷定ができるのは、項羽が大分封を行った時、少なくとも楚と秦の二種類の官制と曆法が同時に使用されており、項羽の西楚は楚曆楚制を使い、劉邦の漢は秦曆秦制を使ったのである。他の各國については正しい判斷を下せる充分な證據が缺けているので、結論を避けたいが、『史記』と『漢書』の功臣表から見れば、魏國や趙國が秦制および楚制と異なる官名を使ったことがあるので、當時の各諸侯國はそれぞれの官制を使用することがあったことも否定できないと思われる。

（36）『漢書』巻三十四英布傳を參照。

（37）『漢書』巻三十九蕭何傳を參照。

（38）『漢書』巻三十二張耳傳を參照。

（39）『漢書』巻三十九蕭何傳を參照。

（40）『漢書』巻三十九曹參傳の所載は同じである。これは傳えられているなかで惠帝期の王國法の改訂に關する唯一の史料である。この文から、諸侯相國法の廢止により漢の諸侯王國の相國を丞相と改稱したことがわかる。前注（20）に引用した鎌田氏の論文は、この諸侯相國法の廢止に、丞相の任命權から諸侯王國を抑制しようという漢王朝の政治的意圖が窺える、という見解を示したが、必ずしもそうでないと思われる。

第四章　前漢政權の樹立と劉邦集團

第一節　劉邦集團の發展段階について

前漢王朝は、劉邦集團が長期間の戰爭を通じて樹立したものである。その樹立の過程を、劉邦が沛縣で兵を起こした秦の二世元年（前二〇九）から、項羽が滅ぼされ劉邦が皇帝となる高帝五年（前二〇二）までと考えれば、およそ八年間である。しかし、沛縣蜂起の前に劉邦はすでに人を集めて集團亡命しており、また劉邦集團は漢帝國の支配階層になってからもなお長期間にわたって漢政權を掌握していた。劉邦集團の足跡を明らかにするため、特にそれが地方の亡命集團からどのように王朝政權に發展していったのかという過程についての性格分析を行うため、筆者は劉邦集團の全歴史について時代區分を加え、それを群盗集團期、楚國郡縣期、漢王國期、漢帝國期の四時期に分けて考えることにした。その簡略を次に述べる。

一　群盗集團期（始皇帝三十五年～秦二世元年）

劉邦は沛縣で蜂起する前にすでに芒碭山澤間で武装集團を結成していた。『史記』巻八高祖本紀および『漢書』巻一高帝紀の記載によると、劉邦は驪山へ役徒を送り届ける途中沛縣境から出る前に亡命を決めており、後に役徒らを率いて南下し、本郡本縣を出て、碭郡と泗水郡の間にある「芒碭山澤間」に隠れていたことになる。その時期に關しては明言されていないが、『史記會注考證』は、劉邦が役徒を驪山に送り届けたのは「始皇帝之初」ではないかとしているが、それは早すぎるだろう。木村正雄氏は、それを始皇三十五年にある驪山造營の役に當たると想定している。[1]こちらの方がより合理的であろう。その構成員數は、初め「十人餘り」で、みな沛縣出身の成年男子だった。『史記』卷八高祖本紀の記載によれば、秦二世元年九月、集團構成員はすでに「數十百人」になっていたという。[2]周知のように、秦の法律では勝手に戸籍を抜けた者は逃亡者とみなされ、有罪として罰せられることになっている。[3]劉邦は役徒を解放し、彼らを率いて戸籍から脱して離鄉したため、當然のこととして非合法的な集團亡命となってしまったのである。考えてみると、劉邦が亡命を決めたのは、役徒の逃亡による秦法での處罰を恐れ、身を守るため逃亡するしかなかったからである。故にその時の彼らは政治的な目的を持っていなかった。集團結成後の状況は、だいたい彭越や英布と同様に、山澤を據點とする「群盜」集團に過ぎなかったのである。[4]

以上、いわゆる芒碭山の群盜集團と呼べる初期劉邦集團は、秦の政權外の非合法的なものであり、それはおよそ始皇帝三十五年ごろに結成され、二世元年九月まで活動していた。その活動範圍は、おおむね秦の泗水郡と碭郡の間であり、人數は百人前後で、沛縣出身者の成年男子が主である。その集團の性格は、政治目的を持たない武裝亡命集團であったと言える。

二　楚國郡縣期（秦二世元年～三年）

秦二世元年七月、陳渉が反秦の亂を起こし、まもなく楚王と稱して「張楚政權」を打ち立てた。同年九月、劉邦は部下を率いて芒碭山から戻り、沛縣を占領して反秦反亂に加わった。沛縣はもと楚の領地であり、沛縣で蜂起した劉邦集團は、およそ三種類の人から構成されていた。すなわち、芒碭山の群盜集團、沛縣の元官吏、沛縣の父老子弟であり、(5)彼らはみなもと楚國の人であった。大義名分からいえば、劉邦の蜂起は、陳涉の張楚政權に應ずるかたちであるため、蜂起後は楚制を用い、縣公を稱し、楚國に屬する沛縣政權を樹立したのである。(6)

秦二世二年十二月、楚王の陳涉が亡くなった。正月、楚將の秦嘉が舊貴族景駒に王位を繼承させ、留を都とした。劉邦は沛縣から留に行き、景駒に謁見し兵を請い、再び楚との歸屬關係を確認した。つまり、この時劉邦集團は景駒の楚に從屬し、楚國政權の一部分を擔っていたといえる。同年四月、楚將の項梁が景駒と秦嘉を殺し、薛に軍を駐留させた。劉邦は薛で項梁に謁見し兵を請い、項梁に歸屬し、相變わらず楚の臣下に留まった。六月、項梁が楚の懷王の心を立てると、劉邦も薛に行ってその擁立に參加し、正式に楚の懷王に歸屬したのである。九月、項梁が戰死した。後九月、懷王は彭城に都を移し、改めて軍隊を編制してその指揮權を取った。この時、懷王は自ら政權を握り、制度の整備や人事の任命につとめた。その軍事戰略と政治方針を改める動きの中で、反秦戰爭の基本政策として「懷王の約」も制定されたのである。劉邦はこの時に懷王の封を受け武安侯となり、碭郡長を任じられ、懷王の約を受けて西方へ關中を攻め始めた。かくして漢元年十月、關中を平定し、二月項羽より漢王に封じられたのである。

以上のことから、沛縣蜂起の秦二世元年九月から漢元年二月劉邦が漢王となる時まで、劉邦集團は一貫して楚國に屬し活動を展開していたことがわかる。その間、楚王は度々變わり、相前後して陳涉、景駒、懷王の三王が立ったが、劉邦集團が楚に屬する關係に變化はなかった。つまりこの期間、劉邦集團は終始楚國政權の一部分であり、劉邦自身も終始楚の一員だったのである。具體的に言えば、劉邦集團はまず楚制の縣政權となり、劉邦本人も楚制の縣長官である沛公であった。その後、劉邦集團は楚制の郡政權に擴大し、劉邦自身も楚制の郡長官である碭郡長に昇進し、爵位を受け武安侯に封じられたのである。そして劉邦集團は三千人の小部隊から十萬人近い大軍團に發展していった[7]。この間、戰國の六國が復活して反秦同盟を結成し、盟主の楚國のもとで合縱反秦戰爭が行われた[8]。この大きな歴史の流れの中で、劉邦集團が楚軍楚臣の一部、すなわち、楚の沛縣と碭郡の地方政權として反秦戰爭に參加したことから、筆者は劉邦集團のこの發展時期を楚國郡縣期と呼ぶことにする。

三　漢王國期（漢元年～漢四年）

漢元年二月、劉邦は十七王とともに項羽の分封を受け、漢王となった。四月には漢中に到着し、漢王國の歴史はここに始まった。漢中では、劉邦集團は秦制をもとに一連の政治軍事改革を行い、楚國の碭郡政權から漢王國政權への轉化を完成させていった[9]。その後、劉邦は漢王國を基盤とし、盟主の西楚と天下の霸權爭奪を始めた。漢元年八月、漢は關中に軍を進めた。二年十一月、都を櫟陽に定め、二月、漢の社稷を立てた。漢二年三月、劉邦は漢軍を率いて關を出て河を渡り、東進を開始した。四月、各諸侯國の兵を率いて西楚の都の彭城を攻撃して占領し、一時は天下の主宰者となった。その後、度々敗れては立ち上がり、三年餘りにわたり多くの戰闘が行われた。高帝五年十二月、各諸侯王國と連合した劉邦は、再び立ち上がり六十萬の大軍を垓下に集中させ[10]、その決戰で項羽を滅ぼし、最終的に天下を支配する霸權を手に入れたのである。

以上、劉邦が漢王となった漢元年から、漢五年に項羽が滅ぶまでの間、劉邦集團は楚國政權から離脱、獨立して建國して後、まず楚國の碭郡政權から漢王國政權へと變容を成し遂げた。そしてその政治勢力が各諸侯王國を凌駕する霸國になるまでに發展していったのである。これと同時に、劉邦は楚國の武安侯、碭郡長から漢王國の王へと變身し、さらに霸國盟主として王國分封を行い、諸侯王らに號令をかけるに至ったのである[11]。この歴史期間に、漢王國は次第に天下の覇權を得、漢王の劉邦も次第に諸侯王らに號令をかけるようになっていったが、劉邦集團は基本的に漢王國政權としてその活動を展開し、劉邦本人も終始漢王の名義で政令を施す。故に筆者は、劉邦集團のこの發展時期を漢王國期と呼ぶことにする。

四　漢帝國期（高帝五年〜）

高帝五年十二月、劉邦は項羽を滅ぼして天下を支配した。二月、劉邦は諸侯王の推擧を受けて皇帝になり、漢王國の王から漢朝皇帝に變わった。劉邦政權も漢王國政權から漢王朝政權へと轉化した。五月、軍隊を解散し、高帝五年詔が發布され、爵位や田宅などの政治經濟の權益の全面的な再分配が開始された。それにしたがって、劉邦集團は漢帝國の支配階層、すなわち筆者のいう漢初軍功受益階層となった。[12] 漢帝國の歷史はここから展開されていった。その後、漢帝國の政治およびその制度については、なおも種々の變動があり、劉邦集團の變容から成立した軍功受益階層にも興隆衰退があったが、[13] 劉邦集團の發展段階については、すでに最終段階になったのは間違いないだろう。したがって筆者は、發展段階において高帝五年以後の劉邦集團を大局的にとらえ、漢帝國期と呼ぶことにする。

第二節　劉邦政權への法的根據

一　張楚の法統と沛縣政權

以上の四段階の區分により、劉邦集團の發展過程における一つの明確な筋書きを見ることができるといえよう。同時に、劉邦集團の發展過程とはまさしく漢王朝政權樹立の過程であり、劉邦集團の發展過程の四段階もまさしく漢帝國樹立の過程の中で經過した四つの歴史段階であるということも明らかになったであろう。群盜集團期において、劉邦集團は一つの獨立した武裝亡命集團で、彼らは政治的な目標を持っておらず、また歸屬するところもなく、その性格は秦王朝の政權體制外にある非合法的なものであった。その首領の劉邦は、いわば犯罪者とも言える群盜集團の首領だったのである。楚國郡縣期には、劉邦集團は楚國に歸屬し、楚國政權の一部を擔い、まず（沛）縣政權になり、後に（碭）郡政權を編制した。その首領の劉邦はまず縣長官である縣公となり、後に郡長官である郡長となり、なおかつ侯の爵位まで與えられたのである。漢王國期においては、劉邦集團が楚國から離脫して獨立し、漢王國を建てると、その組織は漢王國政權へと轉化し、その構成員たちは漢王國の支配階層となり始めた。劉邦もまた漢王國の最高統治者である漢王となった。漢帝國期においては、劉邦集團は、天下を支配する政治覇權を得て漢王朝を樹立し、その組織は漢王朝政權へと轉化し、その構成員たちは漢帝國の支配階層となった。劉邦もまた、漢帝國の最高統治者である皇帝となったのである。以上のプロセスを、簡單に以下の表に示す。

表四－1　劉邦集團の發展段階

發展階段	組織形式	組織成員	首領	性質
一、群盜集團期	群盜集團	群盜	盜首	秦政權體制外の非合法組織
二、楚國郡縣期	縣	沛縣官吏	沛縣公	楚國政權の一部
	郡	碭郡官吏	碭郡長	
三、漢王國期	王國	漢王國の支配階層	漢王	獨立の王國政權
四、漢帝國期	帝國	漢帝國の支配階層	漢皇帝	天下支配の王朝政權

以上の表から明らかなことは、劉邦集團は政權體制外の群盜小集團から、三段階の質的變化を經て、最終的に漢帝國政權とその支配階層へと發展したことである。第一の質的變化は、すなわち政權體制外の非合法的なものから既存の政權の一部分となったことである。この質的變化は、すでに前述したように、秦二世元年、劉邦が部下を率いて碭山から沛縣に戻り、武裝蜂起して沛公と稱したというプロセスの中にできたことである。周知のように、政權體制外の非合法的なものから既存の政權の一部分へと轉化することには、法的根據が必要だったのである。傳統的な政治用語を用いた表現に言い換えれば、劉邦集團が芒碭山を占據した群盜集團から楚國政權の一部分となったのは、名分があったからである。では、この名分はどこにあるのか。

田餘慶氏は「說張楚」という論文の中で、前漢初期では張楚の法統が重要視されていたという興味深い歷史的事實を指摘している。馬王堆帛書にある『五星占』および古佚書の干支表の紀年は、みな張楚の年號が用いられており、また劉邦が漢の皇帝になった後、陳涉のために三十戶を設けてその墓を守らせている。これは全て漢朝政府が張楚の法統を重視した事例である(14)。考えるに、ここで田氏のいう法統とは、政權組織におけるその支配權の正當性の法的根據であり、政治所屬關係における名分であるとも理解できよう。すでに述べたように、陳涉は初めて反秦の亂を起こし、楚復國後の初代の王でもあった。劉邦は芒碭山から戻って沛縣で起兵しており、名分上はまさに陳涉に呼應し、張楚政權に從ったのである。『漢書』高帝紀卷一によれば、劉邦は沛において起兵した時、沛公として立ちあがった。孟康注に「楚舊僭稱王、其縣宰爲公。陳涉爲楚王、沛公起應涉、故從楚制、稱沛公。」というのは、全く正しい。制度に基づいて言うと、劉邦が最初に蜂起した時は楚の制度を用い、本人は楚制の沛縣長官の沛公に就任し、その政權は楚國の沛縣政權であった。名分について言えば、楚制を用いるのは、楚王に從い、楚國に屬し、楚の臣下となることを示すことであった。その時、楚王は陳渉であり、楚國とは陳渉が建てた張楚であった。劉邦は蜂起したころ、孟康が言うように張楚の陳渉に従屬していた。

すでに筆者の研究によって明らかになったように、秦末の亂の中では、戰爭が激烈で政局も頻繁に變動していたが、天下の大義名分、とくに各反亂集團の政治歸屬關係は、はっきりしていてその亂れはほとんど見られなかった。項羽が大分封を行うまで、天下の政治分割と各反亂集團の政治歸屬は、復活された戰國七國をもとに嚴格に守られており、七國以外には、いかなる國家も立てられず、それを試みる動きもまったく見られなかった。言い替えれば、その時、天下の大義名分とすべての政治權力の法的根據は、みな戰國（七國）復活の原則に規定されていた。[15] 沛縣はもと楚國の地、沛縣人はもと楚國の民であるので、劉邦集團が名分上で楚に歸屬することは最初から決められていたのである。陳渉が楚王になっている間、楚の法統はただ一つ、すなわち陳渉の張楚政權だけであった。當時、楚の旗號を使う反亂集團は、名分上においてみな張楚政權の屬部であった。もちろん、劉邦が陳渉から直接命令を受けていたかどうか、張楚政權と直接關係があったかどうかについて、記錄はない。しかし、劉邦集團が初めて立った時、大義名分上で陳渉の張楚政權に從屬しており、張楚法統に基づいて政權を建てたということは、歷史的事實として疑う餘地がないだろう。

前述したように、劉邦集團は景駒と項梁に歸屬したことがある。『史記』卷四十八陳渉世家によれば、景駒は秦嘉に擁立された楚王であった。秦嘉は陳渉に應じて楚地で蜂起した反亂集團のリーダーであり、彼は陳渉の命令を僞り陳渉に派遣されてきた將軍の武信君畔を殺した、という張楚政權にとって不都合な經歷があったが、名分上は陳渉の張楚に歸屬していたのは間違いない。彼は陳渉が敗れ行方不明になったということがわかってから、楚の貴族出身の景駒を楚王に建てた。それはまさに陳渉の張楚の法統を繼承しようとする意志を示している。『史記』卷七項羽本紀によれば、項梁がかつて陳渉の部將の召平から陳渉の任命を受けて楚の上柱國になり、江東軍を率いて江を渡って西方の秦を撃つ一方で、彼が秦嘉と景駒を殺したのは、張楚の法統の合法的繼承權を奪回するためである。この意圖は、彼が出動する前に軍の吏卒に述べた「陳王先首事、戰不利、未聞所在。今秦嘉倍陳王而立景駒、逆無道。」という話にはっきり現れている。秦嘉に立てられた景駒の楚にしろ、項梁に立てられた懷王の楚にしろ、明らかに名分上ではみな張楚の法統の繼承者を自任し、その正當性を張楚の法統に求めようとした。陳渉死後、劉邦は先に景駒の楚に歸屬し、後に懷王の楚に歸屬した。このことは劉邦集團が一貫して楚に歸屬していたことを示すものであり、劉邦集團が張楚の法統に屬することを裏附ける證據にもなる。

要するに、いわゆる張楚の法統とは、陳渉が秦に背き楚を復活させるという正當性のことである。劉邦集團が體制外の非合法的なものから楚國政權の一部分に轉化できる法的根據もそこにあった。したがって、劉邦集團が張楚の法統を重視する理由もここに求めるべきであろう。

二　懷王の約と漢國王政

劉邦集團は、楚國の一地方政權として漢王國を樹立させるまで存續していた。漢王國の樹立は、劉邦集團の發展過程中の第二番目の質的變化、すなわち、既存の國家政權の一部から獨立した王國となったことを意味している。それでは、この質的變化の法的根據はいったいどこにあるのだろうか。筆者はそれを「懷王之約」に求めるべきではないかと考えている。

劉邦が漢王となったのは、項羽の分封によるものである。漢元年二月、項羽は自ら西楚の霸王として天下を十九國に分け、同時に十八の王を封じた。これは中國史上における初めての王國分封である[16]。劉邦も封じられる王のうちの一人となった。しかし、劉邦がかつて項羽の分封を受け、漢王國が西楚の分封によって立てられたという歴史的事實は、劉邦集團にとっては認め難く、かつ隱したいことである。大義名分の面から考えれば、その理由は非常にわかりやすい。もしこの事實を認めるならば、その後の楚漢戰爭や楚を滅ぼして帝位についた歷史は不義不道であり、臣下が主君を殺して自ら立ったということになる。けれども、漢王國建國のいきさつを遡って調べると、劉邦が漢王となり、漢が舊秦國を統治すべきことには別の根據があった。この根據はいわゆる「懷王之約」である。項羽が劉邦を漢王に封じたことは、懷王の約を曲げて解釋した結果であろう。

懷王の約は、秦二世二年後九月に定められた。『史記』卷十六秦楚之際月表の後九月條に

懷王封沛公爲武安侯、將碭郡兵西、約先至咸陽王之。

とある。『漢書』卷一高帝紀にもその事を秦二世二年後九月に載せて

初、懷王與諸將約、先入定關中者王之。

と記している。兩者の文はやや異なるが、内容は全く同じである。同紀の高帝四年十月條には、劉邦は項羽の十の大罪を擧げ、その第四番目の罪が懷王の約のもう一つの内容に言及している。それは「懷王約、入關無暴掠。」とある。史書にはそれより詳細な記載がないので、筆者は次に、以上の高帝紀の二條の記載に基づき分析を進めたい。まず第一條についていう。「初、懷王與諸將約」の「初」は、すなわち秦二世二年後九月のことである。「諸將」とは、楚國の諸將、すなわち約を結ぶことに參加した楚國の臣下たちを一般的に指す。劉邦と項羽を除いた當時の楚の臣下には、歷史に名を殘している者として宋義、呂臣、呂靑、范增、陳嬰、桓楚、英布、龍且、共敖などがいる。懷王の約は、最初楚國の君臣の間で結ばれた君臣の約である。「先入定關中者王之」とは、誰であろうと、最初に秦の都が所在する關中を占領すれば、舊秦王國の合法的な統治者となると約束したものである。この内容を見るといずれも楚軍の楚

將に限定しておらず、全反秦陣營、つまり各諸侯國に有效であった。その時、楚國は反秦諸國の盟主を務めており、楚王の主催で制定される反秦陣營の全體に及ぶ内容がある約は、當然、反秦各國間の公約として見なされるようになった。『漢書』巻一高帝紀によれば、劉邦が關中に攻め入った時、秦の父老たちと次の話がなされた。「吾與諸侯約、先入關者王之、吾當王關中。」ここで懷王の約は自分と諸侯たちに定められた約、すなわち諸侯國の間での公約であると、劉邦は見ている。同紀にはまた、項羽が趙を救うために北上し、それゆえ劉邦の後に關中に入り、懷王の約に遅れてしまった時、項羽は自ら「後天下約」と考えたと記している。それは懷王の約を天下の公約とみていたからである。「王關中」という語とは、すなわち都を關中におく秦國の王となることである。

筆者の研究によれば、陳渉の死後、懷王の楚が反秦同盟の盟主となり、戰國復國と王政復興が同時に行われ、國際情勢は戰國末年の七國並立時代の狀況へ戻った。楚を盟主として秦を滅ぼすという大目標の下で、滅びた國を興し、絶えた王系を復活させ、楚および韓、趙、魏、齊、燕の六國の社稷を復興し、その王族王政を復活させるということは、すでに現實として天下の公是となっていた[17]。しかし、秦國に對して將來どのように處置すべきかは、懷王の約を定める以前ではいっこうに明白ではなかった。懷王の約はこのような背景のもとで、秦國の處置問題について、明確な方針を示し、それにより將來の政治豫想圖を描いたのである。この計畫では、秦を滅して後、現狀の王政復興と天下の七國の政局は繼續して維持されることになり、秦國は保留され、秦王は置き換えられることとなる。その置き換えの方法は、最初に關中に攻め入った反秦軍の將軍に與えるという公約をかけるというものであった。

次に、第二條の「懷王約、入關無暴掠。」を分析しよう。もし第一條が戰後の秦國に對する處置方案であるとするならば、この第二條は戰後の秦國の人に對する處置原則と策略を言うものであった。秦は六國を武力で滅ぼした。秦末期に起きた戰亂では、復國した六國も暴虐をもって秦の暴虐に報復したが、反秦戰爭の勝利にとってメリットとはならなかった。懷王の親政後、陳渉と項梁が相次いで失敗した教訓をとり入れ、秦との戰爭策略を調整し、秦國の人を寬容に扱うという原則を確立した。『史記』卷八高祖本紀の記載によれば、懷王の約が定まった後、懷王の宿將たちの主張により、劉邦に約を實行させ關中を攻めさせようとした。そう主張する懷王の宿將たちの「且楚數進取、前陳王、項梁皆敗。不如更遣長者扶義而西、告諭秦父兄。秦父兄苦其主久矣、今誠得長者往、毋侵暴宜可下。」という言葉は、まさにこの第二條の注釋にかなっていると思われる。

これによって、懷王の約には重大な意義が持たされていることがわかるであろう。まずその約の性格について言うと[18]、懷王の約は楚國の君臣間の約であるばかりでなく、秦に對抗する各諸侯國間の公約でもあった。その内容について言うと、懷王の約は秦國との戰爭の策略と戰後處理の方案を定めることばかりではなく、未來の政治秩序と國際情勢の總合的長期的ガイドラインでもあった。このような意味で、懷王の約は、王政復興の政治綱領であるということができる。この時點での王政復興の政局の下に、天下各國の名分と歸屬はすでに決められているので、反秦軍のすべての軍人にとって、領土を裂いて王を稱する唯一の合法的可能性は、關中を占領して懷王の約にしたがって秦王となることだけである。懷王の約は、當時の天下において唯一、まだ定まっていない國王、すなわち秦王になる法的根據である。この理由を理解すれば、なぜ劉邦が懷王の約をそんなに重要視したのか、また項羽がなぜ懷王の約をそんなに仇敵視していたのかが理解できることになる。

『史記』卷八高祖本紀の記載によれば、懷王の約の成立後、項羽は劉邦とともに西へ向かい關中へ攻め入ることを願ったが、懷王は拒絶し、項羽は趙への援軍のため北へと派遣させられた。西に向かい關中を攻める件について、懷王は單獨で劉邦を派遣した。項羽はずっとこのことを恨んだ。事情を考えると、項羽の怨恨にはしかるべき十分な理由がある。懷王が西に向かって關中を攻める任務を劉邦に與えたのは、唯一合法的に王を稱する優先權を劉邦に與えたことを意味し、懷王が項羽の關中攻めを拒絶したのは、懷王が項羽に王を稱してほしくないということと同じなのである。劉邦が先に關中に入り、項羽がそれに續いて到着した時、項羽は重大な選擇に直面していた。既成の王政が復興した政局を尊重し懷王の約を忠實に守ると、秦王となるのは劉邦であり、項羽自らは關中を退き、依然として懷王のもとで楚國の將軍を務めるしかない。しかし、項羽はそのようなことを望んでいない。かといって懷王の約を破り、既成の王政が復興した政局を打破して、新たに天下を分割し、新しい秩序を樹立しようとすれば、約束に背き、君主を裏切るというタブーを犯さなければならない。

『漢書』卷三十一項籍傳によれば、項羽が關中に入った後、使者を遣わして懷王に報告をしたが、懷王の「如約」という返事を得てから、項羽は「懷王者、吾家武信君所立耳、非有功伐、何以得顓主約。」と懷王を無視し、自らが天下分封を行うという決意を示した。項羽が懷王にした報告の內容については史書に記載がないが、懷王の返事からみれば、それは戰後の處置に關すること、とくに劉邦を秦王にさせたくないために懷王の約を見直そうという內容が含まれていたと思われる。懷王の約は、君臣の約であり天下の公約でもあるという二重の强力な拘束力をもつため、項羽が約を改正しようという意圖を懷王に拒絶された後も、彼は公然と約を廢棄することができなかった。ゆえに約文を曲解し、自分に有利な解釋を附け加えるような手段を取ったのである。同傳によれば、懷王が「如約」と返答した後、「羽與范增疑沛公、業已講解、又惡背約、恐諸侯叛之、陰謀曰、『巴、蜀道險、秦之遷民皆居之。』廼曰、『巴、蜀亦關中地。』故立沛公爲漢王、王巴、蜀、漢中。[19]」とある。このことによって、項羽が天下を分封し、王政復興の舊時代を打ち切って、列國衆建による新しい時代を始めることを明らかにした。この政變の起因はまさに、懷王の約の存在にあった。

一方、懷王の約に基づき、天下の七國の中でただ秦國だけが新しく王を置くことができ、また反秦諸將の中で劉邦が最初に關中に攻め入ったので、盟約通り當然劉邦が舊秦國全土を統治する新しい秦王となるべきであった。漢元年十月、劉邦は咸陽を占領した。十一月、秦の人と法三章を約束すると同時に、懷王の約に基づいて自分が關中の王になるべきだと宣言した。『漢書』巻一高帝紀に載せられるその宣言は、「吾與諸侯約、先入關者王之、吾當王關中。……且吾所以軍覇上、待諸侯至而定要束耳。」とされる。劉邦は關中に入った後、自分こそが懷王の約に基づいて秦國を統治する秦王になるべきだと考え、またこのことは法令の形で秦の民に公表された。しかし、項羽の違約によって劉邦集團は不公平な扱いを受け、舊秦國の極めて邊鄙な部分、すなわち蜀漢地區を獲得しただけであった。この不利な政局を打破して關中を奪取し、さらに項羽と天下の覇權を奪い合うために、劉邦集團は項羽の違約の分封を否定し、懷王の約の有效性を再確認せねばならなかった。

漢元年、劉邦は漢中において韓信を大將に任命した。『漢書』巻三十四韓信傳によれば、その時、韓信は劉邦に劉邦と項羽雙方の損得を分析して話している。項羽は「背義帝約、而以親愛王、諸侯不平。……於諸侯之約、大王當王關中、關中民戶知之。王失職之蜀、民亡不恨者。」この中で韓信は、懷王の約の重要性を強く强調している。彼も劉邦が關中を統治すべき法的根據は懷王の約にあると指摘した。同年、劉邦は關中を攻めて占據したが、その時張良が項羽に書簡を遣わして「漢欲得關中、如約卽止、不敢復東。」といったのは、懷王の約を盾に關中占領を辨明するためであった。項羽はその書簡を受け取った後、「以故無西意、而北擊齊。」とし、劉邦が懷王の約を根據として關中を攻めて占據する事實を默認したのである。

『漢書』巻一高帝紀によると、漢四年、楚漢兩軍が對峙し、項羽と劉邦は廣武澗に臨んで互いに身を乘り出して應酬した。その時、劉邦は項羽の十の大罪を擧げ

吾始與羽、倶受命懷王、曰先定關中者王之。羽負約、王我於蜀漢、罪一也。羽矯殺卿子冠軍、自尊、罪二也。羽

當以救趙還報、而擅劫諸侯兵入關、罪三也。懷王約入秦無暴掠、羽燒秦宮室、掘始皇帝冢、收私其財、罪四也。又彊殺秦降王子嬰、罪五也。詐阬秦子弟新安二十萬、王其將、罪六也。皆王諸將善地、而徙逐故主、令臣下爭畔逆、罪七也。出逐義帝彭城、自都之、奪韓王地、並王梁楚、多自與、罪八也。使人陰殺義帝江南、罪九也。夫爲人臣而殺其主、殺其已降、爲政不平、主約不信、天下所不容、大逆無道、罪十也。

といった。上述した十の大罪中、項羽が懷王の約に背いたことをその第一罪として劉邦は擧げている。殘り九つの罪も、直接と間接を問わず懷王の約に關連しないものはない。第二、第三の罪は、項羽自身が約に違反し主將を殺して、かってに軍を率いて關中に入ったということである。第四、第五、第六の罪は、項羽が約に背いて秦に對して暴虐の限りを振るったということである。第七、第八、第九の罪は、項羽が約主を殺し、約に關係した各諸侯王を驅逐して、懷王の約に定められた天下の秩序を破壞したことである。第十の罪は、諸々の罪の悪をまとめて述べ、その中でさらに項羽の「主約不信」を强調している。漢王國期全體においては、劉邦集團は懷王の約を終始重要視しており、それは決して偶然にでたものではなく、一貫性とそれなりの原因があると言うことができるだろう。劉邦集團に關していえば、懷王の約は關中を中心とする舊秦國を統治するための法的根據であり、またそれは項羽の正當性を否定し、漢の正當性がのちに義帝となった懷王の楚にあるという大義名分をかかげる上での論理的根據なのである。

第三節　劉邦の皇帝權の形成

一　定陶卽位について

高帝五年二月、劉邦は定陶にある汜水の北において皇帝位についた。『漢書』巻一高帝紀にそのことが記されている。

於是諸侯上疏曰、「楚王韓信、韓王信、淮南王英布、梁王彭越、故衡山王呉芮、趙王張敖、燕王臧荼昧死再拜言、大王陛下、先時秦爲亡道、天下誅之。大王先得秦王、定關中、於天下功最多。存亡定危、救敗繼絶、以安萬民、功盛德厚。又加惠於諸侯王有功者、使得立社稷。地分已定、而位號比儗、亡上下之分、大王功德之著、於後世不宣。昧死再拜上皇帝尊號。」漢王曰、「寡人聞帝者賢者有也、虛言亡實之名、非所取也。今諸侯王皆推高寡人、將何以處之哉。」諸侯王皆曰、「大王起於細微、滅亂秦、威動海內。又以辟陋之地、自漢中行威德、誅不義、立有功、平定海內、功臣皆受地食邑、非私之也。大王德施四海、諸侯王不足以道之。居帝位甚實宜。願大王以幸天下。」漢王曰、「諸侯王幸以爲便於天下之民。則可矣。」於是諸侯王及太尉長安侯臣綰等三百人、與博士稷嗣君叔孫通謹擇良日二月甲午、上尊號。漢王卽皇帝位于汜水之陽。

同じことを、『史記』巻八高祖本紀は次のように記載している。

正月、諸侯及將相相與共請尊漢王爲皇帝。漢王曰、「吾聞帝賢者有也、空言虛語、非所守也。吾不敢當帝位。」群臣皆曰、「大王起微細、誅暴逆、平定四海、有功者輒裂地而封爲王侯。大王不尊號、皆疑不信。臣等以死守之。」漢王三讓、不得已、曰、「諸君必以爲便、便國家。」甲午、乃卽皇帝位汜水之陽。

以上の文は、劉邦の皇帝位につく事情に關する記載であり、便宜のため、以下それを「請卽位文」と略稱する。劉邦は「汜水之陽」、すなわち秦の東郡の定陶縣にある汜水の北側において卽位した。なぜ劉邦がここで卽位することになったのか、史書には明確な記載がない。『史記』巻八高祖本紀によれば、高帝五年十二月、劉邦は垓下で項羽を滅ぼしてから、すぐ北上して項羽の封城であった魯を降伏させた。やがて項羽を穀城に葬り、再び南下して「還至定陶、馳入齊王壁、奪其軍。」とある。考えるに、項羽を滅ぼした後、漢側の軍隊はまだ解散していなかった。垓下の戰において、韓信の軍は漢軍の主力となり、定陶はその駐屯地であった。劉邦が定陶に入って韓信の軍權を奪ったこの意味は、二つの面から理解すべきだと考えられる。まず政治態勢の面からみれば、それは劉邦が天下の基本的な軍事力を把握し、すでに皇帝を稱するための安定條件を備えているということである。次には、地理的な面からみれば、劉邦の「入齊王壁」とは、彼が韓信軍の兵營に入ったということで、したがって、彼が兵營の中で推戴をうけ皇帝になるのではないかと推測できる。とすれば、劉邦の定陶で即位する理由は、韓信軍の駐屯地がそこにあるからであるとわかる。

劉邦の即位の時、改元も改制も行われず[20]、また即位の儀式がどのようなものだったのかも明らかではない。『漢書』巻四十三叔孫通傳によると、漢の朝儀は、漢七年叔孫通によって制定施行され、その内容は「頗采古禮與秦儀雜就之」と傳えられる。定陶即位時、叔孫通がかつて「就其儀號」が、劉邦は「悉去秦儀法、爲簡易」とした。つまり、叔孫通が劉邦の即位のため儀式を制定した時、そのなかに秦の儀法を多く採用したが、劉邦はそのまま採用せず、秦の内容をすべて排除してただ簡單な儀式を用いて即位したのである。『史記』巻八高祖本紀の『正義』は『括地志』を引いて、「高祖即位壇在曹州濟陰縣界。」という。『史記會注考證』には「氾水、濟瀆分流、在山東曹州府曹縣北、與定陶縣分界。今定陶西方有漢祖壇、高帝即位處。」とある。これにより、劉邦の即位時には祭壇を設けたとわかる。西嶋定生氏が指摘したように、秦の始皇帝の皇帝權は、秦が武力で他の諸侯王を滅ぼしてから建てられたもので、絶對的專制權力という性格を持っている。それはいわば天下の主宰者であり、道理の體現者であり、秩序の發端であり、權威の淵源なのである。これに對して、劉邦の皇帝權の場合には、皇帝は諸侯王の存在を前提として彼らに推戴されたものであり、諸侯王の存在はこの皇帝權によって保證されるものである[21]。したがって、理念と性格において秦の始皇帝の皇帝權と劉邦の皇帝權には根本的な相違があり、それは前引した『漢書』と『史記』の「請卽位文」を分析すればさらに明らかになると思う。

二　功と德―劉邦が皇帝位に就く理由

『史記』と『漢書』にそれぞれある「請卽位文」は、内容的には決して異なっていないが、ただ繁簡の差がある。さらに、漢代の上奏文の書式を參照して考えて見ると、司馬遷と班固はおなじ公文書、すなわち諸侯王が劉邦を卽位させるために申し述べた上奏文に基づいてそれぞれの記事を書いたと思われる。司馬遷は意味が通じるようにその上奏文を節略して記すが、班固は細かに原文から選び取った[22]。そこで、以下の分析では、この『漢書』の文を基準として、必要に應じて『史記』を參照するようなかたちで進めたいと思う。

仔細に見ると、この「請卽位文」に諸侯王たちが一つの重要な理念を打ち出したことがわかる。つまり、なぜ劉邦が皇帝になるべきだったのかという理由に關するものである。その文をみると、その理由は「功」と「德」の二字に、すなわち文中の「功盛にして德厚し」という語にまとめることができる。疏文の「大王は細微より起こり、亂秦を滅ぼし、威、海内を動かす」、「大王先に秦王を得て、關中を定め」とは、秦を滅ぼした功についての説明で、「又、辟陋の地を以て、漢中より威德を行い、不義を誅し」とは、項羽を滅ぼした功について説明している。また「亡を存し危を定め、敗を救い絶を繼ぎ、以て萬民を安んじ」とは、德についての説明で、具體的には楚漢戰爭中に王位を失った諸侯王らを復活させたことを指し、とくに趙、韓、淮南諸國についていったことである[23]。この德についてさらにいうと、疏文に「功有るを立て」、「功臣皆地を受け邑を食む」、「又惠を諸侯王の功有る者に加え、社稷を立つるを得しむ」とあり、功を論じて賞を行い、分封を行うことを指している。最終的に功を論じて德を計る結果として、劉邦は

「天下に於て功最も多し」にとどまらず、さらに「徳は四海に施し、諸侯王之を道う可からず」となり、徳も最も厚く、したがって「帝位に居るは甚だ實に宜なり」であり、皇帝位につくべきである、となる。「請卽位文」に述べられる劉邦の卽位の理由は、簡潔にして明瞭なものとなっている。

以上の通り、功という言葉の意味は、かなり廣範圍に及ぶ。これを字形からみると、「工」と「力」から成り、『史記』巻十六高祖功臣侯者年表で司馬遷は功について「用力曰功。」と解釋している。また『爾雅』釋詁下は「功、成也。」と解釋している。兩者を比べると、後者が結果から「功」の意義を解釋しているのに對して、前者が原因から解釋するものである。合わせて解釋すれば、力を用いて成すことが功である。これは「功」の一般的意義に近いかと思われる。しかしながら、前述のように、「請卽位文」での「功」は決して田功、土功、農功などのような、上でいう一般的な意味の力を用いて成すところの功ではなく、それは特定の意味で使用されている。つまり、秦を滅ぼし項羽を殺すという功、言い換えると、武力を用いて成すところの功、すなわち軍功である。この意味の上で、古語にみられる「功」と攻戰という「攻」とは相通じ、李斯の『嶧山刻石』にある「功戰日作、流血於野。」という文は、その例となるものである。

『漢書』巻一高帝紀には、劉邦を長陵に葬った後に、「皇太子群臣皆反至太上皇廟。群臣曰、帝起細微、撥亂反之正、平定天下、爲漢太祖、功最高。上尊號曰高皇帝。」とある（『史記』巻八高祖本紀にもおおむね同様に記す。以下これを「上尊號文」と略稱する）。この文は漢朝の君臣たちが太上皇廟において劉邦の尊號を相談して定めたときの公式な記録で、劉邦死後の公式の尊號は高皇帝となったのである。劉邦は死後また高祖とも稱される。『史記』巻八高祖本紀の『集解』に引く張晏の説に「禮謚法無高、以功最高、而爲漢帝之太祖、故特起名焉。」とある。それは前の「上尊號文」にも引用されていた「爲漢太祖、功最高」からも窺える。『漢書』巻一高帝紀の顏師古の注釋では、「尊號、謚也。」

とあるが、『史記會注考證』が引用する兪樾の説に「謂之尊號、而不曰謚、蓋亦避秦人臣子議父之嫌也。」とあり、兩者にはくいちがいがある。考えてみると、秦の始皇帝がおくり名を廢止しており、前漢初年は建國の初期であるので、謚法もまだ整備がされていなかったのではないか。したがってこの高皇帝・高祖は、尊號・謚であるかはここでは問わないとしても、おくり名として機能していることは同じであり、これが漢朝の君臣たちの劉邦の生涯に對する評價であることには間違いない。この文と前に引用した「請卽位文」にある「功」に關する部分を比較してみれば、兩者は意味が同じであるだけではなく、文章も極めて似ている。「請卽位文」および「上尊號文」はどちらも漢政府の公文書で、劉邦集團の政治的意向に基づき、なぜ劉邦が皇帝になるべきかという共通の見解を示すものでもあると言えるだろう。「請卽位文」は劉邦本人に認定されたので、そのものが彼の意向の反映でもある。『史記』卷八高祖本紀によれば、劉邦は自ら「吾以布衣、提三尺劍取天下」と稱し、『史記』卷九十七陸賈傳では天下を「乃公居馬上得之」と述べ、武功で皇帝になったと自負している。

要するに、なぜ劉邦が皇帝になり得たか、その最も主要な原因は、彼の軍功が最高であったことにある。この見解は、劉邦集團や漢政府の見方だけではなく、劉邦自身の見方でもあり、さらにその時代の共通の政治理念として理解することができる。

「請卽位文」に言うとおり、軍功が最も大きいことは、劉邦を皇帝位に就かせた理由の一つに過ぎず、他の理由の大なるものはその德の厚さである。(24)德の內容に關してはすでに前述したように、「請卽位文」に極めて明瞭に示されている。つまり、それは劉邦が有功者に對して恩を施し、賞を行い、その集團の構成員に對して功の大小によって相應の賞賜を與えることができたということである。德の語義について考えてみると、(25)まず字の使用から見れば古文には德、得、悳の三字が通用している。德と得は意味が同じところから通じている。『禮記』樂記には「德、得也。」とあり、同書の「郷飲酒義」には「德謂身有所得。」とある。『史記』卷七項羽本紀には項羽の臨終の際の言葉として「吾聞漢購我頭千金、邑萬戶、吾爲若德。」と記され、この「吾爲若德」という文が、『漢書』卷三十一項籍傳では「我爲公得」とあり、これは德が得である例となるものである。德と悳は音が同じところから通じている。『說文』に悳の音を「德聲。」という。『玉篇』心部には「悳、今通用德。」とある。『漢書』卷四十八賈誼傳に引用する賈誼の「陳政事疏」には「割膏腴之地以王諸公、多者百餘城、少者乃三四十縣、悳至渥也。」とあり、顏師古が「悳、古德字。」と注釋しているのは、その例である。『說文段注』の解釋では、悳は「俗字假德爲之」、「古字或假得爲之。」とあるように、明らかに三字は互いに通じている。

次にその字義についてみると、『說文』の悳字の解釋では「悳、外得於人、內得於己也。」とあり、內的と外的という二つの意味があると說く。『說文通訓定聲』では一步進んで「外得於人者、恩惠之悳、內得於己者、道悳之悳。」といい、悳の內外二つの意味を恩惠と道德、すなわち具體と抽象という二つの意味に解釋しており、これは適切である。この悳の意味は「請郎位文」でいうところの德にもっとも近く、「請郎位文」にある德という字は悳の假借字であると考えられる。

語源についていえば、悳の二つの意味はみな得の意味をもとに擴大したものである。得の字形は手に貝を持つというところから成っている。羅振玉『增訂殷墟書契考釋』には、得とは甲骨文に「從又從貝、得之意也。或增彳。」とある。羅氏の說は正しく、得の本來の意味はものを得ることである。彳はのちに加わったもので、『說文』は、「得、行有所得也」、「古文省彳。」とし、彳が加えられた後の字形についての解釋である。語義の發展は簡單なものから複雜なものになる。得の字形はもともと貝を得ることから成り、續いて草木蟲魚、官賞爵祿などすべてのものが得の對象に入っていった。增淵龍夫氏の研究によると、戰國、秦、漢の間、德という字の使用には、その意味は非常に具體的であり、人と人との間の恩賞の受け渡しを指すのが一般的である。[26]これはちょうど具體的意味での恩惠という德にあたる。『韓非子』二柄篇に「慶賞謂德。」とあるが、これは德の具體的意味での明確な記述である。『史記』卷七十九范睢傳には、范睢が秦の丞相になったのち「散家財物、盡以報所嘗困戹者。一飯之德必償、睚眦之怨必報。」とあり、『史記』卷一百欒布傳には、欒布が富貴になったのち「嘗有德者、厚報之、有怨者、必以法滅之。」とある。これらはみなその例である。

語義の發展はまた具體的なものから抽象的なものになる。前述したように恩惠を得て德となる。もし恩を得る者がいれば必ず恩を與えるものがいる。恩を受けた者は得たものによって自然に恩を施してくれた者に對して恩を感じ報いようとする。この種の恩を感じてそれに報いようとする情と行爲を德とも稱する。『史記』卷九十六張丞相傳では、張蒼が王陵に命を救われたことがあり、ゆえに「德王陵」としている。つまり張蒼が王陵から恩惠を受けたことによってそれに報いようということを德といっているのである。悳の字形は直と心からなる。注釋者たちはここから「內得於己」を自分の心の中に得ると解釋している。[27]すなわちこの種の恩を感じて報いようとする情の發展は、恩を受けた者の心のなかに一種の意識を得させ、恩を施す者は精神的品德がある者としてみられるようになった。これこそ道德の德と言える。賈誼『新書』道術篇に「施行得理、謂之德。」とある。これは施し與えるという行爲によって得られた道理で心性の德を解釋し、施與と德の關係を明らかにしている。

こうしてみれば、道德の德は恩惠の德にもとづいて生じたものだといえよう。恩を施すから德となるので、恩を施す行爲は德行という。恩を施す者は有德者になるということである。「請卽位文」の中でいう德は、この恩を施すという德である。『史記』卷八十九張耳傳に、趙王張敖はその相である貫高および趙午が劉邦を刺殺しようとしたのを許さず、指を嚙みきって血をだし、「且先人亡國、賴高祖得復國、德流子孫、秋毫皆高祖力也。願君無復出口。」と誓った。趙王張敖は「請即位文」を上奏する諸侯王の一人であり、その父は封國を失い漢三年に劉邦に立てられて趙王になった張耳である。張耳の死後に張敖はその國を繼ぐ。張敖にいわしめたこの德は、「請即位文」にある恩を施す德の具體的例證である。

以上、「請即位文」の分析によって次のことがわかる。劉邦が皇帝位に就くことができた理由は、彼が最高の功と最も厚い德の持ち主だからである。その功とは武力を用いて成すこと、すなわち軍功である。その德とは、封賞を施行すること、すなわち恩德である。この功と德は、劉邦の皇帝權の起源における理念であっただけではなく、その歴史的事實でもあるということなのである。

三　「共天下」という政治理念と皇帝權の有限性

高帝五年劉邦は即位し、秦の始皇帝によって創立された皇帝位を繼承した。それによって漢王國も漢帝國に變わり、秦帝國の後繼者になった。しかし、それはただ名目上のことでしかなかった。內容の面から見れば、劉邦の即位は、覇業政治の達成、各諸侯王國と結ばれる漢を盟主としての反楚同盟の勝利を宣言するものだったことを看取すべきである。劉邦の即位は、各諸侯王の推擧によるもので、彼が皇帝になる理由は最高の功と最も厚い德があるからである。最高の功と最も厚い德は、より低い功とより薄い德に對していうことで、「最」に限定される相對的な概念を現す語である。劉邦集團においては、最高の功と最も厚い德がある者は、集團の最高首領である劉邦一人しかいない。これに對して、より低い功とより薄い德がある者は劉邦を除く劉邦集團のすべてのメンバーにあたるのであり、彼らは高低の異なる軍功により、大小の異なる利益を與えられ、異なる「所得」を獲得した。『漢書』卷一高帝紀に載る高帝十二年三月詔は、このような功によって定められた爵位の等級による權益分配について總括的な説明がある。それは

吾立爲天子、帝有天下、十二年于今矣。與天下之豪士賢大夫共定天下、同安輯之、其有功者上致之王、次爲列侯、下乃食邑。而重臣之親、或爲列侯、皆令自置吏、得賦斂、女子公主。爲列侯食邑者、皆佩之印、賜大第室。吏二千石、徙之長安、受小第室。入蜀漢定三秦者、皆世世復。

というものである。この詔書にみえる配列により、最高の功がある者は皇帝を配分され、それに次ぐ功がある者は諸侯王、より下の者は列侯を配分され、さらに功が低い者は、それぞれ食邑あるいは代々租稅傜役の免除などの特權を與えられたことがわかる。[28]そして、このように權益分配を行う理由として「(吾)與天下之豪士賢大夫共定天下、同安輯之。」を擧げている。つまり、天下は劉邦と劉邦集團のメンバーたちが共同でつくり上げ、共同に所有するもので、公平な共同分配を行うのも當然のことであろう。これこそ、いわゆる共に天下をうち、共に天下に坐す共同創業、共同所有という「共天下」の理念なのである。

史實を調べると、劉邦集團における「共天下」の理念はこの詔書に初めて見られるわけではなく、それは劉邦集團の成長に伴って歷史的に一貫してみられる。『漢書』卷一高帝紀によれば、高帝五年十月、劉邦は共に項羽を擊つことを諸侯王と約束したが、諸侯王たちは來なかった。張良は劉邦に「楚兵且破、未有分地、其不至固宜。君王能與共天下、可立至也。」とアドバイスした。そこで劉邦は使者を韓信と彭越のもとにやった。すると諸侯王たちみな兵を率いて垓下に集まり、ついに項羽を滅ぼした。「共天下」という語について、顏師古の注は「共有天下之地、割而封之。」とする。同じ語は『史記』卷七項羽本紀は「共分天下。」とする。共とは、字形は廿と兩手に從っており、『說文』は「同」と解釋し、多數の人々が共に持つという意味を示している。『論語』公冶長篇の「願車馬衣裘朋友共、敝之而無憾。」は、その例である。「共天下」とは、天下を共同に所有し、共同に分割する意である。[29]天下とは、戰國時代における宇宙觀の大轉換の中で出現した新しい概念で、天蓋を見下ろす視點に關連するものである。ここでの天下という語は、狭義では、天下の土地であるが、廣義では、天下を支配する權益のことである。要するに、「共天下」という語は、非常に明確に劉邦集團における政權の共同所有觀念を現しているのである。

『漢書』巻一高帝紀に載せられる「請卽位文」、すなわち諸侯王たちが劉邦を皇帝に卽位させる擁立に關する政府の公文書の中に、「平定四海、功臣皆受地食邑、非私之也。」という諸侯王たちが劉邦を稱える文がある。その「非私之」とは、何であろうか。非とは、あらずである。私とは、公に對する語で、公にあらずということであり、ここでは私は動詞として使われ、ただ一人でその恩惠を受ける意味である。[30] 之とは、代名詞で、ここでは平定した海內、すなわちすでに得られた天下を指す。要するに、この「非私之」の意味は、天下を平定してから、劉邦が天下の利益を獨占するように、天下を私有することはない、彼は功臣たちにその利益を公平に分配し、みなに封地と食邑などを得させるようにさせたのである。いうまでもなく、この「非私之」は、異なる形で「共天下」を語っている。

ほぼ同じような見方は、『漢書』巻一高帝紀に高帝五年五月の記事に見られる。その時劉邦は洛陽の南宮で宴會を開き、臣下たちと天下平定の祝いを行った。宴會の最中、劉邦と臣下たちとの間に次の對話があった。

上曰、「通侯諸將毋敢隱朕、皆言其情。吾所以有天下者何、項氏之所以失天下者何。」高起、王陵對曰、「陛下嫚而侮人、項羽仁而敬人。然陛下使人功城略地、所降下者、因以與之、與天下同利也。項羽妒賢嫉能、有功者害之、賢者疑之、戰勝而不與人功、得地而不與人利、此其所以失天下也。」

王陵は功臣の安國侯王陵で、[31] 高起は、はっきり分からないが、南宮での宴會に出席でき、通侯諸將の代表として最初に立ち上がって皇帝の質問に答えたことから考えれば、彼は王陵と同じように劉邦集團の功臣長老の一人と考えられよう。ともあれ、この二人は、ともに劉邦集團の功臣元老の代表者で、彼らの答えはただ個人的なことではなく、軍功受益階層に幅廣く持たれる共通の意見として述べたことであると見るべきである。なぜ劉邦が天下を得て皇帝になることができたかということについて、彼らは劉邦が有功者に城地を與え、「與天下同利」ができたからという共通の意見を示しており、これに對して、項羽が有功者に「功」と「利」を與えず、「與天下同利」ができなかったため天下を失った、という認識も一致している。この有功者に功と利を與え、部下と共に戰勝の利益を受けるという「與天下同利」は、「請卽位文」の「非私之」と同じ意味で、共に「共天下」の理念を表している。

時間的にいえば、以上の事例は劉邦が天下を得る直前あるいは天下を得た後のことで、天下の政局が明らかになってから劉邦集團に持たれた認識であるかもしれない。しかし實際には、このような認識は天下の運命がまだ未定の時にもすでに廣く存在していた。それが政策と原則として劉邦集團に浸透していたようである。『漢書』巻三十四韓信傳によれば、漢元年の初めに、韓信は漢中で劉邦に大將に拜された。その時、彼は劉邦に天下の情勢を分析して方策を立て、「項王見人恭謹、言語姁姁、人有病疾、涕泣分食飮、至使人有功、當爵封、刻印刓、忍不能予、此所謂婦人之仁也。」「今大王誠能反其道、任天下武勇、何不誅。以天下城邑封功臣、何不服。」といった。劉邦はおおいに喜び、「自以爲得信晩。遂聽信計、部署諸將所擊」としたとある。韓信のこの方策は、楚漢戰爭の最も困難な時に再び確認されている。『漢書』巻四十陳平傳によれば、漢三年、劉邦は滎陽で項羽に包圍され、いつ天下を平定できるか非常に困難な狀態におかれていた。そこで陳平は天下を得る策について「項王爲人、恭敬愛人、士之廉節好禮者多歸之、至於行功賞爵邑、重之、士亦以此不附。今大王嫚而少禮、士之廉節者不來、然大王能饒人以爵邑、士之頑頓耆利無恥者亦多歸漢。誠各去兩短、集兩長、天下指麾卽定矣。」と說いた。この陳平の策と上述の韓信の方策はまったく同じで、それは前引した高起と王陵の話の內容と完全に一致している。そればかりでなく言葉使いも非常に近い。

要するに、いわゆる「共天下」とは、利益を獨占しない（「非私之」）、部下と共に利益を分有する（「與天下同利」）理念を示す語であり、このような天下の權益に對しての共同所有、公平分配の認識は、始終一貫した原則・共通認識として劉邦集團にずっと保たれていたのである。劉邦が皇帝になることは、劉邦集團がこの「共天下」という理念と歴史に基づいて、個人の功勞により天下の權益を公平に分配するという社會總財產の大分配の一部分に過ぎない。このような理念と歴史に規定された劉邦の皇帝權は、絕對的專制權力ではなく、相對的に有限性をもつものであると考えられる。

注

（1）木村正雄『中國古代農民叛亂の研究』、東京大學出版會、一九八三年、第一四〇頁。
（2）『漢書』卷一高帝紀には「高祖之衆、已數百人矣。」とされるが、ここでは『史記』に從う。
（3）秦における亡人の追捕と賞罰については、『睡虎地秦墓竹簡』（文物出版社、一九七八年）秦律の「法律問答」に「捕亡」、「封診式」に「亡自出」などの律文がある。
（4）秦末の諸叛亂集團に關する研究について、前注（1）木村正雄書の第二篇第一章に詳しい論述があり、また劉開楊『秦末農民戰爭史略』（新華書店、一九五九年）も參考すべき論著として擧げたい。
（5）秦漢時代の父老子弟については、守屋美都雄「父老」（同著『中國古代の家族と國家』、東洋史研究會、一九六八年、所收）を參照。
（6）本書第一章第二節一を參照。
（7）本書第五章第一節を參照。
（8）秦楚漢間の國際關係については、田餘慶「說張楚」（『秦漢魏晉史探微』、中華書局、一九九三年、收錄）、大櫛敦弘「統一前夜－戰國後期の『國際』秩序－」（『名古屋大學東洋史研究報告』十九號、一九九五年）および本書第三章、特にその第一節、第二節を參照。
（9）漢中改制に關しては、本書第一章第二節および終章第三節三を參照。

（10）垓下の戰については、本書第一章第三節二を參照。
（11）漢の王國分封の詳細については、本書第三章第三節を參照。
（12）本書第一章第三節を參照。
（13）本書第二章を參照。
（14）前注（8）田氏論文。
（15）當時の戰國復國およびそれに關連する王政復興の歴史と理念については、本書第三章第二節を參照。
（16）項羽の王國分封は、中國史上初めての王國分封であり、漢の諸侯王國制度の源でもある。その詳細については本書第三章、特にその第四節を參照。
（17）本書第三章、特にその第二節を參照。
（18）中國古代の約信盟誓およびその性格については、時代によりそれぞれ高木智見「春秋時代の結盟習俗について」（『史林』第六十八卷、第六號、一九八五年）、工藤元男「戰國時代の會盟と符」（『東洋史研究』第五十三卷第一號、一九九四年）、増淵龍夫「戰國秦漢時代における集團の『約』について」（同氏『中國古代の社會と國家』、岩波書店、一九九六年、收錄）および本書第六章第一節を參照。
（19）『史記』卷五十五留侯世家によれば、劉邦が漢王に封ぜられた時、最初は巴と蜀の二郡しか與えられなかった。後に張良を通じて項伯に頼み、項羽を說得させてついに漢中郡を手に入れた。
（20）王鳴盛『十七史商榷』卷八。その理由に關する一つの推測は、楚の義帝が殺された後、劉邦が項羽とほぼ同時に帝を稱したのではないかということである。項羽の稱帝に關する動きの推測については、前注（8）田氏論文および平勢隆郎「越の正統と『史記』」（『史料批判研究』創刊號、一九九九年）を參照。
（21）西嶋定生『中國古代國家と東アジア世界』（東京大學出版會、一九八三年）第二章「皇帝支配の成立」および同氏『秦漢帝國』（講談社、一九九七年）の第三章の四を參照。
（22）秦漢の詔文および史書におけるその採錄について、大庭脩『秦漢法制史の研究』（創文社、一九八二年）の第三篇第二章を參照。

（23）「請卽位文」を上奏する七人の諸侯王のうち、楚王の韓信、韓王の韓信、梁王の彭越は劉邦に封じられ、衡山王の吳芮、燕王の臧荼は項羽に封じられたものである。趙王の張敖は父の張耳を繼いだものである。張耳は項羽の分封を受け常山王となったが、後に陳餘の攻擊により國を失って漢に歸し、劉邦によって趙王に封じられた。淮南王の英布は項羽の分封を受け九江王となり、國を失ってから劉邦に王に封じられた。楚の懷王に封じられた韓王の韓成は項羽に殺された。劉邦は韓信を王に封じてその國を繼承させた。故に、趙、韓、淮南の三王は國を失ってからまた復活しており、劉邦に「救敗繼絕」されたのである。この王國の變轉の詳細については、本書第三章、特にその第二節、第三節を參照。

（24）德という語およびそれに與えられた意味は、中國文化と歷史におけるもっとも基本的な理念の一つである。筆者はここでこの重要な課題を詳しく論及する餘裕がなかった。本書では、秦末漢初の時代に視點を限定し、德の政治理念に關る極めて限られた部分のみを取り上げて考察を行う。なおこの領域の先行研究としては、まず小倉芳彦氏の「『左傳』における覇と德―『德』概念の形成と展開―」（『中國古代政治思想硏究』、青木書店、一九七〇年）を取り上げたい。とくに氏が戰國時代の覇者觀の視角から德を覇者の政治理念の第一の原理として行った考察およびその結論は、本書に論述された秦末漢初の時代にも適應できると思う。

（25）德の本義については、天に昇ること（『說文』と一九七一年『東京支那學報』第一六號所收の伊東倫厚「德の原義について」）や、省道（道の祓え）に由來すること（白川靜『字統』、平凡社、一九八四年）や、生命力（一九八二年『人文雜誌』第六期所收の斯維至「說德」と、一九九一年『東方學報』第六十三册所收の小南一郎「天命と德」）や、巡行の「省」（聞一多『古典新義』所收の「釋省徭」と、前注（24）小倉氏論文）など、さまざまな解釋があるが、本書で展開した論述は、戰國秦漢期に限定した。ただし、本書で考察するこの戰國秦漢期における德という語の意味は、必ずしも德の本義と關係ないとは思わない。このことに關しては今後の課題としたい。

（26）增淵龍夫『中國古代の社會と國家』（岩波書店、一九九六年）第二編第一章五。

（27）『說文匡謬』には「內得於己、謂身心所自得也。」とある。『說文義證』は『周禮』を引用して「德行內外、在心爲德、在外爲行。」と注している。

(28) 本書第一章、特にその第三節を參照。

(29) 平勢隆郎『中華文明の誕生』(尾形勇と共著、世界の歴史2、中央公論社、一九九六年)第1部のIを參照。

(30) 『論語』鄉黨篇に「私覿、愉愉如也。」とあり、皇疏は「私、非公也。」と注している。『詩經』豳風七月に「言私其豵、獻豣於公。」とあり、毛傳は「大獸公之、小獸私之。」と注している。みなその用例である。

(31) 高起と王陵に關して、特に高起が何者であるかについては、顏師古注に引用される臣瓚の注および『漢書補注』に引用される周壽昌説がもっとも傾聽すべき説であるが、結論を下すのはまだ不十分である。

第五章　劉邦集團の地域構成

第一節　前期劉邦集團における地域構成

一般的にいうならば、いかなる人間集團も地域性を抱えているといえる。人間集團の地域性については、二つの面から分けて考えることができる。その一つは、人間集團の活動する地區を問題にするものであり、筆者はそれを地域移動と稱して檢討する。もう一つは、人間集團の構成員の出身地を問題にするものであり、筆者はそれを地域構成と稱して檢討する。地域移動と地域構成は、視點を異にするとはいえ緊密につながった問題である。ある人間集團についていうと、その地域性はその文化的な樣相と組織の構造に直接に影響を與えている。筆者はさきに、前漢初年の新しい支配階層すなわち軍功受益階層の出現およびその興隆と衰退などについて論じた[1]。そして本章は、この漢初軍功受益階層に對する理解を深めるために、地域性の側面、とくにその地域構成に視點をおき分析を試みるものである。

一　地域移動の概況

劉邦集團の發祥地は秦の泗水郡沛縣である。劉邦自身および早期劉邦集團の構成員たちには沛縣の出身者が多い。

これこそが早期劉邦集團の地域構成になっている。その後、劉邦集團の擴大とその地域移動により、異なる出身地の人々がたえず集團に加わったため、劉邦集團の地域構成はしだいに變化していった。とくに漢王國建國以降、劉邦集團は舊秦國の關中地區を根據地として活動を展開し、その地域移動と地域構成には、より大きな變化が見られるようになった。そして、正確にその變化を分析するために、まず劉邦集團の地域移動について整理し、その結果に基づいてその問題をそれぞれ戰國および秦の行政區という視角から見てみよう。

秦二世元年九月、劉邦が沛縣で兵を擧げた。その後、その活動は沛縣を據點として展開し、しだいに關東から關西へと廣大な地域に廣がっていった。この期間について劉邦集團の活動地域およびそれにかかわる事を整理すれば次の通りである。(2)

秦二世元年　九月　泗水郡沛縣を下す。三千人を集め、沛公となる。

秦二世二年　十月　薛郡の胡陵縣、方與縣を攻め、沛縣に歸す。

十一月　薛郡の薛縣に行く。泗水郡戚縣で戰う。薛郡亢父縣、方與縣に歸す。

十二月　沛縣に歸し豐を攻め、克たず。

正月　泗水郡留縣に行き、楚王の景駒に會う。泗水郡蕭縣で戰う。東海郡下邳縣に至る。(3)留縣に還る。

二月　碭郡碭縣を下す。碭兵六千人を收め、合わせて九千人となる。

三月　碭郡下邑縣を下す。戻って豐を攻め、克たず。

四月　薛郡薛縣に行き項梁に會う。項梁は沛公に楚兵五千を益し、合わせて一萬四千人となす。豐を下す。

六月　薛縣に行き楚の懷王の擁立に加わる。

七月　薛郡亢父縣を攻める。東郡東阿、城陽、濮陽縣で戰う。
八月　東郡定陶縣を攻める。碭郡雍丘、外黃縣で戰う。
九月　碭郡陳留縣を攻める。泗水郡彭城縣に行き、碭郡碭縣に駐留する。
後九月　碭郡長となる。西に行き項梁、陳王の殘留兵を收める。東郡城陽縣で戰う。
秦二世三年　十月　東郡成武縣を攻める。
十二月　碭郡栗縣を攻める。剛武侯の軍四千人を奪い、合わせて約二萬人となる。碭縣に還る。
二月　碭郡昌邑縣を攻める。碭郡陳留縣を襲う。酈寄に陳留の兵を率いさせる。
三月　碭郡開封縣を攻める。東郡白馬縣で戰う。三川郡曲遇縣で戰う。
四月　潁川郡潁陽縣を攻める。三川郡平陰縣を攻める。洛陽の東で戰う。潁川郡陽城縣に至る。
六月　南陽郡陽城縣で戰う。宛縣を降伏させ、南陽兵を得る。丹水縣に至り、胡陽、析、酈縣を攻める。
八月　武關を攻め、秦に入る。
漢元年　十月　霸上に至る。十萬の兵を擁する。
二月　項羽の封を受けて漢王となる。
四月　漢中に行き國に就く。

以上のことによって、前期の劉邦集團、すなわち秦二世元年九月の集團の結成から、漢元年四月の漢中に行き國に就くまでの劉邦集團の活動は、おおむね昔の楚と魏と齊との隣接地域であり（一部舊韓國にも及ぶ）、最終的に秦に入ったと分かる。秦の郡に基づいて言うならば、秦二世元年九月の劉邦の蜂起から、二世二年九月に劉邦が懷王の命を受け碭郡長となるまでの劉邦集團の活動地域は泗水郡の北部、薛郡の南部および碭郡を中心に廣がり、東海郡と東郡にも及んだ。二世三年十月、西方の關中に向けて攻撃を開始してから、劉邦集團の活動地域は陳郡[4]、潁川、三川および南陽郡に廣がり、そして秦の本土である關中に進入したのである。

二　地域構成に關する統計

人間集團の地域構成は、一般的に言えばその地域移動によってできたものである。周知のように劉邦集團には嚴格な軍功褒賞制があり、個人の年功は、その構成員が集團に加入した時期によるものである[5]。劉邦集團の地域移動という要素を入れて考えれば、この年功、つまり劉邦集團に加入した時期ということは、その構成員の劉邦集團に加入した場所とその加入者の本籍地にも關係しているのである。史書に見られるところでいえば、劉邦集團の構成員の年功の區分は、おおよそ漢元年四月に劉邦集團が漢中に着き就國する前後を境として二種類に分けることができる。一、初期の段階から劉邦について秦を撃ち、そのまま劉邦に從い蜀漢地區に入ったものを前期の類とする。これはすなわち史書で「從って秦を撃ち蜀漢に入る」と稱されている者である。二、およそ漢中に就國するころおよびそれ以降に劉邦集團に加わって楚漢戰爭に參加したものを後期の類とする。これはすなわち史書で「從って項籍を撃つ」と稱されている者である[6]。次に、前期劉邦集團の主要構成員の中で本籍地が分かるものについて統計をとり、その結果を次の分析の根據とする。くまなく史書を調べると、前期劉邦集團の主要構成員の中でその本籍地が明らかなものは二十人があり、それを整理したのが次の表である[7]。

表五－1　前期劉邦集團における主要構成員の本籍地

	氏名	官位	爵位	本籍地	階層	從起地
1	盧綰	太尉	燕王	泗水　沛	軍層	泗水　沛
2	周勃	太尉	絳侯	泗水　沛	軍層	泗水　沛
3	蕭何	丞相	酇侯	泗水　沛	軍層	泗水　沛
4	曹參	丞相	平陽侯	泗水　沛	軍層	泗水　沛
5	王陵(8)	丞相	安國侯	泗水　沛	軍層	泗水　沛
6	審食其	丞相	辟陽侯	泗水　沛	軍層	泗水　沛
7	樊噲	將軍	舞陽侯	泗水　沛	軍層	泗水　沛
8	夏侯嬰	太僕	汝陰侯	泗水　沛	軍層	泗水　沛
9	任敖	御史大夫	廣阿侯	泗水　沛	軍層	泗水　沛
10	周苛	御史大夫	高京侯	泗水　沛	軍層	泗水　沛
11	周昌	中尉	汾陰侯	泗水　沛	軍層	泗水　沛
12	雍齒	將軍	汁防侯	泗水　沛	軍層	泗水　沛
13	周緤	參乘	鄘城侯	泗水　沛	軍層	泗水　沛
14	彭祖	中廄令	戴侯	泗水　沛(9)	軍層	泗水　沛
15	呂澤	客	周呂侯	碭　單父	軍層	？
16	呂釋之	客	建成侯	碭　單父	軍層	？
17	酈食其	說客	高梁侯	碭　陳留	軍層	碭　陳留
18	酈商	衛尉	曲周侯	碭　陳留	軍層	碭　岐
19	灌嬰	丞相	潁陰侯	碭　睢陽	軍層	碭　碭
20	張蒼	丞相	北平侯	三川　陽武	軍層	三川　陽武

右の表より次のことがわかる。この二十人のうち、劉邦と同鄕で秦の泗水郡沛縣の出身者は十四人七十％、碭郡の出身者は五人二五％、三川郡の出身者は一人五％を占めている。この表には一つの注目すべき點がある。つまり、この二十人の原籍と彼らの劉邦集團に加わった場所（從起地）が一致しているということである（呂澤と呂釋之の從起地は史書の記載がない）。この點については縣のレベルでもほとんどそうであり、郡のレベルではまったく例外がない。したがって、少なくともこの表にあらわれている前期のことについては、この一致はただの偶然ではなく、そうなる原因があると考えられる。周知のように、秦漢時代には嚴格な戶籍制度があり、個人が籍を拔けて隨意に移ることはできなかったため、一般に庶民の活動範圍はほとんど戶籍の附く地に限られていた。當時、秦の官吏の選任にも嚴格な原籍制限があった。一般的にいえば、各郡縣の官吏は、郡守・尉・長史・丞、縣令・長・丞・尉などの長官を除いて、みな本籍地の人である。つまり郡の屬吏は本郡の人で、縣の屬吏は本縣の人なのである。[10] ゆえにこの時代には、一般民衆の劉邦集團に加わる形はだいたい本籍地での現地加入に限られることになり、つまり、劉邦集團がある地域に到着した時、その地の住民がその場で劉邦集團に加わるということが一般的になるわけである。同時に、この期間の劉邦軍の交戰相手は秦の郡縣などの地方軍が多かったので、戰鬪のなかで各地で劉邦集團に加わった秦の一般吏卒たちもほとんど現地の人であり、やはり本籍地での現地加入が多かったと思われる。例を擧げていうと、劉邦が沛縣において兵を起こした時、その參加者は沛縣の小吏および庶民たちで、彼らはみな沛縣の人である。史書では彼らが三千沛縣子弟と稱されている。また、酈食其は碭郡陳留縣の人であり、秦の二世二年、劉邦軍が陳留の郊外に着いた時、彼はその地で劉邦集團に加わった（『漢書』卷四十三酈食其傳）。張蒼は三川郡陽武縣の人であり、秦の二世二年、劉邦軍が陽武に着いた時、彼もその地で劉邦集團に加わった（『漢書』卷四十二張蒼傳）。周昌、周苛兄弟は、もとは秦の泗水郡の卒史であり、秦の二世二年、劉邦軍が沛縣で秦の泗水守監を破った時に劉邦集團に加わった。二人とも泗水郡沛縣の人である（本郡屬縣。『漢書』巻四十二周昌傳）。もし以上の統計と解釋に誤りがないとすれば、劉邦集團におけるその構成員たちの原籍地と從起地との一致という點を、この期間の通例として扱うことができ、さらに、それに基づいてある人の從起地から彼の原籍地を推測することができると考えられる。そしてふたたび史書を調べてみると、前期劉邦集團における主要構成員のうち從起地が明らかになるものは五十三人であり、それを整理したのが次の表である。

表五－2　前期劉邦集團における主要構成員の從起地（＝推定した本籍地）

	氏名	官位	爵位	本籍地	階層	從起地
1	奚涓	將軍	魯侯	泗水沛？	軍層	泗水沛
2	朱軫	隊帥	都昌侯	泗水沛？	軍層	泗水沛
3	召歐	騎將	廣侯	泗水沛？	軍層	泗水沛
4	嚴不職	將軍	武彊侯	泗水沛？	軍層	泗水沛
5	周止	騎郎將	魏其侯	泗水沛？	軍層	泗水沛
6	孫赤	上黨守	堂陽侯	泗水沛？	軍層	泗水沛
7	冷耳	楚國相	下相侯	泗水沛？	軍層	泗水沛
8	單父右車	郎	中牟侯	泗水沛？	軍層	泗水沛
9	衞無擇	衞尉	樂平侯	泗水沛？	軍層	泗水沛
10	徐厲	常山國相	松茲侯	泗水沛？	軍層	泗水沛
11	王吸	將軍	清陽侯	泗水沛？	軍層	泗水沛
12	薛歐	典客	廣平侯	泗水沛？	軍層	泗水沛
13	唐厲	都尉	斥丘侯	泗水沛？	軍層	泗水沛
14	陳速	都尉	猗氏侯	泗水沛？	軍層	泗水沛

15	朱濞	都尉	鄢陵侯	泗水	沛？	軍層	泗水	沛
16	周聚	將軍	傅陽侯	泗水	沛？	軍層	泗水	沛
17	毛釋之	郎將	張侯	泗水	沛？	軍層	泗水	沛
18	陳倉	將軍	紀信侯	泗水	沛？	軍層	泗水	沛
19	馮無擇	郎中	博成侯	泗水	沛？	軍層	泗水	沛
20	齊受	齊國相	平定侯	泗水	留？	軍層	泗水	留
21	爰類	都尉	厭次侯	泗水	留？	軍層	泗水	留
22	丁義	郎騎將	宣曲侯	泗水	留？	軍層	泗水	留
23	呂臣	都尉	寧陵侯	泗水	留？	軍層	泗水	留
24	陳涓	丞相	河陽侯	碭	碭？	軍層	碭	碭
25	蟲達	將軍	曲成侯	碭	碭？	軍層	碭	碭
26	陳濞	都尉	博陽侯	碭	碭？	軍層	碭	碭
27	孔聚	將軍	蓼侯	碭	碭？	軍層	碭	碭
28	陳賀	將軍	費侯	碭	碭？	軍層	碭	碭
29	周竈	都尉	隆慮侯	碭	碭？	軍層	碭	碭
30	戴野	將軍	臺定侯	碭	碭？	軍層	碭	碭
31	劉到	將軍	東茅侯	碭	碭？	軍層	碭	碭
32	丁禮	都尉	樂成侯	碭	碭？	軍層	碭	碭
33	魏選	都尉	甯侯	碭	碭？	軍層	碭	碭
34	襄	治粟内史	棘丘侯	碭	碭？	軍層	碭	碭
35	郭亭	都尉	阿陵侯	碭	單父？	軍層	碭	單父
36	周信	河南守	成陰侯	碭	單父？	軍層	碭	單父
37	張平	中涓	鹵侯	碭	單父？	軍層	碭	單父
38	傳寬	齊國相	陰陵侯	碭	橫陽？	軍層	碭	橫陽
39	許盎	中尉	柏至侯	碭	昌邑？	軍層	碭	昌邑
40	郭蒙		東武侯	薛	薛？	軍層	薛	薛

41	戎賜	將軍	柳丘侯	薛	薛?	軍層	薛	薛
42	陳胥	將軍	復陽侯	薛	薛?	軍層	薛	薛
43	華寄	都尉	朝陽侯	薛	薛?	軍層	薛	薛
44	秦同	都尉	彭侯	薛	薛?	軍層	薛	薛
45	林摯	燕國相	平棘侯	薛	亢父?	軍層	薛	亢父
46	杜得臣	郎將	棘陽侯	薛	胡陵?	軍層	薛	胡陵
47	靳歙	將軍	信武侯	東	宛朐?	軍層	東	宛朐
48	陳豨	代國相	陽夏侯	東	宛朐?	軍層	東	宛朐
49	陳夫乞	都尉	高胡侯	東	杠里?	軍層	東	杠里
50	靳彊	南郡守	汾陽侯	陳	陽夏?	軍層	陳	陽夏(11)
51	馮谿	將軍	穀陽侯	陳	柘?	軍層	陳	柘
52	陽成延	少府	梧侯	潁川	郟?	軍層	潁川	郟
53	張良	策劃臣	留侯	東海	下邳(12)	軍層	東海	下邳

右の表より、次のことが分かる。前期劉邦集團の主要構成員の中で、その従起地が沛縣であるものは十九人で三六%、碭郡であるものは十六人で三十%を占める。沛縣と碭郡の出身者が高い比率を占めているという點は、表五−1と一致する。このほか、従起地は薛郡のものが七人、泗水郡留縣のものが四人、東郡のものが三人、陳郡のものが二人、潁川のものが一人、東海のものが一人いる。もし表五−1と表五−2をまとめ、さらに従起地を本籍地として計算するならば、次の結果を得ることができる。すなわち、前期劉邦集團の主要構成員の中で本籍地が分かるものはあわせて七十三人、そのなかに沛縣籍のものは三十三人で、約四五%を占めている。もし郡を單位として計算するなら、泗水郡の出身者は三十七人で約五一%を占め、碭郡の出身者は二十一人で約二九%を占め（その中で碭縣籍のものは十二人おり十六%を占める。）、薛郡の出身者は七人で約十%を占める（その中で従起地が薛縣であるものは五人おり七%

を占める。)。殘りの十%は、それぞれ東(三人、四%)、陳(二人、三%)、三川(一人、一%)、潁川(一人、一%)、東海(一人、一%)など各郡の出身者で占められている。

三　豐沛元從集團

前記の統計からわかるように、沛縣籍の人は前期劉邦集團の中で特に目立っており、四五%という高い割合に達する。周知のように、劉邦の出身地は秦の泗水郡沛縣豐邑中陽里である。沛縣で蜂起する前、劉邦は名士張耳に從って碭郡外黄縣に數ケ月住んでいたこともあり(『漢書』卷三十二張耳傳)、またかつて傜役に服するために秦の都の咸陽にいったこともある(『漢書』卷一高帝紀)。それらをのぞくと、劉邦の活動は基本的には沛縣および近隣の地域に限られ、彼の初期の交友と社會關係も主に沛縣をめぐって結ばれていた。たとえば、盧綰、王陵、蕭何、曹參、夏侯嬰などの劉邦の舊友は、みな沛縣の人で、のちに劉邦集團の中心的なメンバーとなった。漢王朝の成立後、豐と沛は特別な扱いを受け、代々傜税免除の特典を與えられた(『漢書』卷一高帝紀)。沛縣および劉邦に從う沛縣の人たちは劉邦集團の原點ということができる。ゆえに、前期劉邦集團の中の沛縣人を分別しさらに分析に加えることにする。その際、前期劉邦集團の中の沛縣人を豐沛元從集團と呼ぶことにする(13)。

秦二世元年九月、劉邦は沛縣で蜂起し、沛縣吏民の支持を得て秦の沛縣令を殺し、楚制の沛縣長官卽ち沛公に就任した。その時、劉邦は秦の沛縣における組織を受け繼ぎ、さらに沛縣の子弟を徵收し、三千人の軍隊を結成した。この部隊の構成員は、基本的にはみな沛縣人で、彼らは劉邦集團の中核を構成した。その後劉邦集團の擴大は續き、それにしたがってこの三千人の沛縣人が集團構成員の總數のうちに占める比率は相對的に低下して行くが、彼らは終始劉邦集團の中核に位置し支配的地位を占有していた。すでに筆者が指摘したように、最盛期の劉邦集團には六十萬人の軍士がおり(14)、そこに占める沛縣人の割合は千分の五以下という數にすぎないのだが、彼らが劉邦集團と漢政權の上層を占める割合は極めて高かった。前述したように、本籍地の統計では、前期劉邦集團における主要構成員に沛縣人の占める割合は四五%に達している。『漢書』巻十六高惠高后文功臣表には漢初の功臣一百六十二人が載せられており、そのうち沛縣人は三十三人で二十%を占めるにすぎないが、地位が上位二十位以内のものについてみると沛縣人は十人となり半分を占めている。つまり彼らの劉邦集團に占める割合の大小とその地位の高低はちょうど反比例になる。さらに、漢初高帝と惠帝呂后の期間における中央政府の主要官僚、いわゆる三公九卿の本籍を調べると次の通りである。

表五－3　高帝期における三公九卿の本籍地

	氏名	官位	爵位	本籍地	階層	任期
1	韓信	大將軍	淮陰侯	東海　淮陰	軍層	漢　元年
2	盧綰	太尉	燕王	泗水　沛	軍層	漢　二年～　五年
3	周勃	太尉	絳侯	泗水　沛	軍層	高十一年
4	蕭何	丞相	酇侯	泗水　沛	軍層	漢　元年～惠　二年
5	周苛	御史大夫	高景侯	泗水　沛	軍層	漢　元年～　三年
6	周昌	中尉	汾陰侯	泗水　沛	軍層	漢　元年～　三年
		御史大夫				漢　四年～　九年
7	趙堯	御史大夫	江邑侯	趙？	軍層＋法吏	高　十年～呂　一年
8	襄	治粟内吏	棘丘侯	碭　碭	軍層	漢　元年
9	夏侯嬰	太僕	汝陰侯	泗水　沛	軍層	漢　元年～文　八年
10	曹參	中尉	平陽侯	泗水　沛	軍層	漢　二年？

11	許盎	中尉	柏至侯	碭　昌邑	軍層	〜高五年
12	靳彊	中尉	汾陽侯	陳　陽夏	軍層	高五年？
13	朱進	中尉	中邑侯	不明	軍層	高五年？
14	薛歐	典客	廣平侯	泗水　沛	軍層	高五年
15	丙猜	中尉	高宛侯	不明	軍層	高五年
16	義渠	廷尉		不明	不明	高五年〜九年
17	王恬啓	郎中令	山都侯	不明	軍層	高五年〜十二年
18	陽成延	少府	梧侯	潁川　郟	軍層	高五年〜呂七年
19	公上不害	太僕	汲侯	不明	軍層	高六年〜十年
20	靈常	中尉	陽羡侯	楚？	軍層	高六年〜
21	酈商	衛尉	曲周侯	碭　陳留	軍層	高六年〜十一年
22	叔孫通	奉常		薛　薛	軍層＋儒吏	高七年〜九年
		奉常				高十二年〜惠六年
23	宣義	廷尉	土軍侯	不明	軍層	高十年〜
24	杜恬	廷尉	長脩侯	不明	軍層	高十一年
25	王氏	衛尉		不明	軍層	高十一年〜十二年
26	戚鰓	中尉	臨轅侯	不明	軍層	高十一年〜惠四年
27	育	廷尉		不明	不明	高十二年〜呂七年

表五－4　惠呂期における三公九卿の本籍地

	氏名	官位	爵位	本籍地	階層	任期
1	周勃	太尉	絳侯	泗水　沛	軍層	惠六年〜文元年
2	蕭何	丞相	酇侯	泗水　沛	軍層	漢元年〜惠二年
3	曹參	丞相	平陽侯	泗水　沛	軍層	惠二年〜五年

4	王陵	丞相	安國侯	泗水　沛	軍層	惠六年～呂元年
5	陳平	郎中令	曲逆侯	碭　戶牖(15)	軍層	高十二年～惠五年
		丞相				惠六年～文二年
6	審食其	典客	辟陽侯	泗水　沛	軍層	惠七年～呂元年
		丞相				呂元年～七年
		丞相				呂八年～八年
7	呂產	丞相	交侯	碭　單父	宗親－軍層2(16)	呂七年～八年
8	趙堯	御史大夫	江邑侯	趙？	軍層	高十年～呂元年
9	任敖	御史大夫	廣阿侯	泗水　沛	軍層	呂元年～三年
10	曹窋	御史大夫	平陽侯	泗水　沛	軍層2	呂四年～八年
11	夏侯嬰	太僕	汝陰侯	泗水　沛	軍層	漢元年～文八年
12	陽成延	少府	梧侯	潁川　郟	軍層	高五年～呂七年
13	叔孫通	奉常		薛　薛	軍層－儒吏	高十二年～惠六年
14	戚鰓	中尉	臨轅侯	不明	軍層	高十一年～惠四年？
15	育	廷尉		不明	不明	高十二年～呂七年
16	劉澤	衛尉	營陵侯	泗水　沛	宗親－軍層	惠元年～呂四年
17	馮無擇	郎中令	博城侯	泗水　沛	軍層	惠六年～呂三年
18	賈壽	郎中令		不明	不明	呂四年～呂八年
19	免	奉常		不明	不明	惠七年～呂六年
20	衛無擇	衛尉	樂平侯	泗水　沛	軍層	呂四年～六年？
21	足	衛尉	關內侯	不明	軍層	呂六年～文元年～
22	圍	廷尉		不明	不明	呂七年～八年
23	根	奉常		不明	不明	呂七年～文元年
24	劉揭	典客	陽信侯	不明	軍層	呂七年～文二年

表からわかるように、高帝期に三公九卿の任にあった二十七人のうち本籍地が分かるのは十七人で、そのうち沛縣人は八人で四七%を占める。この八人は、それぞれ太尉盧綰、周勃、丞相蕭何、御史大夫周昌、周苛、太僕夏侯嬰、中尉曹參、典客薛歐であり、彼らは重要な大臣のほとんどすべてを獨占していた。惠帝呂后期に三公九卿の任にあった二十四人のうち本籍地がわかるのは十六人、そのうち沛縣人は十人で六七%を占める。彼らはそれぞれ太尉の周勃、丞相の蕭何、曹參、王陵、御史大夫の任敖、曹窋、太僕の夏侯嬰、衞尉の劉澤、衞毋擇、郎中令の馮無擇であり、絶對的優位を占めていた。これらの劉邦にしたがって沛縣で蜂起した沛縣人たちが史書に豐沛故人と稱され、研究者には彼らを豐沛功臣集團と稱するものもいる。これらの言い方はみな出身地に着目した表現である。まとめていえば、劉邦にしたがって沛縣で蜂起した沛縣人に構成された豐沛元從集團は、劉邦集團の中核であり、彼らは少數（三千人未滿）であったが、地位は常に上位を占め、劉邦集團および前漢初年の漢政權を指導していたのである。

四　碭泗楚人集團

表五－1と表五－2にみられるように、前期劉邦集團の主要な構成員では、すでに論じた沛縣人を除くと、碭郡籍の人が重要な地位を占めていた。彼らは全部で二十一人、約二九%におよび、全體の中で二番目に高い割合を示している。前述したように、劉邦は兵を起こした後楚制の沛縣長官の沛公になり、その軍隊は沛縣人を主體とし、沛縣を根據地として活動していた。しかし、秦の二世の二年十二月、沛縣の豐邑を守備していた沛縣籍の將軍の雍齒が劉邦を裏切り、魏國に降伏した。この事件は、劉邦集團の根據地を動搖させる重大な危機をもたらした。十二月、劉邦軍はとって返して豐を攻めたが失敗、正月、留に行って楚王の景駒と會い、兵を請い豐を攻めても奪還できなかった。三月、三度豐を攻めたがまた失敗した。四月、項梁に請い援軍を得て、ついに豐を攻め落とした。この危機の後、沛

縣という根據地、とくに自身の出生地の豊邑に對する劉邦の信頼には深刻な動搖が見られた。[17]その後の史實から見れば、劉邦集團の活動の根據地はしだいに碭郡碭縣の方面へ移っていった。『漢書』巻一高帝紀により、二度目の豊攻擊失敗の後、つまり秦二世元年二月、劉邦は兵を移して碭郡碭縣を攻め落とし、「碭兵を收めて六千人を得、故と合わせて九千人となる。」とある。周知のように、劉邦が沛縣で起兵した時、沛縣の吏民からの有力な支持を受け秦の沛縣政府の組織を全面的に受け入れたが、それでも劉邦が收めた沛縣の子弟兵はわずか三千人に過ぎなかった。しかし、この時點、つまり碭縣を占領した時には、劉邦が收めた碭縣兵は六千人に達していた。この數は沛縣兵の二倍であり、劉邦軍を一氣に三倍に增加させた。それだけではなく、當時劉邦が碭縣で受けた支持は、沛縣起兵の時と比べても決して少なくないということもこの數からうかがえよう。これはただの偶然ではなく、それなりの理由がある。周知のように、沛縣起兵以前には、劉邦は人を率いて芒碭山澤間に集團亡命し、群盜になっていた。その地は、おなじ碭郡の碭縣と芒縣との間にあった。ゆえに、その時碭郡出身の人が亡命集團に加わったことで、劉邦と碭郡の人との間に人間關係がすでにできあがったというのは極めて自然なことではないかと想像できる。[18]そして、碭縣の戰の後、劉邦軍の根據地が碭縣に移ったと同時に、劉邦集團の地域構成にも重大な變化が現れた。すなわち、碭縣出身の人が少なくとも沛縣人の二倍になったのである。統計において碭郡出身の人の比率が高く現れていたことの理由はここに求めるべきである。同年の後九月、劉邦は楚の懷王の任命を受けて碭郡長に就任し、公式に碭郡兵の將になった。その軍の駐屯地は、碭郡の碭縣にあった。いうまでもなくその時には碭郡兵の徵發と碭郡人の加入は當然のことになり、有名な少年將軍の潁陰侯の灌嬰はその時に劉邦集團に加わった（『漢書』巻四十一灌嬰傳）。

また、『漢書』巻一高帝紀によると、碭縣の戰の二ケ月後、つまり秦の二世の二年四月、劉邦は薛縣で項梁に會い、豊を攻めるために援軍を求めた。その時、「項梁、沛公に卒五千人、五大夫將十人を益す」とある。この五千人の楚軍の加入によって劉邦軍の戰闘力は大幅に增強され、ついに豐邑を攻め落とした。早期劉邦集團の組織は、おおよそこの戰闘によって固定化された。よく知られるように、薛郡は泗水郡と碭郡に隣接し、むかしは齊國に屬していたが、薛縣は薛郡の南端で、沛縣に近い。『史記』巻九十九叔孫通傳によると、秦末の亂中、項梁が楚軍を率いて薛郡に進入し、薛縣は楚に降伏して楚國に屬するようになった。劉邦が薛縣で項梁から受け入れた軍隊がみな楚人からなる楚軍であったのは、間違いないであろう。これらの楚軍楚人のことについて表五－2に現れていたのは、郭蒙など五人の從起地がすべて薛縣であるということである。同時に、薛郡南部で從起した人について、すなわち亢父で從起した林摯、胡陵で從起した杜得臣が楚人であったと見ても問題はないだろう。

ゆえに、秦二世二年の後九月、劉邦が碭郡長になった時、その軍はおよそ三つの部分で構成されていたと考えられる。つまり、三千人の沛縣兵、六千人の碭郡兵、五千人の楚軍、あわせて約一萬四千人である。また『漢書』巻一高帝紀によると、劉邦が碭郡長になった同じ月、その軍は西へ進んで、敗散した陳勝および項梁の兵卒を集めた。その數は史書には記載されていないが、推測するならばおよそ數千人であり、みな楚軍楚人であったと思われる。その後、秦二世三年十二月、劉邦は碭郡栗縣で剛武侯の軍四千人を奪った。應劭によれば剛武侯は楚の懷王の將とされるので、その軍は楚軍と考えるべきである[19]。二月、陳留で酈商軍四千人を得た。それはみな碭郡兵であった。合計すると、この時までの劉邦軍の數は約三萬人であり、そのうち沛縣兵三千、碭郡兵一萬餘り、楚軍一萬數千人、殘りは各地から加わってきた兵卒であった。およそこの時を境として、これ以後劉邦集團は碭郡を根據地として軍事活動を展開し、その範圍は主に碭郡およびそれと隣接する東、薛、泗水、陳、潁川、三川などの諸郡に及んでいる。

秦の二世二年六月、劉邦軍は根據地の碭郡およびその近隣諸郡を離れて遠征を行い、南陽郡に進入した。同月、宛を下し、秦の南郡兵を得た。八月、武關を攻め破り、關中に入った。十月、霸上に至り、秦王は降伏した。十二月、項羽は諸侯連合軍を率いて關中に入り、霸上で劉邦軍と對峙した。その時、劉邦軍は十萬人であったと言われる（『漢書』巻一高帝紀）。もしこの數が正しいとするなら、劉邦軍は半年の間に三倍以上に擴大したことになる。その大部分は、南陽を下した後に接收改編された秦軍であろう。さて、周知のように、漢元年二月、項羽は天下を分割し、十八の諸侯王を封じた。項羽の分封は原則として本籍に基づいて行うもので、軍功のある將軍たちが出身の國に國を建てるのが一般的である。四月、十八の諸侯王はみな自分の封國へ赴き、關東各國の人は關中から歸國し、關中の秦人はそれぞれ三秦という雍、塞、翟三國に歸っていた。

『漢書』巻一高帝紀によれば、その時、項羽は「卒三萬人をして漢王に從わしめ」、さらに「楚子、諸侯人の慕從者は數萬人」とあり、彼らも劉邦にしたがって漢中に入った。また、韓信が漢中で漢の大將軍になった時に劉邦に申し述べた話によれば、當時の劉邦軍は「吏卒はみな山東の人、日夜企って歸るを望む。」（『漢書』巻一高帝紀）つまり、劉邦が漢中に就國する時、その軍隊の數は約三萬人で、みな關東出身の人であり、その他にまた數萬人の楚および他の關東各國出身の人が從っていた。この點からみれば、劉邦が漢中に入る時には、南陽を下して以降編入された舊秦國の軍隊は從っていなかったことがわかる。表五－5の中で、南陽と關中籍の人がまったく見られなかった理由は、ここにあったのである。そのため、同表で見られたすべての人の本籍地と從起地は、みな劉邦軍が南陽郡に入る前の地域、つまり、泗水、碭、東、薛、泗水、陳、潁川、三川、東海諸郡であったのである。ここに至り、筆者は充分な理由を持って次のことを推測することができる。すなわち、漢元年四月、劉邦に從って漢中に就國した三萬人の軍隊は、基本的には南陽に入る前の劉邦集團三萬人の部隊で、その地域構成は沛縣兵が三千人、碭郡兵が一萬餘り、楚軍が一萬數千人、その他に泗水と碭との各鄰郡から加わった兵卒によってなっている。この三萬人の軍隊は、劉邦集團の中堅層を構成した。地域構成の視點に着目し、筆者はこの時における劉邦集團を碭泗楚人集團と稱することにする。

つまり、碭郡と泗水郡の出身者を中心として、主に舊楚國の人で結成された軍事集團のことである。

さて、劉邦に從って漢中に入った楚子および諸侯人に關する問題については、從來から多くの論爭があったが、筆者が指摘したように、諸侯人は諸侯子、すなわち戶籍が諸侯國に附く人を指す語であり、楚子とは、戶籍が楚國に附き楚王の項羽に從って東へ歸國する人として理解すべきである。(20) 考えてみると、項羽が天下を分割し分封を行い、新しい政治秩序を確立しようとした時には、各國の領土と體制、軍隊と民の數などについては、すべて明確な規定があった。(21) 劉邦は最初巴蜀地區だけに封じられたが、後に張良が項伯を通じて項羽を說得し、漢中を手に入れるようにさせた。ただし、劉邦の軍隊は制限を受けて舊部隊の三萬人にとどまり、南陽を下し關中に入ってから接收改編された秦軍は、解散して本籍地に歸ったか、本籍地の所在する國の軍隊に編入されたか、ばらばらになったと考えられる。つまり、戶籍が關中にあるものは雍、翟、塞という三秦に歸屬し、戶籍が南陽にあるものは、南陽を楚に歸したと同時に楚國に歸屬させられた。漢中に入った三萬人の劉邦軍は、本籍地がみな關東、しかも楚にあったものが多いのである。その際、彼らは項羽の令により、もとの楚籍をすて、漢に戶籍を附くべきもので、楚子や諸侯子とは稱さなかった。劉邦に從って漢中に入ったもののうち彼らを除いた殘りの者は、漢の編制の中に入っていなかったため、法令によれば脫籍で私從にあたる。彼らは戶籍が楚あるいは關東の他國にあったので、楚子・諸侯子（人）と稱されている。例を擧げて言えば、淮陰侯の韓信はもと楚の郎中で、戶籍が東海郡の淮陰縣にあった。彼は關中で楚を離脫して漢に歸服し、劉邦に從って漢中に入ったので、楚子の一人と考えればよいであろう。韓王の信はもと韓國の王族で、韓の將軍として韓兵を率いて劉邦に從って武關に入り、さらに從って漢中に入ったので、諸侯子の一人として見ることができる。これらの楚子、諸侯子の數は二萬人程度ではないかと推測される。彼らはほとんど關中で劉邦集團に加わった關東出身の人であったが、その從起地は彼らの本籍地と無關係になっており、それゆえ便宜上彼らを後期の統計の中に入れることにした。

第二節　後期劉邦集團における地域構成

一　地域移動の概況

漢元年四月、劉邦は漢中に就國し、漢五年十二月、漢は楚を滅ぼした。この間の約五年間に、劉邦集團は漢王國を地盤として覇權を求め、各諸侯國も漢を盟主として擁立し、彼らは連横關係を結成して共に楚を滅ぼした(22)。この五年間は、史書でいうところの「從って項籍を撃つ」時期でもある。以下は、この時期の劉邦集團の移動地域について整理したものである。

漢元年　四月　漢中に就國する。
　　　　八月　關中に攻め入る。雍を襲い、好時で戰い、廢丘を圍む。塞王の司馬欣が漢に降伏し、塞國が滅ぶ。渭南、河上郡を置く。翟王の董翳が降伏し、翟國が滅ぶ。上郡を置く。
　　　　九月　薛歐、王吸を遣わし武關を出で、王陵の兵に寄る。
漢二年　十月　漢王が陝に着く。張耳が漢に歸す。河南王の申陽が降伏し、河南國が滅ぶ。河南郡を置く。韓王の鄭昌が降伏する。
　　　　十一月　櫟陽を都とする。韓信を韓王とする。

正月　漢が北地を抜く。項羽が齊を破り、齊王の田榮が死ぬ。
二月　漢の社稷を立てる。
三月　漢王が洛陽に至る。魏王の豹が降伏し、兵を率いて従う。殷王の司馬卬を捕らえて殷國を滅し、河内郡を置く。
四月　楚都の彭城に攻め入る。大敗し、殷王の司馬卬が死ぬ。前塞王の司馬欣、前翟王の董翳が楚に降伏する。
五月　漢王が滎陽に駐留する。韓信が滎陽に至る。魏豹が楚に歸屬する。
六月　劉邦が關中に入り、太子を立てる。廢丘を下し、雍王の章邯を殺し、雍國が滅ぶ。隴西、北地、中地郡を置く。
八月　漢王が滎陽に着く。
九月　韓信が魏豹を捕らえ、魏國が滅ぶ。兵三萬を請い燕、趙を撃つ。
漢三年　十月　韓信が趙王の歇を捕らえ、代王の陳餘を殺し、趙國と代國が滅ぶ。韓信が李左車の策を用いて、燕王の臧荼を漢に歸服させる。
十二月　九江王の英布が漢に歸服する。
四月　楚が劉邦を滎陽で圍む。
五月　劉邦が滎陽を脫出する。周苛が滎陽で魏豹を殺す。
六月　項羽が滎陽を抜き、韓王の信を捕らえる。漢王が河を渡って修武に至り、韓信の軍を奪う。張耳を遣わし北へ趙兵を收める。

八月　漢王が小修武に軍を駐屯させ、項羽の軍と對峙する。
九月　項羽が梁へ軍をかえし彭越を撃つ。
漢四年　十月　韓信が齊を破る。楚が龍且を遣わし齊を救う。漢王が成皋で楚軍を破る。兩軍が滎陽で對峙する。
十一月　韓信が齊王の田廣を捕らえ、齊國が滅ぶ。張耳が趙王となる。
二月　韓信が齊王となる。
七月　英布が淮南王となる。
八月　北貉、燕人が梟騎を遣わして漢を助ける。
九月　楚と漢が鴻溝の約を定める。太公、呂后が漢に歸る。
漢五年　十月　漢と楚が陽夏、固陵で戰う。諸侯が至らず、彭越を王に封じると約束する。
十一月　劉賈が楚に攻め入り、壽春を圍む。漢が楚の大司馬の周殷を誘って歸服させる。
十二月　垓下の戰で項羽が死に、西楚が滅ぶ。漢が臨江王の共尉を捕らえ、臨江國が滅ぶ。楚が漢に屬する。

以上より、劉邦集團は漢元年八月に再び關中に攻め入り、まず塞と翟を滅ぼし、翌年の六月、廢丘を下して雍國を滅ぼし、完全に舊秦國を支配することになった。漢二年十月、劉邦は中陽の河南王國を滅ぼし、河南郡を置き、同時に鄭昌の韓國を滅ぼし、韓信を韓王とし、舊韓國は漢に屬することになった。漢二年三月、魏王の豹が降伏し、兵を率いて從い、また殷國を滅ぼし、河内郡を置き、舊魏國は漢に屬するようになった。漢三年十月、趙國と代國を滅ぼした。舊趙國は漢に屬することになった。同年、燕國は漢に歸服した。漢四年十一月、齊國を滅ぼした。漢五年十二月、楚國、臨江國を滅ぼし、楚國は漢に屬することになった。つまり、漢元年四月漢中で就國してから高帝五年正月に劉邦が皇帝の位に卽くまで、劉邦集團はまず舊秦國を攻め、それから順番に舊韓、魏、趙、齊を攻め、最後に楚國を攻めた。この間、漢の本土、すなわち舊秦國の蜀漢と關中地域は比較的安定し、戰爭は主に關東各國の地で頻繁に行われていた。楚と漢の主力部隊は長期に渡り滎陽一帶で對峙し、漢（秦）、楚、韓、魏の勢力はここで交錯し爭っていた。楚漢戰爭のもう一つの戰場は趙國と齊國であり、趙國は韓信と張耳の軍に滅ぼされ、齊國は韓信に滅ぼされた。燕國はほとんど楚漢戰爭に介入しておらず、遠い邊鄙なところにある小國で、長い間紛爭の外に身を置いていた。

二　地域構成に關する統計

次に、この期間における劉邦集團の主要構成員について、その本籍地の明確なものを表にしたのが次の表である。

表五－5　後期劉邦集團における主要構成員の本籍地

	氏名	官位	爵位	本籍地	階層	從起地	備注
1	韓信	大將軍	淮陰侯	東海　淮陰	軍層	內史	楚將
2	陳嬰	楚國相	堂邑侯	東海　東陽	軍層	？	楚將
3	陳平	丞相	曲逆侯	碭　戶牖	軍層	河內　修武	楚將
4	劉澤	衞尉	營陵侯	泗水　沛	軍層	？	劉氏
5	叔孫通	奉常		薛　薛	軍層	泗水　彭城	楚臣
6	李必	都尉	戚侯	內史　重泉	軍層	內史　櫟陽	秦吏士
7	駱甲	都尉		內史　重泉	軍層	？	秦吏士
8	楊喜	郎中騎	赤泉侯	內史　華陰	軍層	內史　杜	秦吏士

9	申屠嘉	丞相	故安侯	三川	梁	軍層	?	韓地徵兵?

この期間、劉邦集團の主要構成員では、本籍地が明確な者は九人、そのうち沛縣の出身者が一人、碭郡一人、薛郡一人、三川郡一人、東海郡二人、內史が三人であることが表から分かる。前期と比べると、二つの異なる點があるといえる。一つは、地域構成からみれば既存の楚籍の者の上に關中の內史出身の秦籍の者があらわれてきたこと。二つは、秦籍の者については、その從起地と本籍地とが一致することは基本的に（特に郡レベル）變わらないが、關東各國出身の者については、その從起地と本籍地とが一致しなくなっている。一つ目については、後に「秦人集團」で詳しくのべることにするが、二つ目については、比較的分かりやすいと思う。周知のように、漢王國は、漢中において關東の楚人集團によって建てられた國である。建國後の漢は、舊秦國を根據地として次第に徵兵制を行い、さらに、舊秦國から出てきた雍、塞、翟という三秦の軍隊を全面的に收容して改編し、軍事力をさらに增大させた。ゆえに、劉邦集團に加わった舊秦國籍の者は、漢に改編された三秦の軍隊か、あるいは漢に召集された蜀漢關中の兵士であるので、その從起地と本籍地は基本的に一致している。ところが關東地區の事情は同じではなかった。當時の關東地區は楚をはじめ各諸侯國に分割されており、各國はおのおの自國內に軍隊を召集し、楚漢戰爭に參加していた。楚漢戰爭とは、楚漢それぞれが同盟國を率いて互いに覇權と盟主の位を爭う國際戰爭である。各國間では合縱連横が行われて離合も絶えず、國の敵味方が戰いによって變化してしまい、流動性はきわめて高かった。そのため、この期間に劉邦集團に加わった關東各國出身者は多く戰場で劉邦集團に歸屬しており、その從起地はその戰場となることが多く、本籍地とはすでに關連性がなくなったと思われる（詳細は後段の「楚人集團の連續性」を參照）。したがって、この期間に劉邦集團に加わったメンバーたちには從起地が史書に載せられていないことが多いが、假に記載があったとしても、

本籍地の推定にはあまり役に立たないであろう。しかし、楚漢戰爭は多國間の國際戰爭であり、戰爭中に頻繁に行われた人員の流動は國と國との間で行われるのが一般的であったため、この期間に劉邦集團に加わった者については、その本籍地の推測は難しいけれども、以前屬していた王國はいくつか探しあてることができる。その國籍を推定したのが次の表である。

表五－6　後期劉邦集團における主要構成員の國籍

	氏名	官位	爵位	本籍地	階層	從起地	備注
1	宋昌	中尉	壯武侯	楚?	軍層	山東	楚將宋義孫
2	陳武	將軍	棘蒲侯	楚?	軍層	薛　薛	楚將
3	許猜	楚將	莊侯	楚?	軍層	東　臨濟	楚將
4	黃極忠	臨江國將	邛侯	楚?	軍層		楚將
5	靈常	中尉	陽羨	楚?	軍層		楚令尹
6	陶舍	中尉	開封侯	楚?	軍層		楚將
7	呂青	楚令尹	新陽侯	楚?	軍層		楚將
8	劉襄	淮南太守	桃侯	楚	軍層	東　定陶	項氏族
9	劉它	楚碭郡長	平皋侯	楚	軍層		項氏族
10	劉纏	楚左令尹	射陽侯	楚	軍層		項氏族（項伯）
11	劉氏[23]		玄武侯	楚	軍層		項氏族
12	趙衍	河間守	須昌侯	秦?	軍層	漢中	秦吏卒或漢徵兵
13	呂馬童	司馬	中水侯	秦?	軍層	內史　好畤	秦騎將?
14	王競	都尉	景侯	秦?	軍層	內史　高陵	秦車司馬
15	楊武	騎都尉	吳房侯	秦?	軍層	內史　下邳	秦騎將（郎中騎將）

16	王虞人	將軍	高陵侯	秦?	軍層	内史	廢丘	秦騎將（騎司馬）
17	越	長沙國相	醴陵侯	秦?	軍層	内史	櫟陽	秦吏卒或漢徵兵
18	王翳	郎中騎	杜衍侯	秦?	軍層	内史	下邳	秦騎將
19	呂騰	郎將	涅陽侯	秦?	軍層	從出關		秦吏卒或漢徵兵（騎士）
20	杜恬	廷尉	長脩侯	秦?	軍層			秦御史?
21	繒賀	將軍	祁穀侯	趙?	軍層	晉陽		趙吏士
22	宣虎	將軍	南安侯	趙?	軍層	晉陽		趙吏士
23	趙堯	御史大夫	江邑侯	趙?	軍層			趙吏士
24	趙將夕	趙將	深澤侯	趙?	軍層			趙將
25	許瘛	趙將	宋子侯	趙?	軍層			趙將
26	馮解散	雁門守	閼氏侯	趙?	軍層			代太尉
27	彊瞻	趙將	繁侯	趙?	軍層			趙將
28	程黑	將軍	歷簡侯	趙?	軍層	恆山	盧奴	趙將
29	張越	將軍	任侯	趙?	軍層	恆山	東垣	趙將
30	盧卿	齊將	昌侯	齊?	軍層	薛	無鹽	齊將
31	盧罷師	齊將	共侯	齊?	軍層	臨淄	臨淄	齊將
32	劉到	齊將	平都侯	齊?	軍層			齊將　田氏
33	虞將軍	齊將		齊	軍層			齊將
34	奚意	太原尉	成陽侯	魏?	軍層	三川	陽武	魏郎
35	蔡寅	將軍	肥如侯	魏?	軍層			魏太僕
36	溫疥	燕國相	栒侯	燕?	軍層			燕將軍
37	昭涉掉尾	燕國相	平州侯	燕?	軍層			燕相
38	蔡兼	常山相	樊侯	韓	軍層		阿?	韓家子

この時期劉邦集團に加入した者で以前屬していた王國が分かる者はあわせて三十八人おり、その内譯は楚國十一人、

秦國九人、趙國九人、齊國四人、魏國二人、燕國二人、韓國一人であることが表からみてとれる。この表と表五－5をあわせて、一律に國籍に基づいて出身地を計算すれば、次のような結果が得られる。後期劉邦集團の主要構成員でその國籍が分かる者はあわせて四十六人、そのうち楚國が十六人で三五％、秦國が十二人で二六％、趙國が九人で二十％、齊國が四人で九％、燕國、魏國および韓國が各二人ずつでそれぞれ四％となる。この數字から、後期劉邦集團の地域構成には各國籍の人々を廣く受け入れているという特徴があり、中でも楚人と秦人が多いことが分かる。

三　楚人集團の連續性

いうまでもなく楚は劉邦集團の祖國であり、集團の中核と中堅を構成するメンバーもほとんど楚人であるので、彼らは楚に對して深い文化的な歸屬意識をもっていた。劉邦集團はそれ以前相次いで陳勝の楚、景駒の楚、懷王の楚および項羽の楚に歸屬しているが、その中でも楚の懷王と西楚霸王の項羽は劉邦が直屬した舊主封君であったため、彼らと劉邦集團との間にはさまざまな恩と恨みの入り交じった複雜な關係があった。(24)前述したように、漢中就國以前、劉邦集團は楚軍の一部であり、直接に楚軍の編制に組み込まれていた。建國の際、國の基幹は言うまでもなく舊部の楚軍からなっていたが、さらに多くの楚人が私從の形でしたがってきた。そのために、地域構成の視角からみると、漢中就國のころの劉邦集團は、楚人集團としての前期劉邦集團の延長であるといえる。そればかりでなく、その後五年間にわたる楚漢戰爭中および楚の滅亡以降も、劉邦集團は楚國の吏士をできるだけ厚遇し、絶えず楚人を誘い劉邦集團に歸服させることにつとめ、そのことで地域構成上楚人集團としての連續性を保持していた。

主な例を上げていうと、漢二年、漢は九江王の英布を誘降し、のちに彼を淮南王に封じた。漢四年、韓信は齊國で楚の援軍を破り、楚軍の將吏の多くを漢に歸服させた。漢四年、漢の誘いで楚の大司馬の周殷は九江の兵を率いて楚に背き漢に歸服した。垓下の戰の後、楚軍はほとんど漢に降伏し、項氏の一族はみな劉の姓を賜った。表五－5と表五－6の統計數字からいえば、後期で劉邦集團に加わった者は依然として楚人が多く、全部で十六人、三五％を占めている。具體的にいえば、韓信は、東海郡淮陰縣の人、漢元年關中で楚から漢に入り、歸服したばかりの楚の軍人にもかかわらず、漢軍の最高軍職の大將軍に任じられた（『漢書』卷三十四韓信傳）。陳平は、碭郡戶牖の人、漢二年河內で楚に背き漢に歸服した。彼は楚で都尉の官職まで務めたことがあるので、劉邦はまず彼に同じ官職を與え、まもなく護軍中尉に任命し、諸將軍を監督するという重要な役目につけた。後に陳平は劉邦の腹心の策士となった（『漢書』卷四十陳平傳）。陳嬰は東海東陽の人、もと楚の柱國で、漢四年、項羽の死後に漢に歸服し、列侯に封じられ、後に漢の楚國相に任じられた（『史記』卷七項羽本紀、卷十八高祖功臣侯表）。また、表には棘蒲侯の陳武、すなわち柴武がおり、彼は垓下の戰で名をあげた柴將軍である。『史記』卷十八高祖功臣侯表によれば、陳武は「將軍を以て前元年、二千五百人を率將して薛に起こり、別れて東阿を救い、霸上に至り、二歲十月漢に入り、齊の歷下の軍田既を擊つ、功あり、侯たり。」とある。前元年とは、楚懷王の元年にあたる。つまり秦二世二年のことである。[25]その年の四月、劉邦は薛に行き項梁に會い、項梁から楚軍五千人、五大夫將十人の援助をうけた。陳武は、その時の楚の援軍の將軍の一人で、後に劉邦に從って東阿で戰い、霸上に至った。劉邦の漢中に就國する時、陳武は東方の楚に歸り、漢二年十月にふたたび漢にもどって、後に韓信に所屬して齊國や垓下などを轉戰した。彼は劉邦集團と早くから關わり、その關係も密接であった。陳武は漢の建國の功臣の順位の中では十三番目に數えられ、文帝三年に漢の最高軍職である大將軍となり、漢軍を率いて匈奴に備えるという極めて顯要な地位にあった。考えてみると、漢に認定された彼の經歷と功勞は、彼が薛で劉邦集團に從ったことから始まり、前述した碭泗楚人集團のレベルに相當するものであると思われる。宋昌は楚將の宋義の孫で、宋義父子が項羽に殺されて後、劉邦に歸服した者であろう。新陽侯の呂靑は『史記』

巻十八高祖功臣侯表には「漢五年左令尹に用いらるるを以て初めて從う」とある。秦二世二年後九月、劉邦は楚の懐王から武安侯に封じられ碭郡長になったが、同時に、呂靑は楚の令尹に任じられた。この二人の呂靑は、同一人物だろうと思われる。平皋侯の劉它とはすなわち項它のことで、彼は漢四年齊國で韓信に投降した楚軍の主將である。射陽侯の劉纏とは、すなわち項伯である。桃侯の劉襄と玄武侯の劉氏も、もと項氏の一族である。以上の四人は、みな漢に歸服した後劉姓を賜ったものである（『史記』巻七項羽本紀、巻十八高祖功臣侯表）。莊侯の許猜はもと楚の將軍で、陽羨侯の靈常はもと楚の令尹である。卭侯の黃極忠は、もと臨江國の將軍であったが、その臨江國は楚の將軍の共敖の封國であるので、彼ももと楚の將軍であると思われる。以上の三人はみな楚の將軍であったが、漢に歸服した後列侯に封じられたものである（『史記』巻十八高祖功臣侯表）。

周知のように、高祖功臣の侯功の中にはかなりの量の楚爵があり[26]、張家山漢簡にある「奏讞書」の第十五簡によれば、漢帝國の成立後、以前授けられた楚爵を戰後に殘された問題として取扱うための明確な認定規定があったと分かる[27]。もちろん、漢政府がいかに楚爵を認定するのか、その認定の規則、とくにその細部については、史料の不足のため知ることができない。しかし考えてみると、秦楚漢の間には四つの楚があった。つまり陳勝の楚、景駒の楚、懐王の楚および項羽の楚のことである。この四つの楚のうち、陳勝の楚と景駒の楚は楚爵を用いたかどうかについての證據はないが、懐王の楚と項羽の楚が楚爵を實行したことは間違いない。『史記』巻七項羽本紀により、項羽の死後、劉邦は魯公の葬禮で項羽を穀城で葬った。これは、項羽が楚懐王から魯公の爵位を受けたことを認めた上で行われており、そこに漢の姿勢が示されていると思われる。これにより、漢政府の楚爵認定は、まず、楚の懐王の時代の爵位と經歴、すなわち反秦の功勞を認め、さらにそれに基づき漢軍の吏士の同じレベルのものを對照して漢の爵位を與えたのであろうと推測される。もしも以上の推測が誤っていなければ、漢政府は人事構成上だけではなく、制度面でも楚と漢の連續性を保持し續けている。劉邦集團における楚という根源は、これによる補充を得て、さらに發展することができたのである。

四　秦人集團

劉邦集團の漢中就國は、やむをえないことであった。のちに、關中に反攻して懷王の約の回復をはかり、さらに秦を根據地として楚と天下の霸權を爭うために、劉邦集團は漢中において秦本位政策を確立し、秦制を繼續するようにした。(28)そして、それに基づいて一連の軍事・政治改革を行った。たとえば韓信が大將に任じられ軍法を再確認し、軍隊の新規編成を行った。蕭何が丞相に任じられ律令を定め、戶籍の整理を開始した。張蒼が秦のものを踏襲するかたちで、律曆を定めた。以上のように、劉邦集團にとって漢中就國期は政策の轉換や制度の設立などが行われた重要な時期であったといえる。さて、漢の徵兵制はこの漢中就國期から始まっており、秦人が大量に劉邦集團に加入したのも、このことによりできたものと思われる。(29)すでに前述したように、前期の統計の中には、秦人が劉邦集團に加入した明確な兆しは見られないが、後期の統計をみると、秦國籍の者が十二人、二六%を占めており、楚に次いで第二位であった。劉邦集團の地域構成上に重大な變化があったことがここにはっきり見える。具體的な例を擧げると、李必は內史重泉の人で、漢二年內史櫟陽で從起した。楊喜は、內史華陰の人、漢二年內史杜で從起した。二人共舊秦軍の騎兵將校で、劉邦が漢中を出て關中を攻め込んだ時に漢に歸服した。須昌侯の趙衍は、漢元年漢中で從起した舊秦國の吏卒か、あるいは漢の徵兵で、本籍地で劉邦集團に加わった漢中の人であろう。中水侯の呂馬童、景侯の王競、吳房侯の楊武、杜衍侯の王翳、高陵侯の王虞人、涅陽侯の呂騰ら六人は、李必や楊喜と同じように、もともとは秦の騎兵の吏卒將校であったが、劉邦軍が關中を奪い返した時に劉邦集團に加わったものであろう。醴陵侯の越は、漢二年内史の櫟陽で従起したもので、舊秦國の吏卒かあるいは漢が召集した關中の兵士であると思われる。また、長修侯の杜恬は、舊秦國の法吏であったが、御史として劉邦集團に加わった。『漢書』巻三十九蕭何傳より、劉邦が軍を率いて關中を攻めもどる時、蕭何は巴蜀に留まって補給につとめ、後に劉邦が軍を率いて關中を出て楚を撃った時には蕭何は關中で留守を守り、「戸を計り轉漕して軍に給す」、「常に關中の卒を興し、輒ち缺を補う」などの役割を果たしたとある。つまり、漢中時代より、蕭何はすでに現地で戸籍に基づいて徭賦の徵收と徵兵を始めていた。漢がいったいどのくらいの秦籍の兵士を召集したかに關する記載は、史書にはほとんど残されていない。『漢書』巻一高帝紀には、漢二年、劉邦は楚を攻めて大敗し、「蕭何、關中の老弱、傅せざる者を發して悉く軍に詣らしむ」とある。これにより、漢の徵兵は關中の兵役適齢者をすべて召集し盡くしたばかりではなく、さらに未成年者と高齢者まで及んでいたことがわかる。その數量を推測すると、前後あわせてのべ數十萬であっただろう。これによって、數量上で見るかぎり、楚漢戰爭中において舊秦國籍の兵士はすでに漢軍の主力部分になっていたといえる。

次に、漢の騎兵部隊を例としてそれを説明する。『漢書』巻四十一灌嬰傳より、漢二年、漢軍は騎兵部隊を組織し、その際に「漢王乃ち軍中に騎將と爲すべき者を擇ぶ。皆推すらく、故の秦の騎士、重泉人李必、駱甲は騎兵に習う。今校尉爲り。騎將と爲すべし、と。漢王これを拜せんと欲す。必、甲曰く、『臣は故の秦民、恐らくは軍臣を信ぜざらん。願わくは大王の左右騎に善き者を得て之を傅たらんと。』（灌）嬰年少しと雖も、然れども數々力戰す。乃ち嬰を拜して中大夫と爲し、李必、駱甲左右都尉爲らしむと令す。郎中の騎兵を將い、楚騎を滎陽東に撃ち、大いに之を破る。」とある。この騎兵部隊は、楚漢戰爭の最後に項羽を攻殺した漢軍の精鋭部隊である。表五－5と表五－6にある王競、王翳、呂馬童、楊喜らは、みなその支えとなった舊秦國籍の騎士である。漢の騎兵部隊の主將の灌嬰は劉邦集團の中堅である碭泗楚人集團の一員であったが、その基本部隊は、舊秦國の騎兵將校吏卒からなっていたことが分かる。その時點では、出身地と經歴のために、秦國籍の人は劉邦集團の中核や高層部にはいることはまだ難しいが、彼らは確實に漢軍の主力となっていた。さて、以上の人々は、みな劉邦集團における秦國籍出身者の上層の例である。最近出土した張家山漢簡にある「奏讞書」の第十五には、高帝七年のこととして、醴陽令の恢のことが記されている。彼は舊秦國の内史郿邑建成里の出身で、官秩は六百石、爵位は軍功爵の第十級である左庶長で、後期に劉邦集團に加わった秦國籍の吏士である。恢のことは、劉邦集團における秦國籍出身者の中層のよい例とみることができ、先に上げた表五－5と表五－6の例よりも、もっと一般的であると考えられている。(30)

五　多國合從集團

漢の特殊な關係および劉邦集團における秦國出身者のことについてはすでに前述した。ところが、表五－6に基づけば、後期劉邦集團に加入した者は、楚籍と秦籍の者に限らず、他の舊七國の出身者も含まれている。ただその數量の割合は比較的少なかった。表の順に言えば、趙國籍の人は九人、二一％を占めている。これは秦に次ぐ第三位である。周知のように、項羽は趙國を二分し、張耳をもって常山國王とし、もと趙王の歇をもって代國王とした。漢二年十月、陳餘は張耳を攻擊して破り、趙歇を趙王に復活させ、自らが代王となった。張耳は逃げて漢に歸屬し、漢王の厚遇を受けた。漢三年、張耳と韓信は趙國と代國を攻め落として占領した。趙國と代國の將士の多くはかつて張耳の部下であったため、井陘の戰いの後大量に降伏し、漢軍として楚と戰った。これこそ趙國籍の人數が第三位に占める原因である。具體的にいえば、深澤侯の趙將夕、宋子侯の許瘛、繁侯の彊瞻、曆簡侯の程黑らは、もと趙の將軍で、祁閼氏侯の馮解散はもと代王陳餘の太尉であり、彼らはみな漢三年に漢に降伏した後で侯に封じられたものである。祁穀侯の繒賀、南安侯の宣虎、任侯の張越人らは、それぞれ漢三年に趙國の晉陽と恆山で從起したものである。その從起の時期と地域から推測すると、彼らはみな舊趙國の吏士で、上述した五人と同じように漢に降伏した後に侯に封じられたものであると考えられる。江邑侯の趙堯については、その氏名および趙國での出來事に深く關ったことから考えると、彼は趙國の出身で、舊趙國の吏士であったが後に漢に加わったものと推測できよう（『漢書』巻三十九蕭何傳）。

次に齊、魏、燕、韓の順で漢に加わった各國出身者をみてみよう。當時、齊は楚と秦を除く諸國の中で、もっとも強大で獨立性を保った國であった。項羽は齊を三分し、田都を齊王、もと齊王の田市を膠東王、田安を濟北王としたが、三國は長く續かずまもなく全て田榮に併合された。田榮の死後、その子田廣が齊王を繼いだ。漢四年、韓信は齊國を破り、多くの齊軍を降伏させた。表五－6の中には舊齊國籍者が四人いる。昌侯の盧卿、共侯の盧罷師、平都侯の劉到は、みな舊齊國の將軍で、侯に封じられたのは漢四年、まさにその時のことである。齊人の虞將軍のことは、『漢書』巻四十三婁敬傳に見える。彼が漢の將軍として婁敬を劉邦に引き合わせたのは高帝五年六月のことであった。考えるにこの虞將軍も漢に降伏した齊軍の將校の一人であろう。同表によれば魏國の者は二人おり、成侯の奚意はもと魏國の郎で、肥如侯の蔡寅はもと魏國の太僕であった。項羽が天下を分割する際、舊魏國から殷國を分け、司馬卬を王としたが、漢二年、漢に滅ぼされた。項羽はみずから舊魏國の地をたもつため、河東の地に西魏國を建て、もと魏王の魏豹を王とした。漢二年三月、魏豹が漢に降伏したが、五月、再び楚に戻った。九月、韓信は彼を虜にすると、劉邦はまた彼を漢將として滎陽を守らせたが、漢三年漢將の周苛に殺された（『漢書』巻三十三魏豹傳）。奚意は漢二年、蔡寅は漢三年に漢に從った。ともにかつて魏豹の部下であっただろう。項羽は燕國を二分し、燕將の臧荼を燕王、もと燕王の韓廣を遼東王としたが、韓廣の遼東は長く續かず臧荼に滅ぼされた。漢三年、韓信は趙國と代國を攻め滅ぼし、廣武君の李左車の策を用いて、戰わずして臧荼を漢に歸屬させた（『漢書』巻三十四韓信傳）。漢四年八月、臧荼は騎兵を派遣して漢を助けた。同表の栒侯の溫疥、平州侯の昭涉掉尾は、みな漢四年漢に從った者で、おそらく臧荼の部下で漢を助けるのに功勞があったため侯に封じられたのだろう。舊韓國も項羽に二分され、楚將の申陽は河南國の王になったが、漢二年に漢によって滅ぼされた。韓王の韓成はつづけて韓王になったが、まもなく項羽に殺された。楚將の鄭昌が韓王を繼ぎ、漢二年漢に滅ぼされた。漢は韓國の王族の韓信を韓王とし、韓國の軍隊を率いて漢のために楚を攻めさせることにした。樊侯の蔡兼は、もと韓家子で、漢三年漢にしたがった韓信の部下であろう。以上の敍述を通して、漢軍の進出に從って、劉邦集團が幅廣く各國軍隊を收容・改編し、積極的に各國人士の加入を受け入れ、最後には各國と連合軍を結成して共同で楚を滅ぼす、という成長のプロセスをはっきり見ることができる。

第三節　劉邦集團の地域構成の仕組み

劉邦集團は規模が巨大で、人數が多い政治軍事集團である。その構成員たちの出身地は樣々であり、彼らが異なった時に異なった地域で劉邦集團に加入したことによって劉邦集團の地域構成が形成された。劉邦集團の地域構成はその地域移動によって積み重なるかたちでできたものであるので、非常にはっきりとした地域と時間の層が見られる。その地域と時間の層から、上述のように劉邦集團を四つの地域集團に分けることができた。言い替えれば、劉邦集團の全體は、時間の經過で四つの地域集團が積み重なってできたものである。一、豐沛元從集團。すなわち、秦二世元年九月、劉邦にしたがって沛縣で兵を起こした地域集團である。彼らの數は約三千人以内でほとんどが沛縣人であり、彼らは劉邦集團の中核部分である。二、碭泗楚人集團。すなわち、漢元年四月、劉邦にしたがって漢中に入って漢國を創設した地域集團である。その構成員は劉邦集團が南陽に攻め入る前の部隊を基本とし、およそ三萬人以内で、彼らの出身地はだいたい秦の碭郡と泗水郡を中心とし、その近鄰の陳、東海、薛、東、三川、潁川諸郡に及んでいる。

これらの地域はむかし楚國に屬していたことが多く、楚國の復國後、その多くが楚の旗印のもとに集結してきていた。ゆえに、彼らを楚人とよぶことができると思われる。彼らは劉邦集團の中堅の部分になった。後に、楚漢戰爭中、大量の楚人と楚軍の歸服によって、この集團はたえまなく擴大と增强を續けた。三、秦人集團。すなわち、漢中就國以後に劉邦集團に加入した蜀漢關中地區の出身者たちで、言い替えれば、舊秦國出身の人々によって形成された地域集團である。彼らの數は前後のべ數十萬であり、建國後の劉邦集團の主力部分になった。四、多國合從集團。すなわち、楚と秦以外の諸侯國の人々によって形成された地域集團である。楚漢戰爭中、各諸侯國は、漢に滅ぼされたか、あるいは漢に歸屬したので、それらの國の人々も次々に劉邦集團に入ってきた。彼らの數はおよそのべ數十萬で、劉邦集團の外郭部分になった。

すでに述べたように、漢王朝建立後、劉邦集團は政治權力、土地財產、社會的地位などの社會總財產について全面的な再分配を行い、新しい支配階層、つまり軍功受益階層へ變容していった(31)。この社會總財產の再分配は、嚴格な功勞原則に基づいて施行された。それはまず劉邦集團に加わった年月の前後と軍功の大小により異なる等級の軍功爵を授與し、そしてこの軍功爵の等級により一定の土地財產をあたえ、身分の高低を定め、それに合わせて官職につけるのである。それゆえ、異なる時期に異なる地區で劉邦集團に加入した各地域集團は、それぞれ漢王朝の政治と社會の中に異なる地位を占め、異なる役目を果たしていた。一般的にいえば、豐沛元從集團の地位が最も高く、待遇も最も厚く、それに次ぐのは碭泗楚人集團であり、彼らは長期間にわたって漢王朝政治の中心と支配層の上層部を獨占していた。蜀漢關中出身の秦人は、政治の中心部に入るのが困難で、支配層の中層部にとどまったままでいるのが一般的であった。他の諸侯國の人は、そのまま各諸侯國に務めるほうが多かったと考えられている。

劉邦集團において、このように積み重なる地域構成が見られる點については、圖形に例えて說明すればわかりやすい。まず、その内部の結束の程度から見ると、劉邦集團の地域構成は一種の同心圓のしくみが現れてくる。豐沛元從集團はその中核となっており、中堅の碭泗楚人集團と共に中心部に位置し、その外には主力としての秦人集團があるが、他の諸侯王國の人々はその外郭になっている。一方、職務の高低という視點から考察するならば、劉邦集團における各地域集團は明確な段階構造が現れてくる。豐沛元從集團はその最上層にあり、碭泗楚人集團がそれを支え、その下をそれぞれ關中秦人集團と多國合從集團とが支えている。いうまでもなく、この圓の圓心とこの段階の頂點にあるのは集團のリーダーである劉邦本人である。以上のことを合わせて考えてみれば、劉邦集團の地域構造は一種の累層的圓錐體の仕組みになっていると見ることができる。

注

（1）本書第一章、第二章を參照。

（2）劉邦集團の地域移動についての整理は、主に『史記』巻八高祖本紀、巻十六秦楚之際月表、『漢書』巻一高帝紀などに基づいて行われたもので、筆者が必要とみなすもののみとし、他はすべて省略する。

（3）『漢書』巻四十張良傳。

（4）早期劉邦軍の陳郡での活動に關することは、『史記』および『漢書』にはほとんど記載されてない。『史記』巻十八高祖功臣侯表によれば、靳強は陳郡陽夏縣に從起し、馮谿は陳郡柘縣に從起しており、それはみな秦二世三年のことである。ゆえに、劉邦軍が秦二世三年に陳郡北部に至ったのは間違いないだろうと思われる。

（5）劉邦集團の軍功褒賞制は、基本的には秦の軍法に基づいて制定した漢の軍法の一部分として、その規定に從って實行されたものである。この制度において褒賞の基準は、主に敵の首を斬ることによる功と年月の經過の計算による勞という二大項目がある。さらに、その勞は一定の量に達したら功にかわるという變換の關係もあったようである。『史記』および『漢書』の功臣侯表は、漢政府に保存された分封策書および侯籍から司馬遷と班固が直接拔粹したものであり、それはまだ修飾されていない一次史料である。その中に書かれている高帝功臣たちの從起時期は、功勞を計算するための極めて重要な根據である。これについては筆者は別稿で論ずるつもりであり、現在の研究を把握するには以下の論文を參照するのがよいであろう。大庭脩「漢代における功次による昇進」（同氏『秦漢法制史研究』第六章、創文社、一九八二年）、藤田高夫「漢代の軍功と爵制」（『東洋史研究』五十三巻第二號、一九九四年）、胡平生「居延漢簡中的『功』與『勞』」（『文物』一九九五年、第四期）および本書第一章第一節、第二節、序章第五節。

（6）『史記』巻十八、『漢書』巻十六功臣侯表。

（7）本章に使われる各表は、『史記』と『漢書』の諸表、各侯者の列傳、筆者の作成した「高帝－武帝期　三公九卿・王國相・郡太守表」（本書附錄三）などを主な史料として作成したものである。表にある籍貫（本籍地）の郡縣については、譚其驤主編『中國歷史地圖集』（北京、地圖出版社、一九八二年）第二册秦漢部分に基づいて判斷を下した。詳しい考證および判斷の詳細については、筆者が必要とみなすもののみとし、他はすべて省略する。

（8）王陵については、『史記』巻十八高祖功臣侯表に「以客從起豐」とあるが、正しいと思われる。『漢書』功臣表および列傳に載せられているものはこれと食い違うが、間違いである。

（9）彭祖は、劉邦に從って沛縣で起兵する時には「沛卒」であった。その時の各縣の卒史はみな本縣出身の人である。その詳細は後の文を參照。

（10）嚴耕望『秦漢地方行政制度』、中央研究院歷史語言研究所專刊之四十五、一九九〇年、第十一章。一九九三年、江蘇省連雲港市東海縣尹灣村で、前漢成帝期の漢墓から大量の木牘と竹簡が出土した（『尹灣漢墓簡牘』、中華書局、一九九七年）。その「東海郡下轄長吏名籍」は東海郡に所屬する三十八の縣、邑、侯國および鹽鐵官の長吏の名簿であり、それぞれ彼らの官職、原籍地、姓名、元の官職および昇進の理由が書かれている。それに基づいて嚴耕望氏の郡縣官吏の出身地に關する推測を檢討した結果、郡の文學卒史という學問關係の屬吏を別として、ほとんど合致している（廖伯源『簡牘與制度－尹灣漢墓簡牘官文書考證－』、臺北文津出版社、一九九八年）。

（11）靳彊の從起地については、『漢書』巻十六高惠高后文功臣表に「前三年從起櫟陽」とあるが、誤りと思われる。これは『史記』巻十八高祖功臣侯表にしたがって「前二年從起陽夏」とすべきである。詳しい考證は、本書の附錄二「南郡守の彊と醴陽令の恢についてを參照。

(12) 張良はもともと韓國の人であったが、秦の時、東海郡の下邳縣に移った。この表の本籍地は、みな郡縣で檢討しているので、彼の移轉した居住地を使っている。

(13) 秦の時、豐邑は沛縣に屬しており、前漢に入って、獨立して沛縣とともに豐縣となった。本稿の地理に關することはすべて秦の時代に基づいて檢討したので、沛縣という語は、豐邑を含んだ行政區を指すものと理解すべきである。しかし、劉邦の沛縣時代の古い友人を指すものとして豐沛故人という語が使われることはすでに史書の通例となっており、それにしたがって沛縣で劉邦とともに蜂起した沛縣人によって結成された人間集團を表現するために、筆者は豐沛元從集團という語を考案し、それを沛縣で劉邦とともに起兵した沛縣人集團を表現する言葉とした。

(14) 本書第一章第三節二を參照。

(15) 陳平の本籍地については、『史記』巻五十六陳丞相世家および『漢書』巻四十陳平傳にともに「陽武戶牖鄕人」とする。『史記索隱』により、陽武と戶牖との歸屬關係には變更がかなりあったようである。ここでは、『中國歷史地圖册』第二册秦の部分にしたがって、陽武は三川郡に屬し、戶牖は碭郡に屬すとした。そのため陳平の本籍地は碭郡の戶牖鄕に定められる。

(16) 表の官僚類型を表示する語につけたアラビア數字は、その世代數を指すものである。たとえば軍層2とは軍功受益階層の二世を指し、軍層3とはその三世を指す略語になることである。

(17) 『史記』巻五十五留侯世家によれば、張良は「上の平生憎むところにして、群臣の共に知るところは、誰か最も甚だしき者ぞ。」と劉邦に尋ねたが、劉邦が「雍齒は我と故あり、數々嘗て我を窘辱せり、我之を殺さんと欲す。其の功多きが爲めに、故に忍びず」と答えた。調べてみると、劉邦の雍齒を恨む理由は、雍齒がかつて豐邑で劉邦を裏切り魏國に降伏したということにある。これに關しては、『史記』巻八高祖本紀に明確な記載がある。同本紀により、劉邦が皇帝になった後、沛縣に徭稅の永遠免除という恩惠を與えた。しかし、この恩惠は彼の出身地の豐には與えられなかった。高帝十二年、劉邦が故鄕にもどった時、沛縣の父兄たちは「沛は、幸いに復するを得たけれど、豐は未だ復せず。唯だ陛下之を哀憐せよ。」と豐の徭稅の免除を劉邦に求めたが、劉邦は「豊は吾が生長せし所、極めて忘れざるのみ、吾、特に其れ雍齒の故を以て我に反きて魏の爲にせしが爲めなり」とその心境を披露した。彼は雍齒反亂のことに對して、一生忘れられないほどの恨みを持っていることも、これによって裏附けられる。

（18）劉邦の芒碭山澤間に亡命することに關しては、木村正雄『中國古代農民叛亂の研究』、東京大學出版會、一九八三年、第一章を參照。

（19）『漢書』卷一高帝紀にある應劭の注によれば、剛武侯は楚の懷王の將軍で、すなわち棘蒲侯の陳武とするが、歷代の學者には異議が多い（『漢書補注』同條を參照）。同紀の十二月條に「沛公、兵を引いて栗に至り、剛武侯の軍に遇い、其の軍四千人を奪いて之を並せ、魏の將皇欣、武滿軍と合わせ、秦軍を攻め、之を破る」とある。それによると、劉邦は剛武侯の軍を併合してから魏國の軍と聯合作戰で秦を攻めている。考えるに、その時碭郡で活動する諸侯國の軍隊の主なものは楚軍と魏軍である。劉邦は楚の武安侯・碭郡長で、彼が同じ楚國の軍隊を併合し、魏國の軍隊と聯合作戰を行ったということは、道理に合う。ゆえに、剛武侯とは陳武にあたるかどうか確かな證據はないが、彼を楚國の將軍と考えて大過ないであろう。

（20）本書第一章第二節二を參照。

（21）項羽の王國分封について、本書第三章を參照。

（22）秦楚漢の間にある國際關係については、田餘慶「說張楚」（『秦漢魏晉史探微』、中華書局、一九九三年）および本書第三章參照。

（23）玄武侯の劉氏は、功臣表に載っていないが、『史記』卷七項羽本紀に見られる。

（24）本書第四章第一節二を參照。

（25）前注（11）拙論、とくにその注（6）を參照。

（26）その詳細は、本書第一章第二節を參照。

（27）『文物』、一九九三年第八期。

（28）本書第一章第二節、終章第二節を參照。

（29）本書第一章第一節三を参照。

（30）前注（11）拙論を参照。

（31）本書第一章第三節を参照。

第六章　漢初軍功受益階層と漢代政治

第一節　高帝政治と漢初軍功受益階層

社會の習俗としてあらゆる層に浸透した盟と誓の存在は、中國史においては春秋時代的な事象であり[1]、それは戰國時代に至って衰退の道を歩みつつも依然として存續していた[2]。秦の始皇帝による統一以降、この盟誓の習俗は一時國家の政治舞臺から消えたが、秦末漢初に復活して再び隆盛するようになった[3]。陳勝が蜂起した時には壇を設けて盟を結んだ[4]。懷王が政治を主導した時には、先に關中に入った者が秦王となるという約を定めた[5]。項羽が秦軍の投降を受け入れた時には、章邯と殷墟の盟を結んだ[6]。劉邦が功臣を封じる時には、封爵の誓を行い、彼が死去する前、大臣達と白馬の盟を定めた。盟誓は、秦末漢初の政治に大きな影響を及ぼし、それは我々の想像をはるかに超えるものであった。周知のように、封爵の誓と白馬の盟は、漢の功臣分封と分封制度に直接かかわっており、さらに白馬の盟が漢初の政治に全面的な影響を與えていったということも、本書の研究により順次明らかになった。そして秦末漢初に盟誓がいかなる性格と役割を持っていたか、さらにそれが軍功受益階層および漢代政治とどのように關係したかをより深く探るため、ここでは、まず封爵の誓と白馬の盟を取り上げ、その内容の檢討と性格の分析を行いたい。

一　栗原朋信説についての検討

『史記』巻十八高祖功臣侯者年表に「封爵之誓曰、使河如帶、泰山若厲、國以永寧、爰及苗裔。」という文がある。同じ内容の文として、『漢書』巻十六高惠高后文功臣表に「封爵之誓曰、使黃河如帶、泰山若厲、國以永存、爰及苗裔。於是申以丹書之信、重以白馬之盟。」とある。これは、司馬遷と班固が封爵の誓と白馬の盟をまとめて記したものである。この封爵の誓と白馬の盟に現れた義務およびそこに見られる性格は、中國、日本、ヨーロッパの封建主義(feudalism)の問題にかかわっていたため、從來より歴史學者の關心を引き起こしてきた。栗原朋信氏は、かつて「『封爵之誓』についての小研究」という有名な論文を發表した。(7)これは、この問題に對する最も詳細な論説で、その論證の巧みさとその簡潔明瞭さ、啓發に富んだ結論は學術史上高い評價が與えられるべきである。しかし、「封爵の誓」と「白馬の盟」は同じ性格の文書であり、それは漢の皇帝劉邦が臣下達に下した絶對命令であり、雙務契約的な性格を備えているとは認められない、という栗原朋信氏の結論は、漢初の覇業政治の歴史的事情と一致していないところがあるので、ここで改めて封爵の誓と白馬の盟について検討を加えたいと思う。

まず、栗原朋信氏がどのようにしてその結論を得たのかを考えてみたい。栗原朋信氏の結論は、演繹法を用いて盟誓の形式から一歩一歩推測して導き出したものである。その論證の方法と基本論據は次のように概括することができる。一、封爵の誓と白馬の盟は互いに關連する誓と盟である。史書に記載されるその内容は簡略すぎて、その内容からその性格の分析を進めるのは難しい。故に古代中國の盟と誓にある普遍的な性格からその個別の性格を推測するという論證方法を選ぶ。二、中國古代の誓は二種類ある。その一つは對等者間に結ばれる「約信」で、これは古典の中によく見られる一般的なものである。もう一つは個別の性格を持つ誓、すなわち上の者が下の者に命令するものである。『尚書』にある三代の誓、たとえば甘誓、湯誓、泰誓などがその例である。『漢書』巻一高帝紀の贊語に「又與功臣剖符作誓」という封爵の誓に言及する文があり、その「作誓」という語は、三代の誓の序文に見られる「作甘誓」、「作湯誓」、「作泰誓」などの語に類似している。故に「封爵の誓」と三代の誓は同じ性格の文で、命令であると推定できる。三、中國古代の盟も二種類ある。その一つは對等者間で結ばれる「約信」であり、これも『左氏傳』などの古典によく見られるものである。二つめは上位者と下位者の間に結ばれる盟で、春秋時代によく見られる覇國を司盟者とする盟がそれにあたる。この種の盟に示される上下關係は、後世の君臣關係と同じであり、この盟の性格は上から下への命令である。白馬の盟は中國古來の盟誓の手順に基づいて、封爵の誓に續いて結ばれた君臣上下間の盟であるゆえ、その性格も命令であると推測できる。

以上の理解に誤りがないとするならば、次にこの理解に基づいて栗原氏の論文を檢討したい。まず第一の點について、栗原氏の言うとおり、封爵の誓の內容については、『史記』と『漢書』の記載が簡單すぎて、それを根據に性格の分析をするのは難しい。しかし白馬の盟については、その內容に關する史料がいくつか殘されており、『史記』巻九呂太后本紀、『漢書』巻四十王陵傳、『史記』巻二十七周亞夫傳および『史記』巻十七漢興以來諸侯王表にそれが見られるが、栗原氏はそれを見落している。その史料から見れば、それは約信であって命令ではないとおおむね確認できる。その詳細については、後で論ずる。

第二の點について、古典の中でよく見られる誓が「約信」であるのは、言うまでもないだろう。しかし栗原氏の『尚書』に見られる三代の誓は個別の性格を持つ誓、すなわち上位者から下位者に下される命令だという說は、なお檢討する餘地があるが、ここでは取り上げない(8)。さて、前述したように、栗原氏が封爵の誓が命令であると斷定した理由は、それが三代の誓と同じ性格であると推論したためである。そして、なぜ封爵の誓が三代の誓と同じ性格であると言えるのか、栗原氏はその論據を、『漢書』巻一高帝紀の贊語と三代の誓の序文に共にある「作誓」という語が類似しているところにおいている。しかし、それが論據になるかどうかは、検討を重ねる必要があろう。まず史料の扱いから改めて検討してみよう。栗原氏が論證として使う史料の全文は次の通りである。『漢書』巻一高帝紀の贊語に言及される封爵の誓に關するものには「又與功臣剖符作誓、丹書鐵契、金匱石室、藏之宗廟。雖日不暇給、規摹弘遠矣。」とある。三代の誓の序文について、栗原氏はもとの『尙書』から引用しておらず、『史記』の文から孫引きの形で取り上げたのである。その文はそれぞれ次のとおりである。『史記』巻二夏本紀に「有扈氏不服、啓伐之、大戰於甘。將戰、作甘誓。」、『史記』巻三殷本紀に「以告令師、作湯誓。」、『史記』巻四周本紀に「武王乃作太誓、告於衆庶。」とある。同じことについて、『尙書』の文は次のとおりである。「啓與有扈戰於甘之野、作甘誓。」「伊尹相湯伐桀。升自陑。遂與桀戰於鳴條之野、作湯誓。」「惟十有一年。武王伐殷。一月戊午、師渡孟津、作泰誓三篇。」前引した『史記』と『尙書』の文にある「作誓」という語の使い方は、古典でよく見られる動詞と目的語の關係を示すものである。『説文』によれば、作のもとの意味は「起」であり、『論語』先進篇の「舍瑟而作」という文は、その用例である。引伸して事を起こすことを現す語にもなる。そこからさらに始める、爲す、生むなど多くの意味が生じる。[9] ここでの作は動詞として制定すると理解すべきであろう。『尙書』呂刑篇の「度作刑以詰四方」と『商君書』更法篇の「知者作法」は、その用例である。「作誓」の誓は目的語で、『説文』に從えばその意味は約束である（その詳細は後の文を參照）。すなわち作誓とは、誓を制定する、約束を制定することである。したがって、『漢書』巻一高帝紀の贊語の中の「作誓」は、封爵の誓を制定すること、『尙書』にある三代の誓の序文の「作甘誓」、「作湯誓」、「作泰誓」は、それぞれ甘誓を制定し、湯誓を制定し、泰誓を制定するという極めて普通の用法であって、誓文の内容や性格と特別な關係があるとは考えられない。これを論據として封爵の誓と三代の誓の性格が同じだと斷定するのは、説得力に缺けるであろう。

第三の點については、栗原氏は中國古代の盟には二種類、すなわち對等者間での盟と上位者と下位者の間での盟があり、その對等者間での盟は「約信」として理解できるという。もちろん、そういうふうに言っても差しつかえはないだろう。しかし、上位者と下位者の間に結ばれる盟、すなわち春秋時代によく見られる霸國を盟主として爲した盟において、その盟に反映された會盟者らの關係は、後世の君臣關係と同じで、その盟の性格は上位者から下位者への命令であるという栗原氏の說は、成立しがたいと言わざるを得ない。春秋時代によく見られる霸國を司盟者とした盟において、たとえば齊國が盟主となる葵丘の盟、晉國を盟主とする踐土の盟などを例として見ると、その會盟に加わった諸國は、大國と小國、强國と弱國というようにさまざまであり、會盟諸國は共に最强の霸國を盟主として擁し、盟會の司會を司らせたもので、この盟は上位者と下位者との間で結ばれる盟だといってよいが、この時の主盟霸國と他の會盟諸國の關係は、相變わらず列國紛争中の大國と小國、强國と弱國、霸國と非霸國間の國際關係であり、その關係と秦王朝以降の統一帝國における、命令が下達される皇帝と臣下のような專制的關係とはまったく異なるもので、これを同質と見なすことはできない。栗原氏は、『左氏傳』に載せる蒙門の盟を具體的な例證として、この上下者間の盟は命令であることを證明しようとしたが、この蒙門の盟はその結論の證據にはならないと思われる。以下このことを檢討する。

『左氏傳』襄公二十七年條によると、七月、晉と楚の兩大國および十二の小國が宋國の都の門である蒙門の郊外で會盟を行った。その時、晉と楚は盟主の位を爭って、「晉、楚爭先。晉人曰、『晉固爲諸侯盟主、未有先晉者也。』楚人曰、『子言晉楚匹也、若晉常先、是楚弱也。且晉、楚狎主諸侯之盟也久矣、豈專在晉。』叔向謂趙孟曰、『諸侯歸晉之德只、非歸其尸盟也。子務德、無爭先。且諸侯盟、小國固必有尸盟者。楚爲晉細、不亦可乎。』乃先楚人。書先晉、晉有信也。」という記事がある。盟主を争うことは、尸（主）盟者を争うこと、「爭先」のことであった。「爭先」とは、杜預は「爭先歃血」と注している。會盟の儀式では、盟主が先に歃血するのが一般的である。哀公十七年の齊魯の盟のように、大國だった齊が盟主で先に歃血を行い司盟となり、小國である魯の方が牛耳を執る。ただ、會盟には必ずしも大國しか司盟者になれないわけではなく、叔向が言うように小國が司盟者となることもよくあった。大國が司盟者になろうが小國が司盟者になろうが、その盟主は基本的に會盟の主催者で、會盟儀式において先に歃血を行う司盟者にすぎないのであり、秦漢以降にしか見られない、命令を下したり自らの意志を宣言する專制的君主とは直接關係がないといえよう。

蒙門の盟の結果としては、楚が先に歃血を行い、盟書を書くのを晉が先に行った。實力が拮抗する兩大國の關係には何の變化もなく、晉も下位であるとの感じはなかった。一方、會盟に參加する諸小國の宋、蔡、衞、陳、鄭、許、曹などは、全て獨立國家であり、すでに屬國になった國、たとえば齊の屬國である邾、宋の屬國の滕のようなものが、會盟に臨んでこれに加わることはできなかった。(10) この蒙門の盟のような古代會盟が、大國と小國、強國と弱國間の上下の盟だと言ってもよいのであるが、その盟主と他の加盟國との關係は、獨立した諸國間の條約關係、つまり約信關係であるということは、明らかである。それは決して、秦以後の專制君主と臣下間の命令關係にまで簡單に類推してはいけない。對等者間での會盟であろうと、上位者と下位者間での會盟であろうと、その性格はみな約信であり、相互間に結ばれる契約である、という點はほとんど變わっていない。高木智見氏の研究によれば、春秋時代の盟はその締結の範圍から見れば國家間の盟であり、また一國内における君臣間の盟でもあり、個人間の盟でもあった。結盟者間の關係から見れば、對等者間での「齊盟」、一方的に強制される「要盟」、または弱者からの「乞盟」、「受盟」などがあるが、それらの盟もみな契約であり、結成された關係は、みな擬制的兄弟關係であるという。(11) 增淵龍夫氏はさらに、その條件がいかに屈辱的な盟約であっても、それは一應自立的な國と國との間の盟約であると明確に指摘している。[12]栗原氏の見解より、高木氏と增淵氏の方が史實に近いと言えるだろう。

栗原氏の論文は、ヨーロッパ、日本の封建的君臣關係が中國の君臣關係とはまったく異なるものであるという認識に基づいて書かれたもので、その主旨は、中國の君臣關係は上下の絕對的統屬關係であり、中世ヨーロッパの托身儀禮や中世日本の名簿奉呈・起請などのように下位者の願望も反映された雙務契約關係ではないことを説明しようとしたものである。この問題は、すでに本書の論旨を越えているため、深く論じることは避けたい。ただし、中國史上の君臣關係は、久遠の時代より複雜多異であり、それについて理論で概括する時には理論と事實との間に差異が現れることは免れ得ないだろう。管見によれば、前漢初年の君臣關係については、雙務契約的な要素がかなり備わっており、上下の絕對的統屬關係からその質を規定することは難しい。その詳細は、次の節で論じたいと思う。

二　盟と誓という語について

上述したように、栗原氏の封爵の誓と白馬の盟の性格に關する論説は成立し難いといわざるを得ない。それでは、封爵の誓と白馬の盟の性質はいったいどのように理解すべきであろうか。次に、古代文書の形式、特に古典に使われる盟と誓という語について檢討してみたい。

周知のように、秦の始皇帝が皇帝となった後、政令文書の書式と名稱については明確な規則が作られた。特に、皇帝の下す令と命は、『史記』卷六秦始皇本紀に載る「命爲制、令爲詔」のように嚴格な定義と文體が定められた。秦のこの制度規定は漢に繼承され、さらに發展してより完備された官僚文書體系になっていった。一般的にいえば、漢代の皇帝の發布した命令には策書、制書、詔書、戒書の四種類があり、その文體、素材、傳達の方式にも全て明確な規定があった。[13] ゆえに、史書における封爵の誓と白馬の盟は令、命とは言えず、また詔、制、策、戒とも稱してないので、それは皇帝の命令ではないと制度上から明確に判斷することができる。

そして封爵の誓は誓、白馬の盟は盟と呼ばれ、文體の形式から言えば、その呼び名のとおり誓と盟として理解するのは當然のことであろう。盟は、『說文』が引用する『周禮』には、「國有疑則盟。」とあり、さらに具體的に「盟、殺牲歃血、珠盤玉敦、以立牛耳。」と解釋している。また『釋名』釋言語に「盟、明也、告其事於神明也。」とある。合わせて解釋すると、盟とは、神に事を告げる殺牲歃血の儀式である。古代中國において諸侯たちが會盟に加わる時、互いに言葉で約束を結び疑いを解こうとするが、そのことに重みを與えるために、結盟者らは犧牲を殺しその血を歃り、ともに神に宣言し誓いを立てる。このような會盟の儀式は春秋時代に最も盛んに行われ、『左氏傳』の中にもよく見られる。會盟の行事の一つは、誓いの言葉を書き留めて盟書を制定することである。この種の盟書は載書とも呼ばれている。盟書あるいは載書に書き留められる文を盟辭という。[14] さて、誓とは、『說文』に「約束也。從言折聲。」とある。『說文通訓定聲』は誓を「以言約束也。」と解釋している。『說文義證』は『禮記』を引用し『曲禮』、『約信曰誓。』『正義』、『用言辭共相約束以爲信也。』」という。これらの解釋は適切である。總括して言えば、誓とは言葉で約束を定めることである。盟と同じように、誓を行うための儀式もあったが、おそらく會盟のような特定のものではない、比較的簡單で多樣なものであったろう。[15] 誓を行う時の取り決めの言葉は書き寫して記載され、誓辭となる。このように見ると、誓と盟という語にはみな二重の意味が含まれている。一、會盟と誓を立てる儀式である。二、盟辭と誓辭を記載する文書である。その意味は非常に具體的かつ明確である。[16]

したがって、前で引用した『史記』および『漢書』にある封爵の誓と白馬の盟は、全て儀式と書類の兩方面から理解できるのである。封爵の誓を儀式上から理解すれば、爵位を授け分封を行う時に行われる儀式となり、書類の面から理解するなら、封爵の儀式で讀み上げる誓辭を記載する文書となる。白馬の盟も同様に、儀式上から理解すれば、白馬を犠牲としその血を歃って約信を結ぶ儀式で、書類の面から理解するなら、會盟儀式で讀み上げる盟辭を記載する文書のことになる。言うまでもなく、封爵の誓と白馬の盟は、ともに王侯功臣の分封にかかわるもので、互いにまったく關係がないとは言えない。しかし、それについてさらに精密な分析を行う場合、まず明確にしなければならないのは、儀式としての封爵の誓と白馬の盟が、異なる時間、異なる地點で行われた二つの異なる儀式で、文書としての封爵の誓と白馬の盟も、二種類の内容と形式が全く違う書類であるということである。つまり兩者には直接關係はない。それを明確にした上で、封爵の誓について分析を進めたいと思う。

三　封爵の誓についての分析

前にすでに引用したが、封爵の誓に關するものについては、『史記』巻十八高祖功臣侯者年表の序文に

封爵之誓曰、「使河如帶、泰山若厲、國以永寧、爰及苗裔。」

とあり、『漢書』巻十六高惠高后文功臣表には

封爵之誓曰、「使黃河如帶、泰山若厲、國以永存、爰及苗裔。」

とある。比較すると、『史記』より『漢書』の文は「黃」という一文字が多い。つまり、「河」が「黃河」となっている。『漢書』の「黃」という字は後世の人が附け加えたものであることが、『漢書補注』の同巻に引用される王念孫説によって是非されている。

封爵の誓の儀式が、いつ、どこで、どのように行われたか、史書に明らかでない。『漢書』巻一高帝紀は、そのことを概括して「又與功臣剖符作誓、丹書鐵券、金匱石室、藏之宗廟。」と述べている。符とは割符で、約信を結ぶ兩

方、つまり皇帝と分封を受ける功臣が半分ずつ持ち歸って保管する。丹書鐵券については、『補注』で王先謙は「通鑑胡注、以鐵爲契、以丹書之。謂以丹書盟誓之言於鐵券。」という。胡注どおり、封爵の誓の誓辭は、鐵券の上に赤色で書かれたものである。金匱石室とは、如淳注に「金匱、猶金縢也。」とある。つまり、皇帝の方に保有される鐵券は、宗廟に保管されており、愼重にそれを金匱に入れ石室に置くようにした。仁井田陞氏の研究によれば、この鐵券は割符であり、半分は宗廟に保管し、半分は功臣に賜うものである。その內容は、功臣の勳功、分封の記載および皇帝の誓辭を含み、一種の證據文書であった。[17] 工藤元男氏の推測によれば、この割符は出土した鄂君啓節に類似し、鐵制の筒を縱に兩分した形で、その表面に誓辭をはめこんだとしている。[18] 功臣の受封は、みな鐵券を賜うので、封爵の儀式も行うことになるわけであろう。

考えるに、封爵の儀式が行われたのは、高帝六年に劉邦が符を剖かち功臣の分封を始めた時からで、以後、分封の時に隨時行われるようになる。前に引用した『史記』の封爵の誓の「使河如帶、泰山若厲、國以永寧、爰及苗裔。」という文について、應劭は「封爵之誓、國家欲使功臣傳祚無窮。帶、衣帶也。厲、砥石也。河當何時如衣帶、山當何時如礪石、言如帶厲、國乃絕耳。」と解釋する。非常に適切である。後世の鐵券誓文を見てみると、類似した語句を文の締めくくりとして文末に使うのが一般的である。たとえば、唐が突騎施の黑姓可汗に賜った鐵券の文の「……丹書鐵券、以表其忠、宜保終始、永固誠節、山河帶礪、福祿長存、可不盛歟。」と陳敬瑄に賜った鐵券の文の「……望泰山而立誓、指黃河以爲盟、山無壞時、河無竭日、君君臣臣、父父子子、永遠貴昌、並皆如故。」などは、その例である。[19] ここから推測すれば、上で引用した『史記』および『漢書』に載せる封爵の誓の文は、後世の同類の文書と同じように、各功臣に賜った鐵券に刻んだ誓辭の共通の締めくくり文であるとわかる。ただ、司馬遷と班固はここで各功臣が何によって封爵の誓を賜ったのかその個々の內容については全て省略している。したがって、そのわずかな誓辭の常套句で封爵の誓の性格を判斷することは、確かに不可能である。しかし、殘されている同類の文書を調べて、その內容と性格を封爵の誓と照らして見るならば、封爵の誓の性格の解明に助けになるだろう。

東周の初めころ、周王と秦の間で封爵の誓が行われていた。筆者の知るかぎり、現存する史書と文物の中で、この誓と劉邦君臣間での封爵の誓とは、最も類似した性格のものである。[20]『史記』巻五秦本紀によれば、秦の襄公七（十一？）年、周の平王が秦の襄公を諸侯に封じ、岐より西の地を下賜した。[21]その時に行われた封爵の誓の誓辭は

戎無道、侵奪我岐、豐之地、秦能攻逐戎、卽有其地。

とある。周知のように、周の幽王が犬戎に殺された後、岐豐は犬戎によって占領された。周の平王は、洛陽で卽位した。その時王は、戰闘で功をあげた秦の襄公を諸侯に封じ、犬戎に占領された岐から西の地を秦に與えると約束した。この歷史背景を念頭において、次には、襄公七年の封爵の誓の內容について考察してみたい。

「戎無道、侵奪我岐、豐之地」とは、この領地のいきさつを取り上げた部分で、岐豐は本來周の領土だったが、今は犬戎に占領されている。「秦能攻逐戎、卽有其地」とは、周はすでにこの地を奪回する力がないので、もし、秦が岐豐から犬戎を驅逐することができたなら、周は秦がその地を所有することを認めるという約束である。明らかにこれは周と秦雙方の雙務的契約であった。周の側からいえば、周が岐豐の領有權を秦に與える（義務）かわりに、秦はそこを占領している犬戎を驅逐せねばならなかった（權利）。秦の側からいえば、秦が岐豐の領有權を望むならば（權利）、ここを占據している犬戎を驅逐しなければならない（義務）。事實、雙方はこの約束を守った。秦の襄公十二年、襄公は犬戎を討伐し岐で死亡した。彼の子である文公が十六年に犬戎を敗走させ、岐に至るまで領土を擴大し、殘っていた周の民も治めたのである。その時、秦は岐の東を周に返還し、約束通り岐の西の地を所有することになった。誓辭の內容と誓を立てた歷史的背景を見ると、秦の襄公七年の封爵の誓の性格は、賜封者と受賜者という上下間で結

ばれる雙務的約信と承諾であり、それは契約であり一方的命令ではなかったことは明らかであろう。

四　白馬の盟およびその歴史的背景

『史記』および『漢書』の白馬の盟に關する記載は、その内容について封爵の誓より若干多く殘されている。前に引用した『漢書』巻十六高惠高后文功臣表に「封爵之誓曰、『使黃河如帶、泰山若厲、國以永存、爰及苗裔。』於是申以丹書之信、重以白馬之盟。」とあり、顏師古は「白馬之盟、謂刑白馬歃其血以爲盟也。」と注している。前述したように、犧牲を殺し血を歃る結盟習俗は、春秋時代に最も盛んに行われ、戰國時代においても依然として行われていた。工藤元男氏の研究によれば、戰國時代の結盟習俗は、通常合從連衡の覇業政治を伴い、白馬を刑してその血を歃り符を交わすことがその特徵としてあげられる。春秋時代の盟誓と比べるとその宗教性は希薄となっていたが、その結ばれた關係は依然として一種の擬制的兄弟關係であったという[22]。前漢初年、政治形態は春秋戰國時代の覇業に回歸していたので[23]、劉邦集團が舊來の習俗である盟誓によって約信を結び結束を求めるのは、その時代の特徵が自然に反映されたものと思われる。

白馬の盟がいつ行われたのか、史書には明言されていない。大庭脩氏は高帝十二年三月に行われたと推定している[24]。劉邦は高帝十二年二月、燕王の盧綰を廢し、皇子の建を燕王に封じた。こうして劉氏でない者は王になってはいけないという劉氏新貴族王政の政局は、おおむね完成した。同年四月、劉邦は死去している。白馬の盟はこの二つの事件の間に行われた可能性が高いので、大庭氏の推定は誤りではない。前述したが、白馬の盟の軼文はなお殘されているにもかかわらず、栗原氏はそれを見落としている。『史記』巻九呂太后本紀によれば、惠帝が即位した時、呂后は呂氏を王としようとしたが、王陵がそれに反對し、朝廷で白馬の盟を擧げて

　高帝刑白馬盟曰、「非劉氏而王、天下共擊之。」今王呂氏、非約也。

と言っている（『漢書』巻四十王陵傳も同じ）。また『史記』巻五十七周亞夫傳によれば、景帝が皇后の兄の王信を侯に封じようとした時、それに反對する周亞夫が

　高皇帝約、「非劉氏不得王、非有功不得侯、不如約、天下共擊之。」今信雖皇后兄、無功、侯之、非約也。

といい、景帝は「默然而止」、やめになったのである（『漢書』巻四十周亞夫傳も同じ）。この周亞夫のいう「高皇帝約」は王陵のいう白馬の盟の盟辭であることは間違いない。『史記』巻十七漢興以來諸侯王年表に

　高祖末年、非劉氏而王者、若無功上所不置而侯者、天下共誅之。

とあり、その史料のでどころは明言されていないが、白馬の盟の盟辭であることは疑う餘地がないだろう。『漢書』巻十八外戚恩澤侯表の記載はいっそう明確で、

　漢興、外戚與定天下、侯者二人、故誓曰、「非劉氏不王、若有亡功非上所置而侯者、天下共誅之。」是以高后欲王諸呂、王陵廷爭、孝景將侯王氏、脩侯犯色。

とある。史書において白馬の盟は制とも詔ともいわれず、王陵と周亞夫はそれを約と明言しているから、それが皇帝の命令ではなく、君臣間に結ばれる約信であるということは明らかである。大庭氏は、高帝十二年三月に行われた白馬の盟は、『漢書』巻一高帝紀に記載された同年三月の「吾立爲天子、帝有天下、十二年于今矣。與天下之豪士賢大夫共定天下、同安輯之。其有功者上致之王、次爲列侯、下乃食邑。而重臣之親、或爲列侯、皆令自置吏、得賦斂、女子公主。爲列侯食邑者、皆佩之印、賜大第室。吏二千石、徙之長安、受小第室。入蜀漢定三秦者、皆世世復。吾於天下賢士功臣、可謂亡負矣。其有不義背天子擅起兵者、與天下共伐誅之。布告天下、使明知朕意。」という詔と内容が類似しているため、兩者は同時に制定されて表裏をなすものではないかと指摘している。この三月の詔は天下に公布

する皇帝の命令であるのに對して、白馬の盟は皇帝と王侯間に結ばれた公表されない約束であり、三月の詔は強い強制力をもつ「公」的律令であるのに對して、白馬の盟はそれが守られるかどうかが關係者個人の意志にかかわっているので、その規制力はそれほど強くなく、破られたこともあるのである。大庭氏の説は適切で(25)、法制の面において白馬の盟を理解する場合に、參考となる有力な説である。

さて、次には、白馬の盟の内容について分析を進めよう。その内容は、四點にまとめることができる。一、王と侯の分封は、皇帝によってのみ行われる。二、王の分封は、劉氏皇族しかその對象とならない。三、侯の分封は、有功者しかその對象とならない。四、もし以上の約束に違反すれば、天下共にそれを誅す。前引した『史記』巻九呂太后本紀に載せる王陵の話によれば、白馬の盟を定める時、劉邦と王陵、周勃、陳平などの主要な大臣たちはみなその場にいたが、諸侯王たちがそこにいたかどうか、明確な記載がない。ただ、白馬の盟は皇帝、諸侯王と列侯の三者の間で結ばれたものであるので、諸侯王がその場にいるのは、當然のことであると推測できるであろう。盟を交わす三者についていうと、三者は各々權利と義務を持っている。まずその權利についていうと、列侯については、功がない者は列侯にならないという盟約によって功臣たちが列侯分封を受ける獨占權が保證されている。諸侯王については、劉氏ではない者は王にならないという盟約によって劉氏皇族が王の分封を受ける獨占權が保證されている。皇帝においては、列侯と諸侯王の分封は皇帝しかできないので、皇帝が王侯分封を行う獨占權が保證されている。次に、その義務についてみてみよう。この時の列侯たちは、全て劉邦とともに天下を定めた武力功臣で、この盟約により彼らに附け加えられた最大の義務は、皇帝に忠誠を盡くし、兵を起こして王を稱してはならないということである。漢朝の宮廷皇權の外援として劉姓王國を立てることは劉邦の同姓王國分封の目的である。ゆえに、各王國が皇帝に忠誠を盡くす義務があるのはいうまでもないのである。盟文により諸侯王が列侯を封じてはならないこともわかる。皇帝の側からいえば、上述の諸侯王と列侯の義務はみな下位者の義務である。しかし、上位者、すなわち皇帝の義務はどこにあるのか。前述したように、功臣しか列侯になれない、劉氏しか王になれないのは、功臣と劉姓皇族の權利であり、この下位者の權利を保證するのは、上位者である皇帝の義務であるといえるであろう。言い換えれば、皇帝が行う王侯の分封は、それぞれ劉姓と功臣に限られるという條件がついている。そうしないと、約束に違反することになる。すでに引用したことであるが、王陵は呂氏封王に反對し朝廷で呂后に「今王諸呂、非約。」といった。これは白馬の盟を武器として君主の義務違反的行動を牽制しようとしたのである。周亞夫は王信を列侯に封じることに反對し景帝に「今信雖皇后兄、無功、侯之、非約也。」といった。これも白馬の盟に基づき皇帝の義務違反を指摘したのである。よって、形式と内容の面の分析から見ても、またその實際運用の面から見ても、白馬の盟は命令ではなく、雙務契約の一種、すなわち上下關係者間での雙務契約なのである。この種の契約の中では、契約者の間にある上下關係と契約者相互が權利と義務を守る責任とは矛盾しておらず、つまり、地位上下の關係と雙務契約の關係は盟の中に並行して共存している。

以上のように、栗原説に基づいてそれに批判と檢討を加え、さらに形式と内容の面から「封爵の誓」と「白馬の盟」について分析を行い、それを通して導いた結論は次のようになる。

一、儀式としての封爵の誓と白馬の盟は、異なる時間、異なる地點で行われた二つの異なる儀式で、これに伴って文書としての封爵の誓と白馬の盟も、内容と形式が異なる二種類の書類である。

二、封爵の誓という儀式は、高帝六年十二月以後、功臣の分封に伴い隨時行われた。封爵の誓の誓辭は受封者によって異なり、『史記』および『漢書』に載せる「使河如帶、泰山如厲、國以永寧、爰及苗裔。」という封爵の誓の誓辭は、各功臣に下賜された鐵券に刻んだ誓辭の共通の締めくくり文である。封爵の誓の誓辭は赤色で鐵券に書き込まれた。

この鐵券は一種の證據文書であり、割符となっていて、半分は宗廟に保管し、半分は功臣に下賜された。その性格は勳功に關する約信で、『周禮』秋官の司約に司らせる「治功之約」に相當する。(26)

三、白馬の盟は高帝十二年三月に行われ、皇帝、諸侯王および功臣列侯がその參加者に含まれる。『史記』および『漢書』に載せる「非劉氏而王者、若無功上所不置而侯者、天下共誅之。」という文は、その盟辭の一部である。その性格については、白馬の盟は皇帝、諸侯王と功臣列侯という會盟に加わった三者間の相互承諾であり、それは個人間で結ばれる約束として理解すべきである。白馬の盟に反映された前漢初年の君臣關係は、個人間の信頼に基づいて結ばれる相互契約關係であり、漢初の皇帝權が絕對的專制ではなく、相對的な有限性をもつという特徵も、この關係に規定されていると考えられる。(27)

四、漢初の盟誓と約信は、春秋戰國と秦楚漢間から直接引き繼いだもので、その性格についていえば、すべて一種の契約關係である。盟誓約信に現れた前漢初年の政治關係は霸業政治であり、盟誓約信で結ばれる人間關係は一種の擬制的兄弟關係である。春秋時代、戰國時代、秦楚漢間と前漢初年において、それぞれの時期に見られる盟誓と約信を取り上げて、それを通して各時期の歷史的背景と時代特徵を見れば、この四つの時代の政治關係と社會關係は類似している點が意外に多く、この四つの時代の共通點、つまりその歷史的連續性というものも現れてくると思われる。

第二節　呂后政治と漢初軍功受益階層

一　漢初期の宮廷と政府

漢朝の中央政府の主な官僚は、三公九卿と言われる。三公九卿という言い方は、中央政府の主な官僚の總稱として理解することができる。一般的に言えば、前漢初年の三公は丞相、太尉、御史大夫を指し、九卿は俸祿が中二千石以上の主要な官僚機構の長官、たとえば郎中令、衞尉、太僕、宗正、少府、廷尉、太常、中尉、典客、治粟内史等を指す。[28]すでに多くの研究で指摘されているように、漢朝の三公九卿は、その起源および役割によって、帝國の日常政務をつかさどる政府機構と帝室の家政をつかさどる宮廷機構の二つの部分に分けられる。この點はすでに、學界での通說として受け入れられている。ただし、漢朝四百年間で、いったいどの官僚機構が政府に歸屬し、どの官僚機構が宮廷に歸屬するのかは、時期や人事の關わりによって異なることがある。[29]

楊鴻年氏の『漢魏制度叢考』は、千年間の歷史に隱された多くの史實を明らかにしたすぐれた力作である。[30]氏は漢と魏の政治制度、特に宮省制度を初めて系統的に解明し、漢朝の歷史への理解と研究に數多くの新しい知識を提供した。楊氏の所論によれば、漢朝の中央官職は三種類に分けることができる。一つは、省官である。すなわち省中（禁中）に勤務する官吏、あるいはその職務が省内と密接な關係をもつ官吏をいう。第二は、宮官とよばれる省外宮内に配された官吏。第三は外官と呼ばれる宮外に設けられた官吏である。この三種類の官吏の區分は、漢代の京城宮殿の配置および皇帝との距離の遠近に直接關っている。いま楊氏の說を參考にし、漢初の三公九卿について政府と宮廷との區分を試みれば、以下のようになるだろう。[31]總じて漢の政府機構は、楊氏がいう外官部分に相當し、前漢初年においては丞相を中心として帝國政府の日常政務を擔當していた。宮廷機構は、楊氏說の宮官と省官の雙方に當たり、その機構の多くは宮内にあって、皇帝を中心として主に帝室の家政をつかさどっていたのである。[32]

漢初の九卿の中で、郎中令と衞尉の府寺が宮中に設置されていたことは確認できる。『史記』卷九呂太后本紀によると、諸呂の變の時、朱虛侯の劉章は未央宮の廷中で呂產を擊ち、「殺之郎中府吏廁中」とある。『集解』に引く如淳注に、「百官表郎中令掌宮殿門戸、故其府在宮中」とある。『漢書』巻十九百官公卿表衛尉條の師古の注に引く『漢舊儀』に、「衛尉寺在宮内」とある。衛尉は地方から輪番で上京してくる衛士を率いて皇宮の正門の警備を擔當し、郎中令は郎官を率いて「掌宮殿掖門戸」(『漢書』巻十九百官公卿表)、すなわち正門の脇の小門を守り皇帝の身邊の警備侍従に責任を負うというのがそれぞれ職務であった。佐原康夫氏の研究によれば、郎中令と衛尉の違いは、一般の警備兵と親衛隊の相違なのだが、管轄する門の違いとして表現されているという。同じ場所に設けられた門でも、正門は外部を警戒し排除する門であるのに對し、掖門は「九闈」の奥に住む天子に直結したものである。[33] したがって、郎中令と衛尉が宮廷機構に屬することは間違いない。周知のように、漢代の財政は帝室財政と政府財政の二つの部分に分かれており、その帝室財政の部分は少府によって主管され、宮廷内の事務およびその機構は全て少府の管轄下にあった。[34] 中國社會科學院考古研究所の發掘結果によれば、少府あるいはその主要官署は未央宮内にあり、前殿の西北の四號遺跡に位置する。[35] 少府が宮廷機構に屬することは問題ないだろう。太僕は車馬を主管し、皇帝のために馬車を御する職であり、その職務は主に宮廷で行われた。宗正は皇帝の宗族に關する事務を主管し、太常は陵寢の管理と宗廟の祭祀などを主管する。主に職務からみれば、それらはすべて宮廷機構に屬すると考えられる。

漢代の丞相府は數百人を擁する巨大な官衙である。丞相およびその家族は府内に住んでおり、三百餘人の屬吏たちも丞相府の周圍に設けられた吏舍に住んでいた。丞相府には四方に門があり、晝夜の別なくさまざまな報告が受け附けられ、宮廷とは別の政治權力の中心であった。その正確な場所は、まだ特定するに至らないが、長安城内で皇宮の外にあると考えてよかろう。[36] 丞相の下には、國家財政を主管する治粟内史、司法を主管する廷尉、京城の守備を主管する中尉、外交客禮を主管する典客があり、彼らは全て政府機關に屬する。[37] 丞相と並ぶ三公の中で、最高軍職である太尉は常に置かれていたわけではなく、その機構は宮廷の外にあり、政府機關に屬する。[38] しかし、いわゆる三公の一つである御史大夫は比較的複雜であるので、詳しく考察しなければならないだろう。

御史は戰國時代からすでに存在しており、御史とは王の側に務める史を意味し、王の身邊で文書を扱う官吏であった。御史たちを統率する御史大夫は、王の祕書機構の責任者である[39]。秦帝國は秦王國が發展したものであり、漢帝國は漢王國が發展したものである。したがって、秦漢兩帝國の政府機構は、全て王國機構の延長であるといえる[40]。漢代の御史大夫機構は御史大夫寺と稱し、未央宮の司馬門内に設置されていた。『漢舊儀』に「御史、衞尉寺在宮中。」とあり、『漢官儀』にも「御史大夫寺在司馬門内、門無塾、門署用梓板、不起郭邑、題曰御史大夫寺。」と書かれている。司馬門はまた公車司馬門と稱され、漢代皇宮の外門であった。したがって、御史大夫寺の所在地は、未央宮の司馬門内にあったと推測できる。漢代の御史の定員は四十五人で、そのうち十五人は御史中丞に率いられ、殿中に務めて侍御史と呼ばれ、その宿舍は未央宮中の石渠門外にあった。殘る三十人は御史寺に留まり、御史丞に率いられ[41]、その勤務はすべて宮内で行われた。漢初の詔書は、御史によって直接皇帝の意思が草案化され、御史大夫を經て丞相に下達されたのである[42]。このことから、皇帝の祕書機構の責任者である漢初の御史大夫は宮廷に屬し、その役割は皇帝と丞相をつなぐ、いわば宮廷と政府の仲介役だったと考えられる。

以上のように、漢初の漢朝中央政治機構はおおまかに皇帝を中心とする宮廷權力機構、丞相を中心とする政府權力機構という二つの部分にわけることができる。宮廷權力機構とは、皇帝と皇后の居處たる未央宮と長樂宮の兩宮を中心とし、兩宮の屬吏および郎中令、衞尉、少府、太僕、宗正、太常などの宮廷官僚組織のことである。政府權力機構とは、丞相府を中心とし、廷尉、中尉、治粟内史、典客などの官僚組織である。そして兩者の間では、御史大夫が仲介としての役割を果たしていた。

二　呂氏宮廷の形成

周知のように、劉邦は起兵してから死ぬまで、その生涯のほとんどを戎馬の間に過ごし、劉邦と臣下の關係は主客關係という春秋戰國時代以來の集團結成原理と、任俠的習俗という民間社會の新たな人の結合關係から完全に離脱してはいなかった[43]。漢の宮廷建築について見るならば、たとえば主殿である未央宮、長樂宮などは、全て高帝七年以後にようやく完成している。また漢の宮廷に關する制度も、高帝七年以後に叔孫通が儀禮を制定し、初めて具體的な形態が整ったのである[44]。劉邦の身の回りの側近には、漢王時代には盧綰と劉交がいる。盧綰は劉邦と同鄉同里で、同年同月同日に生まれた幼なじみであり、沛縣での蜂起の時から從い、諸功臣の中で最も劉邦と親しかった。そして劉邦の漢王時代に將軍となり、太尉として常に側に從い、「出入臥內」（『漢書』巻三十四盧綰傳）というほどの關係であった。劉交は、劉邦の異母弟で、沛縣で起兵した時から從い、『漢書』巻三十六楚元王傳では「交與綰常侍上、出入臥內、傳言語諸內事隱謀」と記されている。ところが劉邦は卽位してから、劉交を楚王に封じ、盧綰を燕王に封じたので、兩者はともに宮廷から去ってしまった。その時、御史大夫の周昌は常に從い「燕入奏事」（『漢書』巻四十二周昌傳）とあるから、盧綰と劉交の役目を引き繼いだようである。當時、御史大夫の屬吏である御史は常に皇帝に從い、皇帝の意を受けて詔令を起草し、その政令は御史大夫より丞相に下達された。周昌以後、御史の趙堯が御史大夫となり、劉邦の身邊で詔令の起草、下達を司っていた。ここから漢の宮廷の原形が窺い知れるであろう。しかし、劉邦は軍隊とともに各地を轉々と移動しており、首都の宮廷に留まることはなかった。ゆえに少なくとも劉邦が世を去るまで、漢朝の宮廷權力機構にはまだ固定した型ができていないし、宮廷禁中と政府大臣もまだ隔絕していなかったと考えられる。『漢書』巻四十一樊噲傳によると、高帝十一年、「高帝嘗病、惡見人、臥禁中、詔戶者無得入群臣。群臣絳灌等莫敢入。十餘日、噲乃排闥直入、大臣隨之。上獨枕一宦者臥。噲等見上流涕曰、『始陛下與臣等倶起豐沛、定天下、何其壯也。今天下已定、又何其憊也。且陛下病甚、大臣震恐、不見臣等計事、顧獨與一宦者絶乎。且陛下獨不見趙高之事乎。』高帝笑而起。」とある。この記事に見られるように臣下たちが禁中の寢室に突然入ってくるということは、秦朝にも高帝以後の漢朝にもまったく想像もできず、またありえないことだった。これは、宮廷がまだ外界と完全に隔絶していない頃ならではの事例である。

高帝十二年、劉邦が死去した。翌年、惠帝が卽位し、七年間の在位後、呂后が稱制を行い、八年後に死去した。惠帝と呂后の十五年間は、漢朝の政治が呂后に主導されていたため、司馬遷は呂太后本紀を立て惠帝の本紀を立てなかった。『史記』卷九呂太后本紀太史公曰くには「孝惠皇帝、高后之時、黎民得離戰國之苦、君臣倶欲休息乎無爲、故惠帝垂拱、高后女主稱制、政不出房戶、天下晏然。」とある。その「政不出房戶」という言葉は、『漢書』卷二高后紀では「不出房闥」と書かれている。師古は「闥、宮中小門。」と注する。この文によれば、呂后が政權を握った期間、その政治の運營は完全に宮中で行われていたことがわかる。したがって、漢朝の宮廷政治の出現と宮廷權力機構の固定化は、あるいはこの時期に始まったのかもしれない。呂后の宮廷政治と宮廷權力機構は、太后のいる長樂宮を主、皇帝のいる未央宮を從として、郎中令、衞尉などの宮廷官僚の人事任命を通して次第に形成されていったものと考えられる。周知のように、惠帝と呂后の行動は、劉邦とまったく異なり、終始首都の宮廷を中心としていた。高帝十一年、呂后が長樂宮の鐘室で武士を使って韓信を斬ったことは、宮廷を據點としての政治活動の一例である（『漢書』卷三十四韓信傳）。『史記』卷八高祖本紀によれば、高帝十二年に劉邦が死んだ時、呂后と審食其は謀って喪を發せず、大臣諸將を誅そうとした。これは後に酈商が審食其を諫めることによって中止となる。今のところその信憑性に關しては、暫く論じないでおく(45)。だが、周知のように、長樂宮で劉邦が死んだ時、喪を發せず大臣を誅することは、宮廷を據點として政府の大臣を攻撃する宮廷政變である。その時の衛尉は高帝功臣の酈商である。南軍を率い長樂宮および未央宮などの宮殿の守衛に責任を負う彼の反對によって、この事は中止になったのである。この事件は、呂后がまだ完全に宮廷を掌握できていなかったことを示しているが、一方、呂后が長樂宮を中心として、宮外の政府の大臣に對抗しようとしたことをも表している。惠帝が卽位し、呂后は劉澤を衛尉に任じて酈商に取って代わらせた。劉澤は劉邦の遠い親戚で、その妻は呂后の妹である呂須の女であり、劉と呂の二氏の親戚を兼ねるものである。その彼が長樂宮と未央宮の守衛を掌ることは、呂后が宮廷を掌握する大きな一歩となったといえる。ほぼ同時に、呂后は陳平を郎中令に任命し、王恬啓に取って代わらせた。陳平と劉邦集團のつきあいは深くない。彼は長い間絳灌らの長老功臣とは仲が悪かった。また彼は陰謀權術に長けていて、風向きによって態度を變えることが巧みで、終始宮廷に近く寵臣のような人物であった。『漢書』巻四十陳平傳によると、劉邦が死んだ時、陳平と周勃はともに燕國での軍中にあったが、劉邦の死を聞くや、一人すぐさま漢へ引き返した。途中で陳平と灌嬰を滎陽に駐屯させるという詔書を持った使者に逢ったが、陳平は詔書を受け取った後、任地へは赴かず、すぐに宮中に驅けつけ、棺の前で呂后に事を奏し、「因固請之、得宿衛中。太后以爲郎中令、日傅教帝。」と述べた。これによって陳平は劉邦の死後、迅速に呂后の信頼を得、宮廷を離れずに惠帝の身邊に從い努めることになった。陳平が郎中令に任じられたことで、陳平と呂后は互いに一歩接近したのである。惠帝五年末、丞相の曹參が死に、六年、陳平が左丞相になり、郎中令は馮無擇が引き繼いだ。『史記』巻十九惠景閒侯者年表によると、馮無擇は「以悼武王郎中、兵初起、從高祖起豐、攻雍丘、擊項籍、力戰、奉衛悼武王出滎陽、功侯。」とある。悼武王は呂后の兄の呂澤で、高帝の時より周呂侯に封じられていたが、呂后が王に封じた。馮無澤はもともと沛縣人で、劉邦集團の長老功臣であり、呂澤に長い間從い、呂后元年に博城侯に封じられた。明らかに、馮無擇は高帝功臣の中で極めて呂氏に近い一人で、彼が郎中令に任じられたのは呂后の宮廷政治における重要な布石である。

さて、漢代の宮廷権力機構と宮廷政治の形が完全に出來上がったのは、惠帝の死後であろうと考えられる。『史記』卷九呂太后本紀によると、惠帝が死んだ時、「發喪、太后哭、泣不下。留侯子張辟彊爲侍中、年十五、謂丞相曰、『太后獨有孝惠、今崩、哭不悲、君知其解乎。』丞相曰、『何解。』辟彊曰、『帝毋壯子、太后畏君等。君今請拜呂臺、呂產、呂祿爲將、將兵居南北軍、及諸呂皆入宮、居中用事、如此則太后心安、君等幸得脫禍矣。』丞相迺如辟彊計。太后說、其哭迺哀。呂氏權由此起。」という。『漢書』卷九十七外戚傳によると、張辟彊の策を受け入れたのは左丞相の陳平であった。彼は政治の上では用心深く呂后に迎合した。前述したように、漢代の宮廷京城の守衛は、だいたい二つの部分に分けられる。長安城內外の各宮城および宮內の殿門は、衛尉が南軍を率いて守衛し、長安城門およびその周邊、宮殿の外、城中は、中尉が北軍を率いて守衛する。惠帝以來、衛尉は常に呂氏の親戚の皇族である劉澤が受け持っていた(46)。呂后四年、劉澤は瑯琊王に封じられ、衛尉は衛無擇が引き繼いだ。衛無擇は高帝の功臣で、衛尉に任命された同年四月、呂后の封を受けて樂平侯になったことから見れば、呂后に信賴されていた人であろう。呂后元年になってから、南軍は呂祿が直接統率した。呂氏は各宮殿の出入りの守衛を直接掌握し、完全に宮廷を支配したというべきである。漢の中尉は常に功臣が引き受けており、惠帝の時にその役目に就いていたのは戚鰓であった。戚鰓は高帝の功臣で、高帝十一年二月に中尉の在任中に臨轅侯に封じられ、おそらく惠帝四年に死ぬまで中尉の任にあった。その後任ははっきり分かっていない。思うに、呂產は北軍を率いておそらく中尉の任も兼ねており、長安城內外の出入りの守衛を掌握して京城を抑えていた。その權限が及ぶのは宮廷の外衛だけでなく、直接城內の各政府機構、將相功臣らの宅にまでも及んでいたのである。そのため『史記』卷九呂太后本紀に、呂后の死後の長安の緊張した情勢を說明する敍述として、呂祿、呂產らについて、「各將兵居南北軍、皆呂氏之人。列侯群臣莫自堅命。」とあるのである。すなわち、長安城内の官僚功臣達は、呂氏が南北軍を支配していたため身の危険を感じ、身動きができなかったというのである。いわゆる「呂氏權由此起」とは、呂氏が直接、衞尉、中尉の任を受けて南北軍を掌握し、京城長安および各宮殿の守衞を支配し呂氏の權力膨張が始まったことをいったものである。

さて、南軍は宮城殿門の守衞にのみ責任を負っており、決して殿中と省內へは自由に出入りできなかった。殿中と省內、皇帝身邊の侍從と警備は、郎中令に率いられる郎官が責任を負っていた。そのため郎中令は當時の宮廷皇帝權の中心人物となるのである。惠帝の時、前述のとおり郎中令は呂氏と親しい陳平と馮無擇が相次いで任じられていた。呂后三年に馮無擇が死に、郎中令は賈壽によって引き繼がれた。賈壽に關することは、史書にほとんど記載がなく、彼が郎中令になった事は、『漢書』百官公卿表や『史記』漢興以來將相名臣表にも記されていない。(47)『史記』卷九呂太后本紀には、呂后七年八月、呂氏と大臣達の關係が極めて緊張し、呂產が北軍の指揮權を太尉の周勃に返して國へ歸ろうとした時、「郎中令賈壽使從齊來、因數產曰、『王不早之國、今雖欲行、尙可得邪。』具以灌嬰與齊楚合從、欲誅諸呂告產、廼促產急入宮。」と記されている。これを見ると、賈壽が呂氏の同黨であったことは疑う餘地もなく、郎中令になったのは、當然、呂氏政治の人事であろう。周知のように、惠帝の時、漢朝の政治は名義上は未央宮を中心として惠帝によって行われていたが、實質上は、呂后によって行われ、長樂宮が政治の中心であった。長樂宮にいる呂后は、その身邊の侍從の長を主に審食其に擔當させていた。審食其は高帝の功臣で沛縣人である。漢二年、呂后および劉邦の家族が項羽の軍中に人質となった際、審食其は舍人として從っていた。以來、常に呂后によって信任され、身邊で侍從をつかさどって側近中の側近となっていた。呂后元年、審食其は左丞相となったが、「左丞相不治事、令監宮中、如郎中令。食其故得幸太后、常用事、公卿皆因而決事。」(『史記』卷九呂太后本紀)とあることから、惠帝以來、郎中令という職務は呂后によって人選され制御されていたが、その職務は主に皇帝のいる未央宮に限られており、呂后のいる長樂宮は、呂后と最も親しい審食其によって司られていたことがわかる。彼のその職務は郎中令に相當し、政府の大臣と長樂宮との間の連絡に務める仲介役を果たした宮廷政治の中心人物だったのである。

呂后が女帝として天下に臨んでいたため、その出入りにおいて不便が多かった。當時の宮廷政治にとって缺かせないものは宦官である。『漢書』巻十九百官公卿表によると、宦官は少府および詹事の管理下にあった。惠帝・呂后期に詹事に任じられた者は不明だが、少府には高帝期からずっと陽城延が任じられた。彼は呂后元年に梧城侯に封じられている。陽城延は軍匠の出身で、長安城および長樂宮、未央宮などの各宮殿の建設を擔當しており、政治に多く關與しなかったようである。呂后に寵愛された宦官には大謁者張卿がおり、その活動は内は長樂宮と通じ、外は大臣から民間にまで及んだ。呂產と劉澤が王に封じられたのは、田生が張卿を説得し、張卿は大臣らにそれとなくほのめかして、大臣のほうから呂后に聞かせたためである（『史記』巻五十一荊燕世家）。高后八年四月、張卿は呂后によって建陵侯に封じられ、同時に、「諸中宦者令丞皆爲爵關内侯、食邑五百戶」というように宦官らに封賜を與える詔令も下された（『史記』巻九呂太后本紀）。張卿は、宦官の代表として呂后宮廷政治のもう一人の重要人物といえるだろう。漢代の宦官政治は、まさにこの時から始まったのである。

以上のことをまとめると、次のように言うことができる。漢代の宮廷政治は、惠帝期における呂后の政治關與に始まり、その宮廷政治機構の完成は、惠帝の死によって呂后が朝廷に臨み、稱制してから後のことである。呂后の宮廷權力機構は、呂后を中心として、主に三つの部分から成る。一、呂氏の家族を中心とする外戚集團。二、審食其を中心とする呂氏と親密な關係にある功臣集團。三、張卿を中心とする宦官集團。呂后宮廷は長樂宮を中心とし、長樂宮を通して皇帝のいる未央宮を制御し、そこから長安城および政府機構をも制御して、天下に號令を發していた。宮廷政治に關する大きな特徴は、宮内と宮外に嚴格な分斷があって、宮内の宮廷が政策や詔令を制定し、宮外の政府がそれを受けて施行することである。宮内宮外を分斷する關鍵は、衞尉と南軍であり、さらに殿内殿外を分斷する關鍵は、郎中令であった。

三　丞相の任と漢初軍功受益階層との關係

上述したように、前漢初年、漢王朝の政治權力は、皇帝を中心とする宮廷と丞相を中心とする政府の二つに大きく分けることができる。當時、宮廷皇帝權はいまだ形成段階にあり、漢王朝政治權力の重心は長い間丞相を中心とする政府に偏っていた。丞相の人選は、往々にして漢王朝政治の焦點となる。まずこの問題を檢討するために、前漢初年の丞相を整理して次の表を作成した[48]。

表六－1　高帝～景帝期間の丞相

	氏名	本籍地	爵位	階層	任期
高	蕭何	泗水沛	酇侯	軍層	高元年～惠二年七月卒
呂・惠	蕭何	泗水沛	酇侯	軍層	高元年～惠二年七月卒
	曹參	泗水沛	平陽侯	軍層	惠二年七月～惠五年八月卒
	王陵	泗水沛	安國侯	軍層	惠六年十月～呂元年十一月遷太傅
	陳平	陽戸牖	曲逆侯	軍層	惠六年十月～文二年十月卒
	審食其	泗水沛	辟陽侯	軍層	呂元年十一月～七年七月遷太傅 呂八年九月～後九月免

	呂産	碭單父	洨　侯	外戚—軍層二	呂　七年七月～　八年九月殺
文	周勃	泗水沛	絳　侯	軍層	文　元年十一月～　八月免 文　二年十一月～　三年十二月免
	灌嬰	碭睢陽	潁陰侯	軍層	文　三年十二月～　四年十二月卒
	張蒼	三川陽武	北平侯	軍層	文　四年正月～　後二年八月老免
	申屠嘉	三川梁	故安侯	軍層	文後二年八月～景　二年六月卒
景	申屠嘉	三川梁	故安侯	軍層	
	陶青	楚	開封侯	軍層二	景　二年八月～　七年六月免
	周亞夫	泗水沛	條　侯	軍層二	景　七年六月～　中三年九月免
	劉舍	楚	桃　侯	軍層二	景中三年九月～　後元年七月免
	衛綰	代	建陵侯	軍吏	景後元年八月～武建元元年六月免

この表より、漢初期の丞相は、諸呂の變に關った呂産を別とすれば、第一代の蕭何から第十代の申屠嘉まで、みな軍功受益階層の最上層、すなわち功臣列侯の第一世代であり、第十一代の陶青から第十三代の劉舍までは、みな功臣列侯の第二世代の出身であることがわかる。第十四代の衛綰以後、丞相ははじめて軍功受益階層出身者以外の人から任じられるようになったが、それは景帝末年のことであった。言い換えれば、前漢初年、高帝から景帝末年まで、丞相は功臣列侯が任じられるのが通例となっており、功臣列侯でないと丞相の任につくことはできなかったのである。

漢の初代丞相は蕭何であった。蕭何は沛縣の人で一族數十人を擧げて劉邦に従って沛縣で蜂起し、後に關中を守る制度を定めた。漢において萬世の功があり、漢初期の功勞評定では第一位に定められ、萬戸侯に封ぜられている。彼は劉邦集團の中核である豐沛元從集團の中心人物であった。[49]蕭何が終身丞相の座についたのは、彼が豐沛元從集團の第一の實力者として漢の初代丞相になったからである。漢の第二代の丞相は曹參であった。『漢書』巻三十九曹參傳によると、蕭何が死んだ時、齊國の丞相の任にあった曹參は、「蕭何薨、參聞之、告舍人趣治行、『吾且入相。』居無何、使者果召參。」とあるように、蕭何の訃報を知った後、丞相という職は自分以外にはないと確信し、詔令が着く前に公然とそう言いながら、都へ行く準備を始めた。曹參には何故、このような自信があったのか。周知のように、曹參は豐沛元從集團の中で蕭何と並ぶもう一人の中心人物である。曹參も沛縣の人であり、秦の時代、蕭何とともに沛縣の役人となり、同時に劉邦の沛での起兵に從い、劉邦と共に天下を定めた。史書ではよく、蕭曹と並稱される。この蕭曹という言葉は、やがて史書の中で劉邦集團の中核、つまり豐沛元從集團の長老を表現する代名詞となっていったのである。蕭何は文官であり、後方で主に政務を司っていた。曹參は長い間軍隊にいた百戰錬磨の人物であり、軍功からすれば列侯の第一番になるべきであるが、劉邦の個人的な口出しのため蕭何の下で第二位になった。(50) 前漢初年、嚴格な功勞原則によって論功行賞をし、位と職務を定めた。劉邦は皇帝の威力でむりやりに蕭何を第一としたが、それはやがて蕭何と曹參の不和をもたらし、功臣達も内心不服を募らせていくことになる。高帝六年以後、曹參は齊國の丞相となり、齊國をよく治めた。惠帝二年に蕭何が死去した時、軍功受益階層内に曹參と比べることができる經歷、功勞をもつ人は誰もいなかった。曹參が蕭何の職務を引繼ぎ丞相となったことは、軍功受益階層内の年功序列の當然の結論である。當時は軍功受益階層が政府を主導しており、功勞によって位と官職を定めた政治環境の下、この結論が漢朝内外、君臣上下の一致した共通の認識であったといえよう。曹參本人の自信の根源は、ここに求めるべきである。曹參が丞相の任に就いた時、軍功受益階層は完全に政府と漢朝政治を支配していたといえるだろう。

惠帝五年、曹參が丞相在任中に死ぬと、丞相という職務は二分され、呂后は右丞相に王陵、左丞相に陳平を任命した。王陵は沛縣人で、沛縣で從起したが劉邦が軍を率いて關中に入る時、南陽に留まって獨立したため、關中に入っていなかった。また劉邦の仇である雍齒とも親しく、そのため遲れて安國侯として封ぜられ、序列は第十二位であった。しかし、王陵はもと沛縣の豪族であり、劉邦は微賤なころ彼に兄事した。彼の母は項羽の軍中において人質として死んでいる。王陵は、義俠心があり意氣に任せてふるまい、豊沛元從集團の中でよく人望をあつめたもう一人の中心人物であった。彼は豊沛元從集團の長老として丞相に就任した。陳平は碭郡戶牖の人で、[51]初めは魏王の魏豹に仕え、後に項羽に仕えた。漢二年にようやく劉邦集團に參加したが、劉邦集團の中核と中堅とに深い關係を持っていなかった。彼は長い間豊沛元從集團と碭泗楚人集團の排斥を受けており、その智惠と權術のみをもって、劉邦個人に才能を買われ、劉邦集團の中で足元を固めた。漢初の序列は第四十七位にとどまっており、その經歷と實力から言えば、丞相に任じられるには全てが不足しているといえる。しかし、前述したように、陳平は知惠が深く機轉がきき、時機を判斷し情勢を推し量ることに秀でていた。劉邦の死後、彼は迅速に呂后の信賴を得て、宮廷に密着した官である郎中令に任じられた。呂后は丞相を二分し、その右丞相を豊沛元從集團の實力者である長老の王陵に擔當させた。これは昔の慣例に從ったのである。その左丞相を呂氏に親しい功臣の陳平に擔當させたのは、その裏面において政府權力に浸透しようという宮廷皇帝權の意圖があったことは否認できないとはいえ、昔の慣例にも背いていなかった。高后元年、王陵は呂后が諸呂を王とすることに反對したため、丞相の任を解かれ太傅に左遷された。陳平は右丞相に昇任し、審食其を左丞相に任じた。審食其は豊沛元從集團の長老で、軍功受益階層の中で呂氏に親しい勢力の代表的人物でもあり、彼が陳平と共に丞相に任じられたのは、政府權力に對する宮廷皇帝權の介入を示すことでもあるが、依然として慣例の内にとどまったものであった。『史記』卷九呂太后本紀によれば、高后八年七月、呂后が死に、「以呂王産爲相國。」「以左丞相審食其爲帝太傅。」とある。呂産は呂后の兄呂澤の子で、呂后元年汶侯に、六年呂王に封ぜられ、七年に梁王となった。呂后元年より南軍を主管し、宮廷の警備に責任を負っていた。功勞のない呂氏一族が侯に封じられ、王となったことは、劉邦と大臣たちとで結ばれた白馬の盟に背くことであるので、呂氏の宮廷と政府の功臣との間で緊張が引き起こされていた[52]。呂后の在位中は、呂后の主宰と陳平の調和によって、兩者の間に波風が立たぬよう相互に自制させることができた。しかし呂后が死に、呂産が何の功労もなしに外戚として丞相の任につくと、これが功臣列侯より丞相を選任するという漢建國以來の政治慣例を打ち破り、宮廷と政府間の微妙な政治均衡を破壊するものであったため、功臣らが政變を發動する契機になったのである。故に『史記』巻五十七絳侯世家に「呂祿以趙王爲漢上將軍、呂産以呂王爲漢相國、秉漢權、欲危劉氏。勃爲太尉、不得入軍門。陳平爲丞相、不得任事。於是勃與平謀、卒誅諸呂而立孝文皇帝。」とある。まさにこのために、呂産は前漢初年で唯一誅殺に遭った丞相となった。呂后八年八月、呂産と諸呂は誅された。九月、審食其が再び左丞相となり、後九月、代王一行が長安に着いた。

文帝元年十月、文帝が卽位した。文帝が卽位できたのは功臣達の推擧によるもので、その卽位後、宮廷と政府は再び分かれ、功臣列侯から丞相に任命する政治的慣例も復活したのである。元年十月、太尉の周勃は右丞相となり、右丞相の陳平は左丞相となった。八月、周勃は右丞相を罷免され、漢の丞相は再び一人の專任に戻った。二年十月、陳平が死ぬと、十一月、周勃がその任を引き繼ぎ、三年十一月になって罷免され、灌嬰が繼いで任じられた。彼は四年十二月に死ぬまで、その官に就いていたのである。周勃は沛縣の人で、劉邦に從って天下を定め、絳侯に封じられ太尉となり、功臣の中では第四の地位に序されており、豐沛元從集團の長老の一人であった。しかし、おそらく彼は劉邦に從起した時は若く、蕭何、曹參、王陵、夏侯嬰などのように劉邦の同年代の舊友ではなかったと思われ、史書ではよく彼と少年將軍灌嬰の名を並擧し、絳灌の屬という。この名稱は蕭何、曹參より若い世代の豐沛および碭泗集團の功臣長老を指す言葉になる。周勃が右丞相となったのは、陳平がその地位を讓ったからである。『漢書』巻四十陳平傳によると、「文帝初立、怪平病、問之。平曰、『高帝時、勃功不如臣、及誅諸呂、臣功也不如勃、願以相讓勃。』

於是上乃以勃爲丞相、位第一、平徙爲左丞相、位第二。」とある。當時、漢の功臣達の勢力は膨張し、功勞によって地位が定められ、年功序列的な風潮が再び盛んになっていた。陳平は自らの功勞の不足を考慮し、一旦退いて次の進展を謀った。周勃は人となり朴訥で吏事を好まず、またその高い功勞は文帝に脅威を感じさせたため、ついに自分の領地に歸らされ、かわって灌嬰が丞相に任じられたのである。灌嬰は碭郡睢陽の人で、少年の時に碭で劉邦に從い、功によって潁陰侯に封じられ、功臣の中では第九位に序せられた。彼は碭泗楚人集團の名將で、劉邦集團の中で周勃と名を並べていた。文帝四年、灌嬰が在任中に死ぬと、丞相は張蒼に引き繼がれた。張蒼は三川郡陽武の人で、舊秦の御史であったが、秦二世三年に劉邦に從い、功によって北平侯に封じられ、序列は第六十五位であった。張蒼は文帝後二年に至るまでの十五年間丞相を務め、年老いて任を解かれた。その後任には申屠嘉が任じられた。申屠嘉は梁の人で、劉邦に從って蜀漢に入った古い部下ではなく、楚漢戰爭中に士卒として劉邦集團に加入した人である。初めは材官蹶張として、後に昇進して隊長となり、高帝末年には都尉に、惠帝の時に淮陽守に昇進、文帝元年に關內侯に封じられ、十六年に御史大夫になった。申屠嘉の經歷は、軍功受益階層における下層部の普通兵士が、年月を經て功勞を積み、一歩一歩昇進してついに頂點まで昇りつめた典型を示している。『漢書』巻四十二申屠嘉傳によれば、「張蒼免相、文帝以皇后弟竇廣國賢有行、欲相之、曰、『恐天下以吾私廣國。』久念不可。而高帝時大臣餘見無可者、及以御史大夫嘉爲丞相、因故邑封爲故安侯。」とある。漢の初めから文帝の後元まですでに四十年餘りが過ぎ、軍功受益階層の第一世代はほとんどいなくなったり老齢となったため、健在で職務をよくする者は多くなかった。文帝は功臣列侯から丞相を任じる慣例を變えようとしていたがやはり出來ず、依然として功臣の中から選任した。申屠嘉は景帝二年に死に、第一世代の功臣で健在な者はいなくなった。慣例にそって、功臣列侯の第二世代が丞相の任についた。陶靑は、功臣である開封侯の陶舍の子である。周亞夫は、周勃の子である。劉舍は、功臣である桃侯の劉襄の子である。景帝の後元元年に初めて軍功受益階層の出身でない衞綰が丞相に任ぜられた。衞綰は代の人で、郎として文帝に仕え、中郎將に昇進した。景帝の初めには河間王の太傅になっている。吳楚七國の亂を平定した軍功があって中尉になり、建陵侯に封ぜられ、後に太子太傅、御史大夫になった。彼は、いわゆる軍吏と近臣を合わせた類型の人物だったといえる。(53)筆者がさきに論じたように、漢初軍功受益階層による漢朝政治の支配は、だいたいが景帝の時に失われており、(54)衞綰が丞相に任命されたのはまさに軍功受益階層の影響力が漢代政治の中で消失したことを示すものであった。

以上述べたことから、漢初期の丞相の任については、丞相が功臣列侯の中から選拔して任命されるという、明文化されていない法規があったことが明らかであろう。この法規は故事慣例の形式で存在し、明確かつ強い規制力があるので、君臣雙方ともみなそれに違反することはできなかった。侯でなければ丞相になれないというこの慣例と、功臣でないものは侯になれないという白馬の盟とは兩者一體であり、兩者の內容は完全に一致する。これは漢朝政府における軍功受益階層の支配權を保證するものである。言うまでもなくこれに對するのは、宮廷皇帝權および諸侯王國に對する劉氏皇族の支配權、つまり劉氏でないものは王になれない、劉氏しか天子となれないという白馬の盟辭に明文化されたことである。(55)前漢初年、丞相という職は、皇族と軍功受益階層の間を均衡させ政治のバランスをとる關鍵であった。その人選は、功臣列侯でなければ丞相になれないという慣例を維持すると同時に、皇帝權の交替、變動によって功臣の中から調整して選任されたのである。(56)

第三節　文帝政治と漢初軍功受益階層

一　文帝即位と代國舊臣

紀元前一七九年、代王の劉恆は長安の代王邸で漢の皇帝位についた。これが文帝である。劉恆は劉邦の息子として、高帝十一年に代王となった。當時の年齢はわずか八歳だったため(57)、政務は代相である傅寛が執り行った。傅寛は碭泗楚人集團の長老功臣で、碭郡横陽で從起し、功勞によって陽陵侯に封じられた。功臣の中では十番目にその名がある。傅寛はまず齊相に任じられ、高帝十一年に代相となり、惠帝五年に亡くなった。傅寛以降の代相については、史書にその名が記載されていない(58)。文帝は即位した時すでに二十三歳になっており、高帝末年から惠帝呂后の時代まで少なくとも十七年間代王であった。この長い間彼はしっかりと代國を支配しており、代國の宮廷機關と政府機關も缺けるところなく完備された。文帝が長安に入る前、代國の君臣達が入京して即位することの可否を討論した時、郎中令の張武を筆頭に多數の大臣が反對し、中尉の宋昌だけが贊成した。文帝は迷った末に占ってみたところ吉兆と出たので、叔父の薄昭を長安に遣わし大臣と協議させ、入京して即位することを決めたのである。代國宮廷機關とその政府機關の構成およびその方策の進め方には、おおむね一つのはっきりとした骨組みが見て取れる。

『漢書』巻四文帝紀によれば、文帝が代國から長安に行き即位しようとする時、「乃令宋昌驂乘、張武等六人乘六乘傳詣長安。」という。まず高陵に至って留まり、宋昌を遣わし長安で動靜を窺わせておいた。宋昌の報告を受けた後、文帝一行は渭橋に至って漢朝群臣の拜謁を受けた。その時、「太尉勃進曰、『願請間。』宋昌曰、『所言公、公言之。所言私、王者無私。』太尉勃乃跪上天子璽。代王謝曰、『至邸而議之。』」とあり、高后八年後九月末日己酉、長安に入り、代王邸に到着し、群臣の推戴を受けて皇帝の位についた。當日の夕方未央宮に入り、夜に宋昌を衞將軍に任命し、南北軍を鎭撫させた。張武は郎中令を任命され、宮殿の中で護衞にあたった。それから詔を下して天下に大赦し、即位を宣布したのである。

上述した文帝即位の一連の行動を通じて、代國舊臣は終始文帝の周圍をとりまく重要な役割を果たしており、文帝の即位と同時に代國舊臣を中心として、新しい漢朝宮廷がすでに形成されていることが明らかである。前述したように、漢朝宮廷の構成は、郎中令と衞尉が最も肝要な職務となっている。郎中令は郎官を率いて皇帝身邊の警備および宮内の警備を務めているため、腹心のものでないと任につけることができないのである。ところが張武の出身は不明である。筆者もすでに論及したが、文帝の代國舊臣達の出身について言えば、およそ二種類のタイプに分かれる。一つは高帝の舊部下からなるもので、つまり軍功受益階層の出身者であり、前述の代相の傅寬と後に取り上げる中尉の宋昌がそれである。もう一つは文帝に擧用された代國在地の士人である。たとえば、前述した景帝末年の丞相の衞綰は代國の人で、戲車で郎として文帝に仕え、代國から同行して長安に至り、中郎將に遷って郎中令の張武に屬した。張武は衞綰と同じタイプであろうと考えられる(59)。文帝が代にいた時、張武は郎中令として文帝の政策決定に參與し、文帝即位の當日、代國郎中令から漢朝の郎中令に任命された。文帝在位期間、張武は變わることなく郎中令として二十三年間在職し、文帝が亡くなった時は、郎中令でありながらなおも復土將軍として文帝の陵墓葬事をつかさどった。彼はその人生を終始文帝とともにしていた。『漢書』巻四文帝紀賛によれば、「張武等受賂金錢、覺、更加賞賜、以媿其心。」とある。ここで述べているのは武帝の仁德であるが、しかし文帝と張武との親密な關係もはっきりと見ることができる。漢朝宮廷のもう一つの關鍵となる職務は、宮城殿門の警備にあたる衞尉で、この職務も文帝の信頼のない者には任じられない要職であった。宋昌は項羽に殺された楚將宋義の孫で、『史記』巻十九惠景間侯者年表によれば、宋昌は「以家吏從高祖起山東、以都尉從守滎陽、食邑。」とある。宋昌は高帝の時すでに都尉として爵と食邑を受けており、おそらく傅寬の舊部下であり、代國で文帝の信任を得て代國の中尉に任じられ、文帝の腹心となったものであろう。宋昌は文帝に入京を勸めた人物で、文帝元年四月、功をもって壯武侯に封じられた。文帝卽位の夜、宋昌が衞將軍に任命され、南北軍の統率に務めた。前述したように、漢初期の南軍は、衞尉が率いて宮城殿門の守衞にあたり、北軍は中尉が率いて京城の守衞にあたるのである。(60) 當時、漢の衞尉に足がおり、高帝の舊部下であった。中尉は誰か比定できないが、あるいは宋昌が兼任していたのかもしれない。文帝卽位の時、腹心の代國舊臣の張武、宋昌がそれぞれ郎中令、衞將軍に任命され南北軍を率いたことは、文帝が完全に漢の宮廷を制御していたことを意味している。『漢書』巻四文帝紀によれば、文帝元年六月、「乃修代來功。詔曰、『方大臣誅諸呂迎朕、朕狐疑、皆止朕、唯中尉宋昌勸朕、朕以得保宗廟。已尊昌爲衞將軍、其封昌爲壯武侯。諸從朕六人、官皆至九卿。』」とある。前引したように、文帝が代から長安で卽位した時、「乃令宋昌驂乘、張武等六人乘六乘傳詣長安。」とある。文帝について代國から長安にきた代國の舊臣には、重要な者が六人いた。彼らは皆漢の九卿に任ぜられ、その中で名前が判明する者は、宋昌以外には郎中令の張武だけである。

　文帝の代國舊臣の中に、もう一人重要人物がいる。すなわち外戚の薄昭である。薄昭は文帝の母薄太后の弟で、『史記』巻十九惠景間侯者年表によれば、薄昭は「高帝十年爲郎、從軍、十七歲爲太中大夫、迎孝文代、用車騎將軍迎太后、侯、萬戶。」とある。これより、薄昭は高帝の末年にはすでに郎として從軍しており、劉邦の死後、文帝母子をともない代國へ行き、代王の十七年、太中大夫をもって使者として長安において漢大臣と文帝卽位のことを協議した。文帝卽位後は、車騎將軍となって軹侯に封じられた。彼は禁中に出入りし、長樂宮にいる太后と未央宮にいる皇帝の兩者の間で政務を執る要人であった。『漢書』巻四十四淮南王傳に、文帝の時、淮南王の劉長は横暴にも法に従わず、「自薄太后及太子諸大臣皆憚厲王。」「薄昭爲將軍、尊重、上令昭予厲王書諫數之。」とあり、また、丞相周勃は謀反の罪におとされて投獄されたが、薄昭を通して太后に請い免罪され出獄することができた。これらのことは、彼が宮廷政治の中心において政治活動を行っていることを示す格好な例であると思われる。

要するに、文帝が長期にわたり代國を統治していたため、完璧な代國政權組織がすでにできあがっていた。彼は漢に入り皇帝の位についた後、代國舊臣を中心とした新しい漢朝宮廷機構をつくり、さらにこれを基礎として、一歩一歩漢朝政權に對する支配を確立していった。文帝の生涯について見ると、彼は終始代國の臣民に恩惠を與えている。文帝二年、皇子劉武が代王として立ち、後に改めて皇子劉參が立った。三年、「幸太原、見故群臣、皆賜之。擧功行賞、諸民里賜牛酒。復晉陽、中都民三歳租。留遊太原十餘日。」とある。また十一年十一月「行幸代」、正月まで二ヶ月近く滞在している。その後、後元三年、五年に二回代國へ赴いているが、これらはみな自らの發祥地に特別な恩惠を與えるという文帝の思いを示すことであるといえよう。

二　「列侯之國」と侯國移轉

『漢書』巻四文帝紀には、二年冬十月、詔して曰く、「朕聞古者諸侯建國千餘、各守其地、以時入貢、民不勞苦、上下驩欣、靡有違德。今列侯多居長安、邑遠、吏卒給輸費苦、而列侯亦無繇教訓其民。其令列侯之國、爲吏及詔所止者、遣太子。」とある。これは有名な列侯歸國詔である。漢初の列侯はみな、長安に侯邸を持っており、家族をともなって京城に暮らしているものが多かった。諸列侯の封國は、漢朝の直轄郡にも王國にもあり、遠いものは長安からは數千里離れている。侯國の政務は列侯が委任する家吏によって管理され、侯國で納附された租税貢賦、その徭役の提供なども、長安の侯邸まで送るのは大變不便であった[61]。故にこの詔は「吏卒給輸費苦、而列侯也無繇教訓其民。」ということを、列侯歸國の二大理由として擧げている。しかし、列侯が長安に住むのは漢以來の慣例で、高帝、惠帝、呂后三朝には全てそれを踏襲していた。文帝が强制的に列侯を歸國させることについて上述した行政管理の理由を擧げたが、それは表面上の口實に過ぎず、その眞の理由は政治上にあったと思われる。

周知のように、代王だった文帝が皇帝を引き繼いだのは、漢朝の大臣達が呂氏を滅ぼしてから自らの政治的利益に基づいて劉氏諸王の中で最善の選擇を行ったからである[62]。當初、文帝とその代國の臣下は擁立のため迎えにくる漢朝の大臣達を決して信用していなかった。『史記』巻十文帝紀によれば、諸呂の變の後、丞相陳平、太尉周勃らは使者を派遣し代王を迎えさせたが、郎中令の張武をはじめ多數の代の大臣達はみなこれに反對した。彼らは議論を交わして「漢大臣皆故高帝時大將、習兵、多謀詐、此其屬意非止此也、特畏高帝、呂太后威耳。今已誅諸呂、新啑血京師、此以迎大王爲名、實不可信。願大王稱疾毋往、以觀其變。」といい、長安でクーデターを起こした高帝功臣に對して不信感をあらわにした。その後、文帝が軍功受益階層出身の代國大臣、すなわち中尉宋昌の意見を受け入れ、ようやく入京して漢の皇帝位につくことになった。しかし彼は生涯を終えるまで代國舊臣に頼り、彼らを腹心として宮廷を治めさせ、高帝功臣達との間にかなりの距離を保っていた。

漢初の功臣列侯らは、軍功受益階層の代表である。諸呂の變は、とりわけ呂氏を中心とする宮廷政治勢力と軍功受益階層の政治勢力が衝突した結果であり、列侯大臣達が行ったクーデターである[63]。この政變が成功したのは、列侯達が京城に住んでおり、互いに連絡を取り合えることと密接にかかわっていた。『漢書』巻四十三陸賈傳によれば、政變で最も重要な役割を果たしたのは太尉の周勃と丞相の陳平であり、この二人を連携させて共同行動を可能にしたのは、策士の陸賈が周、陳兩家の邸宅の間を行き來して連絡していたためである。政變が成功したもう一つの要因は、周勃が北軍を掌握できたことにある。『漢書』巻四十一酈商傳によると、當時北軍は呂祿が掌握しており、周勃はそこに入ることができなかった。呂祿は高帝功臣の曲周侯酈商の子である酈寄と仲がよかったので、周勃らは酈商を說得して酈寄に呂祿をだましておびきださせ、周勃はその機に乘じて北軍に入った。文帝が卽位直後に、すぐに代國舊臣を遣わして宮廷と京城の守備を掌握させたのは、列侯功臣達が嚴重に警備された長安城において呂氏の手から南北軍を奪い返し、武力をもって宮中へ攻め入ったことを思いおこすと安心できなかったためであろう。彼らがなお長安城に集中して住み續ければ、舊事を二度繰り返す可能性はまったくないとはいいきれない。文帝にとっては、列侯を都から離して歸國させることができれば、諸呂の變の二の舞を防ぎ、宮廷皇帝權の安定が得られるだけでなく、これによって膨張しすぎた軍功受益階層の勢力を制御し、新政局のバランスと安定を保つのにも有効だったのである。

列侯歸國策は、賈誼が提出したものである。『漢書』巻四十八賈誼傳に、文帝初のこととして「諸法令所更定、及列侯就國、其說皆誼發之。」とある。筆者の研究によれば、文帝の時、列侯歸國策が實行されると同時に、諸侯王國の中に封じられていた侯國を漢の直轄郡に移轉させるという侯國移轉策も實行された。この侯國移轉策は列侯歸國策と共に賈誼により提出されたため、兩者の內容も密接に關連していることがわかる。(64) 列侯歸國策の實行によって都の列侯功臣達は長安を離れざるをえず、次々に帝國各地の侯國へと移り住んだ。彼らは政治の中心である長安から遠ざかり、一つずつ分散させられて僻遠の小國封君に變わり、漢朝中央政治に對する影響力はほとんど消えた。こうして文帝宮廷の脅威となる膨張しすぎた軍功受益階層の勢力は、自然に弱まっていったのである。列侯がもし長安を離れたくなければ、朝廷で職につくか、あるいは特別な許可を得なければならない。しかし、在留の許可權は皇帝にあり、このことがまた皇帝權力を强化していった。さらに、侯國移轉策の施行により、王國領土に散在していた侯國はみな漢の直轄郡に移され、漢朝の列侯および侯國に對する管理と掌握は容易になったことも明らかである。

周勃の例をあげ、これを説明してみよう。周勃は軍功受益階層の中核である豐沛元從集團の長老の一人であり、諸呂の變の時、北軍を率いて皇宮を攻撃し、皇帝璽をもって渭橋に代王を迎えるという事件の最大の功勞者だった。文帝の卽位後、彼は第一の功勞により陳平に取って代わり、右丞相に就任し、さらに一萬戸を益封され金五千斤を賜り、その息子も公主を娶った。『漢書』卷四十九爰盎傳によれば、「絳侯爲丞相、朝罷趨出、意得甚。上禮之恭、常目送之。」とあり、その富貴は絶頂に達して、その高い功勞は主君を恐れさせるほどとなった。文帝三年十一月後、周勃は文帝の命により辭職させられ、長安を離れ、自分の封國の絳國に歸った。『漢書』卷四十周勃傳によれば、周勃が國に歸って後、「歳餘、每河東守尉行縣至絳、絳侯勃自畏恐誅、常備甲、令家人持兵以見。」云々とある。絳國は漢の河東郡境内に位置し、周勃が國へ歸って後、漢の河東郡守郡尉が郡内の各地を巡視して絳に至ると、周勃は震え上がり恐れおののいたが、ついには謀反として訴えられ、入獄して取り調べを受けることになってしまった。權勢の頂點を極めた長安での彼の狀況と比べてみると、その落差は歷然としている。周勃だけでなく、他の列侯達も歸國後、政治的に無力であり、漢政府から嚴密な監視を受けていたことがわかる。文帝の母薄太后が周勃の逮捕に立腹し、文帝に「絳侯綰皇帝璽、將兵于北軍、不以此時反、今居一小縣、故欲反邪。」と言ったことも、列侯らが長安にいた時と彼らが歸國してから後とでは、政治的影響力がまったく違うことを裏づけている。

三　賈誼の左遷と新舊の政治勢力の對立

列侯歸國策と侯國移轉策の實行が、列侯達の强烈な抵抗にあったことは充分に推測できることであろう。『漢書』卷四文帝紀によれば、三年十一月、文帝は第二回の列侯歸國令を下した。その詔には、「前日詔遣列侯之國、辭未行。丞相朕之所重、其爲朕率列侯之國。」とある。第一回の列侯歸國令を發布した文帝二年の十月から、すでに一年餘り經っているのに、都にいる列侯達はいまだに歸國していないという深刻な事情に對して、文帝は再び詔令を發布して彼らに都を去るよう催促した。丞相の周勃を解任し卽時歸國させて率先垂範の役割を示させもした。しかし一方では、侯國移轉策の執行もまた順調にはいかず、『漢書』卷四十四淮南王傳に載せる薄昭が劉長に送った書にある「皇帝初卽位、易侯邑在淮南者、大王不肯。」という內容から見れば、それに對する諸侯王の抵抗もかなりあったことがわかる。周勃は文帝三年十二月に解任され、京城長安を離れて封國の絳國に歸っている。その他の列侯は周勃の例を目の前にして、しかたなく都を離れ、遠い彼らの國へ赴いたのだろう。列侯歸國令は文帝在位期間中ずっと施行されており、景帝後二年にようやく解除された[65]。また、文帝は優遇條件を與えて各諸侯王に補塡を行うことでようやく侯國移轉策を實現した。前に引用した薄昭が劉長に送った書にまた「皇帝卒易之、使大王得三縣之實、甚厚。」とある。これは淮南國內にある侯國を漢郡に移轉させることにより、淮南國が三つの縣の實益をえたことを强調するのである。筆者の硏究によれば、當時の百六十以上の侯國において移轉したことが確實なのは、少なくとも馬王堆漢墓の主人で長沙王國丞相であった軑侯利倉の封國の軑國、および漢の初代丞相に任ぜられた酇侯蕭何の封國の酇國であるが、他の諸侯王國の中にある侯國も、おそらく移轉させられただろうと考えられる[66]。

賈誼の策は、漢朝の宮廷皇帝權を强める役割を果たしたので、文帝は賈誼の才能を買って重用しようとした。しかし、賈誼の策は、軍功受益階層の利益に深刻な損害を與えたので、賈誼自身もまた軍功受益階層の攻擊對象となった。『漢書』卷四十八賈誼傳によれば、「是天子議以誼任公卿之位、絳灌東陽侯馮敬之屬盡害之、乃毀誼曰、『洛陽之人、年少初學、專欲擅權、紛亂諸事。』於是天子後亦疏之、不用其議、以誼爲長沙王太傅。」とある。ここで賈誼を攻擊した人について調べてみると、絳とは絳侯の周勃、灌とは潁陰侯の灌嬰、東陽侯とは大將軍の張相如である。馮敬は、秦の將軍である馮無懌の子であり、最初は魏王の魏豹に仕え、漢二年韓信が魏を破った時漢に投降し漢將となった。

文帝の時、まず典客、後に御史大夫となった。[67] 以上四人がみな漢初軍功受益階層の代表的人物で、史書にこの四人の名を並擧しているのは、概括的に高帝功臣らを表現しているにすぎないのである。同じことについて、『漢書』巻二十二禮樂志に「而大臣絳灌之屬害之、故其議遂寢。」と記されている。つまり、絳灌というもっと簡潔な略語をつかって高帝功臣達を表している。賈誼が長安を離れ、長沙國で王國相に就任したのは、文帝三年のことである。これ以後、賈誼は漢朝中央政治を離れ、政治上追放された。

司馬遷は屈原と賈誼の列傳を合わせて書き、賈誼が讒言阿諛を受けて不幸な運命に陥って以來人々は彼の左遷はこの世にあってはならなかったこととして憐れんだ、と傳えている。[68] 班固は賈誼傳贊において劉向の言葉を引用し、「賈誼言三代與秦治亂之意、其論甚美、通達國禮、雖古之伊管未能遠過也。使時見用、功化必盛。爲庸臣所害、甚可悼痛。」と感情の色を甚だしく露している。宋代の著名な文學者蘇東坡は「賈誼論」において賈誼の左遷について論及して「若賈生者、非漢文之不能用生、生不能用漢文也。夫絳侯親握天子璽而授之文帝、灌嬰連兵數十萬以決劉、呂雌雄、又皆高帝之舊將、此其君臣相得之分、豈特父子骨肉手足哉。賈生、洛陽之少年、欲使其一朝之間儘棄其舊而謀其新、也已難矣。[69]」といい、賈誼が政治上うまくいかなかったのは、人間關係において新舊の調和をうまくとれず、事をおこすにも急ぎすぎたからだとしている。東坡の意見は史實によって發せられているもので、要點を衝いた感があるが、しかし依然として歴史の眞實に到達していない。文帝初年の政局において、高帝功臣達が舊であるのはもちろん誤りではない。しかし代國舊臣が新であり、さらに賈誼が舊に嫌われると同時に、新にも好まれなかったことを、蘇東坡は見落していると言えよう。

すでに筆者が論じたように、文帝初年の漢朝政局は、漢朝宮廷、漢朝政府と諸侯王國の三者の間での微妙なバランスをとっていた。文帝は代王より皇帝を引き繼ぎ、代國舊臣によって漢朝宮廷を再建した。その即位の初め、政治上の最大の課題は、内には宮廷を據點とし、外には諸侯王國を援助として强大になりすぎた軍功受益階層を抑制し政治のバランスと政權の安定を求めることであった。(70) 賈誼は軍功受益階層の出身ではなく、また代國舊臣でもない。彼が文帝に仕えたのは吳公の推薦によってであった。吳公は當時の新興政治勢力である法吏集團の代表的人物で、(71) 河南守から廷尉に昇任したばかりで、漢朝中央における新舊二大主流政治集團とはあまり關係がなかった。賈誼が文帝から寵愛をうけたのは、卓越した見解と才能が文帝に評價され、彼が考案した皇帝權强化策も文帝宮廷の利益と合致したからである。賈誼と文帝宮廷の中核である代國舊臣との關係については、史書に明らかな記載はない。しかし、薄昭、宋昌、張武ら代國舊臣の行動からみれば、高帝功臣に對しては畏敬の念を表し愼重にふるまうことが多かったようである。賈誼は弱年にして傲り、文帝が立ってまだ安定していない時に急進的かつ大規模な改制を主張したため、彼らの支持は得難く、かえって反感を引き起こしやすかったであろう。『漢書』巻四十八賈誼傳の「是時、誼年二十餘、最爲少、每詔令議下、諸老先生未能言、誼盡爲之對。」という記述は、世事にまだ慣れておらず、おごり高ぶる青年才子の姿を彷彿とさせる。賈誼はいくつかの上疏においても次々と「毋動」「毋爲」と主張する消極的な人々を激しく非難した。このような人々はみな政治安定と新舊調和を大事にする文帝身邊の「進計者」、すなわち愼重かつ保守的な政策策定者であった。(72) このような賈誼と打ち解けなかった人々の中に、代國舊臣達が含まれていたのかもしれない。まさにこれにより、賈誼は人間關係で新舊二大主流政治集團から孤立してしまい、その行いが軍功受益階層に嫌われるだけではなく、代國舊臣の支持を得ることもできなかったのである。ただ文帝個人の評價にたよって複雑な漢朝中央政治に足場を固めるのは、きわめて難しいことではなかったかと思う。

賈誼が長安を出て長沙王國相に就任したのは、文帝三年のことである。周勃が丞相を罷免され列侯に率先して國へ歸ったのも、同じ年のことである。考えてみると、この二つの事件が同時におこったのは、決して偶然ではない。文帝が第二回目の列侯歸國令を發布すると同時に、列侯歸國策の發案者を左遷して遠方に追放したのは、當時の長安の微妙な政治形勢がもたらしたことであると思われる。列侯歸國策の實行により、文帝宮廷と軍功受益階層との間には政治的緊張が引き起こされた。兩者は互いにゆずらず對立しており、政令の推行ができず膠着狀態となる。そして、文帝宮廷は賈誼を放逐して長沙に出す一方、周勃を解任して絳國に歸國させるという打開策を打ち出した。これによって政治上の膠着狀態を打開し、宮廷と政府間の緊張を緩和し、政治危機をまぬがれたのである。言い換えれば、賈誼の左遷は當時の政治情勢、とりわけ宮廷（新）と政府（舊）間の對立によって決められたのである。このような新舊對立の政治構造が存在している限り、その意見は聞きいれられ、その策は用いられたとしても、登用は困難であったという賈誼の不幸な運命を改變することはとても難しいことであっただろう。賈誼は長沙王國相を四年務めた。文帝六年、文帝は賈誼のことを思い召し出した。長安にいたり、未央宮の宣室にて夜遲くまで語った。話し終えて、文帝は感嘆し「吾久不見賈生、自以爲過之、今不及也。」といった。しかし、文帝は依然として賈誼を長安へ留めておくことができず、賈誼を少子梁懷王の太傅に拜し、たびたび使者を遣わして國事について尋ねている。文帝十一年、梁懷王は馬から落ちて死に、翌年、賈誼は悲嘆のなかで死んだ。年はわずかに三十三才であった。蘇東坡は前引の「賈誼論」で賈誼の一生を評價し、賈誼の人柄について「賈生志大而量小、才有餘而識不足也。」と論じている。蘇東坡は文學者として個人の才能と識見から議論を起こすことに優れており、その賈誼評價は卓越した見解といえる。しかし、彼の漢代の新舊政治勢力についての分析は、見落とした點があり不十分に終わってしまっている。その隱微な部分を明らかにするためには歴史家の登場を待たなければならないのである。

第四節　景帝政治と漢初軍功受益階層

漢の景帝は紀元前一五四年に即位し紀元前一四一年に死ぬまで、十六年間在位した。考えるに、文帝期が前漢初年において政治轉換が著しく行われた時期であるとするならば、景帝期はその政治轉換の完成した時期であるといえよう。本書の第二章にすでに論及したが、高帝と惠帝呂后の間は、軍功受益階層が漢帝國の政治を全面的に支配していた。統計數字からみれば、三公九卿、王國相および郡の太守に軍功受益階層出身者が占める割合は、それぞれ九六%と八一%に達している。文帝期になると、その割合は五十%にまで落ち、衰退の傾向が明らかに現れてくる。景帝の時代にはそれが三十%までに下がり、その支配的地位を失ってしまった。この變化の動きに伴い、いくつかの新しい政治集團が出現し、軍功受益階層の衰退によって出てきた空白を次第に埋めていった。その中で注目されるのは法吏集團と軍吏集團である。

一　法吏集團の興隆

秦漢帝國の制度は、法家思想の指導のもとでできたものである。帝國の運營は、執法官吏の法律操作に賴って、嚴密な法制を中心として行われていた。法吏とは、法律、すなわち律令の章程に精通することによって昇進する官僚である。この法吏集團について詳細に檢討するために、前漢初年の各種の主要官僚に關する統計表、すなわち筆者がつくった「高帝－武帝期　三公九卿・王國相・郡太守表」(本書の附錄三)の統計をもとに、法吏だけを取り出したのが次の表である。

表六－2　高帝－武帝期　三公九卿・郡太守・王國相に法吏出身者の占める比率

	高帝	惠呂	文帝	景帝	武初	武中	武後
三公九卿——	0	0	33	25	24	26	34
郡　守……	0	10	10	38	19	38	50
王國相-・・-	0	0	0	9	0	17	0
合　計——	0	2	21	23	20	30	40

表六－3　高帝－武帝期　三公九卿・王國相・郡太守に法吏出身者の占める比率變動軌跡

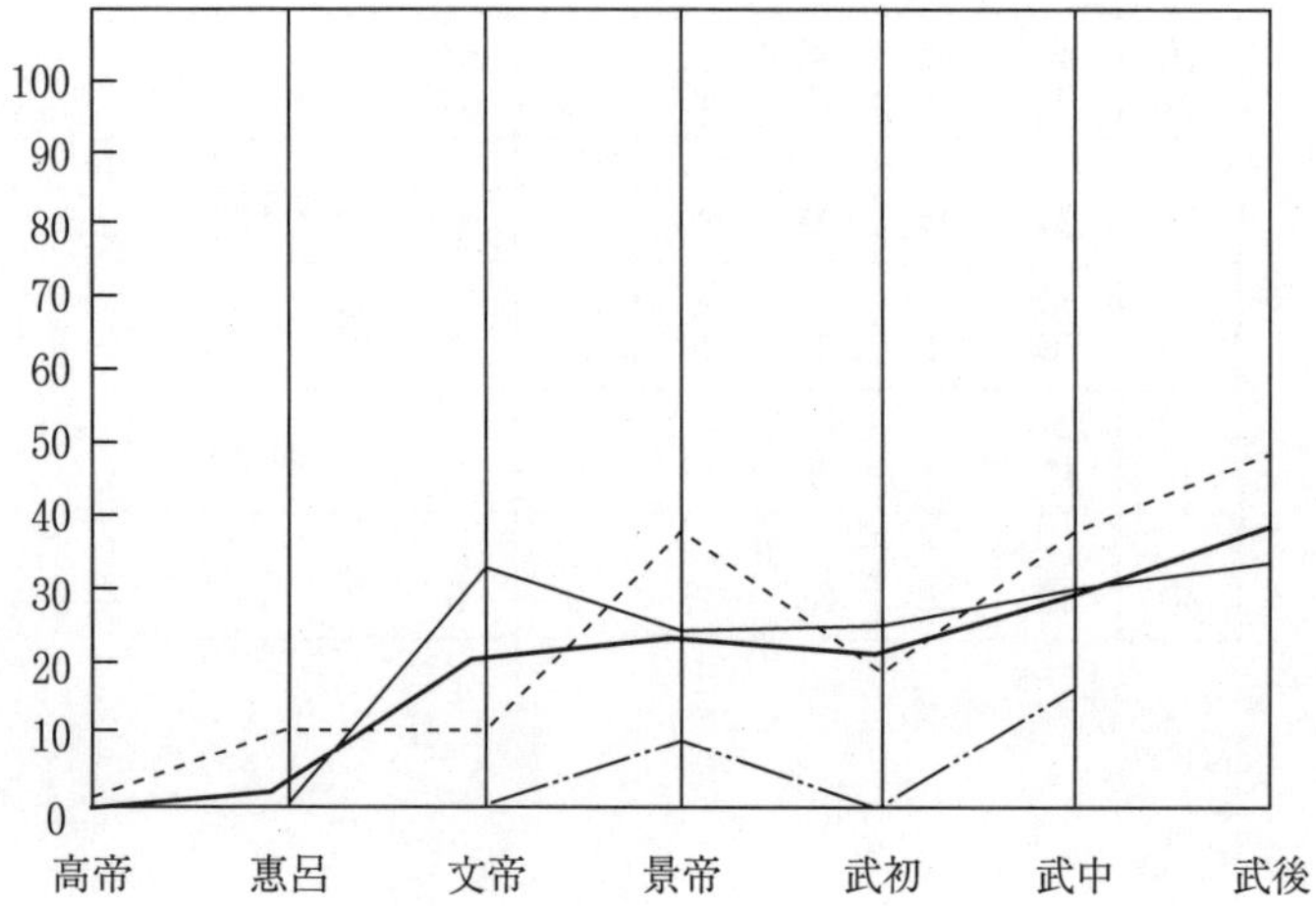

惠呂期では法吏出身者は現れ始めたばかりでわずか二%だったが、文帝の時までに二一%に增加し、軍功受益階層に次いで第二位となった。景帝の時には二三%に增加し、武帝初期には二十%、中期には三十%へと增加し、各政治集團のトップとなった。(73) 武帝後期にはさらに四十%へと着實に增加し、强力な成長を遂げた。言うまでもなく、文帝期は法吏集團が政治上に頭角を表してきた時代である。

具體的にみてみると、戰爭が頻發した高帝期には、吏が推擇され軍隊に編入する制度と、軍功により役人となる二つの制度が同時に行われていたので、(74) 官職についた法吏はほとんど軍功があり、軍功受益階層に屬しているのが一般的であった。たとえば、御史大夫の趙堯は、もとは法を執行し文書を作成する小吏であったが、從軍して軍功を立てた。また張蒼は、もとは秦の御史で法律に精通した吏であり、從軍して功を立て北平侯に封じられ、前後して趙、代、淮南國の相になった。その他に蕭何、曹參、任敖らは、從軍する前はみな秦の法吏であった。(75) 惠帝呂后期には、戰爭がなくなって平和がもどり、帝國も安定し、軍功受益階層が政局を主導すると同時に、從軍經驗のない法吏が地方政權の中に現れ始めた。その代表者は河南守の吳公である。吳公は李斯と同鄕で上蔡の人であり、かつて李斯に從って學び、惠呂期に河南守となり、文帝が卽位すると廷尉として召された。彼は法律を學び、法を執行する吏から一歩一歩上がっていった法吏型の官僚である。(76) 文帝期には、肉刑の廢止、刑期の確定などの內容を含む畫期的な法制改革が行われ、法制をもって國を治める國策もますます固められた。(77) 一方、法律は政敵を攻擊する手段として、宮廷皇帝權と對立する軍功受益階層を抑制するためにつかわれることも少なくなかった。著名な事例としては、絳侯周勃の冤罪を擧げることができる。前述したように、周勃は文帝期における軍功受益階層の第一の人物で、長い間、文帝に政治的脅威を感じさせていた。文帝三年、列侯歸國の模範を示すという理由で、丞相の職を解き都から歸國させた。文帝四年、周勃はありもしない謀反の罪名によって廷尉の取り調べを受けた。その時の廷尉が、まさしく法吏出身の吳公であった。[78] 周勃は獄吏に苦しめられ、後に獄吏を買収して抜け出したが、出獄後、彼は感慨深く「吾嘗將百萬軍、安知獄吏之貴也。」といった。これは時代の變化を非常に具體的に反映している。馮唐はかつて文帝を批判し、「陛下法太明、賞太輕、罰太重。」と述べた（『史記』巻一百二馮唐傳）。當時、雲中太守の魏尙が部下の功を上申した際、首級と捕虜の數を六つまちがえただけのことで、文帝は彼を法吏のもとに送り、その爵位を削って實刑とした。馮唐の話はまさにこの魏尙に對する不當な扱いについての批判だったが、文帝が法律と法吏を重んじすぎることへの總合的批評でもあり、法吏型官僚が文帝期に勢力を強めてゆくという一般的趨勢もここからよく見て取れるのである。

しかし、文帝期は依然として軍功受益階層が政治上の主導權を握る地位を占めており、法吏集團の出現は、主に政治と社會の新しい動向を反映したものだった。法吏集團が大きく成長し、軍吏集團に並び立って漢帝國政治の支配勢力となったのは、景帝の在位期間中のことである。以下このことを論ずる。景帝期に中央政府の三公九卿の中で法吏の出身と明確にわかっている者は、御史大夫の晁錯、中尉の郅都と寧成がいる。晁錯は申商刑名の學を學び、術を講じ法を重んじた有名な執法の吏であった。彼は文帝の時に頭角を現し、文帝の意にかなうと、選出されて太子の家令となり、太子の信頼を得、太子家では彼を號して「知惠袋」と呼んだ。やがて皇帝に答えた對策が文帝の意にかない太中大夫に遷任された。景帝が卽位すると、晁錯はまず內史に任じられた。しばらくして御史大夫となり、內廷で景帝に協力し法令の制定に務め、漢朝の中央政治に主導的な役割を果たす政治家となる。[79] 晁錯の一生は、法吏集團が文帝期に起こり、景帝期に漢朝政治を支配し始めたという歷史的變化の縮圖というべきである。郅都、寧成らは、みな有名な執法の官吏である。郅都は九卿の中尉に昇任する前に、濟南太守の職を務め、中尉の職を解かれた後、また雁門太守の任に移った。寧成の經歷も類似しており、中尉に就任する前濟南郡の都尉を務め、中尉の職を解かれて後また內史の任に移った。彼らの經歷には、法吏型官僚が下から上へ、地方から中央へと着實に歩んでいった成長過程が反映されていると言える。景帝期の地方郡太守の中で、法吏型官僚として重んじられた者に、周陽由と蜀郡太守の文翁がいる。[80] 周陽由は法に厳しい酷吏となり、文翁は學校を起こした循吏となった。『史記』巻百十八循吏傳によれば、文翁は「春秋」を學び、郡縣の一般役人から察擧で出仕し、太守にまで上りつめた。周知のように、漢代では春秋という學問が直接訴訟に用いられるため、律令の學問となっていた。文帝期の吳公を代表とする法吏の多くは、法を學び法を使うという比較的單純な特徴を備えている。それに對して、景帝期には、文翁のような法を學ぶと同時に儒家經典を學ぶ新しいタイプの法術官僚も増え始めていたのである。[81]

法吏は、帝國運營の規則である律令の章程に精通することによって官僚に昇進した者である。その他のタイプの官僚に比べると、彼らは典型的に純粹な職業官僚だったといえる。一般的に言えば、法吏官僚は政治上では比較的愼重かつ保守的で、彼らの多くは皇帝權力に依存し、規定に照らして命令を執行するという特徵をもっているのである。[82]

二　軍吏集團の興起

漢初期の政治においてもう一つの大きな變化は、軍吏集團の出現である。統計數字からみれば、景帝の時代にはいると、軍吏出身の官吏が三公九卿、王國丞相および郡太守に占める割合はすでに十九％に達しており、二三％を占める法吏集團と合わせると、その比率は四二％となり、すでに軍功受益階層の三十％を越えている。これらが新興の法吏集團と軍吏集團がすでに軍功受益階層に取って代わり、漢朝政治の支配勢力となっていたことを示すものである。この軍吏集團について詳細に檢討するために、上記の「高帝－武帝期　三公九卿・王國相・郡太守の類型區分表」の統計をもとに、軍吏の項目を單獨で抜き出したのが次の表六－4と表六－5である。

軍吏型の官僚は文帝期に出現したが、三公九卿、王國丞相および郡太守に占める割合は、五%にすぎなかった。それが景帝期には十九%に増加し、武帝初期には二七%となってピークに達したのである。しかし、武帝中期、後期にはそれぞれ二三%と十三%となり衰退し始めた。周知のように、軍吏集團は軍功受益階層と同じように、戰爭の産物である。文帝期、彼らは漢朝と匈奴との國境戰爭の中で初めて姿を現した。景帝の時には吳楚七國の亂を鎭壓する戰爭によって大規模に成長し、武帝期初期から中期までにさらに長期の對外戰爭によりピークへと達したのである。武帝後期には、戰爭が鎭まったことから縮小の道に入っていった。このように軍吏集團の歷史をたどり、その興隆と盛衰の軌跡から見ると、景帝期こそ、軍吏集團が政治上で頭角を現した時代であったことがわかる。

表六－4　高帝－武帝期　三公九卿・郡太守・王國相に軍吏出身者の占める比率表

	三公九卿	郡守	王國相	合計
高帝	0	0	0	0
惠呂	0	10	0	2
文帝	33	10	0	2
景帝	25	38	9	23
武初	24	19	0	20
武中	26	38	17	30
武後	34	50	0	40

軍吏型の官僚は、下から上へ、また末端から中央へ、次第に發展していった。統計からみると、彼らはまず地方の郡太守から、文帝期中後期頃に初めて出現した。具體的に言えば、隴西太守の公孫渾邪、雲中太守の魏尙の名があげ

表六－5　高帝－武帝期　三公九卿・王國相・郡太守に軍吏出身者の占める比率變動軌跡

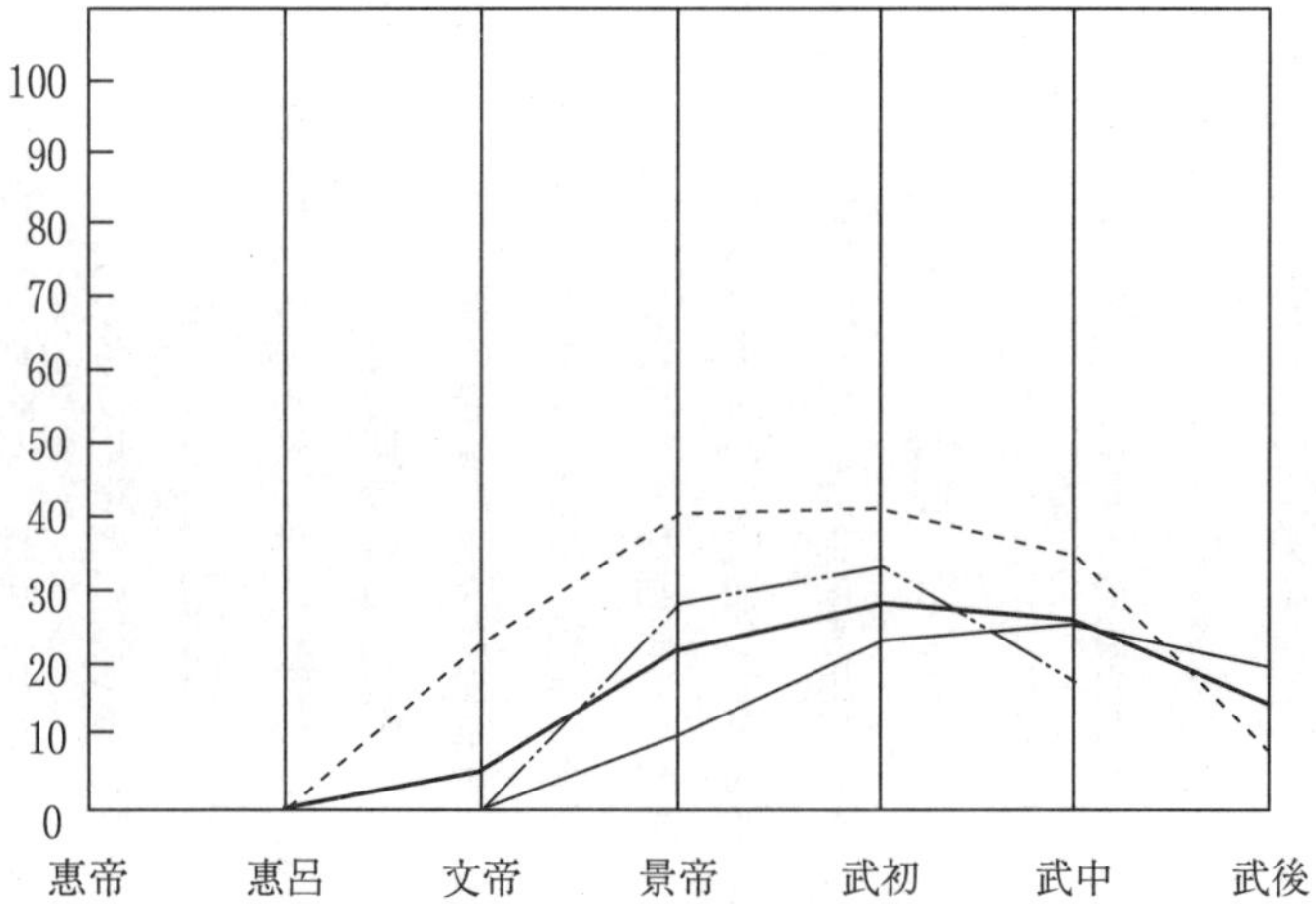

られる。公孫渾邪が隴西太守に在任したのは文帝十五年から景帝中期にかけてである。景帝三年に将軍として七國の亂の平定に參加し、軍功により平曲侯に封ぜられた。公孫渾邪は公孫賀の父であり、北地郡義渠の人で、胡種である。胡と隣り合っていたので、武を尊び馬術と弓術を習い、從軍して功勞を積み重ね邊郡太守を擔當した。(83)魏尙が雲中太守となったのは文帝十四年前後にあたる。(84)『史記』巻百二馮唐傳に記載されている馮唐の言葉から推測すると、魏尙は公孫渾邪に似て、趙・代の邊境地區で生まれ育った人であろう。彼もまた武を習い馬術と弓術に長け、軍吏から邊郡太守に昇進した。おそらく、文帝期は國內で戰爭がなく、北部邊境で匈奴の侵入が絕えないという情勢で、いくらか馬術と弓術に長けていた一部の邊境の士人は從軍することによって昇進し、しだいに政治的に成長していったのである。それが軍吏集團の發端となり、當時、彼らの多くは邊郡の基層で活躍していた。景帝の時になると、吳楚七國の亂により、大規模な戰爭で多數の軍人が功を立て賞を受け、軍吏集團は速やかに成長していったのである。郡太守の中で軍吏出身者は文帝期の二十％から增加して三八％に至り、法吏出身者と並んで最高の比率となった。當時、彼らの就く官職はすでに邊郡に限らず、內郡にも出現した。例えば灌夫が淮陽守に就いたことがその例である。文帝期には、王國相の中にまだ軍吏出身者は見つけられないが、景帝の時になると軍吏出身者は一氣に二七％を占める。具體的に言えば、灌夫が代相に、蘇息が趙相に、程嘉は江都相に任ぜられている。三人はみな吳楚七國の亂の平定に參加した軍吏であり、それゆえに軍功を立てて爵に封じられ賞を受けたのである。漢朝の三公九卿の中に軍吏出身者が現れたのも景帝期であった。これは數字から言えば八％を占めている。具體的に言うと、相次いで中尉、御史大夫、丞相に任ぜられた衞綰や、衞尉、御史大夫に任ぜられた直不疑は、みな吳楚七國の亂の平定に功を立て侯に封じられた者で、新興軍吏集團の代表者として政治の表舞臺にたつ者となった。

さて、筆者は軍吏を、軍事活動および軍事組織の經路を通じて官僚に昇進した者と定義した。廣い意味で言えば、軍功受益階層は軍吏の中の特殊な部分にすぎなかった。しかし、軍功受益階層が參加した軍事活動は政權を創設することが目的であるため、彼らは自分たちが創設する政權に對して明確な所有權意識を持ち、[85]さらに獨立性がありながら積極的に政治活動に參與した。それゆえ筆者は軍功受益階層を政治的軍事官僚集團と稱した。それに對して一般の軍吏は既存政權の指導の下で、比較的單純な軍事活動に參加しているので、明確な政權所有意識および政治的欲望にとぼしい。皇帝權に依存して利益や昇遷を獲得するのは、軍吏集團のもつ特徴の一つである。それゆえ筆者は、彼らを職業的軍事官僚集團と稱したのである。

三　周亞夫の死と專制皇帝權の成立

『漢書』卷五景帝紀によれば、景帝後元元年、もと丞相、條侯周亞夫は投獄されて死んだ。『漢書』卷四十周勃傳によると、周亞夫が獄死した直接の原因は、彼の子が工官が作った葬具を買ったことを告發されて謀反の罪に問われたことであり、食事を取らずに餓死したのである。しかし、これらは全て表面上の理由に過ぎず、本當の原因は政治的なものであった。具體的に言えば、周亞夫の死は栗太子が廢されることと、王皇后の兄王信を侯に封じるという二つの政治的事件が直接關係している。景帝四年、劉榮が皇太子に立てられたが、彼の母が栗姫であったことから、栗太子と稱した。景帝六年、薄皇后は子がなかったために廢され、宮廷內に皇后位についての爭いが勃發した。王夫人と景帝の姉長公主嫖が手を結んで栗姫を追い落とすと、景帝は王夫人の立后を決め、栗太子を廢し王夫人の子で膠東王の劉徹を立て太子とした。この事件は政府を卷き込み、周亞夫を代表とする一部の大臣達の反對にあったが、結局景帝は反對意見を顧みず、獨斷で栗太子を廢したのである。政府內部で栗姫を皇后に立てることを主張した大行は誅殺された。[86]丞相周亞夫も疎遠にされ、それは將來死を招く災いの種になったのである。

王信を侯に封じたのは、景帝中元年間のことだった。[87]『漢書』巻四十周亞夫傳に、周亞夫が丞相であった時、竇太后が景帝に王皇后の兄王信を列侯に封じるよう促したが、「景帝曰、『請得與丞相計之。』亞夫曰、『高帝約、非劉氏不得王、非有功不得侯、不如約、天下共擊之。』上默然而沮。」とみえているように、周亞夫の反對によって、景帝は王信を侯に封じる考えをしばらく斷念せざるをえなかった。景帝中元三年、景帝は周亞夫の反對を顧みず、匈奴から投降した王の徐盧らを列侯に封じた。周亞夫はこれにより丞相を罷免され、漢朝の中央政治の舞臺から去っていったのである。そして中元五年、景帝は望み通り王信を侯に封じた。景帝の後元元年七月、周亞夫は逮捕、投獄され、無實の罪を着せられたまま獄中で死ぬのである。

漢初期に丞相を務めた者を調べてみると、非業の死を遂げた者が三人いる。その一人目は呂產で、諸呂の變において軍功受益階層によって誅された。二人目は審食其で、淮南王の劉長によって刺殺された。そして三番目の周亞夫は、景帝により投獄され、無實の罪で死んだ。政治的背景を考えてみると、呂產の死は、軍功受益階層が呂氏を滅ぼした呂氏宮廷と漢朝政府との間に起こった政治事件である。審食其の死は、劉氏諸侯王の親呂氏勢力に對する個人的な報復である。では、周亞夫の死の政治的背景はどのように理解すべきであろうか。

筆者はさきに、その起源が「功德」にあった漢初の皇帝權は、「共天下」という政治權力の共同所有という理念、およびその歷史に規定された相對的に有限なもので、すなわち絕対的專制皇帝權と異なる相対的有限帝皇權であると論じた。[88]この有限皇帝權は、獨立性を備えた强大な軍功受益階層と、獨立した諸侯王國の存在という內的および外的相對性という二つの條件によって成立するもので、有限皇帝權の存續にかかわっているこの二つの條件は、白馬の盟の定立により固定化されるようになった。[89]

しかし、すでに本書第三章で述べたように、漢初以來、獨立した强大な諸侯王國は歲月の流れによる變化と人爲的制限により、次第に分散し衰弱していった。特に景帝三年後の領土削減と景帝中元年間の制度改革を經て、諸侯王國は漢王朝の直轄郡縣に相當する行政區に變わり、その獨立性がほとんど失われてしまった。したがって、諸侯王國が漢朝皇帝權に對してもっていた制御機能も喪失してしまった。漢初以來の有限皇帝權については、その存續にかかわる外的相對性という條件が、景帝中元年間に至りすでになくなったと言えるのである。一方漢初以來漢帝國の政治を支配してきた軍功受益階層は、歲月の推移と漢朝政治の變動に伴い、外から內、下から上へと次第に衰退し、文帝初期に至るとまず各諸侯王國から退けられていく。文帝中期には、漢朝の縣レベルの政權の支配を失い、文帝後期には、漢朝の郡レベルの政權の支配をも喪失してしまった。景帝即位以降は、さらに漢朝の中央政治の支配を喪失した。漢朝皇帝權に對して有力な抑制力をもつ獨立した政治勢力としての漢初軍功受益階層は、以後二度と存在しない[90]。したがって、景帝期に至って有限皇帝權の存續にかかわっている內的相對性という條件も消失したと言えるであろう。

漢初の政治構造は漢朝宮廷、諸侯王國と丞相を中心とする政府からなる三權並立の仕組みとして理解できると思う[91]。漢初の皇帝權は、宮廷を中心として外から諸侯王國の支援をうけて軍功受益階層に獨占される政府に制約を加えるという構えであった。呂后の時、宮廷機關は呂氏一族、親呂氏派の功臣および宦官を中心として形成されたが、その力の及ぶ範圍はわずかに宮廷に限られていた。文帝即位以來、代國舊臣を中心とする宮廷皇權は强化されたが、內に軍功受益階層、外に諸侯王國の牽制を受けていたため、宮廷と政府と王國との間の均衡を維持するのに精いっぱいであった。景帝即位以來、皇帝權に對する從屬性を備えた法吏と軍吏官僚集團が軍功受益階層に取って代わり、漢朝の各級政權と各王國政權を掌管し始め、專制皇帝權を支える政治基礎を形成していく。同時に、太子時代以來の側近を中核とする景帝の宮廷機關は、すでに政府と完全に分離され、再び政府の抑制を受けることはなかった。つまり、軍功受益階層の沒落と諸侯王國の弱體化に伴い、景帝の皇帝權の膨張は顯在化していった。したがって、この漢初以來の漢朝宮廷、諸侯王國と漢朝政府による三權並立の政治構造の變化に伴い、皇帝、諸侯王と軍功受益階層の三者の關係に對する根本的な修正ももはや時間の問題となっていたのである。

前述したように、白馬の盟は、皇帝、諸侯王と功臣列侯の三者による契約であり、白馬の盟を定めた目的は皇帝、諸侯王と功臣列侯の三者の間にある相對的な獨立關係を盟約の形で確認しようとしたものである。その「非劉氏不王」の規約は、劉氏皇族が王國王權を世襲することを保證し、皇族内での政治權力を分散させるものである。その「非功臣不侯」の約規は、功臣が列侯を獨占することを保證し、社會身分において皇帝權の恣意性を制限した。この「非功臣不侯」の約規と連動する「非列侯不相」の慣例は、皇帝權に對して政府への干涉を制限するものである。從って、「白馬の盟」を守るか否かは、皇帝權の性格をはかる重要な尺度となる。このように、呂后の時代には、皇帝權は宮廷に限られていたので、呂后が諸呂を王にしようとした時、朝會では王陵、周勃、陳平の間で白馬の盟に違反しているかどうかという論爭が行われた。多數の功臣の同意を得た後、呂氏は諸侯王國について限度内での調整を行うことができた。景帝中元の初めに、景帝は太后の壓力によって外戚の王信を侯にしようとした。白馬の盟の約規にかかわっているので、やはり丞相周亞夫の意見を求める必要があった。その結果、周亞夫の反對によりやめざるをえなかったのである。これで明らかなのは、この時まで、白馬の盟の拘束力がまだ殘されており、すでに衰退した軍功受益階層の代表である周亞夫であっても、まだ白馬の盟を利用して皇帝權の恣意的擴大を阻止できたということである。しかしすでに論じたように、白馬の盟には、皇帝、諸侯王、功臣列侯の三者の間で結ばれた個人的な約束という性格があり、その約束が守られるか否かは、特定の政治形勢と個人間の承諾に係わってくる。上述したように、景帝中元年間に至ると、白馬の盟の結盟に參加した三者の中で、功臣列侯に代表される軍功受益階層と諸侯王國とは、すでに獨立した政治勢力として存在しなくなった。周亞夫は白馬の盟を守ろうとしたが、それにはすでに强大な政治勢力の支持はなく、ただ個人の政治力をもって、膨張し續ける皇帝權に對して最後の抵抗を續けるしかなかったのである。

中元三年、すなわち周亞夫が白馬の盟により景帝が王信を侯に封じるのを阻止した二年後、景帝は周亞夫の反對を排除し、降伏した匈奴王の徐盧らを列侯に封じた。周亞夫は丞相を罷免され、白馬の盟を廢棄する最後の障害が消えた。中元五年、景帝は望み通り王信を侯に封じ、白馬の盟はこれにより廢棄されたのである。景帝後元元年七月、周亞夫は逮捕、投獄され、獄中にて無實の罪で死んだ。周亞夫の死の同年同月に、軍吏と近臣の二重の身分をもつ衞綰が丞相となり、漢建國以來、初めての非軍功受益階層出身の丞相が誕生することになった。これにより明らかなことは、周亞夫の死に伴い、宮廷皇權の漢朝政府機關に對する支配と掌握は、丞相の任命を通してすでに完全に成し遂げられたということだろう。同時に、歴史的な偶然の一致かもしれないが、周亞夫が丞相を罷免された同年に、漢は「罷諸侯御史官」とし、王國制度の徹底改革を開始した。周亞夫の死の一年前に、漢は「更名諸侯丞相爲相」とし、諸侯王國の制度の改革をほぼ完成させた。

要するに、景帝中元年間に至り、白馬の盟は廢棄され、諸侯王國も漢朝の郡縣と同等となり、丞相を中心とする漢朝政府もまた宮廷に從屬し、漢初以來の有限皇帝權に對する制限はすべてなくなってしまった。一方、漢帝國の再統一は完成し、王國と政府を凌駕した專制皇帝權が成立する。漢初以來の霸業政治は完全に終わりを告げ、帝業政治が復活したのである。周亞夫の死には、このような歴史的變化が集中して反映されている。

注

（1）盟誓に關する研究について、先學の業績は少なくないが、最新の代表的なものとしてまず二つを取り上げたいと思う。滋賀秀三「中國上古刑法考―以盟誓爲綫索―」（『石井良助先生還暦祝賀法制史論集』、創文社、一九七六年、『日本學者研究中國史論著選譯』第八巻、北京、中華書局、一九九二年）は、法源の視點から盟誓に總括的な考察を加え、多くの教示を與えてくれる。もう一つは、高木智見「春秋時代の結盟習俗について」（『史林』第六十八巻第六號、史學研究會、京都大學、一九八五年）である。この論文では、高木氏は政治と法律に拘らず盟誓を春秋時代における社會全體の習俗として取り上げ、それについて歴史的な考察を行っており、當時の研究成果のまとめも、極めて周到であるため、新しい研究の基礎になるものとして擧げておく。

（2）戰國時代の盟誓に關しては、長い間ほとんど無視されてきたが、一九九四年、工藤元男氏が「戰國時代の會盟と符」（『東洋史研究』第五十三巻第一號、一九九四年）を發表し、最新の出土材料を使いながら、學界におけるこの空白を埋めた。

（3）增淵龍夫「戰國秦漢時代における集團の「約」について」（同氏『中國古代の社會と國家』、東京、岩波書店、一九九六年、所收）。增淵氏は、戰國から漢初期の約信盟誓について、主に社會史の角度から考察を加え、さらにそれに基づいて同時代の人間關係を取り上げて獨創的な分析を行っている。

（4）『史記』巻四十八陳涉世家。

（5）『史記』巻十六秦楚之際月表、『漢書』巻一高帝紀。

（6）『史記』巻七項羽本紀。

（7）栗原朋信『秦漢史の研究』東京、吉川弘文館、一九六〇年、に收録。

（8）中國古代において、儀式としての誓とその語の使い方はかなり複雜なもので、その性格について判斷を下す場合には、それが使われる場に應じて具體的な分析が必要である。三代の誓は、その語とその内容によって普通の誓、すなわち「告戒」あるいは「條件を附ける賞罰の預告」（前注（1）滋賀氏による）として理解するのが妥當であろう。それを特別な誓、すなわち後代の命令に相當するものとして理解しようとすれば、あらためて論證が必要で、さらにその論證は少なくとも二つの面から行われなければならない。一、命令としての特殊な誓の存在。二、三代の誓はこれに相當する。遺憾なことであるが、栗原朋信氏はこの必要な論證をしていなかった。したがって筆者は、氏の論證されたことのみについて分析を行う。

（9）『說文』は作について「起也、從人乍聲。」といい、起を「能立也。」と解釋する。段注に「起、本發步之稱、引伸之訓爲立。

又引伸之爲凡始事、凡興作之稱。」とあり、また『釋言』を引用して作を解釋し「『轂梁傳』曰、『作、爲也。』『魯頌』、傳曰、『作、始也。』『周頌』天作、傳曰、『作、生也。』其義別而略同。」という。段注の解釋は、適切かつ明確である。

（10）楊伯峻『春秋左傳注』（中華書局、一九八一年）、襄公二十七年、經傳およびその注。

（11）前注（1）高木論文を參照。

（12）增淵龍夫「先秦時代の封建と郡縣」（前注（3）同氏著書）。

（13）大庭脩『秦漢法制史研究』第三篇第一章、創文社、一九八三年。

（14）『左傳』襄公九年、「晉士莊子爲載書。」杜注には「載書、盟書。」とある。『周禮』秋官司盟、鄭玄注に「載、盟辭也。」とある。その詳細は、白川靜「載書關係字說」（『甲骨金文學論叢』四集、立命館大學、一九五六年）、吉本道雅「春秋載書考」（『東洋史研究』第四十三卷第四號、一九八五年）などを參照。

（15）前注（1）滋賀論文で、滋賀氏は儀式の形式と法的性格の視角から誓と盟に區別を設け、異なる二種類のものとして扱っている。しかし、氏が指摘されたように、場合によって、盟と誓を區別しにくいこともよくある。盟と誓の區別およびそのつながりについては、さらに檢討する必要があると思われる。

（16）『周禮』秋官司盟に「司盟掌載盟之、凡邦國有疑會同、則掌其盟約之載、及其禮儀。」とある。司盟者の職務ははっきり儀式と書類の二種類に分けられる。盟誓について、これに基づいて儀式と書類の兩面から考察を行わなければ、正しい理解を得ることはできないと思われる。

（17）仁井田陞『唐宋法律文書の研究』第三篇第二章、東京大學出版會、一九八三年。

（18）前注（2）工藤論文。

（19）前注（17）仁井田論文。

（20）一九四八年、中國の陝西省鄠縣で「戰國秦封宗邑瓦書」というものが出土した。この瓦書は土の焼き物で、表に文字を刻んで赤色で塗り、秦の惠王四年（前三三四年）に秦國政府が右庶長の歜に封賜を與えた公文書である。この瓦書は、秦の封建賜邑制度に關する貴重な一次史料で、封爵の誓とも關係があると思われる。封爵の内容と手順から考えると、この瓦書は爵位の封賜を定めた後、その爵位に伴う封邑などの賜與を行う執行過程中に發行される政府文書ではないか。この瓦書の詳細については、陳直『史記新證』秦本紀注に引用される釋文（天津人民出版社、一九七九年、十四頁）、郭子直「戰國秦封宗邑瓦書銘文新釋」（『古文字研究』第十四輯、中華書局、一九八六年）を參照。

（21）この周秦間での封爵の誓は平王東遷のころに行われた。その年代については、平勢隆郎『新編 史記東周年表』東京大学出版會、一九九五年）によれば、秦の襄公七年ではなく、襄公十一年になる。

（22）前注（2）工藤論文。

（23）秦末漢初の國際關係については、本書第三章を參考。ここではこの領域の研究において新しい地平を開拓した田餘慶氏の力作である「說張楚」（『秦漢魏晉史探微』、中華書局、一九九三年、所收）をあげておく。

（24）前注（13）大庭氏書、第三篇第五章。

（25）前注（13）大庭氏書、第三篇第五章。この問題の源流をさらにさかのぼり、春秋時代の誓を戰國以來の法家の法の原型として考察する試みは、籾山明氏の「法家以前―春秋期における刑と秩序」（『東洋史研究』第三十九卷第二號、一九八〇年）を參照。

（26）『周禮』秋官司約に「司約掌邦國及萬民之約劑、治神之約爲上、治民之約次之、治地之約次之、治功之約次之、治摯之約次之。凡大約劑書於宗彝、小約劑書於丹圖。」とある。

（27）漢初の皇帝權の相對的有限性について、本書第四章第三節、終章第二節を參照。また、栗原益男氏は「鐵券授受からみた君臣關係について」（『史學雜誌』第六十五編第六、七號、一九五六年）において、盟誓を伴う鐵券授受の考察を通して、王朝支配者としての君主の權力が受封者に對して制限されていたことが分權的支配權の形成につながっているという結論に達した。栗原氏の考察は唐と五代を中心として行われているのだが、その結論は漢代にも適用できると思われる。

（28）三公九卿に關しては、伊藤德男「前漢の三公について」（『歷史』八、一九五四）、祝總斌「兩漢的三公」（同氏『兩漢魏晉南北朝宰相制度研究』第二章、三章、中國社會科學出版社、一九九〇年）、伊藤德男「前漢の九卿について」（『東方學論集』一、一九五四年）、勞榦「秦漢九卿考」（『勞榦學術論文甲編』上、藝文印書局、一九七六年）などを參照。その概略は、前注

（13）大庭脩書第二章第三節と安作璋・熊鐵基『秦漢官制史稿』（齊魯書社、一九八五年）第一章と第二章を參照。とくに、「泛稱」という概念に基づいて九卿を諸卿と稱するという『秦漢官制史稿』の言い方は、適切と思われる。本節では、九卿の職務に關する概略は、主に『漢書』卷十九百官公卿表および『秦漢官制史稿』をもととし、筆者が必要と思うものの他は、細かい注釋をすべて省略する。

（29）西嶋定生氏は、『秦漢帝國』（講談社、一九九七年）第二章第五節で漢帝國の政府機構を明確に國家統治機構と皇帝の家政機構に分けている。この西嶋氏の分類では、丞相、御史大夫、太尉、治粟内史、廷尉は國家統治機構に屬しており、郎中令、衞尉、中尉、少府、太僕、宗正、奉常などは、皇帝の家政機構に屬しているのである。

（30）楊鴻年『漢魏制度叢考』、武漢大學出版社、一九八五年。

（31）楊鴻年氏が漢の政府機構に分類を加える基準は、二つある。その一は、その機構と官職の職務で、これはよく變更される。もう一つは、その機構の場所で、これはやや固定的である。方法論としていうならば、機構の職務に基づく機能的分析は、從來の研究方法を踏襲しておこなわれたことであるが、空間的地理の要素を官制研究の中に系統的に導入したのは楊氏の獨創であり、この點は高く評價しなければならない。同じ發想で、一九八九年、佐原康夫氏は「漢代の官衙と屬吏について」（『東方學報』第六十一册）を發表し、主に出土品の和林格爾漢墓壁畫を使って漢代の役所がどの場所にあり、官僚たちがそこでどのように仕事をしていたか、という官廳の空間構成の研究につとめ、官制研究の新しい道をひらいた。これらの先學の研究に啓發され、筆者は漢帝國の統治機構に宮廷機構と政府機構という二分類を加える時、できるだけ空間的地理の要素を導入するように努めた。ただし本稿では、前漢初期の中央主要官廳の所在を、宮内にあるか、宮外にあるかで判別するだけなので、その建築構造の詳細については、深く立ち入らないようにした。

（32）漢王朝の政治權力機構において、内朝と外朝の區分およびその制度の成立は、武帝以後とくに霍光の輔政以來に定着したとされている。いわゆる内朝とは、皇帝を中心とする宮廷權力機構で、それに對して外朝とは丞相を中心とする政府權力機構であると理解できるものと思われる。宮廷權力機構と政府權力機構の並立は、皇帝制度の構造に含まれる基本的な要素として、中華帝國の歴史の中で首尾一貫していた。本稿で取り上げた前漢初年の宮廷と政府ということは、漢代の内朝と外朝の先行形態として考えることができる。漢代の内朝と外朝については、勞榦「論漢代的内朝和外朝」（前注（28）同氏書、所收）、楊鴻年「中朝官和外朝官」（前注（30）同氏書、所收）、祝總斌「兩漢的中朝官制度」（前注（28）同氏書第四章第一節）、西嶋定生「武帝の死」（同氏『中國古代國家と東アジア』東京大學出版會、一九八三年、所收）、冨田健之「内朝と外朝－漢朝政治構造の基礎考察－」（『新潟大學教育學部紀要』二七－二、一九八六年）、藤田高夫「前漢後半期の外戚と官僚機構」（『東洋史研究』第四十八巻第四號、一九九〇年）などを參照。

（33）前注（31）佐原論文。

（34）初めて漢の財政において政府財政と帝室財政との區別を解明したのは、加藤繁氏の研究である（同氏『支那經濟史考證』上、東洋文庫、一九五二年）。漢の財政に關しては、山田勝芳『秦漢財政收入の研究』（汲古書院、一九九三年）を參照。

（35）『漢長安城未央宮』（中國社會科學院考古研究所編著、中國大百科出版社、一九九六年）第四章。

（36）前漢の丞相府が長安城の內、皇宮の外にあるということは、『史記』巻五十四曹相國世家、『漢書』巻五十八公孫弘傳、巻六十六楊敞傳に載せる丞相府の建築に關する文によって明らかである。さらにその詳細については、前注（31）佐原論文を參照。

（37）前漢の治粟內史（大司農）の官廳の所在は、いまだに確定していないが、『漢書』巻九十田延年傳、嚴延年傳および『後漢書』列傳巻二十二蘇不韋傳などの記載によれば、それが長安城の內、皇宮の外にあると推測できる。このことと文獻によって他の中央官廳の所在を推測することとは、あまりにも間接的かつ繁雜であるので、ここでは省略する。

（38）前漢の太尉府の場所も、いまだに確定していない。『史記』巻九十七陸賈傳によれば、陸賈は陳平と周勃との間の連絡係を務め、よく丞相府と太尉府を自由に往來していた。また同書巻九呂太后本紀によれば、諸呂の亂の時、太尉を務める周勃は、その活動が皇宮の外に限られており、なかなか皇宮に入れなかった。後に、まず長安城の警備を擔當する北軍を手に入れ、さらに皇宮の警備を務める南軍を掌握し、それからようやく皇宮に入れるようになった。このことから、太尉府は長安城の中、皇宮の外に位置することが理解できよう。

（39）劉師培「論歷代中央官制之變遷」、『秦漢官制史稿』（前掲）第一章第三節。

（40）本書第三章を參照。

（41）衞宏『漢官舊儀』（孫星衍等輯『漢官六種』、中華書局、一九九〇年）。石渠門は、未央宮の石渠閣の門である。石渠閣の場所は、未央宮内にあり、前殿の西北の七號遺跡にあたるところである。その詳細は『漢長安城未央宮』（前掲）第一章第三節を參照。

（42）大庭脩『秦漢法制史の研究』（前掲）第二章第三節を參照。

（43）增淵龍夫「漢代における民間秩序の構造と任俠的習俗」（同氏『中國古代の社會と國家』第一編第一章、岩波書店、一九九六年新版）、勞榦「論漢代的遊俠」（同氏『勞榦學術論文甲編』下、藝文印書局、一九七六年）、木村正雄「秦末の諸反亂」（同氏『中國古代農民反亂の研究』第二編第一章、東京大學出版會、一九八三年版）、西嶋定生『秦漢帝國』（前掲）第二章の四などを參照。

（44）『漢書』巻一高帝紀、巻四十三叔孫通傳。

（45）前漢初年、漢政府が自身の政治利益のために行った歴史記載についてのいくつかの人爲的修正のうちの一つが呂氏政權の歴史に加えられた修正であると考えられる。それに關しては、本書の終章の第三節の三を參照。

（46）本書の附錄三「高帝－武帝期　三公九卿・王國相・郡太守表」を參照。

（47）『漢書』百官公卿表と『史記』漢興以來將相名臣年表に記されていない賈壽が郎中令になったことは、前注（45）に述べられた漢政府の呂氏政權の歴史に加えられた修正に關する具體的な例の一つであると思われる。

（48）この表は本書の附錄三「高帝－武帝期　三公九卿・王國相・郡太守表」に基づいて作成されたものである。

（49）筆者は劉邦集團の地域構成のことを取り上げ、その構成員の出身地と彼らの集團に加わった時期により、劉邦集團を豐沛元從集團、碭泗楚人集團、秦人集團、多國合從集團の四つの部分に分け、それぞれ集團中核、中堅、主力、外郭に位置づけた。このことに關しては本書第五章を參照。

（50）『漢書』巻三十九蕭何、曹參傳。

（51）陳平の出身地については、本書第五章の注（15）を參照。

(52) 白馬の盟およびそれにより決められた高帝と諸侯王と功臣列侯との相互關係については、本章第一節を參照。諸侯王のことは、本稿第三章を參照。

(53)、(54) 本書第二章を參照。

(55) 本章第一節を參照。

(56) 漢初期の功臣列侯と政治の關係について、廖伯源「試論西漢時期列侯與政治之關係」(『歷史與政治』、香港教育圖書公司、一九九七年)に詳細な考察があり、傾聽すべき點が少なくない。

(57)『史記』巻十孝文本紀によれば、文帝は後元七年(紀元前一五七年)に死亡した。『集解』は徐廣說を引用して「年四十七。」と注している。それによって計算すれば、高帝十一年、すなわち紀元前一九六年に劉恆が代王に立ったときは、わずか八歳であった。

(58) 傅寛の前、張蒼が代相を務めたことがある。しかし、張蒼が代相を務めたのは、高帝六、七年ころのことで、その時の代王は、劉邦の兄の劉喜と皇子の劉如意であった。後に張蒼は長安に戻って相國府に務めていたが、高帝十一年再び長安を離れて淮南相を務めた。政界の經歷から見れば、張蒼は代王劉恆の相を務めたことがないけれども、代國の人々との附き合いはあった。彼が灌嬰に繼いで長期にわたって文帝の丞相を務めることができたのは、これと關係があったように推測される。なおこのことに關しては本書附錄三「高帝－武帝期　三公九卿・王國相・郡太守表」および『史記』、『漢書』の關連の紀・傳を參照。

(59) 本書の附錄三「高帝－武帝期　三公九卿・王國相・郡太守表」およびその注(9)を參照。

(60) 漢代の南北軍については、勞榦「論漢代的衞尉與中尉兼論南北軍制度」(前注(43)同氏書、所收)を參照。特にそれの廢置に關しては、楊鴻年『漢魏制度叢考』(前掲)南軍北軍條を參照。

(61) 漢初期における侯國管理の問題については、賈誼『新書』、とくにその「屬遠篇」に詳細な論述がある。

(62) 列侯功臣たちが文帝を選ぶ理由とその議論は、『史記』巻九呂太后本紀に見られる。

(63) 諸呂の亂のもう一つ重要な原因は、呂氏宮廷と劉氏諸侯王の矛盾である。ここでは諸侯王のことはほとんど言及しなかった。これについては吳仰湘「漢初誅呂安劉之眞相辨」(『湖南師範大學社會科學學報』、一九九八年一期)および本書第三章第三節などを參照。

(64) 拙論「西漢軑國所在與文帝的侯國遷移策」、『國學研究』第二卷、北京大學中國傳統文化研究中心、一九九四年。

(65) 『漢書』卷五景帝紀には、「(後元)二年冬十月、省徹侯之國。」とある。

(66) 前注(64)拙論。

(67) 本書附錄の三「高帝―武帝期　三公九卿・王國相・郡太守表」、とくにその注(8)を參照。

(68) 賈誼については、王興國『賈誼評傳』(南京大學出版社、一九九二年)に詳細な論述がある。しかし、この本に取り上げられている賈誼と張蒼との師弟關係(汪中說)や、賈誼が鄧通の讒言に中傷された(『風俗通義』說)ことなどは、時間と史實に合わない。これについては前注(58)を參照。

(69) 蘇東坡『經進東坡文集事略』卷七。

(70) 本書第三章第三節を參照。

(71) 惠帝呂后期には戰爭がなくなって平和がもどり、帝國も安定したことを背景に軍功受益階層が政局を主導すると同時に、未從軍者で法を執行する吏が地方政權の中に現れ始めた。その代表者が、河南守の吳公である。その詳細は、本章第四節の一を參照。

(72) 『漢書』卷四十八賈誼傳。

(73) 本書第二章を參照。

(74) 『睡虎地秦墓竹簡』(文物出版社、一九七八年)編年紀「三年、吏誰從軍」條とその注釋、および本書第一章第一節三を參照。

(75) 彼らのことは、みな『史記』および『漢書』にある本人の列傳に見られる。

(76) 『漢書』卷四十八賈誼傳。

(77) 文帝の法制改革については、高恆「秦律中的『隸臣妾』問題的探討」、「西漢王朝前期的法制改革」(『秦漢法制論稿』、厦門

大學出版社、一九九四年所收）、滋賀秀三「西漢文帝的刑法改革和曹魏新律十八篇篇目考」（『日本學者研究中國史論著選譯』第八巻、中華書局、一九九二年）、冨谷至「二つの刑徒墓　秦－後漢の刑役と刑期」（『中國貴族社會研究』、京都大學人文科學研究所、一九八七年）、張建國「西漢刑制改革新探」（『歷史研究』一九九六年第六期）などを參照。

（78）吳公は文帝元年から六年の間廷尉の任にあった。周勃の下獄は文帝四年のことで、この獄事は、おそらく吳公が文帝の意を受けてむりやりに取り調べたのであろうと思われる。

（79）『漢書』巻四十九晁錯傳。

（80）郅都、寧成、周陽由のことは『漢書』巻九十酷吏傳に見られる。

（81）一般的に言えば、前漢時代の士人は、各學派の學問を兼ねて學ぶという雜家的な傾向がよく見られた。出仕の用意をする者は、その基本としてまず法を學ばなければならないのである。經書を學ぶのも獄事と吏事のためであるので、律令と經書の勉强は一體になっていた。實例として、賈誼と晁錯はみなそうであった。このような學問の扱いかたは、ただ法を尊ぶ秦とただ儒家の經典を尊ぶ前漢後期とはかなり違う。これに關する詳しいことについては、邢義田「秦漢的律令學」（『秦漢史論稿』、東大圖書公司、一九八七年）を參照。

（82）漢代の法吏に關する詳しい論述は、閻步克「漢代的文吏和儒生」（『歷史研究』、一九八六年第三期）および同氏「文吏・武吏・儒吏」（『周一良先生八十生日記念論文集』中國社會科學出版社、一九九三年所收）、および前注（81）邢義田論文などを參照。

（83）『史記』巻一百一附公孫賀傳。

（84）彼らの官職と任期は、すべて本稿附錄三「高帝－武帝期　三公九卿、王國相、郡太守表」に從う。

（85）本書第二章および第四章第三節を參照。

（86）『漢書』巻九十七外戚傳。

（87）『漢書』巻十八外戚恩澤侯表。

（88）本書第四章第三節を參照。

(89)　本章第一節を參照。
(90)　本書第二章を參照。
(91)　本書終章第二節を參照。

終章　結　論

第一節　軍功受益階層論

一　漢初軍功受益階層概論

前漢初年、新しい支配階層、すなわち漢初軍功受益階層が出現したということは、すでに本書の研究によって明らかになった。この社會階層は、政治軍事集團としての劉邦集團から變容・發展したものである。しかし、最初の劉邦集團は、芒碭山を據點に置く群盗集團であった。すなわち秦始皇三十五年、劉邦が沛縣の徭役者を率いて集團逃亡し結成した集團である。當時、その人數は數十から百人足らず、その性格は政治目的を持たず戸籍から脱けた流民集團に過ぎなかった。秦二世元年九月、劉邦はこの芒碭山の群盗集團を率いて沛縣に歸り、楚の旗のもとで蜂起した。これによって群盗集團であった劉邦集團は、楚國に屬する沛縣政權に變身した。その人數は約三千、その性格は楚軍楚臣の一部として、明確な政治的統轄と所屬關係とを持つ政治軍事集團であった。秦二世二年後九月、劉邦集團は楚の碭郡政權へと昇格し、懷王の命を受けて明確な獨立建國の目標のもと、軍事活動を展開していったのである。その數は三萬人にまで增加したが、その性格は相變わらず楚國の配下としての政治軍事集團であった。漢元年二月、劉邦集團は項羽により封じられ、蜀漢の地に獨立した漢王國を樹立した(1)。これにともない、劉邦集團は漢王國の支配階層へと轉化し、獨立した政治軍事集團となった。高帝五年、漢王の劉邦は、その他の諸侯王國と連合し、西楚の霸王の項羽を滅して皇帝に即位し、漢帝國を樹立したのである。その際、政治軍事集團としての劉邦集團は六十萬人以上に增えていた。成立を宣言した漢帝國は、直ちに軍隊の解散を開始すると同時に、高帝五年詔などの一連の軍吏卒を優遇する法令を發布・實施し、奪取した政權を通して、帝國內の政治權力、土地財產、社會身分など、すなわち社會總財產についての全面的な再分配を行った。この社會總財產についての再分配の中で、政治軍事集團としての劉邦集團は漢帝國の支配階層、すなわち漢初軍功受益階層になっていったのである。

筆者の推定では、漢初軍功受益階層をその家族も含めて計算すると、約三百萬人以上となり、それは當時の人口總數の約二十%を占めている。漢の初めに進められた社會總財產についての再分配の過程において、その分配基準は、まず軍功の大小に基づく軍功爵位の等級を定め、つぎに軍功爵位の等級により分配量を確定していったのである。政治權力の分配については、集團の首領の劉邦は、その功が最高であるが、さらに分配を公平に進ませるという最も厚い德をも備えていたため、最大の權力を得て、皇帝になったのである。皇帝以下、劉邦集團の構成員たちは軍功の大小に基づきそれぞれ諸侯王、列侯、大臣、および各レベルの官僚、官吏の職位をもらって、漢帝國の政權を完全に掌握していった。社會身分の分配においては、劉邦集團の構成員たちは軍功に基づいて、二十等の軍功爵位に含まれるそれぞれの爵位を手に入れている。この二十等爵位にその上の王と皇帝を加え、その下の無爵の士伍と非自由民である奴婢を加えれば、當時の社會身分の全體となる。各種の特權と待遇は、全てこれによって定められていた。土地財產の分配について言えば、劉邦集團の構成員たちには功勞によって田宅を與えるという軍法の規定に基づき、少なくとも帝國全體の四十％以上の土地と相當な部分の他の財産を得ることになり、帝國の經濟を制御したと推測することができると考えられる[2]。

漢初軍功受益階層は高帝期から出現し、惠帝、呂后、文帝、景帝期を經て、武帝末年に歴史の舞臺から消えるまでおよそ百年間存在した。高帝、惠帝、呂后、文帝期の約五十年間、漢初軍功受益階層は漢帝國政權を完全に支配しており、その間の漢帝國の政治の主要な支えとなっていた。さて、時間の流れとともに漢初軍功受益階層は衰退をはじめた。その衰退は下から上へ漸進的に進む形で現れ、時間の經過によって、その衰退の波は下層部から次第に上層部へと波及していった。大まかに言えば、漢初軍功受益階層はまず文帝初期に、諸侯王國政權から退けられ、そして文帝中期と末期になると、それぞれ縣レベルと郡レベルの政權の支配を失い、最後に景帝期において漢の中央政權に對する支配までも失ってしまった。彼らはこのような取り返しのつかない全面的沒落によって、新しくできた法吏集團と軍吏集團に取って代わられたのである。漢帝國の政治主導權は、これによって皇帝を中心とする宮廷方面に移行していく[3]。

漢初軍功受益階層の前身である劉邦集團は、大規模な地域移動を行う政治軍事集團だった。それは沛縣で起こり、早期には泗水郡と碭郡を中心に活動し、その後は西遷して關中の蜀漢地區に建國、再び東進して關東地區を進出した。それ故に、この集團から轉化した漢初軍功受益階層ははっきりとした地域的特徵を持つようになったのである。その構成員の出身地の構造、すなわちその地域構成が、地域移動によって積み重なるかたちで形成され、一種の累層的圓錐體のような構造をつくりだしたのである。この累層的圓錐體の構造は上から下まで四つの部分に分けることができる。一、豐沛元從集團。すなわち秦二世元年九月、劉邦に從い沛縣で起兵した楚所屬の沛縣集團であり、約三千人いた彼らのほとんどは沛縣人で、これが劉邦集團全體の中核であった。二、碭泗楚人集團。すなわち漢元年四月、劉邦に從って漢中に入り漢王國を打ち立てた集團である。その構成員は、劉邦集團が南陽郡に攻め入る以前にあった部隊を基本として編制され、およそ三萬人以内で、その出身地はおおむね秦の碭郡と泗水郡を中心とし、その近鄰の陳、東海、薛、東、三川、潁川諸郡に及んでいる。これらの地區の多くはかつて楚國に屬しており、楚國復興後、その多くが楚國の旗下に歸屬したので、筆者は彼らを大まかに楚人と稱する。彼らは劉邦集團の中堅部分を構成した。三、秦人集團。すなわち漢中に就國以後、劉邦集團に加入した蜀漢關中地區の出身者達で、これはつまり舊秦國出身者で形成された地域集團である。彼らはおよそのべ數十萬人で、就國以後の劉邦集團の主力部分を構成していた。四、多國合從集團。すなわち楚秦以外の諸侯國人によって形成された地域集團であり、彼らの數もおよそのべ數十萬人で、劉邦集團の外郭部分を構成していた。言うまでもなく劉邦集團の地域構成におけるこの累層的圓錐體の仕組の頂點に位置するのは劉邦本人である。一般的に言うと、漢初軍功受益階層においては、豐沛元從集團の地位が最も高く、待遇も最も厚かった。それに次ぐのが碭泗楚人集團で、この兩集團は長期間にわたって漢帝國政權の中心となり上層部を獨占していた。秦人集團の多くは漢帝國政權の中層の地位までに限られ、多國合縱集團に屬するその他の諸侯國人は、各諸侯王國で在職する者が多かったのである。(4)

二　軍功受益階層通論

すでに序文で論じたように、前漢王朝は中華帝國時代の多くの循環王朝の一つにすぎず、中華帝國問題を考察する時に選出した一つの分析可能な獨立した單位である。さらに、漢初軍功受益階層は前漢帝國の創始者であり、初期漢帝國のあらゆる面を規定する存在として考えられている。しかし、典型的王朝としての漢帝國を中華帝國問題という全體像の中に置いて考察する時、軍功受益階層という獨特の社會階層が果たして前漢王朝時代に限られた一時的なものなのか、それとも中華帝國時代を貫く普遍的なものなのかという問題に必ず直面するだろう。言い換えれば、前漢帝國を創立した劉邦集團をもととして考案された軍功受益階層という概念が、中華帝國時代二千年の中に一つの普遍的な意義を備えた歴史學の概念として成立するかどうかということである。序文でも述べたが、中華帝國は秦の始皇帝が秦王朝を樹立したことから始まっているため、中華帝國の起源を分析するのに最も適した對象は當然、この秦王朝である。しかし、主に史料的制約のゆえ、前漢王朝が便宜上選ばれたのである。實際、少ない史料に基づいて、秦王朝の成立過程について概觀するならば、漢王朝の成立と同じように、秦王朝も秦の軍功受益階層の手によって打ち立てられたことをはっきりと見てとることができる。

本書第一章の中ですでに詳細に檢討したように、漢初軍功受益階層の出現は、漢の軍功爵制に關っており、この漢の軍功爵制は、秦の軍功爵制から直接繼承したものであった。周知のように、秦の軍功爵制が法律制度の形で成立するのは商鞅變法のころである。この商鞅變法によって、秦の社會はそれ以前の邑制の氏族社會とは完全に異なる新しい社會となり、秦の國家はこれにより西の邊境の小諸侯國から一歩一歩擴大し、中國史上初めての統一帝國となったのである。この軍功爵制によって形造られた新しい社會について、杜正勝氏はその著『編戶齊民』の中で兵農合一の編戶齊民社會という名をつけようとしている。(5)杜氏の着眼點は、制度そのもの、特に戶籍制度の整理と身分制上の均一制にあるので、このように言うのであろう。筆者の着眼點は、社會を導く人、特に人間による社會集團と社會階層におかれている。事實、商鞅變法を通して軍功爵制が確立されてから、秦國は國を擧げて軍國主義體制に入っており、絶え間なき擴大戰爭を行った。これらの戰爭において、秦の軍隊の吏卒は軍功を擧げることによって軍功爵を獲得し、その軍功爵によって田宅・地位・官職を獲得していったのである。このようにして、彼らは從來の氏族貴族に取って代わり、全く新しい支配階層、すなわち秦の軍功受益階層として着實に發展していった。秦の國家と社會は、完全に秦の軍功受益階層により支配され、主導されるようになった。したがって、筆者は商鞅變法以後、主に軍功爵制によって形造られた秦のこの新しい社會を軍功社會と名附けたいと思う。いわゆる軍功社會には少なくとも二つの基本的性質をもつと考えられる。一、この社會は軍功によって導かれるものである。言い換えれば、軍功崇拜はこの社會の基本的價値觀念であり、政治、經濟などの上での權益の分配、社會身分の確定、これら全てが軍功に基づいて定められるのである。二、この社會を支配・主導したのは軍功受益階層である。その他の社會階層と社會集團は、みなそれぞれに從屬的な地位におかれている。軍功社會は商鞅變法以後秦で完全に確立し、秦の統一の進展により少しずつ當時の中國世界を構成する各國に廣まっていった。中華帝國の起源、すなわち秦王朝という統一帝國がどのようにできあがったかということは、中國史、とくに中華帝國問題研究における最も基本的な論題である。この問題に關して直接實證可能と思われる解答は、次のものであると思う。一、秦の軍功受益階層は長期の戰爭を通して秦帝國を打ち立てたこと。二、秦を代表とする軍功社會が從來の邑制の氏族社會に取って代わったこと。三、軍功爵制を含む各種の軍事制度から、次第に秦帝國の官僚郡縣制度が生まれたこと。以上である。本書でとりあげる問題は軍功受益階層問題に限定し、社會と制度の問題および中華帝國起源總體の論議については別稿で扱うつもりなので、ここでは深く論じないことにする。さて、すでに述べたように、漢帝國の建國の過程は、かなりの程度戰國末年の歷史の再現であり、秦の統一過程を比較的短い時間内で再現したものということができる。(6) 從って、漢初軍功受益階層の成立過程は、秦の軍功受益階層の成立過程の一つの縮圖であり、漢初の社會もまた、商鞅變法以來の秦の社會と同じ性質のものであり、それらはすべて軍功社會であると考えられる。

秦漢帝國時代以降の中國史をみると、もう一つの安定して持續した統一帝國時代として隋唐帝國時代をあげることができる。中華帝國の全體に關しては、隋唐帝國時代が前の秦漢魏晉時代と後の宋元明淸時代との中間に位置し、兩者をつなげる仲介の役割をはたす典型的な存在である。隋唐帝國の成立に關しては、陳寅恪氏が卓越した分析を行っている。陳氏が指摘したのは、隋唐帝國の建國が、北魏北周以來の關隴集團の手によるものだということである。關隴集團とはすなわち、關中を根據地とし關中に入った關東および關中在地出身の胡漢軍人を中心とする政治軍事集團である。彼らは戰爭を通して隋唐帝國を創建し、それが帝國の支配集團に轉化したのである。北魏から唐初の政治は、全てこの集團によって主導されていた。陳氏の分析は、中國史研究上で先驅的なものであると評價される。つまり、彼は中國古代史研究において社會集團という分析方法を導入し、初めて王朝を創建した人間集團を通して王朝の起源およびその性格を考察した。彼の研究に示された方法と成果は、すでに隋唐帝國に關する研究の基礎となっている(7)。當然ながら、陳氏の關隴集團の概念は、統治集團の上層部およびその中心部分に限られることが多かったが、もし關隴集團に普通兵士およびその家族をも組み入れ、府兵制や均田制をも視野に入れて考えたならば、隋唐帝國を創建した關隴集團を中心とする政治軍事集團を、直接に北魏・北周・隋唐以來の軍功受益階層として理解することができただろう。彼らと秦漢帝國を創建した秦漢の軍功受益階層には基本的な共通點があり、同じ類型の社會階層に屬するということができる。この社會階層の概念を普遍的かつ明確に表すために、まず彼らに軍功受益階層という通稱を附けることにする。そしてそれを定義をすれば次のようになる。一、王朝政權を創建した政治軍事集團の構成員とその家族および子孫。二、王朝政權創立以後、彼らは新しい支配階層に轉化して、政治、經濟、社會の諸方面を支配する地位についていた。さらに、前漢王朝を創建した劉邦集團の研究中で抽象されてきたこの軍功受益階層という概念は、一つのモデルとして秦漢帝國時代と隋唐帝國時代に通用できるだけでなく、中華帝國時代全體にまで廣げることができ、中國史研究、特に中華帝國に關する歷史研究の中で普遍概念として使用できるということになる。

周知の如く、秦と前漢を繼いで中國に統一帝國を立てたのは、劉秀の光武集團の手によって創建された後漢帝國である。光武集團は、南陽の豪族が中心となった政治軍事集團であり、その集團は長期の戰爭を通して後漢帝國を樹立した後、後漢帝國の支配階層へと轉化していった。後漢末に三國が並立し、魏、吳、蜀という三國が樹立されたのも、みなそれぞれの政治軍事集團による長期戰爭の結果であろう。魏國は中原世族が中心となった曹魏集團によって樹立され、吳國は江東の世族が中心となった孫吳集團によって樹立され、蜀漢は下級武士と寒門下士が中心となった劉備集團によって樹立された。これらは全て、軍功受益階層が樹立した政權である。西晉は曹魏を受け繼いだが、それは宮廷皇帝權力だけが曹氏から司馬氏に移ったにすぎず、支配階層に變化はなかった。南北朝時代には、東晉は西晉を繼いだが、その他の各政權は、それぞれ胡人あるいは漢人の政治軍事集團の手により樹立された軍功受益階層政權であった。その後、南北朝は隋唐帝國に統一された。唐末には五代十國となるが、どれも全て短期の軍功受益階層政權である。北宋を樹立した趙匡胤集團は、後周の政治軍事集團であった。それは魏から晉への交替と同樣、軍功受益階層政權の頂點である皇室が柴氏から趙氏に移っただけで、帝國創建者たる軍功受益階層に變化はなかった。蒙古騎馬軍團が樹立した元朝には、蒙古の軍人を中心に新たな軍功受益階層が形成された。紅巾軍から發生した朱元璋集團は、明帝國を樹立した軍功受益階層であり、前漢の軍功受益階層と類似したもう一つの典型例である。清朝は滿族の騎兵を中心とする政治軍事集團である八旗軍團により樹立された王朝である。彼らは帝國建國後新たな支配階層へと轉換したが、軍功受益階層として續いた期間は漢唐を上回る長さであった。

論述がここにいたると、軍功受益階層の概念について再度說明する必要がでてくるものと思われる。筆者の提出した軍功受益階層という概念は、前漢王朝を樹立した劉邦集團についての研究の中から引きだされた普遍的な意義をもつ概念の一つにすぎない。もちろん、この典型的な概念を利用し、中華帝國問題の全體、そしてその部分の各王朝の解明について役立てることができるということに間違いはない。けれども、この概念を、異なる時代および異なる王朝に適用する場合には、時代の變化のもたらした新たな要素、たとえば、後漢の豪族、魏晉の世家大族、北朝、隋、唐、および元、清の民族要素などについて考慮しなければならない[8]。軍功受益階層という概念は、時代によって様々に異なり様々な變形が可能だったにもかかわらず、首尾一貫した主たる筋として、中華帝國二千年の歴史を貫くものであったと考えることができると思われる。

第二節　漢帝國國家論

一　漢帝國起源論

前漢王朝は劉邦集團の手によって創建され、漢帝國は劉邦集團から始まった。劉邦集團の發展過程は、漢帝國の建國過程であるといえよう。しかし、この發展過程については、歴史と理念という二つの方面から理解しなければならない。歴史の面からみれば、劉邦集團の原點は、芒碭山群盜集團である。芒碭山群盜集團は、既存政權（秦）の體制外に位置する非合法的なものである。それは陳渉が起こした秦末の革命運動の最中、張楚政權に歸屬するかたちによって、既存政權（楚）の一部分に轉化され、楚國の沛縣政權となった。よって、その發展過程において、ここに第一番目の質的變化が生じたのである。その後、劉邦集團は、楚國の碭郡政權に昇格し、秦を滅ぼして關中を占領し、楚國の政權内で絶えず發展して强大になっていった。漢王國の建國は、劉邦集團の發展過程中での第二番目の質的變化であろう。この時、劉邦集團は「懷王の約」に基づいて項羽の主宰の下で楚の分封を受けて、楚國政權から離脱して漢王國を建國した。そして、劉邦集團は楚國の地方政權から獨立した國家政權となった。その後漢王國は國家間の覇權爭奪に積極的に參加していく。楚と漢をそれぞれ盟主とする國家間の霸權爭奪の中で、漢王國とその同盟國は楚とその同盟國を滅ぼし、最終的に勝利を得た。漢は天下を制壓する霸國となり、その政治勢力を各王國にまで廣げ、やがて漢帝國政權となっていく。その發展過程での第三番目の質的變化は、ここから始まったのである。

さて、劉邦集團の芒碭山群盜集團から楚國の沛縣集團への轉化は、陳渉の張楚政權に歸屬するという大義名分のもとで行われたことである。したがって政治理念の面から見ると、陳渉によって創立された反秦復楚運動の正當性は、劉邦集團が政權體制外の非合法組織から既存國家の地方政權へ轉化する正當性の法的根據となる。これこそ漢帝國起源の第一番目の法的正統觀念、すなわち張楚の法統である。劉邦集團が楚國の沛縣政權から碭郡政權に昇格したのは、懷王の任命により行われたことである。劉邦が漢王となり、劉邦集團が舊秦國を支配することができるという法的根據は、「懷王の約」の規定にあることも明らかである。これは漢帝國起源の第二番目の法的正統觀念、すなわち懷王の楚の法統である。劉邦集團の蜂起は、楚國の體制に入って秦に背いたことであったが、劉邦集團が「懷王の約」により獲得したのは、舊秦國を支配することができる統治權である。言い換えれば、劉邦集團は懷王の約によって秦王國の法統を受け入れたのである。これは漢帝國起源の第三番目の法的正統觀念であり、すなわちそれは秦の法統である。しかし、周知のように、秦は絶えず擴大し續ける國家である。それは、一つの小さな諸侯國から王を稱する王國へ、そして西帝を稱する霸國を經て、最終的に秦の始皇帝が誕生し、統一帝國にまで發展した。(9) これに伴い、秦楚漢の間に至る秦の法統という理念も、あいまいな伸縮性を持つものとなり、ただ舊秦王國の統治權を指すこともあれば、各王國を從屬させる秦王國の霸權を指すこともあり、さらには統一帝國である秦帝國の統治權を指すこともある。漢中で制度を改め、關中に反擊する時、劉邦集團に考えられる秦の法統は、舊秦王國の統治權のことである。楚漢戰爭中漢は自ら盟主となり、各諸侯王國と同盟して共に楚に背いた。その時、漢の秦の法統に對する理解は霸國であった秦にまで擴大していったのである。楚が滅んだ後、劉邦は帝國の法統を示す皇帝の稱號を受け入れたが、これは漢の秦の法統に對する理解が、すでに秦帝國の統治權にまで伸び始めたことを表す格好の象徵であるといえよう。

まとめていえば、政治組織としての漢帝國は、劉邦集團が芒碭山群盜集團、楚國沛縣と碭郡政權、漢王國政權、漢帝國政權という四つの段階を經て發展してきたものである。その四段階で構成された發展過程の中で、劉邦集團は三つの異なる法統理念によって三回の質的變化を成し遂げていったのである。一、張楚の法統により、政權體制外の非合法的なものから既存國家の地方政權組織への質的變化。二、楚の懷王の法統により、既存國家の地方政權組織から獨立國家の政權組織への質的變化。三、秦の法統により、獨立國家の政權組織から多くの獨立國家を支配する帝國政權組織への質的變化。以上より明らかになったように、漢帝國は、漢初軍功受益階層の前身である劉邦の政治軍事集團が、長期間に及ぶ戰爭を通して打ち立てたものである。この帝國の創建過程の中で、劉邦集團は段階的合法化と官僚化を通して、順調に、弱小の民間非合法組織から膨大な帝國政權組織へと轉換していったのである。漢帝國の起源は、まさに劉邦集團のこの轉化のプロセスに求めるべきであろう(10)。

二　皇帝權力有限論

漢朝の初代皇帝劉邦は、劉邦集團の創始者およびその首領であり、漢帝國創始者の一人でもある。すでに前述したように、漢帝國は劉邦集團が芒碭山の群盜集團、楚國沛縣と碭郡政權、漢王國政權、漢帝國政權という四段階を經て發展してきたものである。劉邦集團のこの發展過程に伴い、組織の首領たる劉邦も、群盜の首領－楚國の沛縣公－楚國の碭郡長－漢王國の王たる漢王などの段階を經て、最終的に各諸侯王の推擧により漢帝國の皇帝となった。劉邦が群盜の首領から皇帝になったことと、劉邦集團が群盜集團から發展して漢帝國になったこととは明らかに相似形をなし、みな合法化と官僚化の擴大の結果である。劉邦が芒碭山の群盜集團の首領から楚國の沛縣公となったのは、沛縣の小吏と庶民の推擧によるものであり、その正當性の法的根據は張楚の法統にある。劉邦が楚國の碭郡長となったのは懷王の命によるものであり、その正當性の法的根據は懷王の法統にある。劉邦が項羽の分封により漢王となったが、その正當性の法的根據は依然として懷王の法統に求めることができるであろう。劉邦が皇帝に卽位したことについて、法統理念の面からいうならば、それは自ら繼承した秦の法統理念を擴大解釋した結果であるが、形式上から見れば、それは諸侯王達の推擧によって可能となったのである(11)。

西嶋定生氏が指摘したように、秦の始皇帝によって樹立された皇帝權は絶對的專制權力という性格をもっている。それはいわば天下の主宰者であり、道理の體現者であり、秩序の發端であり、權威の淵源なのである(12)。考えるに、始皇帝の皇帝權が絶對的專制權力になり得るのは、次の二つの前提要素が支えるからである。一つめは、皇帝權の內的唯一性ということ。つまり、皇帝權が世襲王權から轉化されたもので、權力の最終的な根源は血緣繼承にあり、他の政治權力は全て王權の封賜と任命を根源として成立していることである。さらに、この世襲王權から皇帝權への轉化にともない、いままでの貴族の分權政治が否定されており、政治權力を王族內の一人に集中させ、皇帝が國の政治權力を獨占することである。二つめは、皇帝權の外的唯一性ということ。秦の皇帝權は、他の國家の世襲王權を武力併合したことで生じたもので、列國並立を否定した上で、皇帝一人が天下における全政治權力を獨占することである。

これを劉邦と比較してみるならば、劉邦の皇帝權には絶對的專制皇帝權を形成する條件が揃っていないといえる。まず、劉邦の皇帝權の起源は血緣世襲ではなく功德である。すなわちそれは軍功と恩德に基づいて成立したのである。天下を掌中にした後、劉邦集團は「共天下」という政治權力の共同所有という政治理念に基づき、功によって賞を行うという功勞原則に從い、社會總財産に對して全國的な再分配を行った。この分配過程の中、劉邦は最高の功と最も厚い德があったため、最大の權益である皇帝權を手にしたのである。言い換えれば、劉邦の皇帝權は、劉邦集團が共同の權益を集團で分配した結果の一部分にすぎず、集團の他のメンバーたちが獲得した分に對して、最も手厚い部分であるにすぎなかった。したがって、皇帝と同じ源から生まれ、ともに社會總財産の再分配の中で莫大な權益を獲得した軍功受益階層は、政治權力に對して強い所有權意識を持ち、皇帝權力に對して相當な獨立性を備えていた。ゆえに、強大な軍功受益階層の存在は、功德を起源として成立した劉邦の皇帝權に相對的有限性をもたらし、その性質を規定する基本的要因の一つとなった。次に、漢の勝利は諸侯王國の協力によるもので、劉邦の皇帝權も諸侯王の存在を前提としその推擧によった。始皇帝の皇帝權は王國を否定し分權的封建制の廢止を行ったが、劉邦の皇帝權は各王國の王權を保證して封建制を復活した。したがって、劉邦の皇帝權と各諸侯王の王權との並立という漢初の皇帝權の外的相對性は、これによって規定された。それは漢朝と獨立の各諸侯王國が並立するという覇業政治の存續の前提でもあった。そして、同姓王國の分封によって、この外的相對性は劉氏皇族内に權力を分散する形に轉化した。これが、いわゆる新貴族王政である。[13]

さて、この外的および内的相對性という二つの條件で規定された劉邦皇帝權の相對的有限性は、白馬の盟によって確認・確立された。[14]すでに論じたように、白馬の盟とは、皇帝と諸侯王と列侯功臣との間で結ばれた雙務的性格の契約であり、それに對應する政治關係は、春秋戰國以來の覇業政治である。白馬の盟によって、漢の宮廷皇帝權と諸侯王國の王權は劉氏一族に限定され、侯國および漢の政府機構の權力は、列侯を始めとする軍功受益階層に限定されていた。さらに白馬の盟に定められたこの權力の配分は、漢帝國の政治體制に皇帝權、王國王權、丞相を代表とする政府權力という三つの權力が並立するような政治構造をもたらしたのである。この三權並立の政治構造の中で、漢朝の丞相を頂點とする各クラスの政府權力は、皇族皇（王）權に對して獨立性をもつ軍功受益階層に獨占されていたので、宮廷皇帝權と王國王權の外にそれと並立して存在していた。諸侯王國の王權は、軍功受益階層に對しては宮廷皇帝權の外援であるが、宮廷皇帝權に對して言うならば、それは宮廷皇帝權と並立する貴族王政である。この三權並立の政治權力構造の中で、皇帝權は主として漢朝宮廷に限定されたのである。

三　連合帝國論

郡國制の施行は、漢代行政制度の最大の特徴である。郡國制とは、郡縣制と區別される相對的な概念である。その意味は、秦で行われた全面的な郡縣制と異なり、郡縣制を實行すると同時に王國分封をも實行する、つまり郡縣制と封建制を並行するという漢の新しい制度を强調するものである。しかし、すでに本書の第三章で檢討したように、景帝以前にあたる前漢初年は、後戰國時代と呼ぶべきものであり、その政治と社會の事情は戰國時代および秦楚漢間と類似している。この時期における漢の郡國制と、その後の時代のそれとは、本質上の違いがある。前漢初年、郡國制における王國は、戰國時代および秦楚漢間の王國の繼續であり、それは漢に統轄される行政區ではなく、漢と並立する獨立王國である。王國の下に複數の郡が統轄され、郡の下に複數の縣がある。この意味で、前漢初年における郡國制とは、郡縣制に基づく王國の並立として理解すべきである。しかし、景帝の中元以後、漢の王國の領土は漢の郡とほぼ同じ大きさになり、機能的にも漢の郡とほとんど變わらなくなる。そして、漢の王國は獨立した王國ではなく、中央集權の統一帝國内にある郡とおなじレベルの行政區に相當するものになった[15]。ゆえに、この郡國制という語を用いて漢帝國の行政の仕組みを表現する場合には、前漢初年と景帝以後との制度の本質的な差を無視する結果に落ち入りかねない。考えてみると、前漢初年における漢帝國の行政體制は、侯國、王國、王朝、帝國との四つの部分から組み立てられた國家連合體のようなものではないだろうか。この四つの部分による國家連合體は、四百年にわたる漢帝國の行政の仕組みの出發點にあたるもので、その後の變化は、すべてこれに基づいて行われたのである。次には、この國家連合體についてその各レベルより分析を行い、新しい視點から漢帝國の原點を追究してみたい。

まず、侯國について考察する。侯國とは、列侯に支配される國である。漢の初めから呂后期までに封じられた侯國は、合計一百五十餘りあり、それは漢朝の直轄郡の中に封じられたこともあるし、各王國の中に封じられたこともある。(16) 侯國はその戶數ではかるものである。その大きいものには漢の大縣の戶數に相當する萬戶のものがあり、小さなものは數百戶で、漢の鄉の戶數に相當する。漢の初めの戶口の減少と流失のことも考えると、前漢初年の侯國の戶數に示されている人口が全體の人口に占める比率はもっと大きい。前漢初年には、列侯は國を治め、民を治め、自ら吏を置き、自ら紀年をもっており、侯國は、漢朝政府の政治主導を受けているが統轄關係においては王國に從屬せず漢郡にも從屬せず、まるで獨立した一つの小國である。この點はそれ以後のものとは相當違う。要するに漢初の侯國は、領土を擁し、領內に行政權と司法權を含む完全な支配を行う國であるので、それは漢帝國內にある相當な獨立性を備えた一つの地方自治政權として理解すべきであろう。(17)

王國とは、諸侯王に支配される國である。すでに本書第三章で詳細な檢討をしたように、漢の王國分封は項羽の大分封を起源とする封建制度である。その王國領土の配分は、戰國末年の秦と六國の領土に基づいて行われたもので、主封國の漢と受封各國の間の關係も、戰國末年および秦・楚・漢間の國際關係に直接につながっている。言い換えれば、漢の初めの諸侯王國は、復活した戰國の六國であり、各國の領土は大きいものでは齊國のように七郡あるものもあり、小さいものでは梁國のように二郡のものもあって、それぞれ戰國末年の齊と魏の領土に基づき定められた。王國內の行政體制は漢と同じで、郡縣制である。王國內の官制や政治制度も漢と同じで、自らの紀年をもち、自分の軍隊と獨立した財政を擁し、自ら吏を置き、國を治め、民を治め、みなそれぞれ廣大な領土を擁し、行政、國防、司法などの自主權を備えた獨立國家である。そしてその基本的な面についていうならば、漢は秦の復活であり、舊秦王國の領土を擁し、戰國末年以來の秦の覇國の地位を繼承した王國の一つにすぎないのである。

漢朝について言えば、漢とは、劉邦の封國の國名であり、都の所在地にあたる漢中郡を流れる川の漢水の名からきたものであろう。朝とは旦（あさ）である。もとは名詞であるが、轉じて動詞となり、人に會うことを朝という。[18] 漢帝國の建國以來、諸侯王は定期的に漢の首都長安で皇帝に會う。これも朝という。したがって、漢（王）朝という語は、（王が）漢に朝するという意味で理解すれば適切であると思う。具體的にいうならば、前漢初年においては、漢朝という語は狹義と廣義の二つの意味から理解することができる。狹義の漢朝とは、直接に皇帝に支配される漢の國土およびその機構を指す。この漢朝は、その領土が漢王國の領土に限られ、それが大體戰國末年の秦國にあたる關中および蜀漢地區のことであり、この漢に直接に統治される民は漢の直轄郡内に戶籍を置く漢人に限られている。[19] 廣義の漢朝とは、漢に掌握されている政治主導權の及ぶ勢力範圍を指し、つまり複數の諸侯王國の宗主國としての漢朝ということである。異姓王國と侯國に對しては、漢はその封主であり、同姓王國に對しては漢は劉氏皇族の大宗であり、その間の關係はみな主從の關係である。

漢帝國について言えば、帝國という語は、法あるいは命令が實行される地域という意味で使われており、政治主導權を握っている國が複數の國々を支配することを表現する場合に非常に適切な用語である。[20] 漢帝國とは、漢朝、複數の諸侯王國、複數の侯國という三つの獨立する部分を含んだ、漢朝の政治主導を受けている國家連合體のことである。周知のように、漢の法令は皇帝詔書の形式で成立し、全帝國に公布施行される。漢帝國内には統一の法制が定められており、漢の律令は漢朝にのみ適用されるのではなく、王國と侯國でも適用される。漢の律令は侯國と王國とに直接外國との往來を禁止している。つまり、漢帝國の立法權と外交權は漢朝が獨占する。漢の律令にあるこれらの規定は、

漢帝國成立の初めから存在し、後で絶えず改善が行われていたと考えられる。(21)

要するに、前漢初年において、漢帝國は漢朝の政治主導による統一の法制を持つ四級制國家連合體であるということができる。この四級制國家連合體の漢帝國の中で、列侯は侯國の統治權を有し、諸侯王は王國の統治權を有し、皇帝のいる漢王朝は、漢王國に相當する皇帝の直轄地の統治權を有すると同時に、その政治勢力が侯國および王國に及ぶという政治主導權を兼有した。明らかにこのような政治體制は形式的にも内容的にも、秦の始皇帝によって創設された全面郡縣制の統一帝國とは相當な違いがあり、それを區別するために、筆者はこの前漢初年における漢帝國の行政の仕組みに對して、連合帝國という名を附けたいと思う。あるいは、このように定義された連合帝國という名は、前漢初年における漢帝國の實態にいくらか近づいているといえるのかもしれない。

第三節　漢帝國政治論

一　「馬上天下」と軍功政治

『史記』卷九十七陸賈傳によると、陸賈は劉邦に進言する時にはいつも『詩經』や『書經』を褒めてやまなかった。「高帝罵之曰、『廼公居馬上而得之、安事詩書。』陸生曰、『居馬上得之、寧可以馬上治之乎。』」とある。この話は、馬上で天下を得、詩書で天下を治めるという、中國政治史における二つの最も有名なテーマを構成しており、二千年の中華帝國に貫通する文武の道のことを示している。詩書で天下を治めるという文治の問題については、本書でそれを論じることは避け、ここではただ馬上で天下を得るという武功の問題についてのみ論じていく。

本書の第四章の中ですでに前漢帝國の建國の過程について詳細に論じた。そのことをまとめると、秦二世元年九月に劉邦が沛縣で起兵してから、高帝五年正月に皇帝を稱するまでの八年間で、劉邦集團の前身である芒碭山群盜集團は、まず政治軍事集團に變身し、楚國の沛縣集團、楚國の碭郡集團という二つの段階を經た後、項羽の分封を受け、獨立の漢王國を創立した。その後、漢王國が自ら盟主を自任して各諸侯王國と連合し、楚を滅ぼして天下を統一し、皇帝を稱し漢帝國を立てた。この漢帝國創立の過程においては、戰爭が最も基本的な手段で、軍隊の將校と兵士が建國の主體であった。『史記』巻九十九劉敬傳所載の劉敬の話によると、漢帝國ができるまでの八年間には、「大戰七十、小戰四十」合わせて百十餘りの戰闘をしたとある。筆者の研究によると、この八年間で、劉邦集團の兵士も三千人から約六十萬人以上にまで增加している。[22] 漢帝國の創立と形成について一言で言うならば、前漢帝國は、政治軍事集團としての劉邦集團が戰爭を通して創立した政權である。政治軍事集團が戰爭を通して政權を創立するということは、馬上で天下を得るということの第一の解釋である。

本書の第一章ですでに論及したが、劉邦集團は漢元年に漢中で獨立建國した後、漢王國の支配階層になった。漢帝國創立後、劉邦集團は高帝五年詔などの一連の關連法令を公布施行し、手に入れた政權を利用して漢帝國の政治權力、土地財產、社會身分などいわゆる社會總財產についての全面的再分配を行った。この社會總財產の再分配を通して、劉邦集團は漢帝國の支配階層に變身し、筆者のいうところの漢初軍功受益階層となっていった。前漢初年、この漢初軍功受益階層は漢帝國の各クラスの政治權力を掌握し、漢帝國の主要な社會身分を獨占し、漢帝國內の土地財產の相當な部分を擁し、あらゆる面から漢帝國を全面的に支配した。政權を奪取した政治軍事集團が轉化した軍功受益階層は、軍功によってその政權を利用し、社會總財產と國家生活のあらゆる面を全面的に支配する。これが馬上で天下を得るということの第二の解釋である。

本節のはじめから言及しているが、馬上で天下を得るという命題は漢初に始まったものである。しかしこの命題には、二千年の中華帝國を貫通する意味が含まれている。秦の始皇帝は武力で天下を統一し、劉邦は三尺の劍を揭げて天下を取った。それは始まりにすぎず、その後の中國の歴史における王朝の交替、政權の更迭などの政治變化は、基本的に「馬上天下」の形で行われることになった。後漢、三國、南北朝、唐、元、明、清などがそれである。魏晉隋宋などはいわゆる禪讓の形で王朝交替が行われたが、それは、「馬上天下」の變形にすぎず、全面的內戰に勝利し軍隊を掌握した後で、ただ帝位の確立という點のみ禪讓の形式が用いられたのである。一方、「馬上天下」が全く用いられずに純粹に平和な形で王朝交替が行われたのは、王莽の新朝と武則天の周だけであり、新朝はすぐ失敗し、武姓の周もまた李姓の唐に戻った。平和な形での王朝交替はその成功が難しいのである。そして馬上天下は、中華帝國の王朝交替、政權更迭の基本的な形式になった。これこそ馬上で天下を得ることの第三の解釋である。

さて、以上の三つの解釋を通して馬上天下論をとらえる試みは、充分ではないけれども、その意味はある程度はっきりとしてくると思う。まず、政治軍事集團によって戰爭を通して政權を創立するとは、政治權力と政權機構の起源が戰爭と軍事組織にあるということであり、言い換えれば、權力の由來およびその構造の軍事起源論を提起するものである。次に、政權を奪取した政治軍事集團から變身した軍功受益階層が、政權を利用して社會總財產と國家生活のあらゆる面を全面的に支配するようになるのは、武力から生じた政治權力が國家と社會のあらゆる面を支配することを意味する。言い換えれば、これは武力から生じた政治優先社會であり、武力から政權が生じ、政治は經濟、身分、文化などその他の面を規定した。さらに、王朝交替の基本形式が「馬上天下」であり、政權交替はただ大規模な軍事集團と全面的內戰に依存していたのである。この形式は破壞的性質が極端に強いことと、創造的性質が非常に乏しいことを暗示している。考えてみると、二千年の中華帝國において、なぜ王朝交替が繰り返して行われえたのか、なぜ王朝官僚體制が長い間維持できたのか、どうして分權的な經濟社會と市民社會が遲々として確立し難かったのかなどの中國史の難問について、その原因の解明はまずこの「馬上天下」という宿命に求めなければならない。紙面に限りがあるのでここでは「馬上天下論」の最低限の解釋のみを示すことにとどめ、その展開については別稿に讓ることとしたい。

二　無爲の治と皇帝權力の有限性

無爲の治は、中國政治史におけるもう一つの重大な命題である。傳統的な解釋にしたがうと、無爲の治が現れた治世は、黃帝と堯、舜、禹、すなわち傳說中の太古の時代にまで遡ることができる。しかし、歷史事實としての、無爲の治の名がつく最初の時代は、前漢初年のことである。『史記』卷九呂太后本紀の太史公曰くに「孝惠皇帝、高后之時、黎民得離戰國之苦、君臣俱欲休息乎無爲、故惠帝垂拱、高后女主稱制、政不出房戶、天下晏然。刑罰罕用、罪人是稀。民務稼穡、衣食滋殖。」とある。この司馬遷の見解によると、惠帝と呂后の時代はまさに無爲の治の時代であった。その無爲の治の內容は、三つの面に分けて理解することができると思う。まず君臣の間の無爲。君臣には共に休息という共通見識ができており、そして君主は放任的施政を行い、政府の政務には參與しない。これは司馬遷のいう「君臣俱欲休息乎無爲、故惠帝垂拱、高后女主稱制、政不出房戶、天下晏然。」である。次に法制上の無爲。法制の運用は寬容で、大まかで繁雜でないようにする。これは司馬遷のいう「刑罰罕用、罪人是稀。」である。三番目は官民の間の無爲。官が民を亂さない、官民共に生產の向上につとめ、生活を豐かにするよう努力する。これはすなわち、司馬遷のいう「民務稼穡、衣食滋殖。」である。周知の如く、無爲の治という命題は、黃老道家の基本思想である。惠帝、呂后時代に成し遂げた無爲の治の政治は、思想上でまさに漢初の思想界を主導していた黃老道家の學說に基づいて行われたものであった。黄老道家に關して筆者は別稿で檢討する用意があるのでここでは述べない。法制上の無爲と官民の無爲の背景については、共に秦の政治の苛酷、嚴しい法律、民生の亂れなどが要因に擧げられるが、これまですでに多く論じられてきたので、詳細に述べないでおく。ここでは、漢初の皇帝權に存在する相對的有限性の問題と結びつけ、無爲の治の第一の側面、つまり君臣の無爲の歷史的背景について論じたいと思う。

すでに檢討されたように、その內的および外的という二つの要因の影響により、劉邦の皇帝權は、その誕生から分權的な特質を持ち、相對的有限性をもつものであった。この皇帝權の相對的有限性は、白馬の盟によって固定化され、宮廷を中心とする權力機構となり、丞相を中心とする漢朝政府と諸侯王國と共に、三權並立の政治構造を形成していったのである。この三權並立の政治構造に基づく皇帝權の相對的有限性は、まさに漢初における君臣の無爲の歷史的背景の發端となったことである。

惠帝期間、漢朝の宮廷權力機構はまだ形を成しておらず、諸侯王もみな未熟であったので、宮廷であれ、王國であれ、政府であれかかわりなく、すべては高帝時代の決まりが受け繼がれ、政治は相變わらず軍功受益階層によって一手に掌握されていた。三權並立の政治構造はその形式だけとなり、漢帝國の政治の重心は、軍功受益階層に偏っていった。當時の君臣無爲は、皇帝權が弱小でほとんど政府政務に參與できなかったということを歷史的背景としており、弱君强臣という前提のもと、軍功受益階層の主導によって生まれた政治的安定のことである。これに關しては、『漢書』卷三十九曹參傳に最適事例がある。傳によると、惠帝は丞相が政務を見ないことを怪しく思い、曹參の子だった曹窋をつかわして、曹參を諫めさせた。曹窋の諫めを受けた曹參は怒って曹窋を笞打つこと二百回、「趣入侍、天下事非乃所當言也」と言った。曹參が朝會にでたおり、惠帝は曹參を責めた。曹參は冠を脫ぎ詫びた。そのさい、惠帝と曹參との間に次の問答があった。「（參曰）『陛下自察聖武孰與高皇帝。』上曰、『朕乃安敢望先帝。』參曰、『陛下觀參孰與蕭何賢。』上曰、『君似不及也。』參曰、『陛下言之是也。且高皇帝與蕭何定天下、法令既明具、陛下垂拱、參等守職、遵而勿失、不亦可乎。』惠帝曰、『善。君休矣。』」とある。これより以後、惠帝が再び政府政務に口出したことはない。考えてみると、惠帝の即位以來、政府政務はまず丞相蕭何に主管され、後に曹參が丞相に任じられて政府政務を司った。惠帝に對して、蕭・曹という二人は、功臣の主だったものというだけではなく、父と同世代の年輩の長者でもあったので、彼らに主管されている政府政務に皇帝が口出しする餘地はなかったのである。その時、曹窋は中大夫として惠帝に奉職する宮廷官僚であった。惠帝が曹窋を通して曹參を詰問したということは、宮廷が政府に口出しするということであった。それに對して曹參は怒って曹窋を笞打ち、彼に「趣入侍」と命じた。この「趣入侍」という命は、「速やかに宮廷に歸り、政府のことに口出しするな」ということであり宮廷からの關與に對する拒否の返事として理解すべきである。曹參の「陛下垂拱」という語は、皇帝がまさに宮廷において無爲であることを言い、「參等守職」とは政務が政府に從來の慣例にしたがって處理されるべきことを言い、「遵而勿失」とは君臣がそれぞれ自分の事を掌どり、互いに干渉しないということを言っている。曹參は漢朝の丞相に任じられる以前、長く齊國の丞相に在任し、齊國の政務を一手に引き受けていた。當時の齊王は、高帝の庶出の長子、劉肥である。その他の諸侯王國も、その政務は齊國と同じであり、全て軍功受益階層出身の王國相が一手に引き受けていたと想像できる。各王國内は漢朝と同様に、みな軍功受益階層の主導の下で君臣の無爲が盛んであったといえるであろう。

呂后の稱制以來、呂氏一族を中心として、呂后の住む長樂宮をとりまいて宮廷權力機構が形成され、宮廷皇帝權は積極的に政務へ介入するようになった。しかし、呂后が政治を司ったその期間、漢帝國政治の主な矛盾點は皇室内部にあったのである。すなわち、劉氏と呂氏の間にあった矛盾である。その矛盾は、呂氏の宮廷と劉氏の諸侯王國の間に現れ、呂氏が王に封じられるという事件に集中して現れている。『漢書』巻四十陳平傳によると、呂后は稱制すると呂氏一族を王に立てたいと考え、大臣たちに問うた。右丞相の王陵はそれが「白馬之盟」の「非劉氏不王」という約規に違反するという理由で反對したが、左丞相の陳平および絳侯の周勃を代表とする多數の大臣たちは「高帝定天下、王子弟、今太后稱制、欲王昆弟諸呂、無所不可。」と贊成の意を示した。そして呂氏一族を王に立てることが遂行された。すでに論じたように、白馬の盟に確立された政治構造は漢朝の宮廷と漢朝政府と諸侯王國との三權並立であり、その中で政府の權力は軍功受益階層に與えられ、宮廷皇帝權と諸侯王國の王權は皇族に與えられたのである。王陵が皇族を劉氏のみであると理解しているのは硬直した考え方で、あまりにも愚かなことだといえよう。一方陳平と周勃を始めとする大臣たちは、呂氏を王に封じることに對して柔軟な理解を示した。つまり、それは皇室内部の事、すなわち皇室内部における劉氏と呂氏の爭いに過ぎず、軍功受益階層の權益を侵害するものでも、白馬の盟に規定された三權並立の政治構造を破壞するものでもなかった。それ故に「無所不可」なのである。大まかに言えば、呂后期に宮廷皇帝權は強くなり擴張されたが、明らかに皇室内部に限られ、漢朝宮廷と諸侯王國の間のものであった。宮廷と政府、皇室と軍功受益階層の間では、愼重に政治的均衡が維持されていたのである。漢代の列侯の位、朝廷の位の序列が定められたのはこの呂后の時であったが、呂氏一族を王に封じたと同時に高帝の功臣の分封も行った。したがって、呂后期間の君臣無爲もまた、白馬の盟に定められた三權並立の政治構造の上に樹立されたもので、皇室と軍功受益階層との間の政治的均衡によりもたらされた政治的安定であった。しかし、呂后が死ぬ前に、宮廷權力の擴大が政府にまで及び、宮廷と政府、皇室と軍功受益階層間の均衡を破壞して政治衝突を引き起こし、諸呂の變の遠因をつくってしまった。呂后期間の君臣無爲は、それゆえに呂后の時代の末期には終わりを迎えてしまったのである。

文帝が卽位し、代國舊臣を中心として漢朝宮廷を再建した。文帝は劉氏の諸侯王を優遇して皇帝權の外援とし、その一方で列侯歸國策や侯國移轉策などの方策をとり、あまりにも強大な軍功受益階層の力を制御するようにつとめた。

その政治運營の基本は、全て三權並立という政治的均衡の回復ということにあり、なによりそれに力を注いだのである。賈誼は文帝の政治を「無爲」、「無動」として、嘆息して言うべしと批判したが（『漢書』巻四十八賈誼傳）、これは文帝が無爲を實踐しなければならなかった客觀的な環境を無視したものといえよう。考えてみると、文帝期の政治とは、基本的にいうならば、三權並立に基づく君臣無爲の政治であった。政治を安定させるためには皇帝權を嚴格に宮廷内に限ることが必要であり、政府や諸侯王國にまで擴大することはできなかった。一例を擧げると、文帝十六年、文帝は張蒼が年老いたので丞相の職を解き、皇后の弟の竇廣國を任命しようとしたが、しばらくためらって最終的にはやはり慣例により軍功受益階層出身の申屠嘉を丞相に任命した。これは宮廷と政府、皇室と軍功受益階層との權力分野および政治的均衡を崩さないようにした結果である。文帝は賈誼の王國抑制策を用いなかった。呉王は病氣と僞り朝覲しなかったにもかかわらず、文帝は肘掛けと杖を與えた。淮南王は有罪とされ領土を沒收されたが、文帝は再び淮南王の子を王に立てた。これらのことは漢朝宮廷と諸侯王國との均衡を維持するためであった。郎中令の張武が賄賂を受け取ったが、文帝はさらに彼に賞を與えその心をはずかしめた。これは代國舊臣を中心とする宮廷を强固にするためだったのである。司馬遷は文帝の政治を「廣恩博施」、「謙讓未成」と評した（『史記』巻十孝文本紀）。班固は文帝の爲政を「以德化民」「興於禮義」と評した（『漢書』巻四文帝紀）。これらの議論は歷史事實に基づいて行われた正論であるが、君臣無爲からさらに明らかにできるところを見出せなくしてしまいかねない(23)。

三　秦・楚・漢の歷史的連續性について

秦楚漢の相關關係は、前漢初年の政治における基本的な課題の一つである。漢帝國の形成、漢初軍功受益階層の成立、漢帝國の政治構造および制度の變化などについて檢討する時、このことはどうしても避けられない問題として浮かび上がってくるのである。秦・楚・漢三者の關係は複雜で、そこには對立と斷絶、融和と連續という二面性があり、かつ兩者が互いに混じり合っていることが、研究の進展のなかでしだいに明らかになってきた。いま研究の便宜のため、その秦楚漢における融和と連續を秦楚漢の歷史的連續性という語で表現し、さらに、その特徵を「楚から秦に入り漢を建てる」という文で概括して記述することにしたい。この秦楚漢の歷史的連續性は、少なくとも法統・制度・地域・人事および文化の五つの面から理解をすすめないと、その全體像を把握することが困難である。文化面の內容はあまりに奧深いため他の研究に讓ることとし、ここではその他の四つの問題について主に最近の研究結果に基づいて論述を進めたいと思う。

本書の第五章ですでに取り上げたように、社會集團の地域問題は、地域移動と地域構成という二つの部分に分けて論じることが重要である。社會集團の地域移動というのは、その活動の及んだ地域のことであり、社會集團の地域構成というのは、その構成員の出身地からみた構造のことである。そして、まず劉邦集團の地域移動に目を移してみてみよう。もし劉邦集團の成長の過程を漢の建國の過程として考え、その活動地域を戰國行政區の角度から見るとすれば、地域移動における秦楚漢の歷史的連續性については、大ざっぱに「楚から秦に入り漢を建てる」という文で概括的に理解することができる。つまり、漢は楚の江淮地區で興り、その後西遷して秦の蜀漢關中地區にいたり、その地を根據地として再び東進し擴大して、その勢力は楚を含む關東地區の全體に及んだ。ここで注意しなければならないのは、漢の領土は舊秦國の領土にあたっており、地域上における漢と秦は完全に一致している、という點である。

地域關係における秦楚漢の歷史的連續性は、劉邦集團の地域構成においてもっとも明瞭に現れている。上記と同じ角度からそのことを見るとすれば、地域構成における秦楚漢の歷史的連續性も、大ざっぱに「楚から秦に入り漢を建てる」の脈絡から理解することができ、さらに、漢の地域構成については楚人を中核と中堅、秦人を主力、他の諸侯國の人を外郭とする累層的圓錐體の構造として理解することができる。すでに明らかにしたように、地域構成における漢と楚の歴史的連續性は直接に豐沛元從集團と碭泗楚人集團の成立に現れているが、地域構成における漢と秦の歴史的連續性は秦人集團の成立に直接現れている。言うまでもなく、社會集團の地域構成は、その人事構成に直接關っており、また重要な部分となっているので、本書でおこなった劉邦集團の地域構成についての検討は、地域の角度から漢の人事構成を考察することでもある。いいかえれば、人事構成における秦楚漢の歴史的連續性の一部分は、劉邦集團の構成員の出身地の構造、すなわちその地域構成に具體的に現れている。

法統のことについてはすでに本書の第四章で詳細に取り扱ったが、ここではただその結論に基づいて要點となるところを簡單に觸れる程度にする。いわゆる法統とは、支配權の正當性およびその法的根據となるところのものである。漢と楚の法統上の繼續關係については、田餘慶氏の研究によって繁雜な史實の中から大まかにその輪郭が描かれたが、[24]さらに踏み込んで考えると、法統上の歴史的連續性は漢と楚の間にあるだけではなく、漢と秦の間にもある。さらに漢と楚と秦の三者の間にある法統上の歴史的連續性は、明確に具體的な接點があった。それは「懷王の約」である。「懷王の約」が如何に秦・楚・漢をつなげる役割を果たすのか、これについて一語でいうならば、漢は「懷王の約」によって楚から秦の支配權を獲得した。つまり、「懷王の約」は、楚國の一部であった劉邦集團（楚の郡に相當する）が楚の懷王から合法的に舊秦國の支配權を獲得し、それに基づいて獨立して國を建て、漢王國（舊秦國に相當する）の統治集團に變容した際の法的根據であった。法統上における秦楚漢の歴史的連續性は、集中的にここに現れている。

制度の面からいうと、漢が秦制を受け繼いだのは、いうまでもないことである。ところが漢制と秦制との間に楚制の存在があったということが、近年、學者たちの研究と新史料の出土によって明らかになっている。[25]具體的に言えば、劉邦集團は最初に楚制を用い、後に秦制に變わった。秦楚漢が制度において關連があったということはすでに學界の通説となっているが、漢がいつ、どこで、どのように楚制から秦制に改めたかは、いまだにはっきりとはわかっていない。しかしこの問題は、制度における秦楚漢の接點であるので、先ず先に解明しなければならないのである。筆者は本書の第一章第二節で漢中改制論という説を提示したが、ここでは新たな研究結果に基づいて再びそれを明確にしたいと思う。つまり、一つの基本的な視點として、漢が楚制を秦制に改めたことは、もっと大きな歴史的背景の中において考えないと、歴史の眞相に近い理解を得ることができない。その歴史的背景は、項羽の主宰のもとで關中で大分封が行われ、十三國（舊六國を除く）が同時に建國し、同時に制度を改めたことである。その時、項羽に主宰される分封儀式の擧行、分封制度の確定と施行、暦法紀年の授與などは、みな確實に行われたのである。したがって、その際、建制と改制に直面する國は、劉邦の漢王國だけではなく、項羽の封を受けた他の各國も、みな含まれているわけである。

周知のように、劉邦が漢王に封じられたのは項羽が懷王の約を曲解した結果であったが、地理上でいえば漢は舊秦國の蜀漢地區に相當し、政治上からみれば漢の支配權は舊秦國の支配權の一部分にあたるので、少なくとも形式上では楚と漢の兩方はどちらも漢を秦として理解しているのである。したがって道理に沿っていうならば、漢が楚制を秦制に改めたのは、漢元年二月關中で封を受けた時のことであろう。ただし、關中で分封を受けた時、各諸侯王たちはみな秦の都の咸陽に集まっており、自分の國に歸って統治を行っていなかった。ゆえに、その際には各國の建制と改制も、いまだ實行の段階に入っていなかったわけである。現存の史料からは、各國の軍隊に對する制限と改編は、關中分封の時にすでに實行されていた(26)。また新しい暦法紀年も、關中分封の時に使い始められたと思われる。したがってその他の變更は、各王が軍隊を率いて國に歸ってから實行されただろうと、推測することができる。漢元年四月、十九王はそれぞれ自分の國に歸っていった。その時、劉邦集團は漢中に就國し、八月、漢中から出て關中を攻めるまでの五ヶ月間漢中に滯在したが、漢が楚制を秦制に改めたのは、おそらくこの間であっただろうと考えられる。すでに本書の第一章第二節に指摘したように、漢の軍法は漢中で韓信によって秦の軍法に基づいて再び發令されたものである。これにより、軍法の一部分としての漢の軍功爵制は楚制から秦制に改められた。その他、漢の戶籍の整理、徭稅の徵收、徵兵制の實行、秦制の官職の任命など、みなこの漢中就國の時に始まったのである。したがって、漢が楚制を秦制に改めるということは、その始まりは漢元年二月に項羽による分封をうけた時點であると考えるべきであるが、實際問題として、その始まりは同年四月の漢中就國後のことである。さらにそれは後にいくつかの補充と改善をうけてしだいに完成していった。この改制は、大ざっぱに漢元年における漢中改制と稱することができる。

秦・楚・漢という三國間の相關關係は、その變動が激烈であるにもかかわらず史料が少ないので、はっきりしないことが多い。一方、前漢初年、漢政府は自身の政治的利益のため、歷史記載についていくつかの人爲的な修正をおこなった。その大なるものは少なくとも三回あったと思われる。その一つは、秦王朝の歷史に加えられた修正である。[27]他の一つは呂氏政權の歷史に加えられた修正である。[28]そしてもう一つは、漢が楚に屬し、漢王國が項羽の封國であったという漢の由來に關する歷史に加えられた隱蔽のことである。[29]まさにこのような人爲的な歷史改纂、とくに漢の由來に關する歷史に加えられた隱蔽のため、もともと不明確であった秦・楚・漢の相關關係は、より不透明になっている。とりわけ、漢の由來の歷史の一部分である漢が楚制を秦制に改めたということは、制度上で廣い面に及んでおり、また改訂と實行中の變更もあり、さらに異なる制度間における比定などもあって、ますます複雜になっている。しかし、もしいままでの認識にこだわらず、出土史料を有效につかい、さらに傳來の文獻についてあらためて解讀を附け加えるとするならば、二千年以來、歷史の眞相における多くの疑問は、一つ一つ解決することができよう。秦楚漢の歷史的連續性についても、その理解を深め廣げてゆく面でさらに一歩進むことができると思われる。

注

（1）本書第四章と第三章を參照。

（2）本書第一章第三節および第四章第三節を參照。

（3）本書第二章および本書第六章第四節を參照。

（4）本書第五章を參照。

（5）杜正勝『編戶齊民』、經聯出版社、一九九二年。

（6）本書第三章を參照。

（7）陳寅恪『隋唐政治史述論稿』、『隋唐制度淵源略論稿』（『陳寅恪史學論文選集』、上海古籍出版社、一九九二年、所收）。

（8）普遍的な史學概念としての軍功受益階層というものを、如何に二千年中華帝國の歷史の中に應用できるのか、とくに異なる歷史的背景において各時代の軍功受益階層が如何に變容したのか、變わり續ける各時代の人間社會とどのように關係しているのか、などの問題、とくにそれに關する具體的な分析と檢討は、今後の課題としたい。

（9）秦の惠文君は十四年（紀元前三二五）に魏と齊に續いて王と稱し、翌年、改元した。秦の昭襄王十九年（紀元前二八八）、秦と齊は同時に帝（西帝・東帝）と稱し、それぞれ西と東の覇主になった。楊寬『戰國史』（臺灣商務印書館、一九九七年版）第八章、平勢隆郎『新編史記東周年表』（東京大學出版會、一九九五年）表二「新六國年表」を參照。

（10）本書第三章と第四章を參照。

（11）本書第四章を參照。

（12）西嶋定生「皇帝支配の成立」、同氏『中國古代國家と東アジア世界』（東京大學出版會、一九八三年）第二章。

（13）本書第一章の第三節、第三章第三節および第四章第三節を參照。

（14）本書第六章第一節を參照。

（15）本書第三章および周振鶴『西漢政區地理』引論、人民出版社、一九八四年。

（16）拙稿「西漢軑國所在與文帝的侯國遷移策」、『國學研究』第二卷、北京大學中國傳統文化研究中心、一九九四年。

（17）前漢初年の侯國が軍隊を持てたかどうか、直接の證據がないので斷定し難い。しかし、漢の侯國は秦の列侯の分封制度を繼承したものである。『史記』卷六十八商君傳によると、商鞅は秦によって商の十五邑に封ぜられたが、彼が政爭に敗れた時、「與其徒屬發邑兵」して秦に背き、封邑の軍隊を管掌したという。前漢初年の侯國に關する研究については、本書第三章第四節、とくにその注（27）を參照。

（18）『說文』に「朝、旦也。」とあり、『詩經』小雅・何草不黃の「哀我征夫、朝夕不暇。」は、その用例である。徐灝は『注箋』に「晨見曰朝。」と注しており、『史記』卷七項羽本紀にある「項羽晨朝上將軍宋義。」という文は、その用例である。趙翼『陔餘叢考』卷二十二に「古時凡詣人皆曰朝。」とある。『呂氏春秋』求人の「昔者堯朝許由於沛澤之中。」という文は、その用例である。以上の三說を通して、朝の意味が如何に旦（あさ）から「晨見」（朝にまみえる）に轉じ、さらに人にまみえるまでに擴大していったがよくうかがえる。

（19）本書第一章第一節の二を參照。

（20）帝國という語は、和製漢語で、最初にはオランダ語「ケイゼレイク（Keizerrijk）」の譯語であったが、後に英學が蘭學に代わって洋學の主流になると、英語「エンパイア（empire）の譯語に變わった。特に「帝國」という語に含まれる豐富な語意は、歷史研究および人文科學においてたいへん役に立つと思われる。この「帝國」という語の由來およびその語意の解釋說明については、吉田忠典「『帝國』という概念について」（『史學雜誌』第百八編第三號、一九九九年）を參照。

（21）本書第三章第四節を參照。

（22）本書第一章第三節および第五章を參照。

（23）本書第六章および第三章を參照。

（24）田餘慶「說張楚」（『歷史研究』、一九八九年第二期、後に『秦漢魏晉史探微』、中華書局、一九九三年、所收）。

（25）本書第一章第二節および卜憲群「秦制、漢制與楚制」（『中國史研究』一九九五年第一期）を參照。一九八〇年代に出土した張家山漢簡、とくにその「奏讞書」という法律文書（『文物』、一九九三年、第八期）は、それに關する最新の出土史料として學界での注目するところになった。

(26) 本書第五章第一節を參照。

(27) 漢王朝が秦王朝の歴史に加えた修正については、鎌田重雄「秦三十郡」(『秦漢政治制度研究』、學術振興會、一九六二年、所收)、栗原朋信「秦水德說の批判」(『秦漢史研究』、吉川弘文館、一九六〇年、所收)を參照。なお、近年、漢代の人々の見方に左右されている秦王朝の歴史を見直す動きとして、鶴間和幸氏の「漢代における秦王朝史觀の變遷－賈誼『過秦論』、司馬遷『秦始皇本紀』を中心として」(『茨城大學教養部紀要』第29號、一九九五年)をはじめとする一連の研究は研究者の注目するところとなった。鶴間氏の所論については『中國研究動態』一九九六年第二期で田人隆氏の總括的な評論がある。

(28) 漢王朝が呂氏政權の歷史に加えた修正については、筆者は別稿を用意するつもりであるが、その解決の方向としては、藤田勝久氏と平勢隆郎氏がそれぞれ示された史料構成分析と紀年分析のことを取り上げたい。なおこれについては藤田勝久『史記戰國史料の研究』(東京大學出版會、一九九七年)および同氏「『史記』項羽本紀と秦楚之際月表－秦末における楚・漢の歷史評價－」(『東洋史研究』第五十四巻第二號、一九九五年)と「『史記』呂后本紀にみえる司馬遷の歷史思想」(『東方學』第八十六輯、一九九三年)、平勢隆郎『新編史記東周年表』(東京大學出版會、一九九五年)、『中國古代紀年の研究』(汲古書院、一九九六年)、『中華文明の誕生』(尾形勇と共著、中央公論社世界歷史2、一九九八年)などの一連の論著を參照。

(29) 漢王朝が漢の由來の歷史に加えた修正については、本書の第四章第二節および第五章を參照。

附錄一　『商君書』境内篇と秦の軍法との關係について

第一節　『商君書』境内篇に關する研究

『商君書』について、特にその本の成立、眞僞およびその史料的價値に關する研究は、今まで少ないとは言えない。(1)『商君書』全書に關する研究は本書の主旨ではないため、ここでは詳細に述べないでおくが、今までの諸研究でほぼ一致している點については、下記にまとめておきたい。一、『商君書』は、同一作者によって同一時代に書かれた書物ではないので、その眞僞およびその史料的價値についての研究は、編ごとに分けて行うべきである。二、『商君書』の內容は、ほとんど秦および商鞅と關係がある。三、現形の『商君書』の成立年代は、戰國末年より早いとは考えられない。

さて、「境內篇」に關して先學の研究は、異論が少なく比較的一致している。要するに「境內篇」は、『商君書』の諸篇の中で最も史料的價値があるもので、成立も最も早く、その內容は、戰國時代の秦國の法律および制度に關することで、後世の人による加筆と竄入がほとんどない。これはほぼ學界での定說になっている。しかし、戰國時代の秦國の數多くの法律と制度の中で、「境內篇」はいったいどんな法律と制度であっただろうか。この問題の解決をはかるために、まず「境内篇」に關する諸研究の中で最も注目されるべき二つの説をとりあげる。第一は、陳啓天氏の法令説。氏は「全文細讀するに、ただ方法は見えて、説明は見えず、法令の體裁は見えるが條陳の體裁は見えない。」「本篇は是れ商鞅行う所の法令の殘留せしものの一部分かと疑う。年を經、久しきを過ぎて、脫誤も多し。」と述べている。(2) 第二は、守屋美都雄氏の令の實施細則說。氏はまず陳氏の説を部分的に受け入れ、「境内編」が秦の法令であるという陳説に贊成の意を表す。氏はさらに、「假に境内篇の記事は法令であるとしても、それは『史記』商君列傳の「明尊卑爵秩等級以差次、明田宅臣妾衣服以家次」とか、『韓非子』定法篇の「斬一首者爵一級」が、令の本文であったのに對して、その細則として發布されたものであったものかもしれない。」と述べている。(3) 守屋氏の研究は、今までの「境内篇」に關する諸研究の中で最も要點を衝いた感があったが、さらに一歩進んで檢討する餘地がまだ殘されていると思われる。それでは、守屋氏の法令細則說に基づいて檢討を進めたい。

第二節 「境内篇」と秦の軍法との關係について

『漢書』巻三十五吳王劉濞傳記載の景帝三年（前一五四）吳王劉濞の「遺諸侯書」に

能斬捕大將者、賜金五千斤、封萬戶。列將、三千斤、封五千戶。裨將、二千斤、封二千戶。二千石、千斤、封千戶（『補注』先謙曰、『史記』更有千石、五百斤、封五百戶句、此奪文。）、皆爲列侯。其以軍若城邑降者、卒萬人邑萬戶、如得大將。人戶五千、如得列將、人戶三千、如得裨將、人戶千、如得二千石、其小吏皆以差次受爵金、它封賜皆倍軍法。其有故爵邑者更益勿因、願諸王明以令士大夫不敢欺也、寡人金錢在天下者往往而有、非必取於吳、諸王日夜用之不能盡、有當賜者告寡人、寡人且往遺之、敬以聞。

とある。これは、呉の軍功褒賞令の本文であることは疑いない。この令の「其小吏皆以差次受爵金」と商君の令の「各以差次名田宅」という文を照らして見るならば、二者は類似する令文であると思われる。漢代において侯に封じられることは、軍隊の中で將軍が行うものではなく、皇帝が行う特別な行賞とされる。(4)呉王は制度を踰越し、令の本文の中で勝手に規定しているのである。一方、一般の行賞は、漢においてすでに編成されていた軍法の規則に基づいて行うとしている。すなわち、「它封賜皆倍軍法」とあるとおりに、漢の軍法の規定に倍することによって行うこととしている。ここで注意しなければならないことがある。それは、漢の軍法が呉王の軍功褒賞令の實施細則としてあげられたことである。周知のように、漢は秦の制度を引き繼ぎ、漢の軍法も秦の軍法に基づいて再發令の形で成立したものである。(5)したがって、秦の軍功褒賞令に對する實施細則として考えられる「境内篇」は秦の軍法の殘文ではないか推測することも、當然といえば當然なことになるわけである。

もちろん以上のことは、ただ法律文書の書式體裁の面から令文と令文の實施細則を分析し、兩者を比較して得た推測である。そして、この推測を具體的に實證するため、「境内篇」の内容から着手し、その分類についての考察を行いたい。

「境内篇」の内容について、陳啓天氏と高亨氏はそれぞれ獨自の分類を行っている。陳氏の分類は以下のようである。一、戶籍の法。二、軍の編成（軍の褒賞を含む）。三、軍の獄法（軍の處罰ともいう）。四、攻城の法。(6)高亨氏は同篇を六つの部分に分けている。一、戶籍の登錄。二、爵位の等級により奴僕を與える方法。三、軍の組織、軍官の等級および護衛兵の數。戰鬪中に功があれば賞を行い、罪があれば罰を行う。それらのことの基準・規定および方法。四、有爵者が罪を犯した場合に如何に裁判するかとその處置の方法。五、有爵者が死んだら、爵の等級によって墓樹の數を定めること。六、敵國の城を攻める際の戰鬪に關する手配のこと、決死隊の編成とその賞罰規定。(7)

陳氏の分類について、「境内篇」には褒賞に關する條文の數が多く、それを一種類として分ける方がいいのではないかと考えられる。同じ考え方に基づいて高氏の分類について見てみれば、その第二の部分を軍の褒賞に、第三の部分をそれぞれ軍隊の編成と軍の處罰に含めるのが適當だろう。そうすれば、「境内篇」は次の六つの部分に分けることができる。一、戶籍の法。二、軍隊の編成。三、軍隊の褒賞。四、軍隊の處罰。五、攻城の法。六、戰死者の弔慰規定。

秦の戶籍制度は商鞅變法によって整理され、軍役制度に直接關ってつくられたものである。ところで「境内篇」にある戶籍關係の文は、普通の戶籍法に關する律文ではなく、おそらく戶籍に關る軍功褒賞の規定に關するものではないかと考えられる。また、兩氏が攻城の方法と考えている部分については、それは戰鬪方法を説明する敍述文ではなく、律文であるので、それは秦の軍令の一種類、すなわち城戰令ではないかと考えている（その詳細は、本文の第三節を參照）。以上の考察によって、筆者は「境内篇」を以下の五つの部分に分けることにする。一、軍隊の編成。二、軍隊の褒賞。三、軍隊の處罰。四、軍令。五、戰死者の弔慰規定。

第三節　「境内篇」と漢の軍法と「上孫家寨漢簡」との比較研究

前述したように、漢の軍法は秦の軍法に基づいて制定されたものであり、現在、その律文はまだ若干殘されている。一九七八年、青海省大通縣上孫家寨で多量の漢簡が出土し(8)、その内容は漢の軍法ではないかと考えられている(9)。以下、秦の軍法として考えられる「境内篇」と漢の軍法として考えられる上孫家寨漢簡と文獻に殘された漢の軍法の律文とを照らして、比較研究を進めたい。

周知のように、『商君書』は二十餘りの版本があり、「境内篇」も版本によって文字の異同がある。[10] ここでは通行の嚴萬里本を定本として用い、[11] その文を分けて以下に整理する。

（1）四境之內丈夫女子皆有名於上者著死者削
（2）其有爵者乞無爵者以爲庶子級乞一人其無役事也其庶子役其大夫月六日其役事也隨而養之
（3）軍爵自一級已下至小夫命曰校徒操出公爵自二級已上至不更命曰卒
（4）其戰也五人來薄爲伍一人羽而輕其四人能人得一首則復
（5）夫勞爵
（6）其縣過三日有不致士大夫勞爵能
（7）五人一屯長百人一將。
（8）其戰百將屯長不得斬首得三十三首以上盈論百將屯長賜爵一級
（9）五百主短兵五十人二五百主將之主短兵百千石之令短兵百人八百之令短兵八十人七百之令短兵七十人六百之令短兵六十人國封尉短兵千人將短兵四千人戰及死吏而□短兵能一首則優
（10）能攻城圍邑斬首八千以上論盈野戰斬首二千已上則盈論吏自操及校以上大將盡賞行間之吏也
（11）故爵公士也就爲上造也故爵上造也就爲簪褭就爲不更故爵爲大夫
（12）爵吏而爲縣尉
（13）則賜虜六加五千六百
（14）爵大夫而爲國治
（15）就爲大夫故爵大夫就爲公大夫就爲公乘就爲五大夫

(16) 則稅邑三百家

(17) 故爵五大夫

(18) 皆有賜邑三百家有賜稅三百家

(19) 爵五大夫

(20) 有稅邑六百家

(21) 者受客

(22) 大將御參皆賜爵三級

(23) 故客卿相論盈就正卿

(24) 就爲大庶長

(25) 故大庶長就爲左更

(26) 故四更也

(27) 就爲大良造

(28) 以戰故暴首三乃校三日將軍以不疑致士大夫勞爵其縣。

(29) 四尉訾由丞尉。

(30) 能得爵首一者賞爵一級益田一頃益宅九畝一除庶子一人及得人兵官之吏

(31) 其獄法高爵訾下爵級高爵能無給有爵人隷僕爵自二級以上有刑罪則貶爵自一級以下有刑罪則已

(32) 小失死以上至大夫其官級一等其墓樹級一樹

(33) 其攻城圍邑也國司空訾莫城之廣厚之數國尉分地以徒校分積尺而攻之爲期曰先已者當爲啓後已者訾爲最殿再訾

則廢。

(34) 內通則積薪積薪則燔柱。

(35) 陷隊之士面十八人。

(36) 陷隊之士知疾鬭不得斬首。

(37) 隊五人

(38) 則陷隊之士人賜爵一級死則一人後

(39) 不能死之千人環規諫黥劓於城下

(40) 國尉分地以中卒隨之

(41) 將軍爲木壹與國正監與正御史參望之其先入者擧爲最啓其後入者擧爲最殿

(42) 其陷隊也盡其幾者幾者不足乃以欲級益之

次に、

一、筆者の分類基準によって、上記の文を分類し、句點を附けて注を加える。

二、脱字は［　］に挿入する。

三、誤字は原文のその箇所に（　）に正字を示す。

四、衍字は原文のその箇所に（　）に衍という字を入れて表示する。

五、訂正理由の詳細は注記しないが、ただ某氏によりという注記で出所の研究者の名をあげる。しかし、もし新しい見解と新しい證據がある場合には、詳しく説明することにする。

六、先學の諸氏の説は、略して次のように記す。

1、朱氏－朱師轍『商君書解詁定本』、北京古籍出版社、一九五六年。
2、孫氏－孫詒讓『札迻』、光緒二十年刊本。
3、兪氏－兪樾『諸子平議』、同治辛未年刊本。
4、陶氏－陶鴻慶『讀諸子札記』、中華書局、一九五九年。
5、高氏－高亨『商君書譯注』、中華書局、一九七四年。
6、守屋氏－守屋美都雄「漢代爵制の源流として見たる商鞅の爵制研究」、東洋史研究會、一九六八年。
7、古賀氏－古賀登『漢長安城と阡陌・縣鄕亭里制度』、雄山閣、一九八〇年。
8、D氏－J. J. L. Duyvendak『The Book of lord Shang』、The University of Chicago Press, 1963年。

七、引用した「上孫家寨漢簡」については、その整理番號は簡文の後の（　）に英數字で表示する。

1　軍隊の編成

（3）軍爵自一級已下至小夫、命曰校徒操出（士）①、公爵自二級以上至不更、命曰卒。

①兪氏による。

本條の意味は、軍爵一級より以下、小夫に至るまで名附けて校徒、操士という。二級以上不更に至るまでの者は、名附けて卒という、ということである。

（4）其戰也、五人來（束）簿①爲伍、一人羽（兆）②而輕（剄）③其四人、能人得一首則復④。

①、③孫氏による。

②高氏による。兆は逃の假借字である。

案ずるに、漢の軍隊には「伍符の制」、すなわち同伍の五人が一つの割り符に組んで連帯責任を持つという制度がある。『尉繚子』束伍令に「五人爲伍、共一符、收於將吏之所。」とある。この「伍符の制」は、軍法の「尺籍の制」(二の(二)斬首捕虜以尺籍を參照)と共に史書に見られるので、[12] 漢の軍法に編入されていたと考えられる。

④案ずるに、復、償なり。『禮記』巻十八の曾子の問いに「除喪則不復昏禮乎」とある。鄭注に「復、猶お償なり。」とある。『漢書』陳湯傳に「猶不足以復費。」とある。師古は「復、償也。」と注する。ここでの復は功をもって罪を償うという意味で、すなわち漢の軍法にある「自當無賞」((30)の解釋を參照)という律文に相當することであると考えられる。

本條の意味は、戰う時には、五人が伍となり、同伍の伍人は一つの割り符に組んで連帯責任を持ち、一人が逃亡したときは他の四人の首をはねる。ただし、敵の首を一つ得た者は赦免する、ということである。

(7)五[十]①人一屯長、百人一將。

①守屋氏による。

本條の意味は、五十人に一屯長がおり、百人に一將がいる、ということである。

(9)五百主、短兵五十人。二五百主、將之主、短兵百。千石之令、短兵百人。八百之令、短兵八十人。七百之令、短兵七十人。六百之令、短兵六十人。國封(衍)①尉、短兵千人。[大]②將、短兵四千人。戰及死吏(事)③而[剄]④短兵、能[人得]⑤一首則優(復)⑥。

①兪氏による。

②高氏による。

③、④、⑤、⑥孫氏による。

案ずるに、短兵とは、もとの意味は白兵戰用の武器であるが、ここでは白兵戰用の武器を持つ護衛兵を指すという高氏の解釋は適切であろう。『楚辭』九歌・國殤に「車錯轂兮短兵接。」とある。王逸は「短兵、刀劍也。」と注する。

本條の意味は、五百主には短兵五十人がつく。二五百主すなわち將の主たる者は短兵百人がつく。千石の令は、短兵百人、八百の令は、短兵八十人、七百の令は、短兵七十人、六百の令は、短兵六十人、國尉は、短兵千人、大將は、短兵四千人がつく。戰う時に短兵の主が死ぬようなことがあれば、短兵の首をはねるが、敵の首を一つ得れば、その罰を赦免する、ということである。

以上の四條は、軍爵の名稱、軍伍の編成、軍官およびその護衛兵の配備などに關する律文である。まとめていうならば、みな軍隊の編成に關する律文であると言える。

漢代において軍隊の編成に關する規定などは、軍法の中に編入されていると考えられる。殘されている漢の軍法の中には、軍の編成に關する律文がなおいくつかある。たとえば、『漢書』巻六十七胡建傳に「『軍法』曰、正無屬將軍、將軍有罪以聞、二千石以下行法焉。」とある。『後漢書』列傳十七宣秉傳の李賢注に引く軍法に「五人爲伍、二伍爲什。」とある。『周禮』夏官鄭衆注に引く軍法に「百人爲卒、五人爲伍。」とある。『說文』金部鐸條に引く軍法に「五人爲伍、五伍爲兩、兩司馬執鐸。」とある。『說文』金部鐃條に引く軍法に「卒長執鐃。」とある。以上の軍法の文は、みな伍、什、卒、兩などの漢の軍隊の編成に關する律文である。

「上孫家寨漢簡」における軍の編成に關する文は、簡文のかなりの部分を占めている。竹簡の整理者の朱國炤氏によれば、簡文の第二、三の文の内容は軍隊の編成、陣法および旗號標識に關するものである。(13) ところで、もし氏のいうところの陣法に關する部分を別とすれば、(14) 簡文の第二と第三の部分はみな軍の編成に關する内容であるといえる。たとえば、「二人曰□、二人曰□」(148)、「五人曰伍」(126)、「色別、五百以上旃上齒色別、士吏以下旃下齒色別、什以肩章別、伍以肩左右別、士以肩章尾色別」（374）、「卒各十人一車、車幡諸（？）弩□□」（366）などがそれである。

さて、「境内篇」に描寫された秦の軍隊の編成と、殘されている漢の軍法および上孫家寨漢簡に描寫された漢の軍隊の編成との間には密接な繼續關係があるが、それは他の論題になるのでここでは深く論じないでおく。ともあれ、「境内篇」にある軍の編成に關する文と、漢の軍法の殘文および漢の軍法と見られる「上孫家寨漢簡」にある軍の編成に關する部分とは、同じ法律系統に相當する部分であると言える。

二　軍の褒賞

（一）「斬首捕虜拜爵論」

すでに論じたように、漢代の軍功褒賞に關する法令は軍法に編入されるものである。「上孫家寨漢簡」においてはその目次の一部分がまだ殘されており、第二十一章のタイトルは「□首捕虜□□論廿一」であるとみられる。朱國炤氏は、「首」の前の缺字に「斬」という字を入れてはどうかと述べている。[15] また、簡文において「拜爵」という語はよくみられ、斬首捕虜によって爵を拜するということに關する文も極めて多いので、「論」の前の二つの空きに「拜爵」という二文字を補うのが適切ではないかと考えられる。そうするならば、漢の軍法の第二十一章のタイトルは「斬首捕虜拜爵論廿一」であることになる。この點については、出土した秦簡と照らしてみることができる。『睡虎地秦墓竹簡』軍爵律に「従軍當以勞論賜」という律文がある。[16] その勞とは勞績のことで、日、月によって計算するものである。論とは、功を論じて爵を拜することで、その論じられる功は、主に斬首捕虜を中心とする軍功である。賜とは、爵によって賞賜を與えることで、免罪の特權や田宅などの財産も含まれるものである。上述の三者は、みな秦の軍の褒賞に關する原則として考えればよいのであるが、その實行に關しては具體的な細かい規定があるはずである。

いかと考えられる。次に、「上孫家寨漢簡」から「斬首捕虜拜爵論」と關係があったと思われる條文を拔き出し、「境內篇」との關連部分と照らして見てみよう。

「上孫家寨漢簡」第二十一章の「斬首捕虜拜爵論廿一」は、軍法においてその「論」の實施細則に關する內容ではな

（8）其戰、百將、屯長不得斬首、得三十三首以上盈論、百將屯長賜爵一級。

朱氏は「百將、屯長、責在指揮、故不得斬首。」「百人之中、能得三十三首以上、則以盈滿論功、百將、屯長、皆賜爵一級。」と注している。

本條の意味は、戰う時に百將、屯長は自ら斬首することはできないが、部下の兵士が一部隊百人につき三十三首以上を得た場合には、論功の條件にかない、百將、屯長にそれぞれ爵一級を賜う、ということである。

（22）大將御、參、皆賜爵三級。

朱氏は「御謂車御、參謂參乘、御、參戰勝論功、皆賜爵三級。」と注している。

本條の意味は、大將の車御、參乘、みな爵三級を賜う、ということである。

案ずるに、百將、屯長や大將の車御、參乘などの軍官は指揮の責任を負い、直接敵と戰い斬首の功をあげることができない。彼らには特別の論功褒賞規定が適用されることになる。以上の二條は、それに關する軍功褒賞の律文である。「上孫家寨漢簡」に「二千級、若校尉四百級以上、及吏官屬不得戰者、拜爵各一級、爵毋過五大夫」（373）という文がある。この文は上述の二條に類似し、直接敵と戰うことができない軍人たちについてその軍功褒賞に言及している。

（10）能攻城圍邑、斬首八千以上論盈、野戰、斬首二千以上則盈諭（論）①、吏自操及校以上、大將盡賞行間之吏也②。

①朱氏による。

②D氏により文を切る。

案ずるに、前述したように、秦漢時代には軍の吏卒の軍功褒賞は大將によって軍の中で行われることになる。大將の軍功褒賞は、王あるいは皇帝によって行われる。「上孫家寨漢簡」に「城戰斬首捕虜、毋過」(169)という文がある。この簡はすでに殘缺しており、文字も一部分しか讀めない。にもかかわらずその殘文は本條の文に類似しており、みな城戰の時の軍功褒賞に關する規定であると分かる。

本條の意味は、城を攻め、邑を圍み、斬首八千以上となれば、論功の條件にかない、野戰して斬首二千以上となれば論功の條件にかなう。そして軍吏の操士および校徒以上、大將が盡くして軍中の吏を賞する、ということである。

(30)能得爵首一者①、賞爵一級、益田一頃、益宅九(五)畝②、一除庶子一人及得人(入)兵官之吏③。

①「甲首」とする版本は多い。「爵首」について難解という意見を示す注釋者も多い。考えると、秦漢の軍功褒賞制においては、敵の首を一つ斬ると一級の爵が與えられるという斬首拜爵の原則があるが、それに伴い他の條件も附いている。現在、その條件の全體に關してまだよく分からないが、その一部分はすでに明らかになっている。前述した「境内篇」(4)によると、同伍の兵士たちは互いに連帶責任をもち、もし戰鬪中に一人が逃げてしまったら殘りの四人がみな死刑を受けることになる。このような場合には、兵士が敵を一人斬ると自分の死罪を免れることができるが、爵をもらうことはできない。「境内篇」(9)もおなじようなことである。軍官が戰死した場合には、軍官の護衛兵たちは敵の首を斬ったとしても、爵をもらうことができずただ自らの死罪を免れることになる。また『漢書』巻五十李廣傳によると、漢の軍法に「自當無賞」という律文があり、つまり戰鬪中に殺した敵に、敵に殺された我が軍の兵士の數が相當する場合は、軍功褒賞を行わないという軍律のことである。「上孫家寨漢簡」に「二級當一級、以

爲五大夫者、三級當一級。首虜不滿數、籍須復戰、軍罷而不滿數、賜錢級」（359、349）という文がある。この文の内容については、制度の面から充分に解釋することがまだできないが、斬首拜爵という軍功褒賞の原則に條件をつけてあるということが、文によって明らかになっている。要するに、ここで嚴本に從って「爵首」としても、その意味はまったく通じないわけでもなく、拜爵のすべての條件に合う首として理解することができるのではないかと思う。

②平中苓次氏によって改む[17]。

案ずるに、『漢書』巻一高帝紀より、「高帝五年詔」に「法以有功勞行田宅」という律文があり、この功勞によって田宅を與える法は漢の軍法の律文であると分かる[18]。

③朱氏による。

本條の意味は、爵首一級を得ることができた者は、爵一級を賜い、田一頃を益し、宅五畝を益し、庶子一人を兵官の吏に入れることができる、ということである。

その他に、「境内篇」における軍功褒賞に關する文にはまた下記の十四條がある。

（2）其有爵者、乞無爵者以爲庶子、級乞一人。其無役事也、其庶子役其大夫、月六日。其役事也、隨而養之。

（11）故爵公士也、就爲上造也、故爵上造、就爲簪裛、就爲不更、故爵爲大夫、

（15）就爲大夫、故爵大夫、就爲公大夫、就爲公乘、就爲五大夫。

（16）則稅邑三百家。

（17）故爵五大夫、

（18）皆有賜邑三百家、有賜稅三百家。

（19）爵五大夫、

(20) 有稅邑六百家。
(21) 者受客
(23) 故客卿、相論盈就正卿。
(24) 就爲大庶長。
(25) 故大庶長、就爲左更。
(26) 故四更也、
(27) 就爲大良造。

守屋氏の研究によると、以上の文はみな軍功褒賞制度における賞賜の基準に關する律文である。また、古賀氏によると、「境内篇」の

(12) 爵吏而爲縣尉
(13) 則賜虜六、加五千六百
(14) 爵大夫而爲國治

という文は、みな軍功爵者が官になる時に行う特別な賞賜に關する内容である。それに從えば、この三つの文も軍功褒賞に關する内容に歸屬させることができる。

(二) 斬首捕虜以尺籍

「上孫家寨漢簡」の第二十二章のタイトルは「□虜以尺籍廿二」という簡文とされている。前述したように、筆者は簡文の第二十一章のタイトルに缺字を補ってそれが「斬首捕虜拜爵論」ではないかと推測した。もしこの「□虜以尺籍廿二」という簡文を殘簡として考えれば、その前に「斬首捕」の三文字を補入して「斬首捕虜以尺籍廿二」となっ

た文を、第二十二章のタイトルとして考えればいいのではないか。それに關するものでは、「尺籍、籍書首」（179）という簡文がある。

『史記』巻一百二馮唐傳の如淳注に引く『軍法』に「吏卒斬首、以尺籍下縣移郡、令人故行、不行、奪勞二歳。」とある。『集解』に「或曰以尺簡書、故曰尺籍也。」とある。『索隱』に「尺籍者、謂書其斬首之功於一尺之版。」とある。よって漢の軍法においては軍功褒賞に關する次の實施細則があったと分かる。つまり、軍の吏卒が斬首の功を舉げた場合に、まず（軍の中に論定された）その功を尺籍という長さ一尺の（木）竹簡に書き込み、そしてこの尺籍を兵士の戶籍のある縣政府に送り、さらに縣の所屬する郡の政府にも傳達する。明らかに、軍法のこの規定は當時の戶籍制度に直接關っている。

秦漢の戶籍制度においては、戶主の所在する郡、縣、鄕、里、その姓名、年齡、爵、田宅財產、家族メンバーなどが、みな木（竹）簡に書き込まれ、戶籍として編集されていた。[19] 戶籍に記入したことの變更は、役所を通して書き直さなければならなかった。軍人たちが軍隊で斬首の功をあげた場合、軍法によって軍中で爵が拜され、田宅財產などを含む賞賜も定められるので、もとの戶籍に記入された爵や田宅財產などに關する記載も變更されて役所で書き直すことになる。ゆえに、まず軍から變更する内容を含む「尺籍」を縣に送り、縣は受け取った「尺籍」に從ってもとの戶籍を書き直す。しかも、軍中で定められた軍人たちの田宅などの賞賜も、軍人の戶籍のある縣がこの「尺籍」に從って實行することになるのである。その證據として、漢五年に發布された「高帝五年詔」に軍功爵者に田宅を與えるのはみな縣の小吏によって行うとみえることが舉げられる。[20]

（28）以戰故、暴首三（衍）①乃校三日、將軍以不疑、致士大夫勞爵其縣。

①守屋氏による。

案ずるに、『史記』巻九十二淮陰侯列傳によると、井陘の戰の勝利をおさめた直後、大將軍の韓信の前で「諸將效首虜休、畢賀。」ということがある。その文について『索隱』に引く晉灼注に「效、數也。」とあり、また鄭玄注を引いて「『禮』、效、猶呈見也。」という。その文の意味は本條と類似しており、共に戰闘後に行う「斬首捕虜」に關するチェック制度を語っていることは間違いない。

本條の意味は、戰いで敵の首をとった時にはまず首をさらし、よって三日間しらべ、將軍が疑いなしとしたならば、士大夫の勞と爵を（尺籍に書き込み）その縣に送る、ということである。

（6）其縣過三日、有不致士大夫勞爵能（耐）①

①孫氏による。

案ずるに、耐は、秦簡によくある文字である。『説文』に「耏、罪不至髡也。從而從彡。耐、或從寸、諸法度字從寸。」とある。前述したように、漢の軍法によると軍中に定められた軍人の勞と爵がまず「尺籍」に書き込まれ、そしてその軍人の戶籍のある縣に送られ、縣はそれに從って田宅などの賞賜を實行し、さらに戶籍の記入變更をも行う。上記のことについては、縣は「尺籍」の到着後三日に實行しなければならない。そうしないと、縣の關係者は「耐」という罪に當たる。前引した『史記』巻一百二馮唐傳の如淳注に引く『軍法』の文は、この規定に關する律である。その「令人故行、不行、奪勞二歲。」という律文について沈家本は「此尺籍書當由幕府遣使行之、若有故行及不行者、別有奪勞之罰、似也可通。」と注しているが[21]、『説文』に「故、使爲之也。」とあり、沈氏の説は漢の軍法に合っていて、適切だと考えられる。

本條の意味は、その縣が（尺籍が届いた後）三日を過ぎても士大夫の勞と爵に關する扱いをしていなければ耐刑に當たる、ということである。

（5）夫勞爵

諸氏の説は多岐で、衍文あるいは誤字とされることが多い。しかし、すでに述べたように、「境内篇」は秦の軍法の殘文で、その文においては斷簡や錯簡が多いのである。從ってこの「夫勞爵」という文は、「致士大夫勞爵其縣」という文と類似する條文の斷簡として見ればよいのではないか。分類の面から考えれば、これは「斬首捕虜以尺籍」に屬させることができる。

（1）四境之内、丈夫女子、皆有名於上、〔生〕①者著、死者削。

①朱氏による。

本條の意味は、四境においては、男も女も皆、その名を政府の簿籍に登録させられ、生まれた時、それに記載され、死んだ時、それから削られる、ということである。

三　軍隊の處罰

（31）其獄法、高爵訾下爵級。高爵能（罷）①、無給有爵人隷僕。爵自二級以上、有刑罪則貶、爵自一級以下、有刑罪則已。

①孫氏による。

本條の意味は、その獄法は、高爵の者は罪があれば爵級を下げる。高爵の者は爵を罷められても有爵の者の隷僕となることはない。爵二級以上の者は刑罪があれば爵を貶するが一級以下の者は刑罪があれば（貶罪免刑なし）その刑を受ける、ということである。

（29）四尉、訾由丞尉。

訾とは、量る。『説文通訓定聲』に「訾、假借爲咨。『國語』齊語、咨相其質。『韋注』、訾、量也。」とある。この條は（31）と同じように、處罰をはかることに關する律文である。また四尉は理解しにくいが、案ずるに、『墨子』備城門篇に「城上四隅童高五尺、四尉舍焉。」とある。孫氏によると、この「四尉」は「境内篇」にある「四尉」と同じ意味である。(22) それに從えば、四尉とは、兵士を率いて城の隅にある四の角樓を守る尉を指す語として理解できる。

本條の意味は、四尉の審議は丞尉によって行う、ということである。

法律においては、賞があれば罰もある。軍隊の處罰に關する規定は、軍功褒賞規定と共に軍法に編入されていると考えられる。漢の軍法における處罰に關する律文は、なおいくつか殘されている。『漢書』卷六武帝紀天漢三年條の如淳注が引く『軍法』に「行逗留畏懦者要斬。」という律文がある。『漢書』卷三十八高五王傳によれば、劉章は「軍法」を行い、呂氏の何人かを斬った。陳樹德氏によれば、劉章が行った「軍法」は『軍法』の「從軍逃亡」という律である。(23) また、沈家本氏によれば、漢の軍法には「後期」、「亡失多」などの律がある。(24)

四　軍　令

「境内篇」には城戰に關する文が少なくない。

（33）其攻城圍邑也、國司空訾莫（其）①城之廣厚之數、國尉分地、以徒校分積尺而攻之、爲期曰、先已者當爲啓、後已者訾爲最殿、再訾則廢。

①朱氏による。

本條の意味は、城を攻め邑を圍む時には、國の司空は城の廣さ厚さをはかり、國尉は地を分かち、徒・校を以て攻擊の範圍を分擔してこれに當たる。約束をして言うには、先に立つ者は論じて最啓（最高）として、後れる者は議して最殿（最低）とする。二度議を受けた（最殿となった）者は廢棄して用いないこととする、ということである。

（34）内（穴）①通則積薪、積薪則燔柱。

①孫氏による。

本條の意味は、（城を攻める時に穴を掘って進み）穴が通じたならば薪を積み、薪を積んだら城の柱を燒く。ということである。

（39）不能死之、千人環規、諫（衍）①黥劓於城下。

①高氏による。

本條の意味は、死戰することができない者は、城下の軍陣の前で黥劓の刑を受ける、ということである。

（41）將軍爲木壹（臺）①、與國正監、與正（王）②御史參望之、其先入者、擧爲最啓、其後入者、擧爲最殿。

①陶氏による。

②嚴萬里は「范本下正字作王」と注している。

本條の意味は、將軍は木臺を作り、國正監と王の御史と共に三人で戰鬪を注視する。眞っ先に敵城に入った者は、擧げて最啓（最高）とし、後れて入った者は擧げて最殿（最低）とする、ということである。

さて、「境内篇」における攻城に關する文は、また下記の六條がある。

（35）陷隊之士、面十八人。

（36）陷隊之士、知疾鬪不得斬首。

（37）隊五人

（38）則陷隊之士、人賜爵一級、死則一人後。

（40）國尉分地、以中卒隨之。

（41）其陷隊也、盡其幾者、幾者不足、乃以欲級益之。

以上の文については、先學たちは城戰の方法として解釋することが多かった。ところで、前述したように、「境内篇」は普通の記述文ではなく、法令の實施細則に關する律文であるので、城戰の方法として解釋するのは納得し難い。守屋氏は、「境内篇」の城戰に關する文は『墨子』號令篇に見られるところと類似していると述べている。[25] 渡邊氏の研究によれば、『墨子』號令篇は秦の制度、特に秦の軍律と密接な關係があった。[26] 兩氏の意見を考慮に入れて考えれば、「境内篇」にある城戰に關する文は城戰の方法ではなく、城戰に關する軍令、すなわち城戰令の殘文として理解するほうが適當だろう。

漢代の軍令は、軍法に編入されていると思われる。『漢書』卷七十陳湯傳によれば、陳湯と甘延壽が匈奴の郅支單于を殺して歸國した功を論ずるにあたって、元帝より諮問された公卿が「宜如『軍法』捕斬單于令。」と答えた。この「捕斬單于令」は、軍法に編入されている數多くの軍令の一つであるとみて間違いない。

「上孫家寨漢簡」には軍令のタイトルと見られるものも、いくつか殘されている。たとえば、「□□□□爲『□捕令』、令曰、伍人□」（074）。「『軍鬪令』、孫子曰、能當三□」（047）。「『□令』、孫子曰、軍行患軍轄、之、相（?）□□」（157、106）。「『合戰令』、孫子曰、戰貴齊成以□□」（355）などである。

これらの軍令の内容に關するものは、簡文に「行殺之、擅退者、後行殺之」（063）「矢前有環顧目北者、後行殺之、如殺適（敵）人、故以後禁前、是」（002、009）。とある。

『通典』卷一四九に載せる魏武帝の後漢末の「步戰令」に「……臨陣皆無讙譁、明聽鼓音、旗幡麾前則前、麾後則後、麾左則左、麾右則右、麾不聞令而擅前後左右者斬。伍中有不進者、伍長殺之。伍長有不進者、什長殺之。什長有

不進者、都伯殺之。督戰部曲將拔刃在後、察違令不進者斬之……。」とある。この令文と前引した軍令の簡文と照らして見るならば、非常に類似している文だと分かる。

また、『通典』同巻に前引した魏武帝の「歩戰令」の他に、「船戰令」がある。考えてみれば、當時の軍令としては「歩戰令」と「船戰令」の他に「城戰令」という軍令もあったはずである。「上孫家寨漢簡」に「常、令軍吏財將卒守、無以□□城中。城陷而自投常中者、皆以爲無人斬首若捕□」(377)。「□節(卽)功(攻)城□□□□」(083)。「功(攻)城、能以其曲□」(121)。などの文がある。これらの簡文は「城戰令」の條文ではないかと考えられる。

五　戰死者の弔慰規定

(32) 小失(夫)①死以上至大夫、其官(棺)②級一等、其墓樹級一樹。

①兪氏による。

②D氏による。

本條の意味は、小夫の死から大夫の死まで、その棺は一級ごとに一等良くなり、その墓樹は一級ごとに一本増える、ということである。

この條文は、戰死者の弔慰規定に關する律文である。漢の軍法には類似する律文がある。『史記』巻一百七灌夫傳に引く『軍法』に「父子倶從軍、有死者得與喪歸。」とあるのがそれである。

むすび

『商君書』境内篇は戰國時代の秦の法令あるいは制度を記したものである。しかし、戰國時代の秦の多數の法令と制度の中で「境内篇」はいったいどんな法律に關係するものであっただろうか。本文は、「境内篇」が商鞅の軍功褒賞令に對する實施細則であるという守屋氏の說に基づいて、さらに體裁と内容との二つの面から「境内篇」を考察した。體裁の面から、まず漢の景帝三年における吳王劉濞の「遺諸侯書」を取り上げて分析し、その際、漢の軍法は吳王の軍功褒賞令に對する實施細則として位置づけられるものであることを明らかにした。從って逆に考えれば、商鞅の軍功褒賞令に對する實施細則として考えられる「境内篇」は、秦の軍法ではないかと推測することも當然なことになる。次に本文では、「境内篇」の内容についての分類を試みた。それは軍の編成、軍の褒賞、軍の處罰、軍令、戰死者の弔慰規定の五つの種類に分けられ、みな秦の軍事關係の律文であると言える。さて、漢の軍法は、秦の軍法に基づいて制定されたものであるので、本文ではさらに、秦の軍法として考えられる「上孫寨漢簡」と文獻に殘された漢の「軍法」とを照らして比較研究を行い、三者の間でたくさんの條文が類似していることを明らかにした。以上の研究を通して筆者は、現形の『商君書』境内篇は戰國時代の秦の軍法の殘文で、秦の軍法の殘簡によって編集された文獻ではないかという結論に至った。

注

（1）『商君書』に關する研究は、共に次の論著を參照。

1、陳啓天『商君評傳』、上海商務印書館、一九三五年。
2、高亨『商君書譯注』、中華書局、一九七四年。
3、鄭良樹『商鞅及其學派』、學生書局、一九八七年。
4、好並隆司『商君書研究』、溪水社、一九九二年。

(2) 前注(1)陳啓天書、一三一～一三二頁。
(3) 守屋美都雄「漢代爵制の源流として見たる商鞅爵制の研究」、同氏『中國古代の家族と國家』(東洋史研究會、一九六八年)所收。
(4) 本書第六章第一節を參照。
(5) 本書第一章第二節を參照。
(6) 前注(2)同。
(7) 前注(1)高亨書、一四六頁。
(8) 青海省文物考古工作隊「青海大通縣上孫家寨一一五號漢墓」、國家文物局古文獻研究室・大通上孫家寨漢簡整理小組「大通上孫家寨漢簡釋文」、朱國炤「上孫家寨木簡初探」、並びに『文物』、一九八一年第二期、所收。また『孫家寨漢晉簡』、青海省文物考古研究所、文物出版社、一九九三年。
(9) 李零「青海大通縣上孫家寨漢簡性質小議」、『考古』、一九八三年第六期。
(10) 前注(1)高亨書、四－五頁。
(11) 嚴萬里『商君書校』、浙江書局二十二子本。
(12) 『史記』巻一百二馮唐傳および同傳の如淳注。
(13) 前注(8)朱國炤文。
(14) いわゆる陳法に關する部分は、軍令と見られるべきである。それは前注(9)李零論文および本節の軍令に關する部分を參照。

(15) 前注(8)朱國炤文。
(16) 秦律十八種、『睡虎地秦墓竹簡』、文物出版社、一九七八年。
(17) 平中苓次「秦代土地制度の一考察」、『中國古代の田制と稅法』、東洋史研究會、一九六七年、所收。
(18) 本書第一章第三節の二を參照。
(19) 秦漢の戶籍制度に關しては、陳直「居延漢簡綜論」一二「名籍制度」(同氏『居延漢簡研究』、天津古籍出版社、一九八六年、所收)および高敏「秦漢戶籍制度」(同氏『秦漢史探討』、中州古籍出版社、一九九八年)などを參照。
(20) 本書第一章第一節の三を參照。
(21) 沈家本は『漢律摭遺』卷二十一軍法、臺灣商務印書館、一九七六年。
(22) 孫詒讓『墨子閒詁』(新編諸子集成)、中華書局、一九八六年。
(23) 程樹德『九朝律考』卷一律考五律令雜考下、中華書局、一九八八年。
(24) 同前注(21)。
(25) 同前注(3)。
(26) 渡邊卓「墨家の集團とその思想」、『古代中國思想の研究』第三部、創文社、一九七三年。

附錄二　南郡守の彊と醴陽令の恢について

中國湖北省江陵縣張家山二四七號漢墓より出土された張家山漢簡は、前漢初期の法律を含んでいることで中國古代史研究者が注目するところとなった。『文物』一九九三年第八期にはこの張家山漢簡の一部分、つまり法律關係文書の『奏讞書』の前半が公表された。その文書十五は、醴陽縣令の恢が係わった米盜鬻事件に關する案例である。この案例の審理は、高帝七年八月に行なわれ、關係者は全員で八人に及んだ。被告側は、醴陽令の恢、史の石、舍人の興と義など四人であり、審判側も四人、つまり南郡守の彊、南郡守丞の吉、南郡卒史の建舍と江陵丞である。そのなかで、南郡守の彊と醴陽令の恢は筆者の注目を引いたことがある。筆者の漢初軍功受益階層に關する係列研究の第二部、すなわち、拙論「前漢初年における軍功受益階層の興衰と社會階層的變動」のなかで、この二人は、ともに漢初軍功受益階層の一員として扱われた(1)。しかし、文體の制限と史料の不足に制約され、この二人の詳細について展開することには至らなかった。本稿では、筆者がすでに完成した漢初軍功受益階層に關する係列研究の第三部、つまり「劉邦集團の地域構成」という新しい研究結果にもとづいてこの二人の出自を檢討し、さらにそれに係わるところの、劉邦集團内において出身地により結成された諸地域集團のことについて論じたいと思う(2)。

一　南郡守の彊について

『奏讞書』の文書十五で、醴陽令の恢の官職・官秩・爵位および出身地に關するものと、南陽守の彊に關するものは、次のとおりである。

醴陽令恢盜縣官米二百六十石八斗。恢秩六百石、爵左庶長。恢居酈邑建成里、屬南郡守。南郡守彊、守丞吉、卒史建舍治。

まず、南陽守の彊から檢討を進めたいと思う。拙論「前漢初年における軍功受益階層の興衰と社會階層的變動」のなかで、彼は高帝功臣の汾陽侯靳彊であると推測された。考えると、高帝期において郡守をつとめたことがある者で、その名が知られているのは、あわせて二十一人である[3]。その中に、名に彊という文字がある人は二人しかいなかった。一人は正彊で、嚴耕望『兩漢太守刺史表』には載せられていなかった。この正彊のことは、『太平御覽』卷六四八に引く『楚漢春秋』に、

正彊數言事而當、上使參乘、解王劍以佩之。天下初定、出以爲守。

とある。しかし、彼の務めた郡及び任期は不詳である。もう一人は靳彊である。『後漢書』列傳七十六南蠻傳に、

及秦惠王竝巴中、以巴氏爲蠻夷君長、世尚秦女、其民爵比不更、有罪得以爵除。其君長歲出賦二千一十六錢、三歲一出義賦千八百錢。其民戶出幏布八丈二尺、鷄羽三十鍭。漢興、南郡太守靳彊請一依秦時故事。

とある。この文によると、前漢初年、蠻夷に對する徭賦の徵收は、秦の故事に照らして特別な處置で行なわれたことで、それは當時南郡守をつとめた靳彊の要請により行われたものであるとわかる。『奏讞書』の文書一は、南郡の夷

道で行なわれた蠻夷の徵發に關する案例である。この案例に引用された「蠻夷律」は秦律であり、靳彊の要請によって從來どおりに用いられたものである。これは上に引用されている『後漢書』南蠻傳の內容と照らして見ることができる。靳彊が南郡守を務めた時代については、嚴耕望氏はそれを高帝と呂后の閒においている。[4]『史記』卷十八高祖功臣侯者年表には、高帝十一年二月、靳彊は、

以郎中騎千人、前二年從起陽夏、擊項羽、以中尉破鐘離昧軍、侯。

とある。鐘離昧は項羽の部下の驍將で、項羽滅亡後、亡命して韓信のところに身を隱し、漢六年に自殺した。靳彊が中尉を以て鐘離昧軍を破ったことは、高帝五年の天下初定の前にあたると思われる。考えると、高帝五年十二月、漢は臨江國を滅ぼし、再び南郡を置いた。『史記』の同表により、靳彊は呂后二年に死んでいるとわかる。故に、筆者は彼が南郡守を務めたのは高帝五年から呂后二年に至る閒にあると推測した。[5]今、木簡の文ではかると、時閒はぴったりあっている。上に引用されている『史記』功臣侯表の文によると、靳彊は、「前二年從起陽夏」とある。前二年は、楚の懷王二年で、秦の二世三年（前二〇七年）でもある。[6]陽夏は秦の陳郡に屬する縣で、碭郡に隣接しているが、ここは初期劉邦軍の活動地區の一つである。本書第五章の中で、筆者は劉邦集團の主要メンバーの出身地について時期に分けて統計を作成した。その時期の區分は、漢元年四月劉邦が漢中に着き就國する前後を境として、前期と後期に分けることができる。その統計は以下の通りである。

表附二－1　前期劉邦集團における主要メンバーの本籍地

	氏名	官位	爵位	本籍地	階層	從起時地
1	盧綰	太尉	燕王	泗水沛	軍層	元從[7] 泗水沛
2	蕭何	丞相	酇侯	泗水沛	軍層	元從 泗水沛

3	曹參	丞相	平陽侯	泗水　沛	軍層	元從　泗水　沛
4	周勃	太尉	絳侯	泗水　沛	軍層	元從　泗水　沛
5	樊噲	將軍	舞陽侯	泗水　沛	軍層	元從　泗水　沛
6	夏侯嬰	太僕	汝陰侯	泗水　沛	軍層	元從　泗水　沛
7	任敖	御史大夫	廣阿侯	泗水　沛	軍層	元從　泗水　沛
8	彭祖	中廄令	戴侯	泗水　沛	軍層	元從　泗水　沛
9	審食其	丞相	辟陽侯	泗水　沛	軍層	元從　泗水　沛
10	王陵[8]	丞相	安國侯	泗水　沛	軍層	元從　泗水　沛
11	雍齒[9]	將軍	汁防侯	泗水　沛	軍層	元從　泗水　沛
12	周緤	參乘	蒯城侯	泗水　沛	軍層	元從　泗水　沛
13	周苛	御史大夫	高京侯[10]	泗水　沛	軍層	前元　泗水　沛
14	周昌	中尉	汾陰侯	泗水　沛	軍層	前元　泗水
15	呂澤	客	周呂侯	碭　單父	軍層	前元　？
16	呂釋之	客	建成侯	碭　單父	軍層	前元　？
17	酈食其	說客	高梁侯[11]	碭　陳留	軍層	前元　碭　陳留
18	酈商	衛尉	曲周侯	碭　陳留	軍層	前元　碭　岐
19	灌嬰	丞相	潁陰侯	碭　睢陽	軍層	前元　碭
20	張蒼	丞相	北平侯	三川　陽武	軍層	前元　三川陽武

この統計により、前期劉邦集團中、そのメンバーの出身地が明確な者は二十人おり、彼らの本籍地と彼らの劉邦集團に加わった場所（從起地）が一致している。これはただの偶然ではなく、そうなる原因があると思われる。周知のように、秦漢時代には嚴格な戸籍制度があり、個人が籍を脱けて意のままに移ることができなかったので、一般庶民の活動範圍はほとんど戸籍の附く地に限られていた。同時に、秦の官吏の選任にも嚴格な原籍制限がある。一般的に

いえば、各郡縣の官吏は、郡守・丞・長史・尉、縣令・長・丞・尉などの長官を除いて、みな本籍地の人である。具體的にいうと、郡の屬吏は本郡の人で、縣の屬吏は本縣の人である。[12]したがって、この時代には、一般民衆の劉邦集團に加わる形は、だいたい本籍地での現地加入に限られる。つまり、劉邦集團がある地域に到着した時、その地の住民はその場で劉邦集團に加わったということである。同時に、この期間の劉邦軍の交戰相手は秦の郡守縣令などを始めとする地方官吏が多かった。ゆえに、戰鬪を行った場所で劉邦集團に加わった秦の一般吏卒たちも、ほとんど現地の人であり、やはり本籍地での現地加入の方が多かったと思われる。例を擧げていうと、劉邦が沛縣において兵を起こした時、その參加者は沛縣の小吏および庶民たちで、[13]彼らはみな沛縣の人である。史書では彼らを三千沛縣子弟と稱する。また、酈食其は碭郡陳留縣の人であり、秦の二世二年、劉邦軍が陳留の郊外に着き、彼はその地で劉邦集團に加わった。張蒼は三川郡陽武縣の人であり、秦の二世二年、劉邦軍が陽武に着き、彼もその地で劉邦集團に加わった。周昌、周苛兄弟は、秦の泗水郡のもと卒史であり、秦の二世二年、劉邦軍が沛縣で秦の泗水守監を破った時に劉邦集團に加わった。二人とも泗水郡沛縣の人である（本郡屬縣）。もし、以上の統計と解釋が誤りでないとすれば、劉邦集團においてそのメンバーたちの本籍地と從起地との一致という點を、同一期閒の通例として扱うことができ、さらに、それにもとづいてある人の從起地から彼の本籍地を推測することができると考えられる。この方法にしたがって、筆者は靳彊の原籍が秦の陳郡陽夏縣ではないかと推測する。陳郡は、もと楚國の屬郡であった。靳という姓は、楚國にあるもので、楚の懷王の大臣には靳尙という人がいた。[14]高帝の功臣の中に信武侯の靳歙がおり、彼の從起地は秦の東海郡で、そこはむかし楚國の屬郡であった。したがって、靳彊は陳郡陽夏縣出身の楚國の人であるといえる。彼は秦の二世三年に本籍地で劉邦集團に加わり、高帝五年以前に漢の中尉を務めたことがあり、高帝五年以降に、漢の南郡守に任じられ、呂后二年に死ぬまでずっとその職についていた。前漢初年、漢は秦の蠻夷政策をそのまま繼承していたが、その發案者は、この靳彊である。彼は漢初軍功受益階層の重要なメンバーの一員である。

二　醴陽令の恢について

次には醴陽令の恢について考察してみたいと思う。醴陽とは、縣名であり、『漢書』地理志に載せられていないが、前掲の『文物』に載せられている李學勤氏の解説によると、『水經』醴水注に醴陽縣があり、晉の太康の時に立てられたとされている。さらに、李氏は、前漢初年には醴水の北に醴陽縣があり、南郡に屬したが、後に廢止されたと推測している。木簡の文によると、恢は酈邑の人である。酈邑とは、縣名であり、李氏は『漢書』地理志および『補注』に引用されている王念孫の説にもとづいて、それは漢の京兆尹の新豐縣にあたり、始皇帝の十六年に設置され、元の名が酈邑であったが、高帝十年に新豐縣に改名されたと説く。李氏の説は正しいと思われる。[15]漢の京兆尹が秦の内史の一部にあたるので、酈邑は秦の時に内史に屬し、恢は本籍地が内史にある秦國の人であったと分かる。恢の官秩は六百石である。漢の制度では、萬戶以上の縣には令が置かれ、その官秩は六百石から千石までであるので、醴陽は萬戶以上の大縣であり、恢は大縣の令であると思われる。恢の爵位は左庶長で、第十等の爵である。一般的にいえば、漢の第八等爵の公乘以上の爵位は高爵で、一般庶民はそれを越えることができない。高帝の時は民爵を賜うことが甚だ少なく、記載されているのはわずかに高帝二年の一例だけである。[16]當時、戰爭が頻繁に行なわれたため、軍功者に多量の軍功爵が與えられ、同時に、軍功爵者に對して、種々の特權および優遇の措置も下された。そのため、第七等爵の七大夫が高爵と低爵との境とされ、七大夫以上のものは、みな高爵となり、田宅を與えられるだけでなく、食邑などの特權も受けている。[17]すでに別稿で論じたように、前漢初年の高爵を持つ者は、ほとんど軍功者であった。當時、漢初軍功受益階層が漢の帝國各レベルの政權の主導權を握っており、特に、高帝・惠帝・呂后の期間には、漢の中央政府、各王國、各郡縣および郷亭に至るまでの官職は、ほとんど軍功吏卒たちに獨占されていた。(18)『奏讞書』の文書十六によると、官秩六百石の新棲縣令の信、髦長の蒼、公梁亭校長の丙、發弩の贅など、みな高爵を持つ軍功吏卒である。したがって、恢の官秩および爵位によって考えれば、彼も軍功がある軍吏卒ではないかと思われる。しかし、劉邦集團の地域構成についての筆者の研究によると、漢元年四月、劉邦が漢中に着き就國するまで、劉邦集團のメンバーの中には舊秦國出身の人は、全く見あたらなかった。秦國出身者が劉邦集團に現われたのは、漢中就國以後のことである。これについて、次の統計の通りである。

表附二—2　劉邦集團の主要メンバーにおける秦國出身者(19)

	氏名	官位	爵位	本籍地	階層	從起時地
1	趙衍	河閒守	須昌侯	秦?	軍層	漢元　漢中
2	呂馬童	司馬	中水侯	秦?	軍層	漢元　内史好畤
3	王競	都尉	景侯	秦?	軍層	漢元　内史高陵
4	楊武	騎都尉	吳房侯	秦?	軍層	漢元　内史下邽
5	王虞人	將軍	高陵侯	秦?	軍層	漢元　内史廢丘
6	李必	將軍	戚侯	秦内史　重泉	軍層	漢二　内史櫟陽
7	楊喜	郎中騎	赤泉侯	秦内史　華陰	軍層	漢二　内史杜
8	越	長沙國相	醴陵侯	秦?	軍層	漢二　内史櫟陽
9	王翳	郎中騎	杜衍侯	秦?	軍層	漢二　内史下邽
10	杜恬	廷尉	長脩侯	秦?	軍層	漢二　從出關
11	呂騰	郎將	涅陽侯	秦?	軍層	漢二　從出關

周知のように、劉邦集團の漢中就國は、やむを得ないことであった。その時、劉邦集團は、韓信の建言にもとづいて新しい戦略を立てた。その戦略とは、まず關中へ反攻し懷王の約を回復し、それから秦を根據地として楚と天下の霸權を爭おうと圖ることである。その戦略を實現するために、劉邦集團は、漢中で秦制を繼承する秦本位政策を確立し、政治・軍事をはじめ全面的な改革を行った。韓信が大將となり、再び軍法を申して軍隊を整頓した。蕭何が丞相となり、律令を定め、戸籍を整理した。張蒼が秦曆を踏襲し律曆を定めた。故に、漢中就國の期間は、劉邦集團の政策の轉換と制度の確立の重要な時期だったということができる。[20] 漢の徵兵制もこの漢中就國期に開始されており、秦國出身の人が次から次へと盡きることなく劉邦集團に加入したことも、この徵兵制の實行によるものである。[21] 表によって具體的にいえば、李必は、内史重泉の人で、漢二年内史櫟陽で從起した。楊喜は、内史華陰の人で、漢二年内史杜で從起した。二人とも舊秦軍の騎兵の將校で、劉邦が再び關中を占領した時に漢に加わった。須昌侯の趙衍は、漢元年漢中で從起した秦の吏卒あるいは漢の徵兵で、本籍地で劉邦集團に加わった漢中の人であると考えられる。中水侯の呂馬童、景侯の王競、吳房侯の楊武、杜衍侯の王翳、高陵侯の王虞人、涅陽侯の呂騰などの六人は、李必および楊喜と同じように、もともとは秦の騎兵の吏卒將校で、劉邦が關中を回復した時に劉邦集團に加わった者と思われる。醴陵侯の越は、漢二年内史櫟陽で從起した秦卒あるいは漢に徵兵された關中兵である。長修侯の杜恬は、もともと秦の法吏で、御史として劉邦集團に入り、後に劉邦軍に從って關中を出た者である。以上の諸人は、みな劉邦集團における秦國出身者の例である。彼らはみな漢中就國以後に劉邦集團に加わり、軍功により爵位を與えられて列侯になり、さらに漢の官吏に就任した者である。考えてみると、醴陽令の恢の出自および經歷は、彼らと類似している。劉邦集團は漢元年八月再び關中に攻め入り、まず塞國と翟國を滅ぼし、翌年六月雍國を滅ぼして關中および舊秦國を統一した。もしかしたら、恢はその時に劉邦軍に加わったのかもしれない。以上のことをまとめていうと、醴陽令の恢は舊秦國の内史酈邑縣建成里の人で、彼は漢元年八月以後關中で劉邦集團に加わり、軍功により爵を與えられ第十等爵の左庶長に至った。彼は田宅を與えられ、食邑などの特權も受けていた。恢の官職は醴陽縣令で、官秩は六百石である。彼は他郡他縣出身の軍功者として縣の長官に着任し、漢初軍功受益階層のメンバーの一員である。

三　劉邦集團における諸地域集團について

劉邦集團は規模が膨大で、人數が多い政治軍事集團である。その構成員の出身地域はさまざまであり、彼らは異なる時期に異なる地域で劉邦集團に加入した。これこそ、劉邦集團の地域構成ということになる。筆者の研究によると、劉邦集團の地域構成は、だいたい四つの部分に分けることができ、四つの地域集團に構成されているといえる。

一、豐沛元從集團。すなわち、秦の二世元年九月に劉邦に從って沛縣で兵を起こした集團であり、彼らは約三千人で、ほとんど沛縣の人である。この集團は、劉邦集團の中核となった地域集團である。

二、碭泗楚人集團。すなわち、漢元年四月に劉邦に從って漢中に着き漢國を創立した集團である。その構成員は、劉邦集團が初めて關中に攻め入る以前の部隊を基本としている。彼らの人數は、約三萬人で、その出身地域は、だいたい秦の碭郡と泗水郡を中心とし、その近隣の東、陳、潁川、三川、東海諸郡までに及んだ。これらの地域の多くは、昔、楚國に屬しており、楚國が復國した後、その多くも再び楚の旗號のもとに歸屬した。故に、一括して彼らを楚人と呼ぶことができる。彼らは劉邦集團の中堅部分になった。その後の楚漢戰爭中の多量の楚人、楚軍の降服は、この集團に絶えざる擴大と彊化を可能とした。

三、秦人集團。すなわち、漢中就國以後に劉邦集團に加わった蜀漢關中地區出身の人である。つまり、舊秦國出身者によって形成された集團である。彼らの人數は延べ數十萬であり、建國後の劉邦集團の主力部分となった。

四、多國合從集團。楚漢戰爭中、各諸侯國は漢に滅ぼされたか、あるいは漢に歸服したので、各諸侯國出身の人も次々と劉邦集團に加入した。彼らの人數は延べ數十萬であり、劉邦集團の外郭部分になった[22]。

筆者がすでに指摘したように、漢王朝の樹立後、劉邦集團は政治權力、土地財産、社會地位などの社會總財産について全面的に再分配を行ない、新しい支配階層である漢初軍功受益階層への轉化をなした[23]。この轉化のプロセスの中で行なわれた劉邦集團の社會總財産の再分配は、嚴格に功勞原則に從って施行された。つまり、劉邦集團に加わった時期と軍功によりそれぞれの等級の軍功爵を與え、そしてその軍功爵の等級により異なる量の土地と財産を分配して社會身分の高低を決定し、それぞれの官職に任じた。そのゆえ、異なる時期に、異なる地域で劉邦集團に加わった各地域集團も、漢王朝の政治と社會の中にそれぞれの地位を占めたのである。大まかに言えば、豐沛元從集團の地位が最も高く、待遇も最も厚く、それに次ぐのは碭泗楚人集團であり、この二つの集團は長期間漢王朝の核心と上層部を獨占していた。蜀漢關中出身の秦人は、漢政權の核心と上層部に入ることが難しく、中層部までにとどまっているのが一般的である。その他の諸侯國出身の方は、各諸侯王國で務めた者が多かった。もし、この大きな歴史背景に對して一定の認識を持った上で、さらに各個人をその所屬した集團の中に置き、そして再び南陽郡守の彊と醴陽令の恢に注目してみると、彼らの出身地・經歴・官職および爵位などがすべて典型的な意味を持っていることに氣づくだろう。

つまり、秦の二世三年に陳郡陽夏縣で劉邦集團に加わった靳彊は、劉邦集團の中堅の部分、すなわち碭泗楚人集團の一員で、彼は漢王朝の樹立に伴って、軍功により第二十等爵の列侯を與えられ、前後して、中尉や郡守の高官となり、漢王朝支配階層の上層部に入った。一方、漢の元年八月以後に劉邦集團に加わった內史酈邑出身の恢は、蜀漢關中の秦人集團の一員で、彼は軍功により第十等爵の左庶長を與えられ、縣令の官職に就き、漢王朝支配層の中層部に入った秦人の典型的な例として見ることができる。この二人は、共に漢初軍功受益階層のメンバーの一員である。

注

（1）「前漢初年における軍功受益階層の興衰と社會階層の變動－統計と圖表を中心として－」、『就實女子大學史學論集』第九號、一九九四年。また、本書の第二章および附錄三を參照。

（2）「劉邦集團の地域構成」（『就實女子大學史學論集』第十三號、一九九八年）。また、本書の第五章を參照。

（3）同注（1）。

（4）嚴耕望『兩漢太守刺史表』鳳凰出版社、一九七八年、第六〇頁。

（5）同注（1）。

（6）『史記』および『漢書』の功臣侯表には、漢元年以前の紀年は秦の紀年が使われず、「前元年」、「前二年」などの語が使われる。『漢書』巻十六功臣表に、蓼侯の孔聚は「以執盾前元年從起碭」とある。顏師古は「前元年、謂初起之年、卽秦胡亥元年」と注する。『補注』に引く吳仁傑の說に、「『漢紀』二年、沛公將碭郡兵西、灌嬰以中涓從。灌嬰侯狀從起碭、與孔聚同、則前元年乃胡亥二年、非元年也。是歲後九月、沛公封武安侯、蓋以封爵之歲稱元年。後王漢中、乃復以至霸上之歲爲漢元年、而謂此爲前元年。且參考各侯狀及傳中事、則知前元年皆胡亥二年。顏說非」とある。吳氏は前元年が秦の二世二年のことであると說く。これは正しいと思われる。しかし、吳氏の說の中の、劉邦の封爵の歲を元年と稱するという點は從いにくい。考えてみると、秦の二世二年、楚の懷王がたてられた。その時、劉邦軍は楚に屬し楚制を用いたので、楚の曆を使うべきである。ゆえに、前元年は楚の懷王元年のことであると考えられている。それは、建國前の漢が屬した楚の元年という意味を示す語である。したがって、前二年は楚の懷王二年で、つまり、秦の二世三年のことである。靳彊の從起について、漢書巻十六功臣侯表に「前三年從起櫟陽。」とある。しかし、上述の說によれば、前三年はすでに漢の元年のことであるので、三年は二年の誤りである。また、楚の懷王二年には、劉邦軍はなお櫟陽に到着していなかった。したがって櫟陽は陽夏の誤りと思われる。故に、筆者は『史記』功臣表に從う。

（7）『史記』および『漢書』の功臣表には、秦の二世元年九月に沛縣で從起した人々の侯狀については、すべて從起の年を書いていない。筆者は彼らを豐沛元從集團と稱するから、便宜のため、表の中に彼らの從起の時閒である秦の二世元年九月を元從という語で表現する。功臣侯表の紀年および史料の性質について、筆者は他の論文を用意するつもりである。

（8）、（9）王陵、雍齒は共に沛縣で從った元從の方であるが、共に一度劉邦集團から離脫し、後に再び劉邦集團に戻ってきた。その詳細は、注（2）を參照。

（10）、（11）二人は早めに死んだので、その息子を父の軍功により列侯に封じた。

（12）嚴耕望『秦漢地方行政制度』中央研究院歷史語言研究所專刊の四十五、一九九〇年、第十一章。

（13）漢代の小吏および長吏に關して、拙論「前漢初年における軍功受益階層の成立――高帝五年詔を中心として」、『史學雜誌』第九九編第十一號、一九九〇年、第一章を參照。また、本書の第一章第一節を參照。

（14）『史記』卷四十楚世家。

（15）李學勤「奏讞書解說」、『文物』、一九九三年第八期。

（16）『漢書』卷一高帝紀高帝二年條。秦漢爵制について、西嶋定生『中國古代帝國の形成と構造―二十等爵制の研究―』（東京大學出版會、一九八三年）を參照。

（17）前注（13）拙稿、また本書第一章を參照。

（18）前注（1）拙稿、また本書第二章を參照。

（19）この表の中に、李必と楊喜を除いて、他の人の出身地は、みなその從起地から推測してできたものである。その詳細は、前注（2）を參照。

（20）前注（13）拙稿、また本書の第一章および終章第三節の三を參照。

（21）前注（2）拙稿、また本書第五章を參照。

（22）同注（2）。

（23）前注（13）、拙稿、また本書の第一章第三節および第四章第三節を參照。

附錄三　高帝―武帝期　三公九卿・王國相・郡太守表①

表附三A―1　高帝期三公九卿

	氏名	官位	爵位	階層	任期
1	韓信	大將軍②	淮陰侯	軍層	漢一年
2	盧綰	太尉	燕王	軍層	漢二年～五年九月
3	周勃	太尉	絳侯	軍層	高十一年
4	蕭何	丞相	酇侯	軍層	漢元年～惠二年
5	周苛	御史大夫	高景侯	軍層	漢元年～三年
6	周昌	中尉	汾陰侯	軍層	漢元年～三年
		御史大夫			漢四年～九年
7	趙堯	御史大夫	江邑侯	軍層＋法吏	高十年～呂元年
8	襄	治粟內史	棘丘侯	軍層	漢元年
9	夏侯嬰	太僕	汝陰侯	軍層	漢元年～文八年
10	曹參	中尉	平陽侯	軍層	漢二年？
11	靳彊	中尉	汾陽侯	軍層	高五年？
12	朱進	中尉	中邑侯	軍層	高五年？
13	薛歐	典客	廣平侯	軍層	高五年
14	丙猜	中尉	高宛侯	軍層	高五年
15	義渠	廷尉		不明	高五年～九年
16	王恬啓	郎中令	山都侯	軍層	高五年～十二年
17	陽成延	少府	梧侯	軍層	高五年～呂七年
18	公上不害	太僕③	汲侯	軍層	高六年～十年

	氏名	官位	爵位	階層	任期
19	靈常	中尉	陽羨侯	軍層	高六年十二月〜
20	酈商	衛尉	曲周侯	軍層	高六年〜十一年
21	叔孫通	奉常		軍層＋儒吏	高七年〜九年
		奉常			高十二年〜惠六年
22	宣義	廷尉	土軍侯	軍層	高十年〜
23	杜恬	廷尉	長脩侯	軍層	高十一年
24	王氏	衛尉		軍層④	高十一年〜十二年
25	戚鰓	中尉	臨轅侯	軍層	高十一年〜惠四年
26	育	廷尉		不明	高十二年〜呂七年

表附三A－2　惠帝呂后期三公九卿

	氏名	官位	爵位	階層	任期
1	周勃	太尉	絳侯	軍層	惠六年〜文元年
2	蕭何	丞相	酇侯	軍層	漢元年〜惠二年
3	曹參	丞相	平陽侯	軍層	惠二年七月〜呂五年八月
4	王陵	丞相	安國侯	軍層	惠六年十月〜呂元一年十一月
5	陳平	郎中令	曲逆侯	軍層	高十二年〜惠五年
		丞相			惠六年一月〜文二年十月
6	審食其	典客	辟陽侯	軍層	惠七年〜呂元年
		丞相			呂元年十一月〜七年七月
		丞相			呂八年九月〜後九年
7	呂產	丞相⑤	洨侯	宗親—軍層二	呂七年七月〜八年九月
8	趙堯	御史大夫	江邑侯	軍層	高十年〜呂元
9	任敖	御史大夫	廣阿侯	層軍	呂元年〜三年

	氏名	官位	爵位	階層	任期
10	曹窋	御史大夫	平陽侯	軍層二	呂四年～八年
11	夏侯嬰	太僕	汝陰侯	軍層	漢元年～文八年
12	陽成延	少府	梧侯	軍層	高五年～呂七年
13	叔孫通	奉常		軍層－儒吏	高十二年～惠六年
14	戚鰓	中尉	臨轅侯	軍層	高十一年～惠四年？
15	育	廷尉		不明	高十二年～呂七年
16	劉澤	衞尉	營陵侯	宗親－軍層	惠元年～呂四年
17	馮無擇	郎中令⑥	博城侯	軍層	惠六年～呂三年
18	賈壽	郎中令⑦		不明	呂四年～呂八年
19	免	奉常		不明	惠七年～呂六年
20	衞無擇	衞尉	樂平侯	軍層	呂四年～六年？
21	足	衛尉	關内侯	軍層	呂六年～文元年～
22	圍	廷尉		不明	呂七年～八年
23	根	奉常		不明	呂七年～文元年
24	劉揭	典客	陽信侯	軍層	呂七年～文二年

表附三A－3　文帝期三公九卿

	氏名	官位	爵位	階層	任期
1	周勃	丞相 丞相	絳侯	軍層	文元年十一月～八年 文二年十一月～三年十二
2	灌嬰	太尉 丞相	潁陰侯	軍層	文元年十月～三年 文三年十二月～四年十二月
3	張蒼	御史大夫 丞相	北平侯	軍層	呂八年～文三年 文四年一月～後二年八月

4	申屠嘉	御史大夫	故安侯	軍層	文十六年～後元年
		丞相			文後二年八月～景二年六月
5	圍	御史大夫		不明	文四年～六年
6	馮敬	典客		軍層(8)	文三年～六年
		御史大夫			文七年～十五年
7	陶青	御史大夫	開封侯	軍層二	文後二年～景元年
8	夏侯嬰	太僕	汝陰侯	軍層	漢元年～文八年
9	足	衞尉	關内侯	軍層	呂六年～文元年～
10	劉揭	典客	陽信侯	軍層	呂七年～文二年
11	根	奉常		不明	呂七年～文元年
12	張武	郎中令		士吏(9)	文元年～後七年?
13	宋昌	中尉(10)	壯武侯	軍層	文元年～六年?
14	吳公	廷尉		法吏	文元年～六年
15	免	衞尉		不明	～文後六年～
16	饒	奉常		不明	文二年～十一年
17	賀	廷尉		法吏(11)	文六年
18	福	中尉		不明	文六年～
19	靚	典客		不明	文七年～
20	昌	廷尉		法吏?	文十年～
21	嘉	廷尉		法吏?	文十年～
22	昌閭	奉常		不明	文十二年～後六年
23	周舍	中尉		不明	文十四年～
24	宜昌	廷尉		法吏?	文十五年～
25	信	廷尉		法吏?	文後元年
26	奚信(12)	奉常	成陽侯	軍層二	文後七年
27	張釋之	廷尉		法吏	文後六年～七年
28	周亞夫	中尉	條侯	軍層二	文後六年～景二年

表附三A－4　景帝期三公九卿

	氏名	官位	爵位	階層	任期
1	竇嬰	大將軍	魏其侯	宗親－軍吏	景三年～
2	申屠嘉	丞相	故安侯	軍層	文後二年八月～景二年六月
3	陶青	御史大夫	開封侯	軍層二	文後二年～景二年
		丞相			景二年八月～七年六月
4	周亞夫	中尉	條侯	軍層二	文後六年～景二年
		太尉			景三年～七年
		丞相			景七年六月～中元年九月
5	劉舍	御史大夫	桃侯	軍層二	景七年～中二年
		丞相			景中元年九月～後元年七月
6	衛綰	中尉	建陵侯	軍吏	景四年～
		御史大夫			景中三年～中六年
		丞相			景後元年八月～武建元元年六月
7	晁錯	御史大夫		法吏	景二年～三年
8	介	御史大夫		不明	景四年～六年
9	直不疑	衛尉	塞侯	軍吏	景初年～後元年
		御史大夫			景後元年八月～武建元元年
10	石奮⑬			軍層	景初年
11	張歐⑭	廷尉		軍層二	景元年～二年
		奉常			景五年～六年
12	周仁	郎中令		士吏－近臣	景元年～後元年
13	爰盎	奉常		士吏－近臣	～景三年？

	氏名	官位	爵位	階層	任期
14	斿	奉常		不明	景二年～
15	殷	奉常		不明	景三年～
16	嘉	中尉		不明	景三年～
17	勝	廷尉		法吏？	景三年～七年
18	蕭勝	奉常	武陽侯	軍層三	景七年～中二年
19	竇彭祖	奉常	南皮侯	宗親	景四年～
20	劉舍	太僕	桃侯	軍層二	景五年～七年
21	郅都	中尉		法吏	景七年～中三年
22	福	廷尉		法吏？	景中元年～中五年
23	乘昌	奉常	煮棗侯	軍層三	景中三年～四年
24	神	少府		不明	景中五年～
25	寧成	中尉		法吏	景中六年～
26	利彭祖[15]	奉常	軑侯	軍層三	景中六年～後二年
27	瑕	廷尉		法吏？	景中六年～武建元二年
28	賀	郎中令		不明	景後元年～三年
29	廣意	中尉		不明	景後二年～
30	惠	治粟内史		不明	景後二年～武建元二年
31	許昌	奉常	柏至侯	軍層	景後三年～武建元元年
32	田勝[16]		周陽侯	宗親	景後元年

表附三A－5　武帝初期（建元～元朔）三公九卿

	氏名	官位	爵位	階層	任期
1	衛青	大將軍	長平侯	宗親＋軍吏	元朔五年～元封五年
2	竇嬰	丞相	魏其侯	宗親＋軍吏	建元元年六月～二年十月

3	許昌	丞相	柏至侯	軍層三	建元二年三月～六年六月
4	田蚡	太尉	武安侯	宗親	建元元年～
		丞相			建元六年六月～元光四年三月
5	薛澤	丞相	平棘侯	軍層三	元光四年五月～元朔五年十一月
6	公孫弘	御史大夫	平津侯	儒吏＋法吏	元朔三年～元朔五年
		丞相			元朔五年十一月～元狩二年三月
7	趙綰	御史大夫		儒吏	建元元年六月～二年十月
8	嚴青翟	御史大夫	武彊侯	軍層三	建元二年三月～六年
9	韓安國	大司農		軍吏＋士吏	建元三年～六年
		御史大夫			建元六年～元光四年
		中尉			元光五年～六年
		衛尉			元光六年～元朔二年
10	張歐	中尉		軍層二	建元元年～元光四年
		御史大夫			元光四年～元朔三年
11	番係	御史大夫		不明	元朔五年四月～六年
12	許昌	太常	柏至侯	軍層三	景後元三年～建元二年三月
13	趙周	太常	高陵侯	不明	建元二年～五年
14	定	太常		不明	建元六年
15	王臧	太常		不明	元光元年
16	張歐	太常		不明	元光四年～
17	司馬當時	太常		不明	元光六年～
18	孔臧	太常	蓼侯	軍層二	元朔元年～元朔三年
19	張當居	太常	山陽侯	不明	～元朔五年
20	周平	太常	繩侯	軍層四	元朔六年～元狩四年
21	王臧	郎中令		儒吏＋近臣	建元元年
22	石建	郎中令		軍層二	建元二年～元朔五年
23	李廣	衛尉		軍吏	元光元年～五年

		郎中令			元朔六年〜元狩四年
24	竇甫[17]	衛尉		宗親	建元二年
25	程不識	中尉		軍吏	元光元年
		衛尉			元光四年
26	蘇建	衛尉	平陵侯	軍吏	元朔三年〜
27	灌夫	太僕		軍吏	建元元年
28	石慶	太僕	牧丘侯	軍層二	建元三年〜六年
29	公孫賀	太僕	南窌侯	宗親＋軍吏	建元六年〜太初元年一月
30	信	廷尉		法吏?	建元二年
31	遷	廷尉		法吏?	建元四年
32	建	廷尉		法吏?	建元四年
33	武	廷尉		法吏?	建元五年
34	殷	廷尉		法吏?	建元六年
35	翟公	廷尉		法吏?	元光五年
36	張湯	廷尉		法吏	元朔三年〜元狩二年
37	光	大行令		不明	建元元年〜
38	過期	大行令		不明	建元二年〜
39	王恢	大行令		軍吏	建元五年〜元光三年
40	丘	大行令		不明	元光六年〜
41	殷	大農令		不明	建元六年
42	鄭當時	大農令		士吏—近臣	元光五年〜
43	孟賁	大農令		不明	元朔三年
44	產	大農令		不明	元朔四年
45	李息	中尉		軍吏	元朔三年〜
46	趙禹	中尉		法吏	元光六年〜元朔五年
47	殷客	中尉		不明	元朔五年〜

表附三A－6　武帝中期（元狩～元封）三公九卿

	氏名	官位	爵位	階層	任期
1	衛青	大司馬	長平侯	宗親＋軍吏	元狩四年～元封五年
2	霍去病	大司馬	冠軍侯	宗親＋軍吏	元狩四年～五年
3	公孫弘	丞相	平津侯	儒吏＋法吏	元朔五年十一月～元狩二年三月
4	李蔡	御史大夫	樂安侯	軍吏	元狩元年～二年
		丞相			元狩二年三月～五年三月
5	嚴青翟	丞相	武彊侯	軍層三	元狩五年三月～元鼎二年二月
6	趙周	丞相	高陵侯	不明	元鼎二年二月～五年九月
7	石慶	御史大夫	牧丘侯	軍層二	元鼎二年二月～元鼎五年
		丞相			元鼎五年九月～太初二年一月
8	張湯	廷尉		法吏	元朔三年～元狩二年
		御史大夫			元狩二年三月～元鼎二年十一月
9	卜式	御史大夫	左庶長	士吏	元鼎六年～
10	周平	太常	繩侯	軍層四	元朔六年～元狩四年
11	李信成	太常	戚侯	軍層四	元狩四年～元狩五年
12	欒賁	太常	兪侯	軍層二	～元狩六年
13	王充	太常	蓋侯	宗親	元狩六年
14	任越人	太常	廣阿侯	軍層四	元鼎二年～元鼎二年
15	周仲居	太常	鄲侯	軍層三	元鼎三年～元鼎三年
16	周建德	太常	平曲侯	軍層三	元鼎五年～元鼎五年
17	杜相	太常	陽平侯	軍層五	元鼎五年～元封三年
18	蕭壽成	太常	酇侯	軍層四	元封四年～
19	韓延年	太常	成安侯	軍吏	元封五年～元封六年

		大行令			元封五年～元封六年
20	李廣	郎中令		軍吏	元朔六年～元狩四年
21	李敢	郎中令	關內侯	軍吏	元狩五年
22	徐自爲	郎中令	左庶長	軍吏	元狩六年～元封六年
23	蘇建	衞尉	平陵侯	軍吏	元朔三年～
24	張騫	衞尉	博望侯	士吏＋近臣	元狩二年
		大行令			元鼎二年～
25	充國	衞尉		不明	～元狩五年
26	路博德	衞尉	邳離侯	軍吏	元鼎五年
27	公孫賀	太僕	南窌侯	宗親＋軍吏	建元六年～太初元年一月
28	李友	廷尉		法吏	元狩三年
29	司馬安	中尉		法吏	元狩元年
		廷尉			元狩三年
30	霸	中尉		法吏	元狩三年
		廷尉			元鼎元年
31	王溫舒	廷尉		法吏	元鼎三年
32	趙禹	廷尉		法吏	元鼎四年～元封元年
33	杜周	廷尉		法吏	元封二年～
34	李息	大行令		軍吏	元狩元年～
35	鄭當時	大農令		士吏－近臣	元光五年～
36	顏異	大農令		法吏	元狩四年～元狩五年
37	正夫	大農令		不明	元狩六年
38	孔僅	大農令		士吏(18)	元鼎二年
39	劉安國	大農令		宗親	元鼎四年
40	張成	大農令		軍吏	元鼎六年
41	王溫舒	中尉		法吏	元鼎四年～五年
42	尹齊	中尉		法吏	元鼎三年

	氏名	官位	爵位	階層	任期
43	豹	中尉		不明	元鼎六年

表附三A－7　武帝後期（太初～後元）三公九卿

	氏名	官位	爵位	階層	任期
1	石慶	丞相	牧丘侯	軍層二	元鼎五年九月～太初二年一月
2	公孫賀	太僕	南窌侯	宗親＋軍吏	建元六年～太初元年一月
		丞相			太初元年閏月～征和二年一月
3	劉屈氂	左丞相	澎侯	宗親	征和二年三月～三年六月
4	田千秋	大鴻臚	富民侯	士吏	征和三年～四年六月
		丞相			征和四年六月～昭元鳳四年一月
5	兒寛	御史大夫		儒吏	元封元年～太初二年
6	王延廣	御史大夫		不明	太初三年一月～四年
7	王卿	御史大夫		不明	天漢元年～三年二月
8	杜周	廷尉		法吏	元封二年～
		執金吾			天漢二年～三年二月
		御史大夫			天漢三年二月～太始二年
9	暴勝之	御史大夫		法吏	太始元年三月～征和二年
10	商丘成	大鴻臚	秺侯	軍吏	太初二年～征和二年
		御史大夫			征和二年～二年九月
11	桑宏羊	大司農		士吏＋近臣	天漢元年
		御史大夫			武後元二年二月～宣元鳳元年
12	張昌	太常	睢陽侯	軍層五	太初元年～太初二年
13	石德	太常	牧丘侯	軍層三	太初三年～天漢元年
14	趙弟	太常	新畤侯	軍吏	天漢二年～太始三年

15	唯徐光	太常	容成侯	軍吏[19]	太始三年
16	靳石	太常	江鄒侯	軍層四	太始四年
17	酈終根	太常	繆侯	軍層五	征和二年～後元二年
18	魏不害[20]	衛尉 太常	當塗侯	法吏	後元元年 後元二年～昭始元五年
19	徐自爲	光祿勳	左庶長	軍吏	太初元年
20	韓說	光祿勳	龍額侯	軍層四	～征和二年
21	有祿	光祿勳		不明	征和～宣
22	李壽	衛尉	邘侯	法吏	征和四年
23	遺	衛尉		不明	後元二年
24	公孫敬聲	太僕		宗親	太初二年～征和四年
25	上官桀	太僕	安陽侯	宗親	後元元年
26	吳尊	廷尉		法吏	天漢三年～四年
27	郭居	廷尉		法吏	太始元年～
28	常	廷尉		法吏	征和元年
29	信	廷尉		法吏	征和二年
30	意	廷尉		法吏	征和三年
31	壺充國	大鴻臚		軍吏	太初元年～
32	戴仁	大鴻臚		不明	征和四年～
33	田廣明	大鴻臚	昌水侯	法吏	征和四年～
34	范方渠	執金吾		不明	天漢四年～
35	劉敢	執金吾	原洛侯	宗親	～征和三年
36	郭廣意	執金吾		不明	～後元二年

表附三B－2　惠帝呂后期王國相

	氏名	國名	爵位	階層	任期
1	張蒼	趙	北平侯	軍層	漢四年～高五年
		代			高六年～七年
		淮南			高十一年～呂八年
2	曹參	齊	平陽侯	軍層	高六年～惠二年
3	林摯	燕	平棘侯	軍層	高七年
4	貫高	趙		軍層(21)	～高七年
5	趙午	趙		軍層(22)	～高七年
6	酈商	趙	曲周侯	軍層	高十年
7	陳豨	代	陽夏侯	軍層	高七年～九年
		趙			高七年～九年
8	周昌	趙	汾陰侯	軍層	高九年～惠元年
9	傅寬	齊	陰陵侯	軍層	高十年～十一年
		代			高十一年～惠五年
10	冷耳	楚	下相侯	軍層	～高十一年
11	陳嬰	楚	堂邑侯	軍層	高十二年～呂四年
12	偃	燕		不明	高十二年
13	溫疥	燕	栒栒侯	軍層	高十二年～
14	抵(23)	燕		不明	～高十二
15	馮梁(24)	代		不明	～高十二
16	程縱(25)	代		不明	～高十二

1	曹參	齊	平陽侯	軍層	高六年～惠二年
2	傅寛	代	陰陵侯	軍層	高十一年～惠五年
3	張蒼	淮南	北平侯	軍層	高十一年～呂八年
4	陳嬰	楚	堂邑侯	軍層	高十二年～呂四年
5	宣義	燕	土軍侯	軍層	惠初年
6	利昌	長沙	軑侯	軍層㉖	～惠二年～呂二年
7	齊受	齊	平定侯	軍層	～呂元年～
8	王恬啓	梁	山都侯	軍層	～呂四年～
9	徐厲	常山	松茲侯	軍層	～呂四年～
10	朱進	呂	中邑侯	軍層	～呂四年～
11	召平	齊	子黎侯	不明	～呂八年～
12	越	長沙	醴陵侯	軍層	呂三年～四年～
13	呂更始	楚	藤侯	宗親＋軍層	呂四年～八年
14	呂勝	淮陽	贅其侯	宗親	呂四年～年八
15	蔡兼	常山	樊侯	軍層	～文元年

表附三B−3　文帝期王國相

	氏名	國名	爵位	階層	任期
1	越	長沙	醴陵侯	軍層	呂三年～四年～文三年?
2	駟鈞	齊	清郭侯	宗親	呂八年～文六年
3	春	淮南		士吏㉗	文元年～六年
4	爰盎	齊 吳		士吏＋近臣	文七年?～ ～文後元中

	氏名	國名	爵位	階層	任期
5	何成	膠東		士吏(28)	文十六年～景
6	欒布	燕	兪侯	軍層	文元年～景
7	竇嬰	呉	魏其侯	宗親＋軍吏	文
8	蘇意	楚		不明	～文後六年

表附三B－4　景帝期王國相

	氏名	國名	爵位	階層	任期
1	欒布	燕	兪侯	軍層	文　～景
2	何成	膠東		士吏	文十六年～景
3	石奮	不明(29)		軍層	
4	馮唐	楚		士吏	景初
5	灌夫	代		軍吏	景初～
6	張釋之	淮南		法吏	景二年～
7	張尚	楚	（子）山陽侯	不明	～景三年
8	建德	趙	（子）遽侯	不明	～景三年
9	爰盎	楚		士吏	景三後年～
10	蘇息	趙	江陵侯	軍吏	～景六年～
11	程嘉	江都	建平侯	軍吏	景四年～景六年～
12	軒丘豹	梁		士吏(30)	～景七年～
13	田叔	魯		士吏	景七年後～
14	牛牴	齊		不明	～武建元前

表附三B－5　武帝初期（建元－元朔）王國相（31）

	氏名	國名	爵位	階層	任期
1	灌夫	燕		軍吏	建元中年
2	石慶	齊	牧丘侯	軍層二	武初
3	鄭當時	江都		士吏＋近臣	～建元四年
4	董仲舒	江都		儒吏＋法吏	元光
		膠西			武初
5	主父偃	齊		士吏＋近臣	～元朔三年
6	李蔡	代	樂安侯	軍吏	～元朔五年

表附三B−6　武帝中期（元狩−元封）王國相

	氏名	國名	爵位	階層	任期
1	卽墨成	城陽		儒吏	元鼎
2	韓千秋	濟北		軍吏	～元鼎四年
3	卜式	齊	左庶長	士吏	～元鼎六年
4	汲偃	不明		士吏	元鼎六年後
5	趙禹	燕		法吏	元封二年
6	褚大	梁		儒吏	元封中

表附三B−7　武帝後期（太初−後元）王國相

	氏名	國名	爵位	階層	任期

1	王延廣	膠		不明	～太初三年

表附三C－1　高帝期郡太守

	氏名	郡名	爵位	階層	任期
1	任敖	上黨	廣阿侯	軍層	漢初～惠～呂元年
2	周苛	內史	高景侯	軍層	漢元年
3	閻澤赤	河上	故市侯	軍層	漢元年～九年
4	襄	上	棘丘侯	軍層	漢二年
5	張蒼	常山	北平侯	軍層	漢三年～四年
6	馮解散	雁門	閼氏侯	軍層	漢三年～十二年
7	杜恬	內史	長脩侯	軍層	高五年
8	靳彊[32]	南	汾陽侯	軍層	高五年～惠～呂三年？
9	宣義	中地	土軍侯	軍層	高六年～九年
10	孫赤	上黨	堂陽侯	軍層	～高十年
11	趙衍	河間	須昌侯	軍層	高九年～十年
12	張相如	河間	東陽侯	軍層	高十年～文二年？
13	劉襄	九江	桃侯	軍層	高十一年～？
14	周昌	內史	汾陰侯	軍層	高
15	正彊[33]			軍層	高
16	田叔	漢中		士吏	高末～惠呂～文初
17	孟舒	雲中		士吏[34]	高末～惠呂～文～
18	陘[35]	不明		不明	～高十二年
19	圂[36]	雁門		不明	～高十二年

	氏名	郡名	爵位	階層	任期
20	遬[37]	雲中		不明	～高十二年
21	偃[38]	淮陽		不明	～高六年～

表附三C－2　惠帝呂后期郡太守

	氏名	郡名	爵位	階層	任期
1	任敖	上黨	廣阿侯	軍層	漢初～惠～呂元年
2	靳彊	南	汾陽侯	軍層	高五年～惠～呂三年
3	張相如	河間	東陽侯	軍層	高十年～文元年
4	田叔	漢中		士吏	高末～惠呂～文初
5	孟舒	雲中		士吏	高末～惠呂～文
6	申屠嘉	淮陽	故安侯	軍層	惠～呂～文十六年
7	尊	潁川	關內侯	軍層	～呂～文元年～
8	周信	河南	成陰侯	軍層	～呂四年～
9	季布	河東		士吏	呂～文
10	吳公	河南		法吏	呂～文元年

表附三C－3　文帝期郡太守

	氏名	郡名	爵位	階層	任期
1	田叔	漢中		士吏	高末～惠呂～文初
2	孟舒	雲中		士吏	高末～惠呂～文～
3	申屠嘉	淮陽	故安侯	軍層	惠～呂～文十六年

	氏名	郡名	爵位	階層	任期
4	尊	潁川		軍層	～呂　～文元年～
5	吳公	河南		法吏	呂　～文元年
6	季布	河東		士吏	呂　～文
7	魏尚	雲中		軍吏	～文～
8	董赤	內史		軍層二	～文十四年～
9	周亞夫	河內	條侯	軍層二	文十五年～後六年
10	公孫渾邪	隴西	平曲侯	軍吏	文十五年～景六年

表附三C－4　景帝期郡太守

	氏名	郡名	爵位	階層	任期
1	公孫渾邪	隴西	平曲侯	軍吏	文十五年～景六年
2	鼂錯	內史		法吏	景元年～二年
3	李廣	上谷 上 隴西 北地 雁門 代 雲中		軍吏	景初～
4	郅都	濟南 雁門		法吏	～景六年 景中二年～
5	馮敬	雁門		不明	～景後二年
6	灌夫	淮陽		軍吏	～景後三年
7	班長	上谷		士吏	～景～

	氏名	郡名	爵位	階層	任期
8	張孺	上谷		不明	～景～
9	文翁	蜀		法吏	景末～
10	周陽由[39]	不明		宗親－法吏	景～武

表附三C－5　武帝初期（建元～元朔）郡太守

	氏名	郡名	爵位	階層	任期
1	李廣	代		軍吏	景末～武初
		雁門			景末～武初
		隴西			～元光元年
		雲中			元光六年
		右北平			～元朔六年
2	文翁	蜀		法吏	景末～武
3	灌夫	淮陽		軍吏	景後三年～建元元年
4	鄭當時	濟南		士吏＋近臣	建元初
		右內史			建元四年～
5	汲黯	東海		士吏＋近臣	建元四年五月～建元六年
		右內史			元朔五年～元狩三年
6	嚴助	會稽		士吏	建元六年～元光元年
7	共友	代		不明	元朔三年
8	番係	右內史		不明	元光五年～元朔四年
		河東			元朔四年～元朔五年
9	石慶	內史	牧丘侯	軍層二	建元二年～
		沛			～元朔六年
10	朱買臣	會稽		士吏	元朔六年～元狩元年

表附三C－6　武帝中期（元狩～元封）郡太守

	氏名	郡名	爵位	階層	任期
1	蘇建	代	平陵侯	軍吏	元朔六年前後
2	郝賢	上谷	衆利侯	軍吏	～元朔六年～元狩二年
3	公孫戎奴	上黨	従平侯	軍吏	元狩二年
4	董朝	濟南	成侯	軍層三	元狩三年
5	解	漁陽	關内侯	軍吏	元狩四年
6	路博德	右北平	邳離侯	軍吏	元狩四年
7	鄭當時	汝南		士吏＋近臣	元狩三年四月～元封
8	司馬安	淮陽		法吏	元狩四年
9	義縱	南陽		法吏	元狩三年四月
		定襄			～元狩四年
10	常惠	河西	關内侯	軍吏	元狩四年
11	李椒	代		軍吏	元朔前後
12	孔安國	臨淮		儒吏	元朔
13	郝賢	上谷	衆利侯	軍吏	～元朔六年～元狩二年
14	邊通	濟南		法吏	武初
15	程不識	不明		軍吏	武初？
16	寧成	内史		法吏	～建元元年
17	印	内史		不明	建元元年～
18	充	内史		不明	元光二年～
19	公孫弘	左内史	平津侯	儒吏＋法吏	元光五年～元朔三年
20	李沮	左内史		軍吏	元朔三年

11	逯成	雲中		軍吏	元狩四年
12	王溫舒	河内		法吏	～元狩四年
		右内史			元封五年～五年
13	彌僕	東		法吏	元狩
14	公孫度	山陽	平津侯	儒吏＋法吏㊵	元狩　～元封四年
15	汲黯	右内史		士吏＋近臣	元朔五年～元狩三年
		淮陽			元狩五年～元鼎六年
16	張卬	漢中		法吏	元狩元鼎之際
17	楊季	廬江		法吏	元鼎前
18	申屠臾	九江	清安侯	軍層三	～元鼎元年
19	蟲皇柔	汝南	曲成侯	軍層三	～元鼎二年
20	勝	河東		不明	元鼎四年～
21	利扶	東海	軑侯	軍層三	～元封元年
22	公孫遂	濟南		不明	～元封二年前
23	勝屠公	河東		不明	元封
24	褚廣	河東		法吏	元封
25	杜延壽	河南		法吏	元封五年後～太初二年前
26	杜□	河東		法吏	元封五年後～太初二年前
27	石□	河内		軍層三	元封五年後～太初二年前
28	賁	右内史		不明	元鼎四年
29	敞	右内史		不明	元狩元年
30	義縦	右内史		法吏	元狩四年～五年
31	王朝	右内史		士吏㊶	元狩六年
32	蘇縦	右内史		不明	元鼎元年
33	兒寛	左内史		儒吏	元鼎四年～元封元年
34	李信成	右内史	戚侯	軍層四	元鼎四年
35	咸宣	左内史		法吏	元封元年～六年

表附三C－7　武帝後期（太初～後元）郡太守

	氏名	郡名	爵位	階層	任期
1	石□	河内		軍層三	元封五年後～太初二年前
2	李哆	上黨		軍吏	太初四年
3	魯賜	東海		儒吏	太初天漢
4	王延廣	濟南		不明	～天漢元年
5	范方渠	弘農		不明	～天漢四年
6	司馬安	河南		法吏	太始
7	攘	雁門		不明	太始四年
8	劉屈氂	涿	澎侯	宗親	～征和二年三月
9	田廣明	淮陽	昌水侯	法吏	～征和四年
10	田雲中	淮陽		法吏	征和四年～
11	劉福	常山	檀侯	宗親	武末
12	蕭奮	淮陽		儒吏	武末
13	馮當	蜀		法吏	武後期
14	吳霸	牂柯		不明	武末～昭初
15	孫幸	珠崖		不明	武末
16	咸宣	右扶風		法吏	太初元年～
17	王訢	右扶風	宜春侯	法吏	征和四年～昭元鳳元年
18	無忌	京兆尹		法吏	太初元年～
19	曹氏	京兆尹		不明	天漢太始年間
20	于已衍	京兆尹		不明	～征和二年
21	建	京兆尹		不明	後元元年
22	殷周	左馮翊		法吏	太初元年

23	韓不害	左馮翊		不明	天漢四年
24	賈嘉(42)	不明		士吏	武後期
25	賈□(43)	不明		士吏	武後期

注

（1）各表は、『漢書』巻十九百官公卿表（官表と略稱する）と嚴耕望『兩漢太守刺史表』（嚴表と略稱する）を主な史料として、『史記』、『漢書』、『史記會注考證』、『漢書補注』、『二十五史補編』などを全面的に參考にして作成したものである。各表の人物を一人一人考訂しつつ確認したので、考證の量はかなり多くなった。詳しい考證および各人物の所屬階層の判斷については作者が必要とみなすもののみ記し、他はすべて省略する。また、所屬階層の後につける漢數字は、その者の世代數を示すものである。

（2）いわゆる三公九卿において、太尉は最高軍職であったが、常置ではない。最高軍職にはさらに大將軍がある、これも常置ではない。さらに、武帝期から將軍が大司馬を加えられ最高軍職となる。そこで、政局の動きを廣範圍にわたって反映させるために、筆者は太尉、大將軍および大司馬を三公とする。韓信が大將軍となったことは、『史記』巻十八高祖功臣侯者年表に見られる。

（3）張家山漢簡『奏讞書』（『文物』、一九九三年、第八期）によれば、公上不害は「太僕行廷尉事」となっているが、それは高帝十年八月のことであった。おそらく彼は義渠と宣義の間で短期間廷尉を代行したことがあるのであろう。

（4）王氏は、『漢書』巻三十九蕭何傳によれば、蕭何の辨護者で楚漢戰爭について精通していたとあるため、早期劉邦集團のメンバーであったと推測できる。

（5）呂産は相國となったことがあったが、それは各表に記されていない。詳しい解説は『史記』巻九呂太后本紀『會注考證』に引かれる梁玉繩説を參照。呂后の七年七月、左丞相の審食其は太傅になり、同時に呂産は相國となった。呂后の八年九月に呂産が殺され、審食其は再び左丞相となるが、後九月に免じられた。

（6）（7）馮無擇と賈壽が郎中令であったことは、「官表」には記載がなく、『史記』巻九呂太后本紀に見られる。

（8）馮敬は秦將であった馮無擇の子で、『漢書』巻四十八賈誼傳では如淳が「（馮敬）馮無擇子、名忠直、爲御史大夫。」と注している。また『漢書』巻一高帝紀によれば、馮敬は漢二年に魏王の豹の騎將となっているが、同年、韓信が魏を破った時に漢に降伏し將軍となっている。

（9）張武は、文帝卽位前には代國の郎中令で、文帝の側近の臣であったことは疑いがないと思われる。文帝に從って漢に入った代國の臣下は主に二つの類型があると考えられる。その一つは宋昌にみられるタイプ（注（10）を參照）で、すなわち、以前高帝に從ったが後に文帝に仕えた軍層の出身者である。もう一つは、文帝が代王であった時に擧用した地方の士人である。文帝が卽位した時、宋昌は高帝に仕えた經歷があったため、列侯に封じられた。張武が列侯に封じられなかったのは、彼が新進の地方士人で宋昌と同じような經歷を持っていなかったためと思われる。

（10）宋昌は、楚將であった宋義の孫で、高帝に家吏として仕えていた。『漢書』巻四文帝紀元年六月の詔に「諸從朕六人官皆至九卿」という文がある。このうちその名を考證できるものは、代國の郎中令から漢の郎中令になった張武と、代國の中尉から衞將軍となって南軍と北軍を領した宋昌のみである。前漢初年における制度によれば、中尉は北軍を、衞尉は南軍を領する。當時、衞尉であったのは足であったが、中尉であったのはだれであったのかわからない。當時は宋昌が衞將軍として漢の中尉の職務を兼任していたのではないかと思われるので、さしあたり宋昌は九卿の中尉に並べておくこととする。

（11）廷尉は司法をつかさどる最高官である。その職務は非常に專門化されており、法律に精通している官吏でなければ任につくことができなかった。高帝期には戰亂がしきりに起こり、諸制度の整備もまた充分にできていなかったので、功臣である土軍侯宣義と長修侯杜恬および汲侯公上不害が前後して短期間、廷尉の任につくか、あるいは代行をした。高帝－惠呂期間、以上三人以外に廷尉であった者は義渠・育・圍がいるがその出所はみな不明である。文帝元年、法吏である吳公が廷尉に就任した。これより、廷尉という職務はほとんど法吏が擔當することになった。（景帝二年、軍層二世の張歐が廷尉となったが、彼も刑名を治める者であった。）それに基づき、作者は吳公以後に廷尉に就いた者の中の出身不明者は、一律に法吏類型に屬するように分類した。

（12）『官表』には「廷尉信」とするが、この信は、成陽侯奚意の子である奚信ではないかと考えられる。漢代において奉常の多くには列侯がついており、奚信は文帝十一年に侯を繼ぎ、武帝建元元年に斬刑に處せられている。このことは時間的に矛盾していない。

（13）石奮について。彼が九卿であったことについて「官表」には載せられていない。『漢書』巻四十六石奮傳に「及孝景卽位、以奮爲九卿。」とある。

（14）張歐は、高帝の功臣である安丘侯張説の末子。彼は文帝の時、刑名を治めて皇太子に伺候した。「官表」にある景帝元年に廷尉であった歐という人物は、同表に載せられている景帝六年に奉常であった張歐と同一人物である。その説明は、『漢書』巻四十六張歐傳『補注』に引用される錢大昕の説にみられる。

（15）利彭祖は、官表では軑侯吳利とし、景帝中六年に奉常となり、七年に更められて太常となり、景帝後三年に至りその職位が許昌に引き繼がれたとある。「官表」『補注』に引かれる錢大昕の説では「功臣表軑侯黎朱昌、至曾孫扶失侯、史表作利蒼、別無軑侯吳利。」としている。考えてみると、その時、軑侯は利蒼の孫の彭祖であり、彼は文帝十六年に侯を繼ぎ、景帝後三年に死んでいる。その卒年と吳利の任期は合っているので、同一人物であると思う。よって官表にある名は誤っている。

（16）田勝について。彼が「諸卿」になったことは、「官表」には載せられていない。『漢書』巻五十九張湯傳および同傳『補注』に引用される諸氏の説をみること。

（17）竇甫について。武帝建元二年に長樂衞尉になる。そのことは「官表」には載せられていない。『漢書』巻五十二竇嬰傳にみられる。

（18）孔僅は、「南陽大冶」で、桑宏羊および東郭咸陽らと共に財務能力によって大臣となったものである。『漢書』巻二十四食貨傳をみよ。

（19）唯徐光は、匈奴王である唯徐盧の孫。唯徐盧は漢に歸順し、軍功に照らして列侯に封じられたため、軍吏に屬する。

（20）魏不害について、「官表」には武帝後元元年「守衞尉不害」とある。姓は記されていないが、當塗侯魏不害ではないだろうか。魏不害は圉の尉を代理していたが、在任中に造反者を捕まえたことにより征和二年に列侯に封じられ、後元二年に太常となった。彼は衞尉を一年代理した後に太常に昇任した。後に衞尉という職務は遺に引き繼がれたので、時間的に矛盾はない。

(21)(22)　趙午、貫高は二人とも張耳の舊臣で、昔、張耳に追隨して反秦戰爭に身を投じた趙の人だと思われる。

(23)　抵は、「嚴表」には載せられていないが、『漢書』巻四十一樊噲傳および同傳『補注』の王先謙の注にみられる。

(24)　馮梁は、「嚴表」には韓王の信の相であるとしているが、これは間違いであろう。彼は代王の陳豨の相であるべきことは、『漢書』巻四十一樊噲傳にみられる。

(25)　程縱は、「嚴表」には載せられていないが、『漢書』巻四十周勃傳にみられ、陳豨の相となったとある。陳豨は、高帝十年に自立して代王となった。

(26)　利昌は、『史記』および『漢書』の功臣侯表にはともに長沙相を以て侯に封じられたとあるだけである。馬王堆の利昌の墓が發掘されてから、軑侯の利昌がいったいどんな人物であるかについてさまざまな意見が出ているが、いまだに定説がない。考えてみると、前漢初年、功臣侯者たちはみな軍法により、軍功に基づくかあるいは軍功に照らして封賜を受けるため、ほとんど從軍して功勞を積んだ經歷の持ち主だといえる。故に、功臣侯者の一人の利昌も例外であるべきではない。おそらく彼は吳芮に追隨し、反秦戰爭に參加した越の人ではないかと考えられる。

(27)　春は、もとは淮南王劉長の郎中である。彼は劉長が自ら置いた相であるので、劉長に登用された在地の士人ではないかと思われる。

(28)　何成は、その出身は不詳であるが、劉邦集團とはもともと關係がない。その家族は代々汝陰に暮らし、『後漢書』列傳二十三何敞傳に引かれる『何氏家傳』で何氏が「代爲名族」といわれているので、地方の士人であると考えられる。

(29)　石奮は、『漢書』巻四十六本傳に「及孝景卽位、以爲九卿、迫近、憚之、徙爲諸侯相。」とあるが、どの國の相となったのかはわからない。

(30)　軒丘豹は、梁の孝王が自ら置いた相である。當時、梁王は梁國の人および山東の遊士を多く登用していたが、軒丘豹もその一人だろうと考えられる。

(31) 制度の面から見れば、景帝三年の「呉楚七國之亂」の前の諸侯王國とその後の諸侯王國は根本的に違ったもので、特に武帝以降、諸侯王國の相は郡守と同列に扱われるものであるが、統計上の便宜のため、武帝期の王國相も相變わらず單獨の項目として扱った。
(32) 前揭注(3)張家山漢簡『奏讞書』によれば、高帝八年に「南郡守彊」がある。この南郡守の彊は、汾陽侯の靳彊であると考えられる。詳細は本書の附錄二「南郡守の彊と醴陽令の恢について」を參照。
(33) 正彊は「嚴表」に載せられていないが、『太平御覽』卷六四八に引かれる『楚漢春秋』に「正彊數言事而當、上使參乘、解王劍以佩之。天下定、出以爲守。有告之者、上曰、『天下方急、汝何在。』曰、『亡。』上曰、『正彊沐浴霜、與我從軍、而汝亡、告之何也。』下廷尉。」とある。
(34) 孟舒は、田叔と同じ、後に出世した趙國の士人であると思われる。『史記』卷一百四田叔傳を參照。
(35)(36)(37) 陘、圂、遫は、「嚴表」に載せられていないが、『漢書』卷四十周勃傳にみられる。
(38) 前揭注(3)張家山漢簡『奏讞書』。高帝十二年、燕相となった者には偃という人があり、この淮陽守の偃と同一人物ではないかと思われる。
(39) 周陽由は、『漢書』卷九十酷吏列傳に「景帝時由爲郡守」とあるが、どこの郡か不詳。
(40) 公孫度は、公孫弘の子であるため、階層はその父に從う。
(41) 王朝は、『漢書』卷五十九張湯傳に「王朝、齊人、以術至右內史。邊通、學短長、剛暴人也、官至濟南相。」とあり、二人とも「術」を持つ士人であると思われる。
(42)(43)『史記』卷八十四賈誼傳に「孝武皇帝立、擧賈生之孫二人至郡守、而賈嘉最好學、世其家、與餘通書。至孝昭時、列爲九卿。」とある。推測するに、それは武帝後期に相當すると思われる。

文献目録

安作璋・熊鐵基　『秦漢官制史稿』、齊魯書社、一九八五
飯尾秀幸　「『アジア的專制』と戰後中國古代史研究」、『歴史評論』五四二、一九九五
――――「中國古代國家發生論のための前提」、『古代文化』四八、一九九六
――――「戰後の『記錄』としての中國古代史研究」、『中國―社會と文化』十一、一九九六
閻步克　『閻步克自選集』、廣西師範大學出版社、一九九七
王興國　『賈誼評傳』、南京大學出版社、一九九二
王世民　「西周金文中諸侯爵稱」、『歴史研究』、一九八三年第三期
王鳴盛　『十七史商榷』
大櫛敦弘　「統一前夜―戰國後期の『國際秩序』―」、『名古屋大學東洋史研究報告』十九、一九九五
大場脩　『秦漢法制史の研究』、創文社、一九八二
尾形勇　『中國古代の「家」と國家』、岩波書店、一九七九
――――・平勢隆郎　『中華文明の誕生』（世界の歴史2）、中央公論社、一九九六
小倉芳彥　『中國古代政治思想研究』、青木書店、一九七〇
郭子直　「戰國秦封宗邑瓦書銘文新釋」、『古文字研究』第十四輯、中華書局、一九八六

郭沫若　『中國古代社會研究』、人民出版社、一九七七
――　『金文叢考』、上海人民出版社、一九五四
葛劍雄　『西漢人口地理』、人民出版社、一九八六
加藤繁　『支那經濟史考證』、東洋文庫、一九五二
鎌田重雄　『漢代史研究』、日本學術振興會、一九九四
紙屋正和　「前漢郡縣統治制度の展開について ―その基礎的考察」、『福岡大學人文論叢』十三―四・十四―一、
一九八二
――　「前漢諸侯王國の官制」、『九州大學東洋史論集』、一九七四
木村正雄　『中國古代帝國の形成』、不昧堂書店、一九六五
――　『中國古代農民叛亂の研究』、東京大學出版會、一九八三
金觀濤・劉青峰　『興盛與危機』、香港中文大學出版社、一九九二
工藤元男　『睡虎地秦簡より見た秦代の國家と社會』、創文社、一九九八
――　「戰國時代の會盟と符」、『東洋史研究』五三―一、一九九四
栗原朋信　『秦漢史の研究』、吉川弘文館、一九八六
――　「兩漢時代の官民爵について」、『史觀』二二・二三冊、二六・二七冊、一九三〇・一九三一
栗原益男　「鐵券授受から見た君臣關係について」、『史學雜誌』六五―六・七、一九五六
邢義田　『秦漢史論稿』、東大圖書公司、一九八七
嚴耕望　『兩漢太守刺史表』、鳳凰出版社、一九七八

―― 『秦漢地方行政制度』、中央研究院歴史語言研究所、一九九〇
嚴萬里 『商君書校』、浙江書局二十二子本
古賀登 『漢長安城と阡陌・縣鄉亭里制度』、雄山閣、一九八〇
吳仰湘 「漢初誅呂安劉之眞相辨」、『湖南師範大學社會科學學報』、一九九八年第一期
湖南省博物館・中國科學院考古研究所 『長沙馬王堆一號漢墓』、文物出版社、一九七三
胡平生 「居延漢簡中的『功』與『勞』」、『文物』、一九九五年第四期
小南一郎 「天命と德」、『東洋學報』六三、一九九一
侯外廬 『中國古代社會史論』、人民出版社、一九五五
―― 『中國封建社會史論』、人民出版社、一九七九
高亨 『商君書譯注』、中華書局、一九七四
高恆 『秦漢法制論稿』、廈門大學出版社、一九九四
高敏 『秦漢史論集』、中州書畫社、一九八二
―― 『秦漢史探討』、中州古籍出版社、一九九八
國家文物局古文獻研究室・大通孫家寨漢簡整理小組 「大通上孫家寨漢簡釋文」、『文物』、一九八一年第二期
佐原康夫 「漢代の官衙と屬吏について」、『東方學報』六一、一九八九
滋賀秀三 「中國上代の刑法についての一考察 ―誓と盟を手がかりて」、『石井良助先生還曆祝賀法制史論集』、創文社、一九七六

重近啓樹　「秦漢の兵制について―地方軍を中心として―」、静岡大學人文學部『人文論集』三六、一九七八
――　「漢代の復除について」、『東方學』七三、一九八九
周振鶴　『西漢政區地理』、人民出版社、一九八七
祝總斌　『兩漢魏晉南北朝宰相制度研究』、中國社會科學出版社、一九九〇
朱國炤　「上孫家寨木簡初探」、『文物』、一九八一年第二期
朱紹侯　『軍功爵制研究』、上海人民出版社、一九九〇
白川靜　『字統』、平凡社、一九八四
――　「載書關係字説」、『甲骨金文學論叢』四、一九五六
沈家本　『漢律摭遺』、臺灣商務印書館、一九七六
睡虎地秦簡竹簡整理小組　『睡虎地秦墓竹簡』、文物出版社、一九七八
青海省文物考古研究所　『上孫家寨漢晉墓』、文物出版社、一九九三
青海省文物考古工作隊　「青海大通縣上孫家寨一一五號漢墓」、『文物』、一九八一年第二期
孫詒讓　『墨子閒詁』（新編諸子集成）、中華書局、一九八八
高木智見　「春秋時代の結盟習俗について」、『史林』六八―六、一九八五
竹内康浩　「『春秋』から見た五等爵制」、『史學雜誌』一〇三―八、一九九四
譚其驤　『中國歴史地圖集』、地圖出版社、一九八二
中國社會科學院考古研究所　『漢長安城未央宮』、大百科出版社、一九九六

張維華『漢史論集』、齊魯書社、一九八〇
張建國「西漢刑制改革新探」、『歴史研究』、一九九六年第六期
趙　翼『陔餘叢考』
——『廿二史箚記』
陳寅恪『隋唐政治史述論稿』、『陳寅恪史學論文選集』所收、上海古籍出版社、一九九二
陳啓天『商君評傳』、上海商務印書館、一九三五
陳　直『史記新證』、天津人民出版社、一九七九
——『漢書新證』、天津人民出版社、一九七九
——『居延漢簡研究』、天津古籍出版社、一九八六
鶴間和幸「漢代における秦王朝史觀の變遷―賈誼『過秦論』、司馬遷『秦始皇本紀』を中心として―」、『茨城大學教養部紀要』二九、一九九五
程樹德『九朝律考』、中華書局、一九八八
田餘慶『秦漢魏晉史探微』、中華書局、一九九三
杜正勝『古代社會與國家』、允晨文化公司、一九九二
——『編戸齊民』、聯經出版事業公司、一九九二
陶希聖『中國社會之史的分析』、新生命書局、一九二八
冨谷至「二つの刑徒墓　秦―後漢の刑役と刑期」、『中國貴族社會の研究』、京都大學人文科學研究所、一九八七
仁井田陞『唐宋法律文書の研究』、東京大學出版會、一九八三

西嶋定生　『中國古代帝國の形成と構造』、東京大學出版會、一九六一
――――　『中國古代國家と東アジア社會』、東京大學出版會、一九八三
――――　『中國經濟史研究』、東京大學出版會、一九六六
――――　『秦漢帝國』、講談社、一九九七
濱口重國　『秦漢隋唐史の研究』、東京大學出版會、一九六六
平勢隆郎　『新編　史記東周年表』、東京大學出版會、一九九五
――――　『中國古代紀年の研究』、東京大學出版會、一九九六
――――　「越の正統と『史記』」、『史料批判研究』創刊號、一九九八
平中苓次　『中國古代の田制と税法』、東洋史研究會、一九六七
傅斯年　『傅斯年全集』、經聯出版事業公司、一九八〇
藤田勝久　『史記戰國史料の研究』、東京大學出版會、一九九七
――――　「『史記』秦本紀の史料的性格」、『愛媛大學教養部紀要』二四、一九九一
――――　「『史記』項羽本紀と秦楚之際月表――秦末における楚・漢の歴史評價――」、『東洋史研究』五四―二、一九九五
――――　「『史記』呂后本紀にみえる司馬遷の歴史思想」、『東方學』八六、一九九三
藤田高夫　「漢代の軍功と爵制」、『東洋史研究』五三―二、一九九四
――――　「前漢後半期の外戚と官僚機構」、『東洋史研究』四八―四、一九九〇
卜憲群　「秦制、漢制與楚制」、『中國史研究』、一九九五年第一期

増淵龍夫　『中國古代の社會と國家』（再版）、岩波書店、一九九六
籾山明　「法家以前　―春秋期における刑と秩序」、『東洋史研究』三九―二、一九八〇
守屋美都雄　『中國古代の家族と國家』、東洋史研究會、一九六八

山田勝芳　『秦漢財政收入の研究』、汲古書院、一九九三
楊　寛　『戰國史』、臺灣商務印書館、一九九七
楊鴻年　『漢魏制度叢考』。武漢大學出版社、一九八五
楊伯峻　『春秋左傳注』、中華書局、一九八一
――　『論語譯注』、中華書局、一九八〇
吉開將人　「印から見た南越世界　―嶺南古璽印考―」、『東洋文化研究所紀要』一三六・一三七・一三八、一九九八・一九九九
吉田忠典　「『帝國』という概念について」、『史學雜誌』一〇八―三、一九九九
吉本道雅　「春秋載書考」、『東洋史研究』四三―四、一九八五
好並隆司　『秦漢帝國史研究』、未來社、一九七八
――　『商君書研究』、溪水社、一九九二
米田賢次郎　「秦漢帝國の軍事組織」、『古代史講座』五、學生社、一九六二
李開元　「史學理論的層次模式和史學的多元化」、『歷史研究』一九八六年第一期

――「西漢軑國所在與文帝的侯國遷移策」、『國學研究』第二巻、中國傳統文化研究中心、一九九四
――「『商君書』境内篇爲秦軍法殘文説」、『國際東方學者會議紀要』第三十五冊、一九九一
――「説南郡守强和醴陽令恢」、『中國史研究』、一九九八年第二期
李學勤「奏讞書解説」、『文物』、一九九三年第八期
李　零「青海大通縣上孫家寨漢簡性質小議」、『考古』、一九八三年第六期
柳春藩『秦漢封國食邑賜爵制度』、遼寧人民出版社、一九八四
梁伯源『簡牘與制度　―尹灣漢墓簡牘官文書考證―』、文津出版社、一九九八
――『歴史與制度』、香港教育圖書公司、一九九七
梁方仲『中國歴代戸口・田地・田賦統計』、上海人民出版社、一九八〇
林甘泉『中國古代分期討論五十年』、上海人民出版社、一九八二
連雲港市博物館・東海縣博物館・中國社會科學院簡帛研究中心・中國文物研究所『尹灣漢墓簡牘』、中華書局、一九七九
勞　榦『勞榦學術論文集甲編』、藝文印書館、一九七六
渡邊信一郎『中國古代國家の思想構造』、校倉書房、一九九四
渡邊卓『古代中國思想の研究』、創文社、一九七三
江陵張家山漢簡整理小組「江陵張家山漢簡『奏讞書』釋文（一）」、『文物』、一九九三年第八期
「江陵張家山漢簡『奏讞書』釋文（二）」、『文物』、一九九五年第三期

J. J. L. Duyvendak "The Book of Lord Shang" ,The University of Chicago Press, 1963

あとがき

本書は、東京大學に學位論文として提出し、一九九八年九月にその審査に合格した博士論文である（原題は「漢帝國の形成とその權力構造―軍功受益階層の研究―」）。私はかねがね本書のテーマについて、いくつかの論文を發表してきた。それらを擧げれば次のとおりである。

一、前漢初年における軍功受益階層の成立―高帝五年詔を中心として―　『史學雜誌』第九九編第一一號、一九九〇年

二、商君書境内篇爲秦軍法殘文説　『國際東方學者會議紀要』第三十五册、一九九二年

三、前漢初年における軍功受益階層の興衰と社會階層の變動―統計と圖表を中心として―　『就實女子大學史學論集』第九號、一九九四年

四、秦末漢初の盟誓　『東方學』第九六輯、一九九八年

五、秦末漢初的王國和王者　『燕京學報』新第五期　一九九八年

六、前漢政權の成立と劉邦集團―特にその皇帝權の起源をめぐって―　『東洋學報』第八〇卷第三號　一九九八年

七、前漢初年における專制皇帝權の成立に關する政治條件―法吏集團と軍吏集團の興起をめぐって―　『就實論叢』第二八號　一九九八年

八、劉邦集團の地域構成　『就實女子大學史學論集』第一三號、一九九八年
九、劉邦集團における楚人と秦人　－南郡守の彊と醴陽令の恢をめぐって－　『論集　中國古代の文字と文化』汲古書院、一九九九年
十、前漢初年における宮廷と政府　－軍功受益階層とのかかわりをめぐって－　『史學雜誌』第一〇八篇第一〇號　一九九九年

拙著が間もなく出版されるに際して、いい盡くせぬ感慨がさまざまにこみあげて來る。十四年前、筆者は、基層史學、中層史學、高層史學を含め、さらに哲學史學を加えた重層構造モデルの史學理論を提出し、有志を結集して新史學を起こす考えを抱いた。ところが思いもよらず扶桑の地に渡って環境が一變し、言葉も文化もすでに斷絶し、再びゼロから始めることとなった。その間、當然のことに苦しみもあれば、樂しみもあり、また成功も失敗もあった。しかし長年、自己を支える執念を持ちつづけた。それは自ら創りあげた理論を自分自身で實踐しなければならないというものである。本書の稿成ったのは、正にこの執念の成就にほかならない。本書は構想の一部とはいえ、これはこれで完成されたものになっていると思う。

人生は老い易く事なり難きもの。言語と文化の環境が大變化した中で本書を完成させることができたのは、長い間、常に氣にかけて下さり御教示賜った先生友人の方々、とりわけ田余慶、松丸道雄、尾形勇先生、またすでに仙去なされた恩師の西嶋定生先生と鄧廣銘先生のお陰と、篤く感謝申しあげる。吾が父運元からは長年に亘って激勵鞭撻を受けた。父の督促がなければ、本書が今日の完成を見ることは決してなかったであろう。

最後になったが、本書の先になった博士論文について日本語原稿をチェックして下さった飯尾秀幸氏、本稿につい

て日本語原稿のチェック、索引作成の労をとって下さった安部聡一郎君に對して感謝申し上げる。さらに、さまざまな助言と教示を賜った長年の友人である平勢隆郎さんに深く謝意を表す。なお、出版の機會を與えていただいた汲古書院と出版助成をいただいた就實學園にも深く感謝したい。

二〇〇〇年二月一日

李　開　元

汲古叢書

1	秦漢財政収入の研究	山田勝芳著	16505円
2	宋代税政史研究	島居一康著	12621円
3	中国近代製糸業史の研究	曾田三郎著	12621円
4	明清華北定期市の研究	山根幸夫著	7282円
5	明清史論集	中山八郎著	12621円
6	明朝専制支配の史的構造	壇上　寛著	13592円
7	唐代両税法研究	船越泰次著	12621円
8	中国小説史研究－水滸伝を中心として－	中鉢雅量著	8252円
9	唐宋変革期農業社会史研究	大澤正昭著	8500円
10	中国古代の家と集落	堀　敏一著	14000円
11	元代江南政治社会史研究	植松　正著	13000円
12	明代建文朝史の研究	川越泰博著	13000円
13	司馬遷の研究	佐藤武敏著	12000円
14	唐の北方問題と国際秩序	石見清裕著	14000円
15	宋代兵制史の研究	小岩井弘光著	10000円
16	魏晋南北朝時代の民族問題	川本芳昭著	14000円
17	秦漢税役体系の研究	重近啓樹著	8000円
18	清代農業商業化の研究	田尻　利著	9000円
19	明代異国情報の研究	川越泰博著	5000円
20	明清江南市鎮社会史研究	川勝　守著	15000円
21	漢魏晋史の研究	多田狷介著	9000円
22	春秋戦国秦漢時代出土文字資料の研究	江村治樹著	22000円
23	明王朝中央統治機構の研究	阪倉篤秀著	7000円
24	漢帝国の成立と劉邦集団	李　開元著	9000円
25	宋元仏教文化史研究	竺沙雅章著	近　刊

著者紹介

李　開元（り　かいげん）

著者略歴

1950年　四川省成都市生まれ。

1982年　北京大學歷史系卒業。同助手を經て專任講師。

1989年　信州大學大學院修士。

1992年　東京大學大學院博士課程單位修得。1999年同博士。

現在　就實女子大學文學部教授

北京大學中國古代史研究センター客員研究員

主要論著

史學理論的層次模式和史學多元化（『歷史研究』第179期）

前漢初年における軍功受益階層の成立（『史學雜誌』第99篇第11號）

ほか

汲古叢書24

漢帝国の成立と劉邦集團

二〇〇〇年三月　發行

著者　李　開元

發行者　石坂叡志

印刷　富士リプロ

發行所　汲古書院

〒102東京都千代田區飯田橋二-五-四

電話　〇三（三二六五）九七六四

FAX　〇三（三二二二）一八四五

ISBN4-7629-2523-3 C3322

The Establishment of the Han Empire and the Group of Liu Bang

−Studies on the Military Meritocracy−

Contents

索　　引

人名索引

た行

な行

は行

ま行

や行

ら行

わ行

事 項 索 引

さ行

た行

な行

は行

ま行

や行

ら行